复旦管理学杰出贡献奖获奖者代表成果集

2011

# 中国管理研究与实践

ZHONGGUO GUANLI YANJIU YU SHIJIAN

李树茁 薛澜 著

复旦大学出版社

## 内 容 提 要

复旦管理学奖励基金会由复旦校友、原中共中央政治局常委、国务院副总理李岚清同志发起，成立于2005年9月。宗旨是奖励我国在管理学领域做出杰出贡献的工作者，倡导管理学理论符合中国国情，并密切与实践相结合，推动我国管理学长远发展，促进我国管理学人才的成长，提高我国管理学在国际上的学术地位和影响力。

复旦管理学奖励基金会设有“复旦管理学杰出贡献奖”，自2006年起，每年依次在管理学的三个子领域“管理科学与工程”、“工商管理”和“公共管理”进行评奖。2011年评奖领域是公共管理，产生了两位获奖人：李树茁、薛澜。

本书汇集了2011年复旦管理学杰出贡献奖李树茁、薛澜两位获奖者的代表性学术成果，这些成果代表着目前我国管理学研究的领先水平，在创新性、学术性、实用性三个方面达到了一流标准，对广大管理学研究者有很强的借鉴意义和理论价值。

本书适用于高等院校管理学领域的研究者，也可作为政府经济管理部门工作人员、从事企业管理工作的基层管理者的参考用书。

# 序 言 一

## 李岚清

最近20多年来，管理学在我国日益受到人们的重视，这和我国的改革开放、经济社会快速发展有关，也和我国步入社会主义市场经济有关。其实，新中国建立以来，在经济和社会领域内都存在大量的涉及管理学的问题。我长期在大型企业、对外经济贸易部门和从事经济方面的领导工作中也都深切感受到这一点。但是由于种种原因，管理学在相当长的时期内未能得到应有的重视。

管理学真正成为一门独立的科学，走进中国人的专业视野，全面进入中国的科学研究和高等教育体系，也就是最近20多年的事情。改革开放以来，中国的经济发展突飞猛进，科学技术日新月异，经济发展和社会进步越来越离不开管理科学的支撑。社会管理、环境管理、公共管理、企业管理等等各个方面都对管理学提出了新的要求。经济社会领域改革的不断深入，在参与国际竞争中要取得持续的优势，这些都迫切需要进一步加强管理科学的研究，提高管理水平。可以说，需要管理学解决的问题越来越多，管理渗透到社会、经济生活的各个方面。当前中国管理科学正迸发出空前的生机和活力，同时也面临着空前的机遇和挑战。

管理学是一门应用性、实践性很强的学科，作为一门科学，它的一些理论和方法在世界范围内具有共性。但是管理要获得成功则必须植根于一个国家的社会组织和民族文化之中。要真正解决好中国的管理问题，要让中国人对世界范围内涉及自己的管理问题有话语权和平等的参与权，最终还是要依靠中国人自己。管理科学是一个国家软实力的重要组成部分，我们要不断地构建有中国特色的管理科学理论，要具备并不断提高解决各类实际管理问题的能力，要培养出大批有很高学养和丰富经验的管理者，要花大力气建设高质量的管理教育体系，最关键的是要有一支高水平的管理学队伍。

复旦管理学奖励基金会的宗旨在于奖励在中国管理学领域作出贡献的学者和实践工作者，推动管理学的理论和实践的结合，形成中国特色的管理科学体系，最终推动中国管理学的长远发展，促进中国管理学人才的成长，提高中国管理学的国际学术影响力。

复旦管理学杰出贡献奖到今天已经是第5个年头了，12位在管理科学、工商管理和公共管理等领域有杰出贡献的学者获得了这一奖项。这次，基金会把历届获奖人的代表性成果收录成册、公开发行，一方面是希望促进管理学研究成果在全社会的共享；另一方面也希望能够激励更多的中国管理学工作者潜心研究、勇于实践，产生高水准的学术成果，推动中国的管理创新和发展。

衷心祝愿中国管理学的明天更加美好！

# 序　言　二

成思危

管理学是一门应用性、实践性很强的学科，既有科学的规律可循，又有艺术的运用之妙。改革开放以来，我国管理学扎根于中国特色社会主义的实践沃土，积极回答了改革开放对理论和实践提出的新课题，适应了我国经济建设的迫切需要，并在多学科相互融合中不断发展，初步形成了比较适合我国国情的管理学科体系。

从管理科学与工程方面来看，我国的总体研究水平取得了显著提高。在分析预测方法、不确定性决策理论、群体决策理论、供应链管理、管理复杂性研究等领域，还产生了一批在国际上有影响力的优秀成果。从工商管理方面来看，改革开放实践为中国特色工商管理模式的形成提供了成长沃土，我国学者在股份制公司的组织与运作、公司治理制度的建立与评价、企业战略制定与实施、企业信息管理与电子商务、非公有制企业管理等众多领域进行了深入探索，在建立符合国情的现代企业制度、提高企业管理水平方面作出了重要贡献。在发挥市场资源配置方面的基础性作用的同时，也需要政府通过适当有效的宏观管理加以引导和调控，解决发展中产生的矛盾，维护有序的市场秩序，促进社会公平，保护生态环境，改善社会保障，实现可持续发展的和谐社会，公共管理研究为国家宏观政策制定提供了重要的理论支持。

为了推动我国管理学长远发展，促进我国管理学人才的成长，提高我国管理学在国际上的学术地位和影响力，复旦管理学奖励基金会自2006年起，开始奖励我国在管理学学术领域作出杰出贡献的工作者，倡导管理学理论符合中国国情，并密切与实践相结合。获奖人都是活跃在当今管理学学术领域的最优秀学者，获奖人的产生经过了学界的广泛推选，经过了严格的评议过程，始终坚持“创新性、学术性和实用性”的基本评判标准，具有较高的程序公正性和实质公正性。复旦管理学杰出贡献奖是完全由学术界独立完成推选的学术奖项，现在复旦管理学杰出贡献奖逐渐被更多的人了解，产生了一定知名度，在管理学界具有了越来越大的影响力，评选出的获奖人和他们的成果代表着目前我国管理学研究的先进水平。今后我们将持续帮助获奖人出版他们的研究成果，促进学术交流，推动理论繁荣。

“创立中国特色的管理理论、建立中国自己的管理学派”不是一朝一夕可以完成的任务。复旦管理学奖励基金会将通过对中国管理学界的长期支持，努力促成这项事业的成功。现在基金会还只是做了一点基础性的工作。我相信通过10年、20年的努力，通过一代又一代管理学者的辛勤工作，通过有选择地学习和吸收国外经验，有批判地继承中国传统的管理哲学和管理思想，一定能够达到这个目标。

# 目　录

## 一、李树茁学术代表成果汇集篇

**李树茁** …… 3

中国改善女孩生存的社区实践——"巢湖改善女孩生活环境实验区"项目 …… 5
中国的女孩生存：历史、现状和展望 …… 16
中国的性别失衡与社会可持续发展——一个跨学科的研究范式与框架 …… 35
GENDER BIAS AND THE "MARRIAGE SQUEEZE" IN CHINA, SOUTH KOREA AND INDIA 1920 - 1990: effects of war, famine and fertility decline …… 53
GENDER DIFFERENCES IN CHILD SURVIVAL IN RURAL CHINA: A COUNTY STUDY …… 84
Floating Choices: A Generational Perspective on Intentions of Rural-Urban Migrants in China …… 109
Intergenerational support and subjective health of older people in rural China: A gender-based longitudinal study …… 134
Economics, cultural transmission, and the dynamics of the sex ratio at birth in China …… 146

## 二、薛澜学术代表成果汇集篇

**薛　澜** …… 163

我国宏观管理与政策学科发展状况的回顾 …… 164

中国公共管理理论研究的重点领域和主题 …………………………………………………… 183
制度惯性与政策扭曲：实践科学发展观面临的制度转轨挑战 ……………………………… 197
中国思想库的社会职能——以政策过程为中心的改革之路 ………………………………… 202
危机管理：转型期中国面临的挑战 …………………………………………………………… 220
Turning Danger (危) to Opportunities (机): Reconstructing China's National Emergency Management System After 2003 ………………………………………………… 230
The prizes and pitfalls of progress ………………………………………………………… 248
The evolution of China's IPR system and its impact on the patenting behaviours and strategies of multinationals in China …………………………………………………… 253

# 一、李树茁学术代表成果汇集篇

# 李树茁

李树茁，男，1963 年 9 月出生。教育部长江学者特聘教授，西安交通大学教授，博士生导师。1991 年获西安交通大学系统工程专业博士学位。现任西安交通大学公共政策与管理学院人口与发展研究所所长。兼任教育部社会科学委员会委员、国家人口和计划生育委员会专家委员会委员、国家关爱女孩行动办公室专家组副组长、中国人口学会常务理事。

李树茁教授在中国性别失衡的公共治理与政策创新领域贡献杰出。1990 年代初期以来，他率先揭示了中国存在较为严重的女孩生存问题，对其产生原因、机制和后果进行了创新的学术研究和政策分析，设计了中国农村改善女孩生存的社会政策干预系统框架，建立了安徽“巢湖改善女孩生活环境实验区”，以“逐级实验、深化、推广”的方式在全国范围内实施，最终发展成为国家治理偏高出生性别比问题的公共政策和战略平台——国家“关爱女孩行动”。他在性别失衡治理中引入“公共治理”的理念和框架，提出性别失衡应由“综合治理”走向“公共治理”的观点，构建了性别失衡的公共治理模式，并在省级和县区层面开展大量政策创新和实践工作，成功推动了理论与实践的结合。近年来，他还对性别失衡与社会稳定和可持续发展进行了开拓性的前瞻研究。系列研究成果在国内和国际上均引起了较大的、积极的社会影响。

李树茁教授在城乡人口流动下的老年生活与社会支持、农民工的社会网络与社会融合等研究领域也取得了丰富成果。李树茁教授的研究以人口和社会系统工程为手段，以公共政策创新为导向，从社会公平和性别平等视角研究中国社会转型中弱势群体的保护与发展领域的重大人口、社会和公共管理问题，逐渐探索、形成了一种寓理论研究、政策分析、社会实践、政策创新和国家战略推广于一体的研究范式。

李树茁教授先后在《中国人口科学》、《人口研究》、《公共管理学报》、Population and Development Review、Population Studies、Population Research and Policy Review、Development and Change、Journal of Gerontology、PNAS 等国内外权威和核心学术期刊发表论文 100 多篇，专著 10 余部。

# 中国改善女孩生存的社区实践

## ——“巢湖改善女孩生活环境实验区”项目

李树茁，朱楚珠①

中国目前正处于急剧的经济社会转型期，出现了许多新的社会问题，如社会阶层分化加快、社会弱势群体增加等，使中国的人口与社会可持续发展呈现出明显的复杂性。研究、制定和实施相应的社会政策和社会项目，干预和调节社会各阶层之间的利益，保护弱势群体的生存、参与和发展的权利，是实现社会长期稳定与可持续发展的重要途径之一。社会发展项目（或社会发展干预）是一种有组织、有计划、持续不断地致力于解决社会问题或改善社会环境的努力，而社会发展项目的效果需要运用社会研究方法来研究、评价并帮助改善社会项目的所有重要方面（罗西等，2002）。从 1995 年起，我们与国内外有关机构合作，对中国女孩的生存与发展问题进行了系统的研究和干预，建立了“巢湖改善女孩生活环境实验区”，取得了较好的效果。本文从背景、设计、实施、效果四个方面介绍“巢湖改善女孩生活环境实验区”三年的工作实践，并在理性的层次上对以往的研究和实践进行反思。

## 一、项目背景

### （一）女孩生存状况

中国历史上普遍存在偏好男孩、歧视女孩的传统文化，造成了女孩生存处于相对劣势和女孩死亡水平相对偏高的问题，一些有关近代中国儿童生存的研究都证实了这种现象的存在（Coale and Banister，1994；Lee et al.，1994；Das Gupta and Li，1999）。进入 20 世纪 80 年代以来，伴随着持续的低生育率，男孩偏好有所强化，表现为出生性别比持续上升和女孩死亡水平相对偏高的程度加大。出生性别比和女孩死亡水平偏高的联合作用，导致了 0—4 岁年龄段人口的性别结构失衡。0—4 岁儿童性别比从 1982 年的 107 持续上升到 2000 年的近 120，形成了所谓的“失踪女孩”现象，引起了国内外的广泛关注（姜全保等，2005；Zeng et al.，1993；Gu and Roy，1995；Banister，2004）。这些表明目前中国女孩的生存权利受到了非正常的侵害，这种现象在农村地区尤为严重。

---

① “巢湖改善女孩生活环境实验区”项目由美国福特基金会资助，包含安徽省巢湖市的居巢区、庐江县、无为县、和县和含山县。项目由国家人口和计生委宣教司、安徽省人口和计生委、巢湖市政府和西安交通大学人口与发展研究所共同负责实施。联合国儿童基金会提供了部分资助。

### (二) 女孩权利

联合国《儿童权利公约》规定，所有儿童具有生存、保护、发展和参与的基本权利，这些权利“不因儿童或其父母或法定监护人的种族、肤色、性别、语言、宗教、政治或其他见解、民族、族裔或社会出身、财产、伤残、家世或地位而有任何差别”(英国儿童救助会，1999)。女孩的生存与发展受到了国际社会的广泛关注，1995 年北京第四次世界妇女大会通过的《行动纲要》中，将“持续歧视女童并侵犯女童的权利”作为妇女问题的 12 个重大关切领域之一，并制定了改善女孩生存和发展的具体战略目标和行动计划。中国政府对女孩生存和发展问题非常重视，制定了很多保护女孩生存和发展的法律和规定，采取了多种措施致力于保护女孩的生存与发展权利。

### (三) 女孩生存的研究与初步实践

从 1990 年代中期开始，我们在福特基金会的资助下，与国家人口和计生委系统合作，对中国女孩死亡水平偏高问题进行了系列研究和干预实践活动。1996—1998 年，我们对中国偏高女孩死亡水平的生成机制、原因和后果进行了系统研究(朱楚珠等，1998；李树茁等，1999；李树茁和朱楚珠，2001；Li et al.，2004)，发现导致偏高女孩死亡水平的根源性原因是中国传统的偏好男孩的生育文化，条件性原因是持续的低生育率，并提出了通过文化建设和制度建设来改善女孩生存的政策建议和干预框架(朱楚珠等，1999；李树茁和朱楚珠，2001)。这个干预框架在 1998—2000 年间被应用于国家人口和计生委“婚育新风进万家”活动的 39 个“新型生育文化建设”网络县活动中，取得了一定的效果，但也存在一定问题，需要调整工作策略(朱楚珠和李树茁，2000)。

### (四) 巢湖实验区的建立

安徽省巢湖市位于长江流域，含 4 县 1 区，约 450 万人口，计划生育工作处于中上水平，出生性别比和女孩死亡水平都相对偏高。巢湖市的居巢区在 1998—2000 年间作为全国 4 个重点县之一参与了改善女孩生活环境活动，巢湖市政府认为该项目是深化计划生育工作、稳定低生育水平的一项重要工作，建议在全巢湖市推广该项目。我们经过多方面论证后，认为在一个文化同质、经济条件相似的连片区域，深入实验我们提出的干预政策和框架具有相对的优越性。为此，我们向国家人口和计生委和安徽省人口和计生委建议成立“巢湖改善女孩生活环境实验区”。经过近半年的多方协调和筹备，巢湖市政府于 2000 年 3 月 21 日正式建立并启动实验区项目。

## 二、项目设计

### (一) 实验区目标

实验区项目基于国家人口和计生委实施全国“婚育新风进万家”活动的背景与框架下，旨在通过各种生育健康培训和社区发展活动，采取各种直接和间接的干预措施，在巢湖市形成有利于女孩的生活环境，降低相对偏高的女孩死亡风险；同时根据巢湖实验区的工作经验，探索并建立中国农村改善女孩生活环境的一般工作模式、工作框架、干预措施和实施策略；最后面向全国，通过各种方式和层次的培训活动和社会发展项目，推广巢湖实验区模式和经验，改善中国农村女孩生活环境，降低女孩死亡风险，并在国际社会传播和交流中国改善女孩生活环境的系列研究和社区干预项目。

### (二) 干预框架

在以往研究与政策分析的基础上，结合 1998—2000 年在全国 39 个社区发展网络县改善女孩生活环境实践的初步经验，我们提出了巢湖改善女孩生活环境实验区社区发展项目的工作框架，包括基本思路、宏观和微观干预内容、实施策略和评估体系等，具体见图 1。

### (三) 组织与协调

实验区项目是政府、学术机构和国际组织多方面合作进行的社区干预项目，各方具有不同的职责。在巢湖市方面，巢湖市各级政府建立实验区项目领导小组，全面领导实验区工作；巢湖市各级人口和计生委具体负责实施实验区工作；巢湖市各级相关部门配合人口和计生委开展实验区的工作。在人口和计生委系统方面，国家人口和计生委宣教司和安徽省人口和计生委负责指导和协调工作，并分别负责在全国和安徽省的宣传与推广工作。西安交通大学人口与发展研究所为实验区工作提供技术支持。

实验区是一个复杂的大规模社会发展干预项目，项目的执行本着边实践、边总结、边推广的原则，分成三个阶段进行。

(1) 2000.3—2001.2，实验区初期试点阶段。项目进行启动培训，建立实验区工作机构、计划和组织；在全市进行有关女孩改善生活环境的宣传与教育工作，同时在 5 个县、区的 32 个重点村开展具体的项目试点工作，探索经验；重点在于建立保护女孩的生存与发展的社会意识和实验区项目工作人员的项目意识。

(2) 2001.3—2002.2，实验区中期小规模推广阶段。在全市 256 个农村乡镇中的每个乡镇将项目工作重点推广到 3 个行政村，重点在于在女孩生存风险高危地区具体落实改善女孩生存的直接干预措施，解决项目工作与计划生育日常工作的相结合问题。

(3) 2002.3—2003.3，实验区终期大规模推广阶段。将改善女孩生活环境的具体工作推广到在全市所有的行政村，重点解决实验区工作的各相关政府部门的大联合问题，以及改善女孩生活环境工作的经常化和制度化问题。

### (四) 监测与评估体系

衡量实验区的工作效果需要建立科学的监测与评估框架，而设立项目组和对照组是常用的方法之一。但考虑到实验区社会实验项目的一些伦理与道德问题，我们没有采取这种通常的策略，而是基于实验区项目由点到面推动的实际情况，建立了如下的监测与评估体系。

(1) 实验区内 5 岁以下死亡儿童基线和跟踪调查。调查内容包括死亡儿童的个人、家庭和社区资料，以进行项目前后的对比分析，衡量项目的效果。

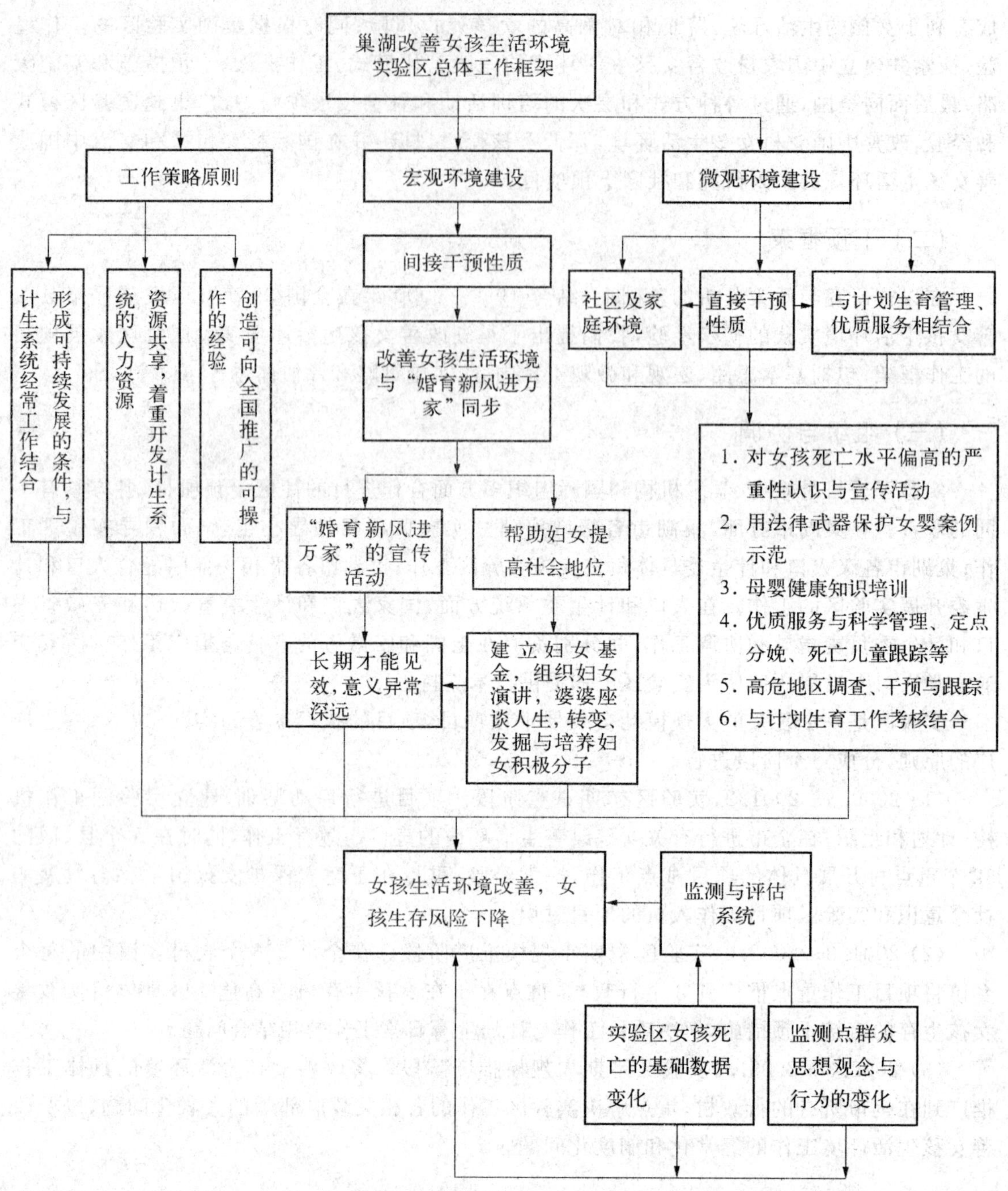


**图 1　巢湖改善女孩生活环境实验区工作框架**

(2) 实验区年度社会与人口资料的收集。编制相应的表格，并制定统一的实施标准，由村级开始，逐级上报。年度资料用以衡量和比较实验区在开始后所发生的宏观变化和干预效果，借此判断实验区的进展。

(3) 社区民众参与式评估与监测。为此，对应于项目工作框架的 6 个主要方面，编制了含有 28 个问题的简单问卷。根据村子的人文与社会经济条件和计划生育工作水平等，选取了 32 个项目评估村。在评估村内，共随机选取了 640 人，男女各半，并覆盖了不同的年龄组。每6个月一次用相同的问题，监测实验区民众观念和行为的变化。

(4) 开展人生转盘活动。在项目村内，每3个月组织妇女积极分子进行人生转盘活动，观测妇女积极分子观念和行为的变化。关于人生转盘的具体活动与组织，请参见唐慧等(2000)的介绍。

(5) 定期实地考察。项目技术顾问对项目县的活动每3个月进行一次实地访问，考察项目的进展和问题。

(6) 进行女孩生存风险高危区域的专项调查，以及对不同人群有关社区女孩生活环境问题、原因和可能干预措施的小组访谈，以制订干预方案和跟踪计划。

## 三、项目实施

### (一) 项目培训

分层次、分阶段的参与式培训，对保证社会发展干预项目严格按照项目理论和项目框架执行从而得到预期效果起着关键的作用。为此，实验区在3年的执行期内，多次召开了由项目参与各方、基层政府和项目工作人员、妇女积极分子代表等参加的项目培训与阶段总结会议，会议的组织形式多采用国际上通用的参与式培训方法，并在市级培训会后组织进进行多级的分层培训会议，收到了很好的效果。每次培训会的重点与实验区的进程基本保持一致，大规模的培训会议有以下3次。

(1) 2000年3月，实验区启动与培训会议。在启动培训会议上，重点讨论国内外有关女孩生活环境现状、问题和对策以及巢湖实验区女孩生活环境的现状、问题和相应措施分析。另外，按照参与式培训方法，项目工作人员分组讨论了巢湖市女孩生存风险卡、目标梯和优先干预领域，并制定了项目工作计划草案。

(2) 2001年2月，项目中期阶段工作培训。中期培训的重点是女孩死亡风险高危地区的调查、干预与跟踪工作、项目工作的经常化和制度化建设以及中期阶段行动计划和工作安排。

(3) 2002年1月，项目终期阶段工作培训。终期培训会的主题是选准巩固、提高与推广的突破口。培训会就实验区两年来的工作进行了总结，对终期阶段的工作提出了要求；各县、区进行了实验区工作的专题经验介绍；妇女积极分子向与会代表介绍了参加实验区社区活动以来人与社区的变化与感受。

### (二) 社区发展活动

#### 1. 宏观环境建设

宏观环境建设活动的目标在于在社区和民众中建立保护女孩生存和发展的社会环境，从而能够在长期内确保降低女孩死亡风险，使改善女孩生活环境的努力具有可持续发展的基础。按照工作框架，宏观环境建设主要包括以下几个方面。

1) 依托“婚育新风进万家”活动，开展实验区项目宣传活动。实验区以“婚育新风进万家”活动为主体，以人口和计生委系统为核心，联合各相关部门，利用多种形式和载体，宣传“生男生女一样好”、“女儿也是传后人”的新型婚育文化，建设有利于女孩生存与发展的宏观社区环境。这些活动包括：广播、电台、电视、报纸等新闻媒介中的实验区项目专栏；社区中的宣传画廊、展板、墙画、标语、宣传资料、婚育知识袋；社区中的戏剧、电影、文艺会演与巡回演出等专场演出和婚育新风知识竞赛等活动。

2）利用自编教材进行培训活动。实验区利用“全国建设新型社区生育文化网络县”系列教材，即“用法律武器保护女孩”、“生男生女一样好”、“鼓励妇女参与社会经济活动、培养妇女积极分子”、“母婴保健知识”四个分册，对社区民众开展了各种类型的“改善女孩生活环境”培训与宣传活动。

3）开展各种类型的座谈会。在实验区内，通过多种类型的座谈会的学习和讨论，试图改变人们的生育观念和对女孩的认识和态度，达到保护女孩的效果。座谈会包括婆婆座谈会、妇女积极分子座谈会、公公座谈会、丈夫座谈会、用法律武器保护女孩座谈会和基层村干部座谈会。

4）培养妇女积极分子。利用各种手段，发现与培养妇女积极分子，提高与扩大她们的社会影响，用新的婚育文化替代传统的婚育文化。这些活动包括：实验区在 32 个评估点及其他部分村，对妇女积极分子每 3 个月一次进行了多次人生转盘培训，提高妇女的自我发展意识；实验区建立妇女发展基金，为妇女积极分子提供小额贷款，帮助与组织妇女积极分子发展生产项目，提高妇女的经济、家庭和社会地位；实验区组织多层次的妇女积极分子演讲比赛，宣传改善女孩生活环境的重要性，使她们成为新型婚育文化的代表者和传播者以及实验区项目活动的带头人。

**2. 微观环境建设**

微观环境建设活动的目标在于采取直接的干预措施，确保女孩的存活，从而能够在短期内确保降低女孩的死亡风险，达到实验区的工作目标。按照工作框架，微观环境建设活动主要包括联合公安、司法等部门，以有关保护女孩生存与权益的法律、条例和农村现实生活中溺弃女婴的典型案例，对农村基层社区和群众进行保护女孩、爱护女孩的法律教育。同时，实验区 5 个区、县对各自的女孩生存高危乡镇进行了重点调查，制定了高危乡镇改善女孩生活环境的直接干预措施，并实施和跟踪。高危地区直接干预措施同计划生育的优质服务与科学管理措施相结合，在全实验区实行，收到了很好的效果。这些措施包括 B 超的使用和管理、生育证的发放与管理、怀孕妇女孕情的全程跟踪与服务、定人接生和定点分娩的管理与服务、对出生女孩家庭的产后访视与服务、二胎出生女孩的专项档案、死亡婴儿的报告制度的建立与执行和有奖举报制度等。

另外，实验区在改善女孩生活环境社区实验工作与计划生育日常工作相结合以及将项目工作初步转入正常化、制度化和系统化方面，做了许多有益的尝试，做出了有效的努力，提高了改善女孩生活环境工作的生命力。这些措施包括将项目工作纳入计划生育年度工作计划内、项目工作纳入计划生育工作考核内容中、项目工作与“婚育新风进万家”紧密结合、对基层干部和计生工作人员有关实验区项目的教育与培训、定期监测与评估等。

## （三）传播与扩散

**1. 国内交流**

本着边实践、边推广的原则，实验区十分注重工作成果的交流与推广工作，促进了全国改善女孩生活环境的工作。早在 2001 年 4 月，在国家人口和计生委宣教司于巢湖举办的全国计生宣传项目培训会上，实验区就工作目标、框架、策略和措施及其初步效果进行了主题汇报，会议代表还实地参观了项目工作点，同项目工作人员和基层群众交流。实验区的工作得到了国家人口和计生委和与会代表的肯定，国家人口和计生委宣教司决定在全国推广改善女孩生活环境项目。同年12月，安徽省人口和计生委在巢湖市召开了全省"婚育新风进万家"活动现场会，使实验区的工作模式得到了有效的传播。另外，实验区还利用一些重要的会议，如在2001年10月中宣部和国家人口和计生委联合召开的"全国婚育新风进万家活动颁奖会议"、2002年10月安徽省"关爱女孩"工程启动会议和各地市人口和计生委主任研讨会、2003年4月国家人口和计划生育委员会、中国人口学会联合在杭州召开"全国生育文化理论与实践研讨会"上，介绍实验区工作，以期获得更多的支持和更大的影响。全国和安徽省一些重要的媒体对巢湖实验区的工作，特别是各种类型的座谈会，进行了深入的报道，扩大了巢湖实验区的社会影响。

**2. 国际交流**

实验区通过各种方式和途径，在国际社会扩散了实验区项目的影响，对解决中国女孩生活环境问题起了促进作用。例如，在1999年12月于北京举行的"1999年全国女童问题研讨会"、2000年5月于北京举行的"'95+5'妇女研讨会"、2000年9月于北京举行的"第九届世界公共卫生联盟科学大会"、2002年10月于昆明举行的"第六届亚太地区社会科学与医学大会"、2002年11月在哈佛大学东亚研究中心的专题讲座上、2004年3月福特基金理事会在西安召开的"实现妇女权益，追求社会性别平等"高层圆桌讨论会、2005年9月美国福特基金举行的"社会性别圆桌讨论会"上，我们分别介绍了我们在改善中国女孩生活环境方面所做的系列研究、政策分析和社区干预项目，特别是巢湖实验区的工作引起了广泛关注，许多媒体和杂志在会后对项目进行了报道，在国内外产生了很好的影响和社会效应。《福特基金会会刊》2000年冬季版和福特基金会网页上，发表了《女孩的飞跃》文章，专项报道改善女孩生活环境项目，引起关注。这篇文章随后被哈佛大学公共卫生学院主办的网上在线杂志《世界健康新闻》作为世界范围内保护妇女权益、健康、平等和地位等重大进展的头版焦点新闻转载。美国新泽西收养中国孩子联合会主动为本项目捐款，许多国际媒体也采访和报道了实验区的工作。这些交流活动向国际社会传播了中国政府、社会和民众在改善女孩生活环境方面所做的努力和工作。

为了有利于在全国其他地区推广实验区工作，并为其他类似的社会发展项目提供参考，我们编写了有关实验区的《项目工作手册》和《项目效果评估报告》，目的是从理性的高度，从社会发展项目的设计与评估的角度，对巢湖实验区的设计、工作模式与方法、效果以及推广进行系统化和理论化的回顾与总结。

## 四、项目效果与影响

经过3年的艰苦努力，实验区项目初步取得了明显的效果，实验区的主要工作目标都基本得到实现，反映在以下几个方面。

**1. 下降中的女孩生存风险**

实验区的基线调查和跟踪调查数据2000年人口普查数据以及实验区日常统计系统的数据均表明，实验区内女孩生存风险恶化的趋势得到了有效的遏制，女孩死亡风险略有下降，反映出巢湖实验区的工作已经初见成效。如果考虑到全国的整体趋势，可以认为实验区的工作效果是非常难得的。从图 2—图 4 中可以看出，1998—2002 年间，女孩死亡风险下降表现在以下 3 个方面：① 出生性别比和 1—4 岁儿童性别比下降；② 男婴和女婴死亡率均有所下降，但女婴死亡率下降的幅度大于男婴死亡率下降的幅度，使得婴儿死亡率性别比上升；③ 男孩和女孩(1—4 岁)死亡率均有所下降，但儿童死亡率性别比呈波动状态，略有下降。

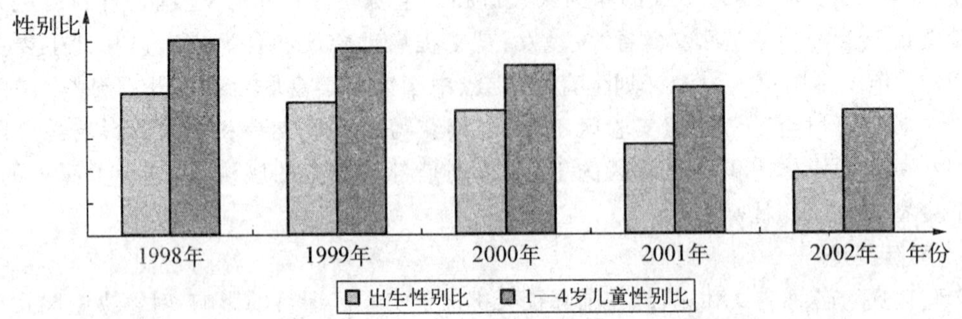


**图 2　1998—2002 年出生性别比和 1—4 岁儿童性别比，巢湖(垂直轴原点为 105)**

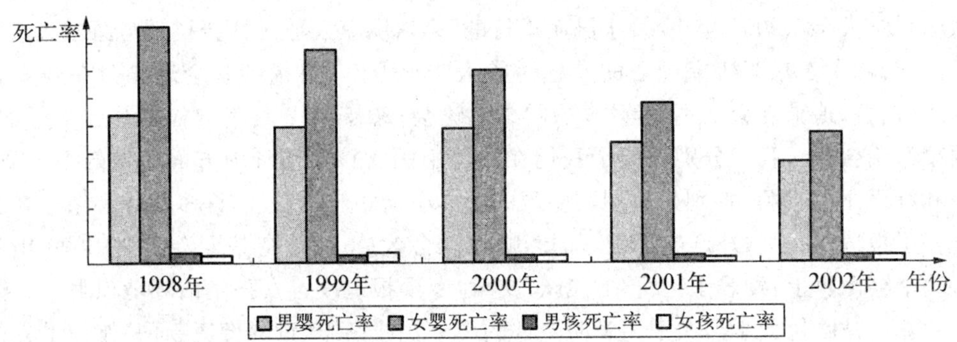


**图 3　1998—2002 年 0 岁和 1—4 岁儿童死亡率，巢湖(垂直轴原点为　　)**

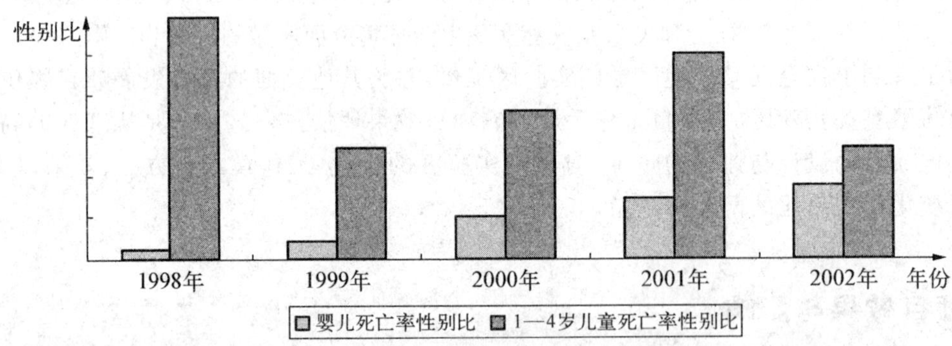


**图 4　1998—2002 年 0 岁和 1—4 岁儿童死亡率性别比，巢湖(垂直轴原点为 60)**

**2. 改进中的社区环境和民众观念**

实验区按计划进行了各种宣传、培训与社区发展活动，培养了一批妇女积极分子，促进了新型婚育文化的建设与传播，人们的思想观念发生了重要的变化，在实验区初步建立了关心女孩和保护女孩的社会意识和社区规范，女孩生存的社区环境发生了重要的变化，有利于女孩生活环境的改善。在图5中，32个评估点640名社区民众多次参与式的快速评估结果表明，在社区干预框架的6个主要工作方面，民众的观念和行为逐渐向有利于女孩生存的方向变化。

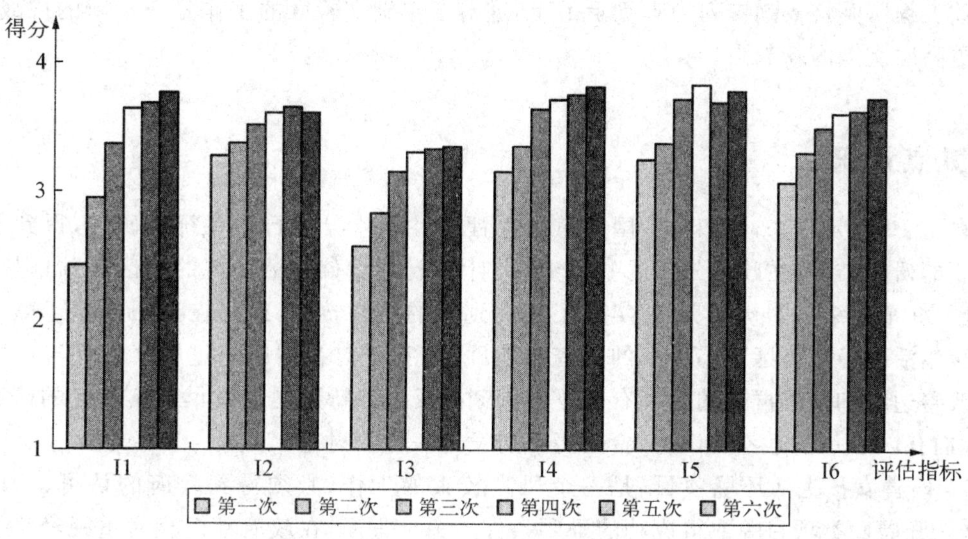


**图5　参与式评估各项指标得分**

I1 对女孩生存问题严重性的认识　I2 母婴保健和生殖健康知识　I3 妇女地位
I4 新型婚育文化　I5 计划生育优质服务和科学管理　I6 相关法律宣传和教育

**3. 改善女孩生活环境的可行模式**

实验区在将项目工作与人口和计生委日常工作相结合方面做了许多有益的尝试，由于项目工作和计划生育经常工作的结合，实验区初步摸索出了一条项目工作经常化、制度化的途径，为社区干预项目的可持续发展以及将实验区经验和模式推向全国打下了初步基础。实验区项目通过3年的实践，探索并初步建立了适用于中国农村的改善女孩生活环境的工作框架、策略、模式和途径。实践证明，我们设计的干预框架是基本可行的。巢湖实验区的工作得到了国家和省、市人口和计生委的认可，预计在全国和安徽省的推广工作中起到一定作用。

**4. 推广和应用**

实验区在完成之前，已经得到政府和计划生育等职能部门的充分肯定和认可，初步完成了从试点到应用的过程，实现了巢湖实验区的工作目标。巢湖实验区提高妇女地位和改善女孩生活环境、保护女孩基本权利的理念与行动在实践中继续得到了巩固和扩展。例如，国家人口和计生委2003年在11个省的11个高出生性别比县开展了“关爱女孩行动”干预项目，目前该行动成为国家长期人口发展战略的重点工作之一，已经在全国数百个县进行。安徽省计划生育领导小组2002年决定在2002—2005年间，以巢湖实验区工作模式为蓝本，在全省开展“关爱女孩工程”。2003年1月，中国/联合国人口基金第五周期生殖健康/计划生育项目启动，决定在全国30个省的30个县区开展干预项目。第五周期项目中，开展以改善女孩生活环境为基础的计划生育/生殖健康的社会性别促进工作，也正在实施中。

巢湖实验区已于2003年3月31日项目总结大会后正式结束，之后改善女孩生活环境的工作已经转入经常化，成为巢湖市政府和人口和计生委的日常工作的主要内容之一，在各项制度的指导和约束下继续进行。在实验区结束之前，安徽省已经在全省范围内开展了"关爱女孩工程"，并将巢湖市列为省级示范市，这对于巢湖实验区的工作是一个新的挑战，也是一个更高层次上的新起点。

## 五、几点认识

自从1995年以来，我们对中国儿童生存社会性别差异进行了系统的研究，得到了一系列重要的研究结果；在政策分析的基础上，设计了改善女孩生活环境的社区干预框架；通过在全国39个网络县的初步实践，实现了从片到点的战略转移，最终在全国建立了第一个改善女孩生活环境实验区。多年来的研究与实践，使我们对在中国通过社会发展与社区干预项目改善边缘和弱势群体的福利有了更为深刻的反思。特别是通过巢湖实验区的研究和实践，我们有以下一些思考和认识，希望能够引发进一步的讨论。

1. 改善女孩生活环境项目，是一个风险较大的工作，必须得到政府的认可、承诺和支持，这是开展此类项目并取得成功的重要条件。另一方面，在政府部门相对重视经济发展工作而忽视社会发展工作的情况下，改善女孩生活环境的社区发展项目不像经济建设项目，实验项目投入大，项目资金少，项目又不能产生现实的和直接的经济效益。这些都说明实验项目能否得到政府领导的认可、承诺和支持是关系着项目能否顺利开展和成功的关键。这也是对在全国其他地区推广改善女孩生活环境项目的重要的启示。

2. 关注人的变化，培养社区妇女积极分子，改变干部和社区民众的观念，是实验区项目成功的核心。这也是在中国农村使改善女孩生活环境的努力可持续发展的基础。只有通过社区发展项目促进人的思想和行为的转变，才能真正保证女孩生活环境的改善和社会环境得以变化。

3. 在项目工作中，要注意对各种资源的整合性应用。女孩生活环境中存在的各种问题不是某一个部门的问题，也不是某一个地区的问题，而是关系到中国社会长期稳定和可持续发展的重大社会问题，需要多方面的资源投入。但一个社区实验性干预项目所能够得到的资源是有限的。这就需要设计者和实施者能够争取各种渠道的社会支持，动员各种已有的社会资源，形成社会各部门的社会资源的联合使用，起到大联合的目的。在资源整合性应用的前提下，实践证明主要利用人口和计生委系统的人力资源来开展项目是可行的。项目工作同人口和计生委系统日常工作相结合，使改善女孩生活环境的工作经常化和制度化，进而达到政府制度创新的层次，是改善女孩生活环境工作可持续发展的重要制度保证，也是项目工作框架得以在中国农村其他地区应用的前提。

4. 理论研究必须与社会实践相结合。社会科学工作者的责任，不仅仅在于发现社会生活中存在的问题，寻找产生这些问题的原因和解决这些问题的对策；更为重要的是要将理论研究的成果应用于社会实践，通过社会发展和社区干预项目，来改善社会的福利。从这个意义上讲，充分的理论准备是设计和推进项目、保证项目质量所必需的。更进一步，任何社会发展和社区干预项目也必须以严格的理论研究为基础，否则不能够保证项目的成功。项目进展过程中，虽然要根据项目的目标、工作框架、策略、计划等扎扎实实地开展工作，但也必须强调审时度势，根据过程监测和评估的结果，及时发现问题，不失时机地调整工作目标、框架和策略，通过实践来改善社会干预项目的设计，提高项目的可应用性和可推广性。

实践表明，研究部门、政府部门、社区民众、国际组织的成功合作是项目正常开展的保证。巢湖改善女孩生活环境实验区的建立、运作和成果，体现了北京世界妇女大会后，中国政府和非政府组织、社会各界和社区民众按照 1995 年北京世界妇女大会所达成的《北京宣言》和《行动纲要》，在国际社会的支持下，进行的改善女孩生存、参与和发展权利的努力。这些工作引起了国际社会的关注，树立了中国政府和社会关心女孩发展的良好国际形象，充分体现了一种“宣言下的合力”(朱楚珠和李树茁，2000)。

## 参考文献


[1] 姜全保、李树茁、费尔德曼，“中国‘失踪女孩’的数量估计：1900—2000”，《中国人口科学》，2005 年第 4 期.

[2] 罗西、弗里曼、李普西著，邱泽奇译，《项目评估：方法与技术》，华夏出版社，2002 年.

[3] 李树茁、朱楚珠、韩世红，“陕西省泾阳县 1994—1996 年儿童死亡调查结果分析”，《中国人口科学》，1999 年第 2 期.

[4] 李树茁、朱楚珠，《中国儿童生存性别差异的研究与实践》，中国人口出版社，2001 年.

[5] 唐慧、张勉、朱楚珠，“转出新的人生：人生转盘的理论与实践”，《西北人口》，2000 年第 1 期.

[6] 朱楚珠、付小斌、李树茁，“当前我国农村女孩的生存风险分析”，《人口与经济》，1998 年第 6 期.

[7] 朱楚珠、李树茁，“宣言下的合力——中国农村改善女孩生活环境的社区发展项目”，《妇女研究论丛》，2000 年第 4 期.

[8] 朱楚珠、李树茁、金安融、张勉，“社区发展与新生育文化传播”，《人口与经济》，1999 年增刊.

[9] 英国儿童救助会，《联合国儿童权利公约参与式培训手册》，昆明，1999 年.

[10] Banister, J. Shortage of girls in China today. *Journal of Population Research*, 2004, 21(1): 19-45.

[11] Coale, A., and Banister, J. Five decades of missing females in China. *Demography*, 1994, 31(3): 459-479.

[12] Das Gupta, M. and Li, S. Gender bias and marriage squeeze in China, South Korea and India 1920-1990. *Development and Change*, 1999, 30(3): 619-652.

[13] Gu, B., and Roy, K. 1995. Sex ratio at birth in China, with reference to other areas in East Asia: what we know. *Asia-Pacific Population Journal*, 1995, 10(3): 17-42.

[14] Lee, J., Wang, F., and Campbell, C. Infant and child mortality among the Qing nobility: Implications for two types of positive check. *Population Studies*, 1994, 48(3): 395-411.

[15] Li, S., Zhu, C., and Feldman, M. Gender differences in child survival in rural China: A county study. *Journal of Biosocial Science*, 2004, 36(1): 83-109.

[16] Zeng, Y., Tu, P., Gu, B., Xu, Y., Li, B., and Li, Y. Causes and implications of the recent increase in the reported sex ratio at birth in China. *Population and Development Review*, 1993, 19(2): 283-302.

# 中国的女孩生存：历史、现状和展望①

李树茁，韦艳，姜全保

**摘要**：基于已有的数据、研究成果及中国政府和社会的干预实践，对有关改善中国女孩生存的研究和实践进行回顾式的评述和展望。中国一直存在对女性的歧视，近年来中国持续升高的出生性别比和偏高的女孩死亡水平，反映出女性社会地位低下和女孩生存风险恶化。对女孩的歧视包括出生前和出生后的歧视。文章描述了中国高出生性别比和女孩死亡水平偏高的趋势和区域差异，分析了女孩生存环境恶化的直接和间接原因及其引发的人口和社会后果。通过比较国际社会的经验和中国政府及社会的认识与行动，讨论了改善中国女孩生存的前景及相应的措施。

**关键词**：女孩生存；出生性别比；女孩死亡水平；中国

## 一、背景

随着中国社会经济的发展和现行生育政策的实施，中国的生育率持续下降。在中国传统文化一直存在强烈的男孩偏好和对女性的歧视的条件下，近 20 年生育率的持续下降伴随着出生性别比（Sex Ratio at Birth，简称 SRB）持续上升和女孩死亡水平相对偏高（Excess Girl Child Mortality，简称 EGCM）（Zeng et al.，1993；Das Gup ta and Li，1999；Li et al.，2004），导致了女性人口缺失和“失踪女孩”现象。这些不仅损害了女孩生存、参与和发展的权利，而且造成中国人口男女比例失衡，从而引发一系列人口与社会问题，影响中国社会的长期稳定和可持续发展（郭志刚和邓国胜，1995；Das Gupta and Li，1999；Cai and Lavely，2003；Banister，2004；Li et al.，2004）。

中国的女孩生存问题引起了中国学者、公众、政府和国际社会的广泛关注。自 1980 年代中期以来，很多学者从现状、原因、人口与社会后果、政策和干预行动等方面进行了深入的分析。目前，已有的研究大多集中于分析高 SRB 的趋势、原因和后果（张翼，1998；Gu and Roy，1995；Park and Cho，1995；Murphy，2003；Löfstedt et al.，2004）；也有一些学者对中国 EGCM 的原因和机制作了深入的分析（李树茁和费尔德曼，1996；李树茁和朱楚珠，2001；Lavely，1997；Li et al.，2004）；少数学者将两方面结合起来进行了分析，但多侧重于女性数量的短缺和男女比例失衡（Attané，2004；Banister，2004）；一些研究更认识到女孩生存问题是男女不平等现象在人类生命最初阶段的集中反映，日益关注女性地位和权益。在学者们进行深入研究的同时，中国政府和社会也做出了积极的努力，颁布和实行了一系列

① 教育部“新世纪人才计划”项目部分研究成果。

保护和提高女孩和妇女地位的政策法规，还在全国范围内采取了干预试点和专项行动（施春景，2005）。

本文将回顾式评述国内外关于中国女孩生存的研究和实践的状况，分析中国女孩生存的历史和现状，并基于国际社会经验的对比，考察中国政府和社会的干预政策和行动，进而展望中国女孩生存的未来趋势。

## 二、数据来源和评价

本文使用的中国SRB和婴幼儿死亡水平的数据主要来源于以下渠道。第一是人口普查数据；第二是相关政府部门公布的统计数据和专项调查数据；第三是学者们的调查和研究成果。

人口普查数据虽然资料丰富，可靠性较高，但是多数数据源存在质量问题，主要是出生和死亡人口的登记漏报（Banister, 2004）。出生漏报的一个主要原因就是躲避计划生育管理（Banister, 1987,1994），而且女性的漏报程度要比男性的严重（高凌，1993；涂平，1993；李树茁等，2005a; Zeng et al., 1993; Croll, 2001）。由于存在漏报，尤其是女婴的漏报严重，一定程度上影响了统计的SRB的真实性。另外，出生和儿童死亡人口的漏报，也在一定程度上影响了中国儿童死亡水平和模式的可靠性（李树茁，1994；李树茁等，2005a）。相关政府部门公布的统计数据也存在问题。比如计划生育系统的数据有不实之处（于学军和王广州，2001），而且国家人口和计划生育委员会、公安部和国家统计局公布的历年出生人数也相互矛盾，这些也影响了数据的可靠性。

关于数据质量争论的一个焦点是普查数据中的瞒报和漏报的性别问题，这在很大程度上影响了报告的SRB和婴幼儿死亡水平。有的研究认为女性婴幼儿瞒报、漏报严重（李树茁等，2005a）；也有一些研究认为数据虽然在一定程度上受到瞒报和漏报和统计不实等问题的影响，但并不存在严重的性别选择性的瞒报和漏报（Banister, 1992; Johansson and Arvidsson, 1994）。因此，偏高的SRB和女性婴幼儿死亡水平主要不是数据造成，它基本反映了真实的状况（Banister, 2004）。即使校正了瞒报和漏报等误差，SRB和女性婴幼儿死亡水平的异常也是非常显著的（Yuan, 2003）。

尽管本文使用的数据在一定程度上受到上述问题的影响，但能基本真实地反映出中国儿童生存的状况。特别指出，本文所使用的1990年和2000年的婴幼儿死亡率是调整过的数据（李树茁，1994；李树茁等，2005b）。

## 三、历史和现状

对女孩的歧视包括出生前和出生后的歧视，从而导致“失踪女孩”现象的发生。出生前的歧视主要是指性别选择性人工流产，它导致SRB持续升高；出生后的歧视主要是指对女孩在家庭资源分配，例如营养、疾病预防与治疗等方面的歧视，也包括溺弃女婴等极端行为，这些导致EGCM。

**1. 出生性别比异常**

图1给出了中国1950—2000年的SRB，表明SRB随着时间的推移而逐渐升高。1980

年以前，SRB 基本处于正常范围；从 1980 年代以后 SRB 持续偏高，而且有逐年增大的趋势，已经远远高于 105—107 的正常值(Liu，2004)。在 SRB 升高的同时，SRB 异常还表现出了一定的孩次、城乡和区域差异。

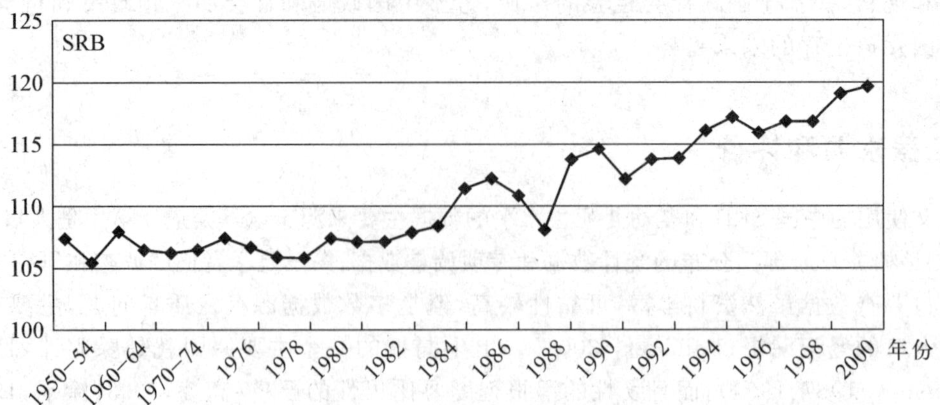


**图 1　中国 1950—2000 年出生性别比**

资料来源：1950—1959 年：《全国生育节育抽样调查全国数据卷》；1960—1979 年：顾宝昌、许毅(1994)；1980—1987 年：《中国人口统计年鉴 1991》；1988 年：《全国生育节育抽样调查数据卷》；1989 年：《中国 1990 年人口普查资料》；1990—1999 年：历年《中国人口统计年鉴》；2000 年：《中国 2000 年人口普查资料》。

图 2 给出部分普查年份的按孩次 SRB，表明分孩次 SRB 逐渐升高。正常的分孩次的 SRB 应该是随着孩次的升高而略有下降(Banister，2004)，而中国分孩次 SRB 正好显示出相反的趋势，第一孩的 SRB 在所有年份都在正常范围之内，但是自 1990 年起二孩及以上的 SRB 已远远高于正常值。

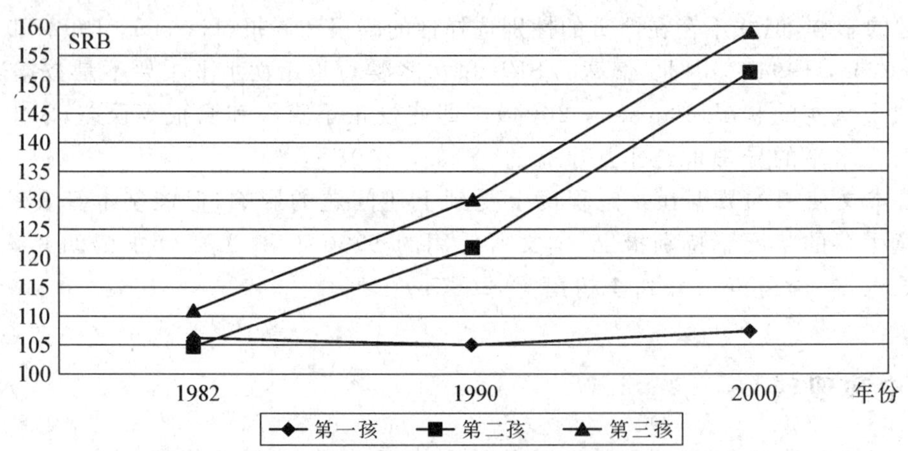


**图 2　中国部分普查年份按孩次出生性别比**

资料来源：1982 年、1990 年和 2000 年普查资料。

图 3 提供了中国 1982—2000 年分城乡的 SRB，表明农村 SRB 高于城镇，但城镇 SRB 上升很快。1990 年代前，农村人口 SRB 偏高，城镇的 SRB 虽有上升但相对较低；近年来城镇人口 SRB 也逐年上升，表明 SRB 在城镇和农村已经全面偏高。

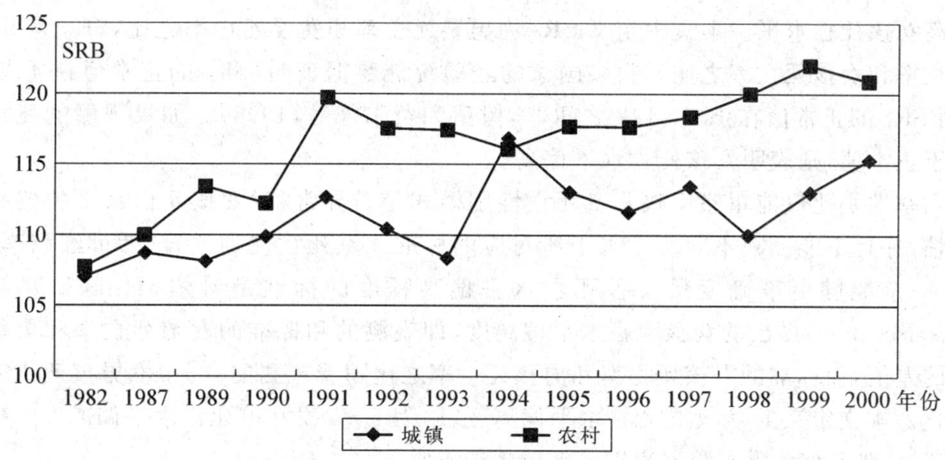


**图 3　中国 1982—2000 年城镇与农村出生性别比**

资料来源：历年《中国人口统计年鉴》。

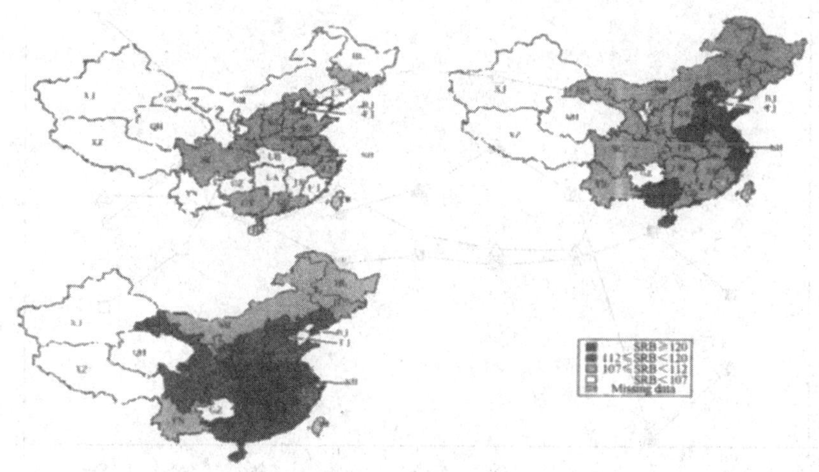

**图 4　中国 1982 年、1990 年和 2000 年按省区出生性别比**

资料来源：1982 年、1990 和 2000 年普查资料。

＊ 图 4 中各省区对应的代码为(图 6、图 7 和图 10 同)：

BJ：北京；TJ：天津；HB：河北；SX：山西；NM：内蒙古；LN：辽宁；JL：吉林；HL：黑龙江；SH：上海；JS：江苏；ZJ：浙江；AH：安徽；FJ：福建；JX：江西；SD：山东；HN：河南；UB：湖北；UN：湖南；GD：广东；GX：广西；HA：海南；SC：四川；CQ：重庆；GZ：贵州；YN：云南；XZ：西藏；XJ：新疆；SA：陕西；GS：甘肃；QH：青海；NX：宁夏；TW：台湾

图 4 提供了中国最近三次普查年份分省的 SRB。可以发现高 SRB 主要发生在中国传统文化强烈的省份(如黄河流域的山东、陕西、山西、河南等)和长江流域及沿海的安徽、浙江、江西、福建、广东等省区。而特大城市(如上海)和少数民族区域(如西藏)、东北地区(如黑龙江)等，SRB 偏低或基本正常。SRB 的区域模式在三次普查间并没有发生根本性变化，但随着时间的推移，不同区域的 SRB 都普遍上升，SRB 失衡的局面在全国蔓延。

**2. 偏高女孩死亡水平**

研究 EGCM 的关键在于确定正常的婴幼儿死亡性别模式(即标准模式)，通过实际观测模式与标准模式的比较，度量女孩死亡水平的偏高程度。类似 SRB，儿童死亡性别比常用于度量偏高女孩死亡水平。本文中定义 $SR_0$ 为男婴死亡率和女婴死亡率之比，$SR_1$ 为 1—4 岁男孩死亡率和女孩死亡率之比。很多国家的经验统计数据表明，$SR_0$ 的正常值在 1.2—1.3 之间，而 $SR_1$ 的正常值在 1.0—1.2 之间（李树茁和费尔德曼，1996）。如果观测的死亡率性别比低于正常值，则表明女孩死亡水平偏高。

死亡率性别比仅能粗略反映儿童死亡性别模式是否异常，对女孩死亡水平的偏高程度有所低估，并且不能反映不同死亡水平所对应的标准儿童死亡性别差异（韩世红和李树茁，1999）。一个能够更准确度量女孩死亡水平偏高程度的标准是希尔（Hill）和厄普丘奇（Upchurch）（1995）提出的女孩死亡水平偏离度，即观测的和标准的女孩死亡率和男孩死亡率之比的差值，而标准的女孩死亡率和男孩死亡率之比随着观测的 0—4 岁男孩死亡率的水平而变化。本文定义 $I_0$ 为女婴死亡水平偏离度，$I_1$ 为 1—4 岁女孩死亡水平偏离度。偏离度越接近于 0，则表明女婴或女孩死亡水平越趋于正常。

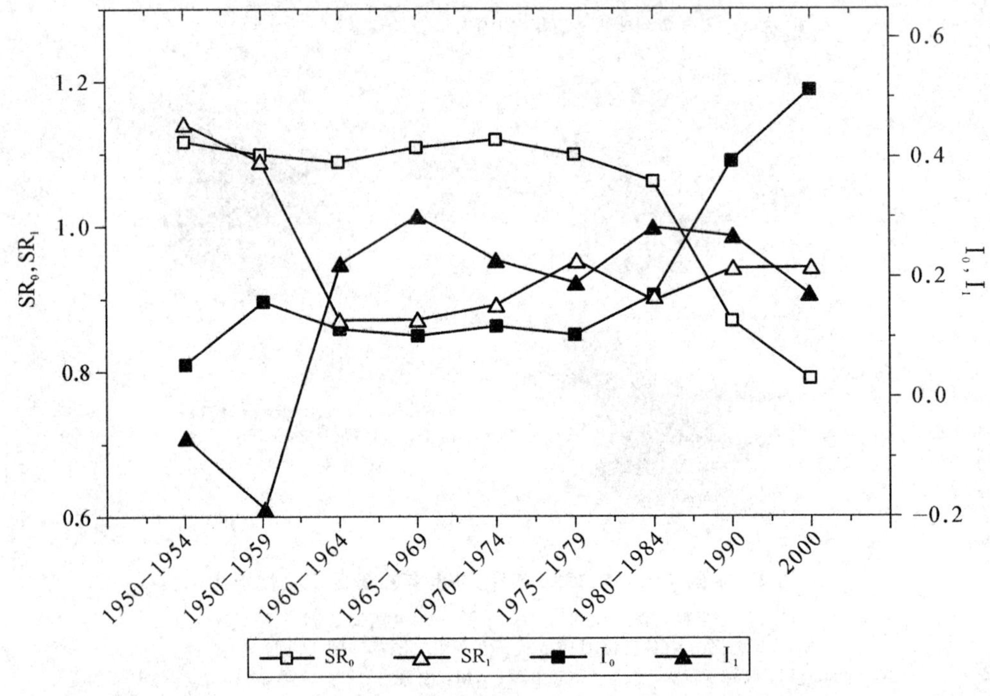


**图 5　中国 1950—2000 年婴幼儿死亡性别比和偏离度**

资料来源：2000 年数据根据李树茁等（2005a）计算；其他引自李树茁和朱楚珠（2001）。

图 5 是中国 1950—2000 年婴幼儿死亡率性别比和偏离度。从图 5 看出所有时期的 $SR_0$ 和 $SR_1$ 均低于正常范围，表明 EGCM 在中国一直存在。在 1980 年代以前，$SR_0$ 一直略低于正常值；自 1980 年代后期开始，$SR_0$ 急剧下降，表明偏高的女婴死亡水平在 1980 年代以后加剧。与 $SR_0$ 不同，在 1960 年以前，$SR_1$ 基本处于正常范围内，但自 1960 年代初期开始，$SR_1$ 已经小于 1，比 $SR_0$ 早了 20 多年，偏高的 1—4 岁女孩死亡水平虽然在 1960 年代开始出现，但是其一直在略低于正常值的范围内波动。$I_0$ 和 $I_1$ 显示了相同的趋势，但 $I_0$ 比 $SR_0$ 显示的女婴死亡率偏高程度要大。总之，1950 年代后一直存在 EGCM 问题。但 1—4 岁女孩的死亡偏高程度比较稳定，而 1980 年代后女婴死亡水平偏高程度急剧上升，从低于 1—4 岁

女孩转变为远高于1—4岁女孩，表明性别歧视主要从1—4岁女孩转向女婴。

表1是中国部分普查年份按城乡的婴幼儿死亡性别比和偏离度，表明EGCM存在城乡差异，1980年代后中国市、镇、县都存在EGCM持续上升的问题，而且偏高问题在农村最为严重，其次是镇和市。

**表1　中国部分普查年份按市、镇、县的婴幼儿死亡性别比和偏离度**

| 年份 | 地区 | $SR_0$ | $I_0$ | $SR_1$ | $I_1$ |
|---|---|---|---|---|---|
| 1981 | 市 | 1.11 | 0.130 | 0.93 | 0.250 |
| | 镇 | 1.07 | 0.161 | 0.96 | 0.221 |
| | 县 | 1.05 | 0.173 | 0.90 | 0.257 |
| 1990 | 市 | 0.94 | 0.292 | 0.85 | 0.368 |
| | 镇 | 0.85 | 0.404 | 0.95 | 0.237 |
| | 县 | 0.87 | 0.375 | 0.79 | 0.423 |
| 2000 | 市 | 0.91 | 0.335 | 0.94 | 0.233 |
| | 镇 | 0.82 | 0.452 | 0.98 | 0.177 |
| | 县 | 0.79 | 0.482 | 0.90 | 0.255 |

资料来源：2000年数据根据李树苗等(2005a)计算；其他引自李树苗和朱楚珠(2001)。

由于$I_0$和$I_1$能更好地反映EGCM，图6和图7分别给出了中国1981年、1990年和2000年各省区的$I_0$和$I_1$分布，表明EGCM存在明显的区域差异，而且这个区域模式与图4的SRB的区域模式基本一致。另外，在1980年代至2000年间，同SRB基本类似，$I_0$随着时间的推移普遍上升，女婴死亡水平偏高的问题在全国蔓延；而$I_1$基本稳定。

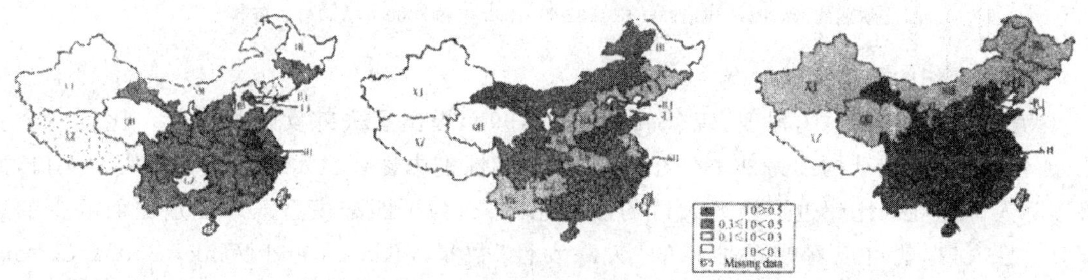

**图6　中国1981年、1990年和2000年按省区婴儿死亡偏离度**

资料来源：1981年、1990年数据来自李树苗和朱楚珠(2001)，2000年数据根据李树苗等(2005a)计算。

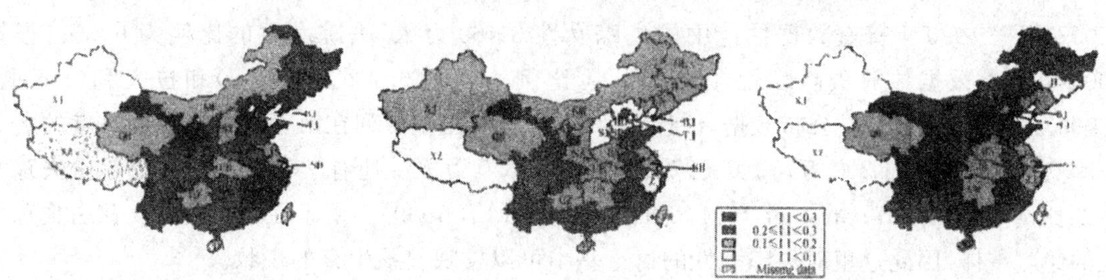

**图7　中国1981年、1990年和2000年按省区幼儿死亡偏离度**

资料来源：同图6。

### 3. 0—4 岁人口性别比异常

SRB 和 EGCM 的联合作用，导致了 0—4 岁年龄段人口的性别结构失衡。一般生物医学因素使出生后男性比女性的生命脆弱，在各年龄水平上的死亡率相对高一些，因此 0—4 岁人口性别比应该低于 SRB。班尼斯特(Banister)和希尔(Hill)(2004)通过对最近三次普查的数据调整后，发现中国 4—14 岁分年龄的性别比基本正常，异常的性别比主要发生在低年龄段。图 8 是中国普查年份 0—4 岁人口的性别比。数据表明，1953 年和 1964 年低龄组的性别比基本正常，而高龄组的性别比偏高；1982 年的性别比情况基本正常；1982 年后，0—4 岁性别比大幅度上升，而且低龄组的性别比高于高龄组的性别比，与 1982 年前情况相反。

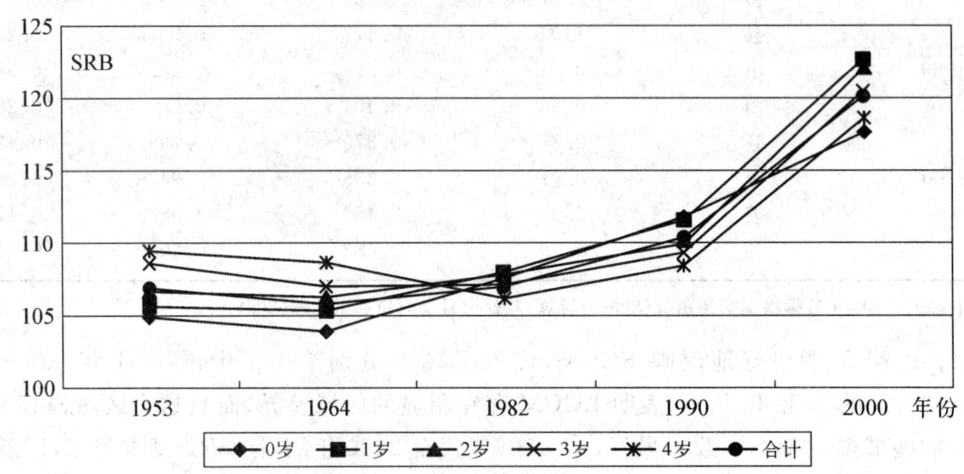


**图 8　中国普查年份 0—4 岁人口性别比**

资料来源：1953 年、1964 年、1982 年、1990 年和 2000 年人口普查资料。

### 4. 20 世纪的失踪女性数量

为了度量女性缺失的程度，森(Sen, 1989, 1990)提出了失踪女性的概念。比较一个实际人口的年龄性别结构和另外一个在正常 SRB 和性别中性死亡水平假设下的模型人口，如果实际人口的性别比超过了模型人口的性别比，那么为了匹配模型人口性别比而缺少的那部分女性人口，就可以看成是估计的“失踪女性”数量 (Klasen and Wink, 2002; Cai and Lavely, 2003)。

很多学者针对中国“失踪女性”数量问题进行了研究 (Coale and Banister, 1994; Das Gupta and Li, 1999; Klasen and Wink, 2002; Cai and Lavely, 2003)。克拉森 (Klasen)和温克 (Wink)(2002)根据 1990 年普查数据估计中国失踪女性 3 460 万人，失踪女性的比例为 6.3%；根据 2000 年普查数据估算失踪女性 4 090 万人，比例达到了 6.7%。蔡(Cai)和拉夫利(Lavely)(2003)根据 2000 年普查公布数据，估计 1980—2000 年出生队列在第五次人口普查时点的名义失踪女孩数量大约 1 200 万，真实失踪女孩数量为 850 万人。还有学者估计了部分年份失踪女性的比例 (Coale and Banister, 1994; Das Gupta and Li, 1999)。由于在中国失踪女孩占失踪女性的绝对主体，因此这里对失踪女性的讨论基本可以反映女孩生存的现状。

姜全保等(2005)对 20 世纪中国的失踪女性数量和比例做了系统的研究，发现 20 世纪失踪女性数量约为 3 559 万人，占考察出生队列的 5%。女性失踪女性比例的历史趋势如图 9 所示。

**图 9　1900—2000 年失踪女性的比例**

资料来源：姜全保等（2005）。

图 9 表明，总体上失踪女性的比例在不同的历史阶段有较大的变化。在 1949 年以前，失踪女性的比例整体水平较高。在 1910 年左右即清朝末年达到了一个局部峰值后，失踪女性的水平从 1920 年代开始基本上保持了一种持续上升的态势，在 1930 年代中后期达到了峰值。1949—1970 年代中期，失踪女性的水平相对较低，期间在 1950 年代后期和"文化大革命"有两个局部峰值。失踪女性的比例从 1970 年代后期虽然持续升高，但目前仍然低于 20 世纪历史上的最高水平。

实际上，在 1980 年代以前，出生后的歧视是导致女孩失踪的主要途径，例如，在清朝末期，无论是皇室家族还是平民家庭溺杀女婴的现象都很普遍（Lee et. al，1994），而 1950 年后由于政府倡导男女平等和法律的禁止等措施，溺杀女婴和对女孩忽视的歧视现象有所改善(Banister，2004)。但是 1980 年代后随着产前性别鉴定技术的普及，性别选择流产成为夫妇实现生男孩的重要手段，出生前的歧视成为导致"女孩失踪"的主要途径(乔晓春，2004；韦艳等，2005；Banister，2004)。

**5. 出生性别比和婴儿死亡偏离度的动态变化**

如前所述，由出生前歧视造成的 SRB 升高和出生后歧视造成的 EGCM 是导致"失踪女孩"现象的两种途径。从微观上看，家庭对于每一个女孩的歧视途径只有一种选择，或者在出生前或者在出生后，因此两种歧视途径自然存在着替代效应。有学者也认为当数量和性别不可兼得时，在有可能产前确定性别时，农民会选择以较小的心理代价来实现自己的子女性别期望(Gu and Roy，1995；Croll，2001)。但从宏观上看，当许多家庭的许多女孩的歧视事件汇总时，并不一定仅存在替代效应，即 SRB 和 EGCM 反向变动；还可能存在加性效应，即两种歧视同时增加，导致 SRB 和 EGCM 同时升高；或存在减性效应，即两种歧视同时减少，导致 SRB 和 EGCM 同时下降。古德金德（Goodkind，1996)认为，如果禁止产前性别鉴定的政策很有效，出生前歧视就会转变为出生后歧视，将会对人类的生存带来更大的伤害，暗含着替代效应的存在。但是需要说明，这种观点已经默认了一定程度的男孩偏好和女性生存的劣势，而简单地来比较对待女婴的人道程度，因此，性别选择性流产并不是对溺弃女婴和忽视女孩的真正“替代”（Miller，2001）。

前面的分析已经表明，近 20 年来，中国的 SRB 和 EGCM 同时呈急剧上升趋势，在宏观上中国显示出加性效应，这在一些学者的研究中也得到证实（Banister，2004；Goodkind and Branch，2005）。但中国存在较大的区域差异，还需要从区域角度进行进一步考察。图 10 给出了 1981 年、1990 年和 2000 年三次普查期间各省的 SRB 和 $I_0$ 的变化。

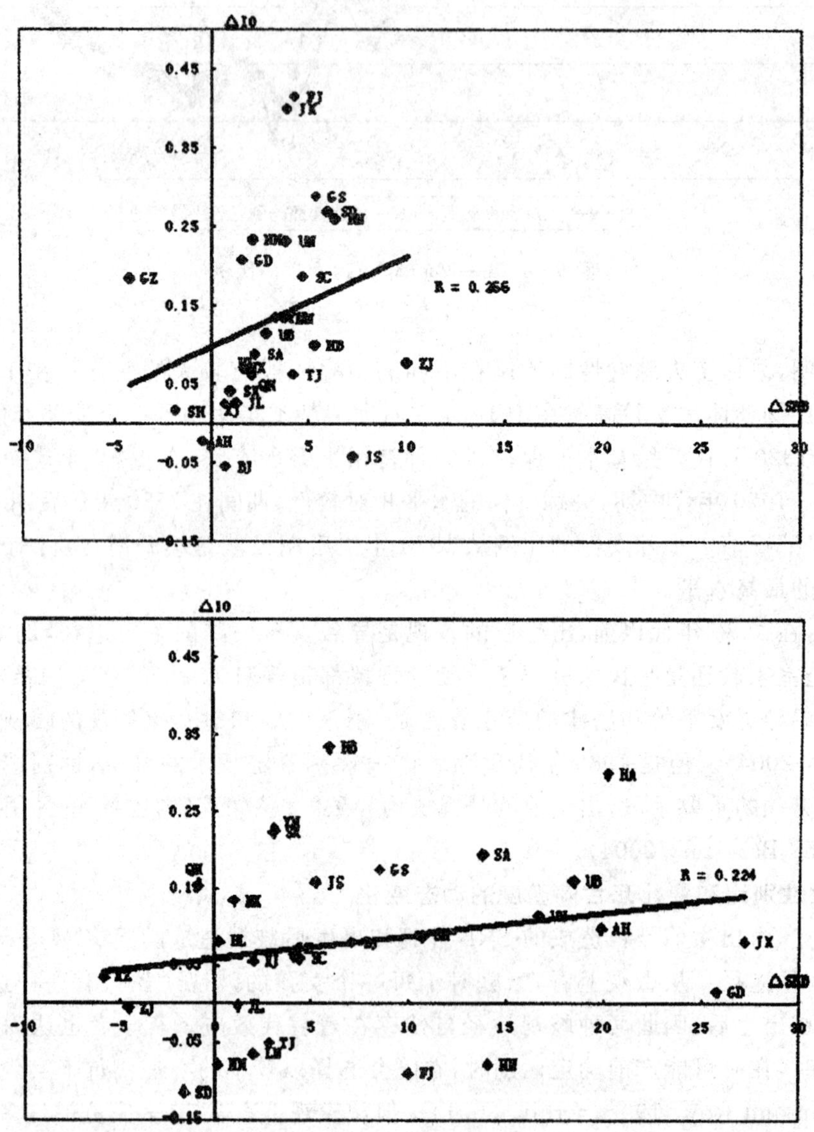


**图 10　1981 年、1990 年和 2000 年间出生性别比和婴儿死亡偏离度的动态变化**

根据图 4 和图 6 的数据计算。广西的位置坐标超出图 10 的范围，在图的右上角。

从图 10 看出，绝大多数省份在 1982—1990 年之间对女孩的歧视显示出加性效应，比较显著的省份是广西、河南、甘肃、山东、江西和福建。显示出明显的替代效应的有江苏和贵州。安徽显示出减性效应。而在 1990—2000 年间，大多数省份同样显示出加性效应，较为明显的省份为广东、江西、安徽、湖南、湖北、海南和河北。显示出较明显的替代效应的是福建、河南和青海。而浙江和山东呈现减性效应。

总之，1980 年以来对女孩的歧视在区域上主要表现为加性效应，而且近年来歧视程度加剧，对女孩的歧视也逐渐由产后歧视转为产前歧视。1990 年代前加性效应在东南沿海省份表现较为显著，替代效应只是在较为发达的省份和西南经济发展较为落后的贵州出现，而且拟和的曲线在第一象限向左上方倾斜，即加性效应倾斜于 $I_0$，对女孩的歧视主要表现为产后歧视；而 1990 年代后，加性效应在全国范围内显现，替代效应的省份也有所增加，拟和的曲线在第一象限向右下方倾斜，即加性效应更倾斜于 SRB，对女孩的歧视主要表现为产前歧视。

和 1990 年前相类似，出生前歧视替代（SRB 上升，$I_0$ 下降）多发生在经济较为发达的省份，出生后歧视的替代（SRB 下降，$I_0$ 上升）发生在经济欠发达和少数民族自治区。加性效应在区域的差异反映出生育政策和男孩偏好在区域的差异；而替代效应不仅反映出同样的差异，也反映了出生前性别技术获得性的不同（Goodkind and Branch，2005）。

## 四、原因分析

现有研究对中国的高 SRB 和 EGCM 的原因进行了深入的分析。这些原因可以归纳为两个层次：第一是研究导致 SRB 和 EGCM 偏高的直接原因；第二是从中国的制度、经济、文化和政策等方面考察造成这种现象的根本原因。

**1. 直接原因**

对于 SRB 升高的直接原因，现有研究归纳为溺弃女婴（Coale and Banister，1994；Banister，2004）、出生统计上女婴的瞒报、漏报（Johansson and Nygren，1991；Zeng et al.，1993）和性别选择性人工流产（乔晓春，2004；Gu and Roy，1995；Croll，2001；Li et al.，2004）。而最近的研究证实，持续升高的 SRB 主要是性别选择性流产而不是溺弃女婴和漏报女婴的结果（韦艳等，2005；Croll，2001；Banister，2004）。

中国女孩死亡水平偏高，其主要原因是男性和女性婴幼儿在医疗保健的可得性不平等（Alderman and Gertler，1997；Hazarika，2000；Croll，2001）。由于中国存在强烈的男孩偏好，使女婴在营养、食物以及医疗保健等方面收到歧视性待遇，导致女孩死亡水平偏高。近年来，随着生活水平的提高，食物方面的歧视待遇对女婴死亡的影响已不重要，但疾病治疗方面的歧视性待遇对女婴偏高的死亡率有重要影响。局部地区儿童死亡的分析表明，父母在为生病儿童寻求更高质量的治疗措施方面，男孩的待遇要显著好于女孩（Li et al.，2004）。当然，溺弃女婴这种极端现象仍然存在（Banister，2004；Li et al.，2004）。

**2. 根本原因**

中国历史上一直实现严格的父系家族制度。父系体系（patrilineality）、从夫居婚姻（patrilocality）和父权制度（patriarchy）使男性在财产继承、居住安排、家庭延续、家庭权力结构上占主导地位，而女性地位低下(Khan and Khanum，2000；Das Gupta et al.，2004；Li et al.，2005)。对男孩的偏好和对女孩的歧视还决定于他们养老价值和经济地位的不同。为老年人提供经济这样根本性支持的是儿子(Sun，2002)。目前，中国的经济体系和公共政策中的一些因素(例如社会保障体系的不完善等)，也刺激了对男孩的需求(阳义南，2005)。由于传统的性别分工，妇女地位的低下也决定了家庭中妇女在经济上对男性的依赖程度。严格的计划生育政策对 SRB 和 EGCM 上升也有一定影响。由于没有严格的生育限制，人们可以通过多育实现生男的愿望。但是随着 1980 年代初现行生育政策的实施，加之产前性别鉴定技术的普及，性别选择流产成为夫妇实现生男孩的重要手段(乔晓春，2004；韦艳等，2005；Banister，2004)。但 SRB 和 EGCM 持续升高根本上是与中国普遍存在的男孩偏好有关，严格的生育控制政策只是加剧并提前了这种现象的发生(韦艳等，2005；Banister，1997)，如果男孩偏好很弱，快速的生育率下降和低生育率并不一定导致 SRB 和 EGCM 偏高(Poston et al.，1997)。

总之，性别选择性流产、溺弃女婴和对女孩的忽视是造成偏高的 SRB 和 EGCM 的主要原因(Zeng et al.，1993；Gu and Roy，1995；Tuand Smith，1995；Chu，2001；Li et al.，2004)；而根源性的原因是根植于中国传统文化中的男孩偏好(Li et al.，2004)，现行经济体系和公共政策的一些因素是条件性原因。

## 五、人口和社会后果

### 1. 人口后果

偏高的 SRB 和 EGCM 直接导致了"失踪女孩"现象，引起中国人口的性别结构失衡，从而对一些人口问题(如人口规模、人口老龄化、人口就业、"婚姻挤压"等)产生影响。

偏高的 SRB 和 EGCM 引起的"失踪女孩"使当前人口数量减少，这部分减少数量对人口的当期影响可能很小，但这些"失踪女孩"的人口再生产潜力消失，她们的后代中的女性对人口增长的影响随之消失，由于乘数效应而导致的累积效应对人口增长的影响不可低估(Cai and Lavely，2003)。在相同的生育水平和死亡水平之下，由于"失踪女孩"现象使出生人口数量减少，必然会对人口的老龄化过程产生影响；人口总规模变小，劳动适龄人口总量也必然受到影响。性别歧视导致的"失踪女孩"现象引起了中国人口的性别结构失衡，适婚人口中女性的短缺必然会造成男性的"婚姻挤压"(Tuljapurkar et al.，1995；Das Gupta and Li，1999，Li et al.，2005)。

### 2. 社会后果

偏高的 SRB 和 EGCM 也带来了相应的社会后果，其最大代价是对人类生命和生活质量所造成的损害，损害了女孩的生存权、参与权和发展权，阻碍了生产力、效率和经济进步，损害社会与人口的整体福利，阻碍了中国人口、社会的可持续发展。首先，出生权和生命权是人类最基本的权利，但是偏高的 SRB 剥夺了女性胎儿的出生权，使她们还没有出生就被扼杀；偏高的 EGCM 使女性婴幼儿还没有成年就被剥夺了生存权，致使女性胎儿和婴幼儿成为直接的受害者(马焱，2004)。其次，忍受着巨大的心理压力和健康风险去做性别选择性流产的女性，身心都受到了巨大伤害，影响了她们的生殖健康(朱楚珠等，1997；Li et al.，

2004)。最后,“失踪女孩”引起的中国人口性别结构失衡导致男性“婚姻挤压”这一负面后果,除了给年轻男性带来婚姻压力之外,还会导致同性之间和异性之间双重的婚配竞争、单身未婚者本身的生理与心理健康、婚姻及家庭的稳定性、非婚生育与私生子、独身者的养老、色情业和拐卖妇女等问题,危害社会稳定,必将引发大规模的社会安全问题(陆杰华和傅崇辉,2004;宋健等,2005)。

## 六、国际视野和经验

偏高的 SRB 和 EGCM 不是中国特有的现象,在其他一些国家也存在着类似的现象,只是偏高的程度和影响因素不尽相同,并且国际社会针对这些问题也采取了相应的对策,积极改善女性生存环境,提高女性社会地位。

**1. 国际上其他国家类似问题的现状、原因**

亚洲国家(主要是东亚和南亚国家)是女性歧视现象最普遍的区域,而亚洲人口性别比很高,2000 年为 104.5。有学者估计该区域有 6 千万到 1 亿的女性短缺(Croll, 2001)。最近,随着印度、韩国和中国台湾地区生育率的下降,SRB 有实质性的上升。

印度 2001 年的普查数据显示,印度的 SRB① 呈稳定下降的趋势,1998 年至 2000 年印度的 SRB 为 898,大多数省份的 SRB 均低于 952 的正常范围,而儿童(0—6 岁)性别比从 1991 年的 945 下降到 2001 年的 927。1994 年至 2000 年的印度的女性婴儿和儿童死亡率都大大高于男性(Choudhury, 2005)。韩国不仅总体 SRB 偏高,而且 SRB 随孩次的升高而上升(Park and Cho, 1995)。从 1990 年代中期开始,韩国 SRB 逐年下降,从 1995 年的 113.2 下降为 2000 年的 110.2,2002 年为 110.0,但是仍然高于正常水平(施春景,2004)。中国台湾地区的情况相似,生育水平从 1970 年的 4 左右,下降到 2001 年的 1.4 左右,台湾地区 1980 年代后的 4 岁以下儿童性别比在 109—110 之间(Attané, 2005)。

一些亚洲国家和地区女孩生存劣势的主要原因与中国的基本相同。引起这些国家 SRB 和 EGCM 偏高的直接原因是性别选择性流产和女孩的歧视性待遇(Das Gupta and Li, 1999; Croll, 2001),而男孩偏好和只有男孩才能延续家族的观念在这些国家和地区依然普遍,这是造成 SRB 和 EGCM 偏高的根本原因。

**2. 国际社会的努力**

为了改善女性的不利地位,联合国 1979 年颁布了《消除一切歧视妇女的公约》,与各成员国一起共同消除对妇女的一切形式的歧视。1995 年在北京召开的第四次世界妇女大会通过的《北京宣言》和《行动纲领》成为国际社会推进性别平等、发展与和平的目标与准则,对于提高妇女地位和推动性别平等意义重大。

针对偏高的 SRB,各国做了很多努力。韩国、印度和中国台湾都禁止任何方式的胎儿性别选择。自从 1990 年代中期开始,韩国出生人口性别比逐年下降。出生性别比下降的原因一方面是政府重视,运用法律解决问题。自 1980 年代开始,韩国国会出台了一系列旨在维护女童权益、反对歧视女性、提高女性地位的法律。在这些法律中,就含有防止堕胎的内容,

---

① 印度的出生性别为(女性÷男性)×1 000

对于利用B超做胎儿性别鉴定者，发现后处以重金或停止医疗机构执业。另一方面通过政府引导，形成全社会关注女童、女性的氛围。韩国政府重视改变男女地位不平等的现状，并采取了一系列措施予以干预(施春景，2004)。印度针对出现的女孩比例下降的趋势，推出了新家庭计划政策，特别强调鼓励生育女孩的国家计划生育政策，使用综合的方法来教育和改变对女孩的社会态度(田丰和高明静，2004)。

与中国内地具有相同的重男轻女儒家文化的台湾地区，不但对进行出生性别选择的医院和诊所重罚，还通过修订法律，允许女儿在未出嫁前可以继承家庭的财产并通过公共部门加强老年人的福利并为老年人提供养老保障。这些措施使台湾地区 2001 年 SRB 已趋于正常(中新社，2004)。

## 七、中国的行动和展望

**1. 法律和法规**

中国政府历来非常重视维护妇女和儿童的合法权益，重视妇女和儿童的发展，并在宪法和国家基本法律法规、国务院法规规章中得以体现，主要在经济地位、政治地位、受教育权利、财产继承、婚姻和养老等多方面。如 1988 年实施的《女职工劳动规定》和 1992 年颁布的《妇女权益保障法》旨在保护妇女权益，促进男女平等，给予妇女在经济地位上的法律保护；政治权利是妇女社会地位重要的一个方面，《宪法》保证了男女享有平等的选举和被选举权，平等的参与管理国家和担任国家公职的权利；1986 年实施的《义务教育法》规定，所有民族和地区的男孩和女孩都必须接受 9 年义务教育；1985 年的《继承法》规定男女享有平等的继承权利；1950 年和 1981 年的《婚姻法》中也有保护妇女和儿童的合法权益的规定。

针对当前的低生育率下的 SRB 升高，中国政府也采取了一系列的积极政策。如 1994 年的《母婴保健法》、2001 年《计划生育技术服务管理条例》、2002 年的《人口与计划生育法》、2003 年实施的《关于禁止非医学需要的胎儿性别鉴定和选择性别的人工终止妊娠的规定》中，都明确规定任何机构和个人均不得进行非医学需要的胎儿性别鉴定或者选择性别的人工终止妊娠。

**2. 干预行动**

为解决中国偏高的 SRB 和 EGCM，改善女孩生存环境，在政府支持、研究机构参与以及民间机构和国际组织的协作下，在全国范围内进行了很多实际的干预行动。这些活动都是旨在通过宣传倡导和对女孩家庭的经济扶助来逐步降低男孩偏好，通过鼓励妇女参与经济社会生活来提高妇女社会地位，引导群众转变对待女性和女孩的观念、态度和行为，营造有利于女孩成长的舆论氛围，从而改善女孩生长环境，实现性别平等。这些干预活动引起了国际社会的关注，树立了中国政府和社会关心女孩发展的良好国际形象(朱楚珠和李树茁，2000)。

一些研究机构在国际机构的支持下，与政府合作进行了改善女孩生存环境的研究和实践活动。例如，西安交通大学人口与发展研究所与国家人口和计生委系统合作，在对中国偏高女孩死亡水平的系统研究的结果上提出了通过文化建设和制度建设来改善女孩生存的政策建议和干预框架(朱楚珠等，1997；朱楚珠和李树茁，2000；李树茁和朱楚珠，2001)。这个干预框架在1998—2000年间被应用于国家人口和计生委"婚育新风进万家"活动的39个"新型生育文化建设"网络县活动中取得了一定的效果。2000—2003年,在福特基金会和联合国儿童基金会的资助下,在国家及安徽省人口和计生委支持下,西安交通大学人口与发展研究所与安徽省巢湖市人民政府合作建立了"巢湖改善女孩生活环境实验区"。该项目旨在通过各种生育健康培训和社区发展活动,采取各种直接和间接的干预措施,在巢湖市形成有利于女孩的生活环境,降低相对偏高的女孩死亡风险;同时根据实验区的工作经验建立中国农村改善女孩生活环境的一般工作模式和干预措施;面向全国推广实验区模式和经验,以及在国际社会传播和交流中国改善女孩生活环境的系列研究和社区干预项目。经过3年的艰苦努力,实验区的主要工作目标都基本得到实现,并在国内和国际社会产生了良好的影响,对解决中国女孩生活环境问题起了促进作用。巢湖实验区提高妇女地位和改善女孩生活环境、保护女孩基本权利的理念,在实践中继续得到了推广和应用。

为了深入开展"婚育新风进万家"活动,努力遏制SRB升高的势头,国家人口计生委从2003年开始,先后在全国24个省的24个县进行了"关爱女孩行动"的试点。"关爱女孩行动"旨在扭转"重男轻女"的传统观念,消除性别歧视,以期实现全社会性别平等的发展目标。"关爱女孩行动"从中国国情出发,走的是一条自主创新的路,该行动对实质性改善中国女孩的生存、参与和发展的机会、提高中国妇女的社会地位、促进中国社会的社会性别平等和社会可持续协调发展十分有利(潘贵玉,2003)。

"关爱女孩行动"在政策法规、计生保障、优惠措施和女童入学等方面做出了很多努力。首先,进一步落实和完善维护妇女权益的各项法规和政策,切实提高妇女地位,消除社会性别歧视,为女性的生存和成长提供良好的环境。"关爱女孩行动"在各地开展专项整治活动,对实施或可能实施各种胎儿性别鉴定和终止妊娠行为的机构进行专项检查和监管,这是遏制出生人口性别比升高势头的重点所在。其次,在试点地区积极开展计划生育家庭的奖励扶助制度,对夫妻双方均为农业人口且只生育一个孩子或两个女孩,年龄在60周岁以上的,每人每年可领取不少于600元的奖励扶助金的制度,为农村实行计划生育的夫妇提供了养老保障。再次,采取各项有利于女孩成长奖励政策和优惠措施,解决两女户和计生困难户生产、生活、入学和住房等问题。最后,教育部门对农村独女户、两女户小孩上重点或普通高中时加10分录取,每年组织学校落实农村独女户及特困两女户小孩学杂费的减免等(施春景,2005)。

两年多来,"关爱女孩行动"逐步推广和深入,取得了阶段性成果。在全国出生性别比上升的情况下,24个试点县的性别比从2000年的133.8下降到121.8。关爱女孩行动推动了向女儿户倾斜的利益导向机制的建立,全国各级政府投入的经费及社会捐赠达3亿多元。在综合治理和打击"两非"活动中,全国共查处案例3 000多例(施春景,2005)。国内主流新闻媒体和互联网站等大众传媒对关爱女孩行动进行了大量的采访报道,广大群众维护妇女和儿童合法权利意识和民主监督意识明显增强。目前,有关以改善女孩生活环境为基础"关爱女孩行动"已经成为中国政府长期人口发展战略的重要内容,全国三分之一以上的县(市)开展了不同形式的行动,试点工作的范围和影响不断扩大(中国人口网, 2005)。但行动实施中还存在一些问题:如对关爱女孩行动的重要意义认识不到位,有的地区对出生人口性别比失衡问题没有引起足够重视;打击"两非"的力度和部门地区间合作尚需进一步加大;有利于女孩和女孩家庭的经济社会政策有待进一步完善和落实。

**3. 展望**

中国政府已经采取积极有效的措施，努力从根本上消除导致男女社会性别不平等的体制、制度和文化观念等障碍，从而提高妇女地位，改善女孩生存环境。只有努力推进男女平等，构建和谐社会，才会促进社会协调和可持续发展。国家主席胡锦涛和国务院总理温家宝在近两年的历次人口资源环境座谈会上，都明确提出高度重视 SRB 升高的问题和深入开展"关爱女孩行动"，力争经过三至五年的努力，使 SRB 升高的势头得到遏制（魏津生，2005）。中国政府已经将降低 SRB 和保护女孩生存发展作为 2005 年中国人口工作重点；并提出到 2010 年要实现全国 SRB 趋向正常，初步形成新的婚育观念和生育文化。中国政府已经显示出治本的勇气和彻底的反思精神，在政策安排和制度重构上下工夫，努力从根本上消除导致歧视女孩的制度、经济、文化和政策方面的障碍。

中国已经在部分农村地区探索推广招赘婚姻，以缓解男孩偏好（严梅福等，1999）。随着中国社会人口的转型，在长期上也是可行的（靳小怡等，2004）。目前进行的"婚育新风进万家"活动、"关爱女孩行动"等干预活动，对逐步降低男孩偏好强度、改变"重男轻女"的传统文化、改善女孩生存环境起到了积极的促进作用。然而，制度和文化的变革缓慢，需要一个长期的过程；中短期内，中国政府从经济和政策方面入手，采取相应的措施。以社会养老、家庭养老和自我养老为主，辅之以多层次的农村社会化养老保障体制已经正在一些地区实施（孙中锋等，2003；阳义南，2005）。同时，一些已经实施的保证妇女经济资源和就业方面同等的权利和机会的政策法规，也有利于消除女性歧视（李胜茹，2005）。由于计划生育政策加剧了男孩偏好，目前学术界和政府也在探讨适当放开生育政策的可能（周长洪，2005）。针对当前的低生育率下的 SRB 升高，中国政府也采取了一系列的积极政策，从立法方面给予了性别鉴定高度关注。一些省份将降低 SRB 作为计划生育工作考核的指标及严格 B 超管理等措施，对降低这些地区的 SRB 有积极的影响（刘宝斌，2003；黄洪琳和周丽苹，2005）。

国际经验和中国的实践表明，女孩生活环境是可以改善的，女孩的相对偏高的死亡风险是可以降低的，这使我们看到了中国的希望。根据国际社会的经验和中国政府的积极行动，在不久的将来，随着社会经济的全面发展、社会保障制度的建立和完善，有理由相信中国女孩生存状况一定会得以改善。但对女孩生存劣势问题严重性的认识和改善女孩生活环境的努力，是一个长期、艰苦和漫长的过程，可能有反复，改善女孩生活环境的效果，也只有长期才能够显现。

## 参考文献

[1] 高凌，"中国人口出生性别比分析"，《人口研究》，1993(1)：1－6.

[2] 顾宝昌、许毅，"中国婴儿出生性别比综论"，《中国人口科学》，1994(3)：41－48.

[3] 国家计划生育委员会，《全国生育节育抽样调查全国数据卷》，中国人口出版社，1990.

[4] 郭志刚、邓国胜，"婚姻市场理论研究"，《中国人口科学》，1995(3)：11－16.

[5] 韩世红、李树茁，"谈我国儿童死亡性别模式及其变化"，《中国公共卫生》，1999(10)：930－931.

[6] 黄洪琳、周丽苹，“浙江出生性别比变动态势及有关问题的探讨”，《市场与人口分析》，2004(3)：46-50.
[7] 姜全保、李树茁、费尔德曼，“中国‘失踪女孩’的数量估计：1900—2000”，《国人口科学》，2005(4)：2-11.
[8] 靳小怡、李树茁、费尔德曼，“婚姻形式与男孩偏好：对中国农村三个县的考察”，《人口研究》，2004(5)：55-63.
[9] 李胜茹，“妇女发展现状与全面建设小康社会目标的冲突与协调”，《妇女研究论丛》，2005(1)：5-8.
[10] 李树茁，“80年代人口死亡水平和模式的变动分析”，《人口研究》，1994，18(2)：37-44.
[11] 李树茁、费尔德曼，“中国婴幼儿死亡水平的性别差异：水平、趋势与变化”，《中国人口科学》，1996(1)：7-21.
[12] 李树茁、朱楚珠，《中国儿童生存性别差异的研究与实践》，中国人口出版社，2001.
[13] 李树茁、孙福滨、姜全保、邹旭峰、管仁贤、胡平，“中国2000年第五次人口普查死亡研究报告”，《转型期的中国人口：2000年人口普查国家级重点课题》，中国统计出版社，2005：94-155.
[14] 李树茁、姜全保、孙福滨，《“五普”人口总量和结构的调整与分析》，2005.
[15] 刘宝斌，“山东省滕州市严把‘四关’控制出生性别比”，《中国计划生育学杂志》，2003(6)：332.
[16] 陆杰华、傅崇辉，“关于我国人口安全问题的理论思考”，《人口研究》，2004(3)：11-15.
[17] 马焱，“从性别平等的视角看出生婴儿性别比”，《人口研究》，2004(5)：75-79.
[18] 潘贵玉，“统一思想、明确任务、讲求实效、扎扎实实做好‘关爱女孩行动’试点工作”，《人口与计划生育》，2003(11)：4-6.
[19] 乔晓春，“性别偏好，性别选择与出生性别比”，《中国人口科学》，2004(1)：14-22.
[20] 施春景，“对韩国出生人口性别比变化的原因分析及其思考”，《人口与计划生育》，2004(5).
[21] 施春景，“维护女童生存发展权益，积极开展关爱女孩行动”，《全国妇联儿童工作部.全国女童发展研讨会文集》，2005.
[22] 宋健、姚远、顾宝昌、陆杰华、张敏才、杨文庄，“中国的人口，安全吗?”，《人口研究》，2005(2)：34-48.
[23] 孙中锋、马芒、黄鹂、赵捷，“农村养老保障与计划生育工作拓展——安徽省的实证研究”，《人口与经济》，2003(3)：19-25.
[24] 田丰、高明静，“亚洲若干国家的性别比失衡问题”，《人口与发展动态》，2004(10). http://www.cpirc.org.cn/gjrkkx/gjrkkx_detail.asp?id=3490
[25] 涂平，“中国出生性别比研究”，《人口研究》，1993(1)：6-13.
[26] 魏津生，“扎实开展‘关爱女孩行动’遏制出生人口性别比升高势头”，《人口与计划生育》，2005(5)：12-14.
[27] 韦艳、李树茁、费尔德曼，“中国农村的男孩偏好与人工流产”，《中国人口科学》，2005(2)：12-21.
[28] 严梅福、毛菊元、卢继杰，“探索降低出生性别比的治本之途——湖北大冶市变革婚嫁模式实践”，《人口与经济》，1999(5)：18-24.
[29] 阳义南，“家庭资助计划：完善农村家庭养老功能的政策创新”，《人口与经济》，2005(1)：44-47.
[30] 于学军、王广州，“中国90年代以来生育水平研究”，《第五次人口普查科学讨论会报告》，2003.
[31] 张翼，“中国人口出生性别比的失衡、原因与对策”，《社会学研究》，1998(6)：55-68.
[32] 中国人口网. http://www.chinapop.gov.cn/zwgk/ldjh2/t20050909_27017.htm
[33] 中新社. 2004-06-29. 专家呼吁：中国应该大力促进出生人口性别比平衡[DB/OL]. http://www.china.org.cn/chinese/renk2 ou/597687.htm
[34] 朱楚珠、李树茁、邱长溶、胡平、金安融，《计划生育对中国妇女的双面影响》，西安交通大学出版社，1997.

[35] 朱楚珠、李树茁,"宣言下的合力——中国农村改善女孩生活环境的社区发展项目",《妇女研究论丛》,2000(4):21-24.

[36] 周长洪,"关于现行生育政策微调的思考——兼论'单独家庭二孩生育政策'的必要性与可行性",《人口与经济》,2005(2):1-6.

[37] Alderman, H. and P. Gertler. Family resources and gender differences in human capital investments: The demand for children's medical care in Pakistan. In L. Haddad, J. Hoddinott, and H. Alderman (eds.). Intrahousehold Resource Allocation in Developing Countries: Models, Methods, and Policy. Baltimore: Johns Hopkins University Press, 1997.

[38] Attané, I. Gender discrimination at early stages of life in China: Evidence from 1990 and 2000 population censuses. In Gender Discriminations among Young Children in Asia. French Institute of Pondicherry, 2005.

[39] Banister, J. China's Changing Population. Stanford: Stanford University Press, 1987.

[40] Banister, J. China: Recentmortality levels and trends. Paper presented at the Annual Meeting of the Population Association of America, Denver, Colorado, 1992.

[41] Banister, J. Imp lications and quality of China's 1990 census data. In China State Council and National Bureau of Statistics (ed.), 1990 Population Census of China: Proceedings of International Seminar. Beijing: China Statistics Press, 1994.

[42] Banister, J. Shortage of girls in China today. Journal of Population Research, 2004, 21(1): 19-45.

[43] Banister, J. and K. Hill. Mortality in China 1964-2000. Population Studies, 2004,58(1): 55-75.

[44] Cai, Y and W. Lavely. China's missing girls: Numerical estimates and effects on population growth. China Review, 2003,2(3): 13-29.

[45] Choudhury, D. R. Child sex ratio in India: An analysis of census 2001 results. In Gender Discriminations among Young Children in Asia. French Institute of Pondicherry, 2005.

[46] Chu, J. Prenatal sex determination and sex-selective abortion in rural central China. Population and Development Review, 2001. 27(2): 259-281.

[47] Coale, A. J., and J. Banister. Five decades of missing females in China. Demography, 1994,31: 459-479.

[48] Croll, E. Endangered Daughters: Discrimination and Development in Asia. London: Routledge, 2001.

[49] Das Gup ta, M., and S. Li. Gender bias in China, South Korea and India 1920-1990: The effects of war, famine, and fertility decline. Development and Change, 1999,30 (3): 619-652.

[50] Das Gup ta, M., Lee, S., Uberoi P., Wang D., Wang L., X. Zhang. State policies and women's agency in China, the Republic of Korea and India 1950-2000: Lessons from contrasting experiences. pp. 234-259 in V. Rao and M. Walton (eds), Culture and Public Action: A Cross-Disciplinary Dialogue on Development Policy. Stanford CA: Stanford University Press, 2004.

[51] Goodkind, D. On substituting sex preferences strategies in East Asia: Does prenatal sex selection reduce postnatal discrimination? Population and Development Review, 1996,22: 111-125.

[52] Goodkind, D. and E. Branch. China's Rising Sex Ratio at Birth: New Assessments, Provincial Trends, and Linkages to Postnatal Discrimination. Paper presented at the Annual Meeting of the Population Association of America, Philadelphia, PA, 2005, April 1-3.

[53] Gu, B. and K. Roy. Sex ratio at birth in China with reference to other areas of East Asia: What we know. Asia-Pacific Population Journal, 1995,3: 17-42.

[54] Hazarika, G. Gender differences in children's nutrition and access to health care in Pakistan. Journal of Development Studies, 2000,37: 73 - 92.

[55] Hill, K. and Upchurch D. M. Gender differences in child health: Evidence from the demographic and health surveys. Population and Development Review, 1995,21 (1): 127 - 151.

[56] Khan, M. A. and P. A. Khanum. Influence of son preference on contraceptive use in Bangladesh. Asia-Pacific Population Journal, 2000,15(3): 43 - 56.

[57] Klasen, S. and Wink, C. A turning point in gender bias in mortality? An update on the number of missing women. Population and Development Review, 2002,28(2): 285 - 312.

[58] Johansson, S. and O. Nygren. The missing girls of China: A new demographic account. Population and Development Review, 1991,17: 35 - 51.

[59] Johannson, S. and A. Arvidsson. Problems in counting the youngest cohorts in China's censuses and surveys. In China State Council and National Bureau of Statistics (ed.), 1990 Population Census of China: Proceedings of International Seminar. Beijing: China Statistics Press, 1994.

[60] Lavely, W. Unintended consequences of China's birth planning policy. Paper presented at Conference on Unintended Social Consequences of Chinese Economic Reform, Harvard, Cambridge MA, 1997.

[61] Lee, J., Wang F., and C. Cambell. Infant and child mortality among the Qing nobility: Implications for two types of positive check. Population Studies, 1994,48(3): 395 - 411.

[62] Li, S., C. Zhu, and M. W. Feldman. Gender differences in child survival in contemporary rural China: A county study. Journal of Biosocial Science, 2004,36: 83 - 109.

[63] Li, S., Q. Jiang, and H. Liu. The demographic consequences of gender discrimination — simulation analysis based on public policies. Manuscript, 2005.

[64] Liu, H. Analysis of sex ratio at birth in China. China Population Today October: 32 - 36, 2004.

[65] Löfstedt, P., S. Luo, A. Johansson. Abortion patterns and reported sex ratios at birth in rural Yunnan, China. Reproductive Health Matters, 2004,12(24): 86 - 95.

[66] Miller, B. D. Female-selective abortion in Asia: Patterns, polices, and debates. American Anthropologist, 2001,103(4): 1083 - 1095.

[67] Murphy, R. Fertility and distorted sex ratios in a rural Chinese county. Population and Development Review, 2003,29(4): 595 - 626.

[68] Park, C., and N. Cho. Consequences of son preference in a low fertility society: Imbalance of sex ratio at birth in Korea. Population and Development Review, 1995,21: 59 - 84.

[69] Poston, D., B. Gu, P. Liu, T. McDaniel. Son preference and sex ratio at birth in China: A provincial level analysis. Social Biology, 1997,44: 55 - 76.

[70] Sen, A. Women's survival as a development problem. Bulletin of the American Academy of Arts and Sciences, 1989,43: 14 - 29.

[71] Sen, A. More than 100 million women are missing. New York Review of Books December, 1990,20: 61 - 66.

[72] Sun, R. Old age support in contemporary urban China from both parents and children's perspectives. Research on Aging, 2002,24(3): 337 - 359.

[73] Tu, P. and H. Smith. Determinants of induced abortion and their policy implications in four counties in north China. Studies of Family Planning, 1995,26(5): 278 - 286.

[74] Tuljapurkar, S., N. Li, and M. W. Feldman. High sex ratios in China's future. Science, 1995, 267: 874 - 876.

[75] Yuan, X. High sex ratio at birth in China (brief review). Paper presented at Workshop on Population Changes in China at the Beginning of the 21 st Century. Australian National University, Canberra, December, 2003.

[76] Zeng, Y., P. Tu, B. Gu, Y. Xu, B. Li, Y. Li. Causes and implications of recent increase in the sex ratio at birth in China Population and Development Review, 1993,19(2): 283 - 302.

[责任编辑：乔晓春]

# 中国的性别失衡与社会可持续发展①

## ——一个跨学科的研究范式与框架

李树茁，陈盈晖，杜海峰

**摘要**：为了系统分析性别结构失衡及其产生的社会风险，研究人口性别结构失衡对公共安全与社会稳定的影响，探讨促进性别平等、改善人口性别结构、推动社会可持续发展的公共政策和战略，以人口性别结构为切入点，提出一种跨学科的研究范式与研究框架。首先讨论中国性别失衡与社会可持续发展的研究背景；其次简要评述国内外性别失衡的研究和实践现状；再次基于对性别失衡问题复杂性的认识，引入新的研究视角，提出一种新的研究范式和框架；最后展望进一步的研究和实践工作。

**关键词**：性别失衡；出生性别比；中国人口；社会可持续发展

进入 21 世纪，中国的人口问题已经由过去单纯控制人口数量转变为统筹解决人口数量、结构、分布、流动和健康等问题。目前，中国的人口性别结构问题集中反映为性别失衡，这已成为影响中国社会可持续发展的重要因素。

性别比是指男性人口与女性人口的比值，或者说平均 100 个女性人口所对应的男性人口数量。由于正常情况下，男性在整个生命周期中的死亡率高于女性，大多数国家的女性人口略多于男性，总人口性别比的正常值应该基本等于或低于 100。一旦偏离这一正常值，则被认为人口性别结构失衡，简称性别失衡。出生、死亡和迁移因素的性别差异都会影响人口性别比。出生性别比是一个国家在一个阶段平均 100 个出生女性人口所对应的出生男性人口的数量，正常范围是每 100 名活产女婴对应 103—107 名活产男婴。正常情况下，男女性婴儿(0 岁)死亡率性别比在 1.2—1.3 之间，而幼儿(1—4 岁)死亡率性别比在 1.0—1.2 之间[1]。

出生性别比或者死亡率性别比偏离正常水平，都会使得某一性别人口的绝对数量出现“过剩”，导致性别失衡；同时，男女两性在迁移率方面的差异则会加剧地区间性别失衡的严重程度。20 世纪 80 年代以来，中国的出生性别比和女婴相对死亡水平持续偏高，引发人口性别结构的严重失衡。2005 年，中国 1％人口抽样调查显示，中国的出生性别比为 120.5，女婴死亡率是男婴的 1.5 倍，远超出正常水平且为全球最高[2]。中国 20 世纪女性缺失 3 559 万人，占所考察队列人数的 4.65％[3]；同时，大规模的人口特别是女性人口的迁移和流动将

---

① 国家社会科学基金重大攻关项目(08&ZD048)；教育部“长江学者和创新团队发展计划”项目(IRT0855)；西安交通大学“985 工程”重点项目。

导致男性"婚姻挤压"现象高度集中在偏远落后的农村地区，使得城乡、区域间的性别失衡态势更加复杂和严重。

导致性别失衡的原因是复杂的，在不同的时间和地区有不同的表现。性别选择性流引产、溺弃女婴和对女孩的忽视是造成偏高的出生性别比和婴幼儿死亡率性别比的主要原因[4—7]；而根植于中国传统文化中的男孩偏好是根源性的原因；现行经济体系和公共政策的一些因素是条件性原因[7,8]。从长期来看，中国人口的性别失衡将对人口规模、人口老龄化、劳动适龄人口、婚姻市场等人口问题产生影响[9—11]。出生性别比偏高和女孩死亡水平偏高带来的性别失衡、"婚姻挤压"和人口安全等一系列社会问题引起了国际社会的广泛关注[7,12]。性别失衡问题本质上是人权问题，同时又是发展问题，已对人类社会的可持续发展带来巨大挑战。

性别失衡不仅存在于低生育水平下的当代中国，也长期存在于中国历史中，以史为鉴对于认识和解决现实的性别失衡具有重要意义。性别失衡问题不是中国独有的问题，也是人类社会共同面临的发展问题，国际社会的治理经验值得中国借鉴。目前，世界范围内的女性缺失大约为1亿人左右，除了中国之外，主要发生在印度、巴基斯坦、孟加拉国、韩国等一些国家。需要指出的是，中国是人口大国，由性别失衡引起的社会风险的治理很难完全仿效其他国家的经验，也不能转移到其他国家，只能依靠自己的力量独立、自主地解决。国外有学者将中国和印度的男性"过剩"问题与国际安全相联系，认为"光棍"阶层的出现将令犯罪率增加及艾滋病和性病大规模爆发，会给国际安全带来威胁，在国际社会引起了广泛关注[13]。如果这个问题不能得到解决，不但影响中国的可持续发展，而且会损害中国的国际形象，以及来之不易的大国实力与国际影响力。

中国政府和社会高度重视性别失衡问题，性别失衡治理已经成为国家重要的发展战略之一。2006年，我国开始的国家"关爱女孩行动"成为中国转型期统筹解决人口与社会发展问题、实施国家人口战略的重要载体。然而，我国目前采取的一系列法律、经济、社会措施还未取得显著成效，政府在性别失衡治理方面存在绩效评价与管理方面的盲点。同时，由于性别失衡所引发的社会风险还未完全显现，再加上导致中国性别失衡的原因复杂多样、社会转型期的各种社会矛盾又进一步加剧了性别失衡及其社会风险的复杂性，政府与社会对性别失衡所引发的各种潜在社会风险普遍缺乏清晰的认识。综合治理性别失衡问题需要社会发展领域的政策创新与制度变革。国家的现实需求呼唤相关研究的深入，迫切地需要对性别失衡问题特别是性别失衡与社会稳定的复杂动态关系，在学术、制度与政策的实践层面进行深入、系统和前瞻性的实证研究。相关研究的深入和治理的实践成果既是对国家发展的贡献，也是中国对国际社会的贡献。

我们认为，性别失衡违背了性别结构平衡的自然法则，破坏了个人、家庭、群体和社会之间的协调关系，也破坏了社会可持续发展的基本前提；另一方面，性别失衡是性别歧视的人口与社会后果，将诱发利益受损群体的社会失范行为、刺激与放大社会风险，进而影响公共安全、社会稳定和社会可持续发展。推进性别平等早已成为国际社会共同奋斗的目标，性别平等成为评价一个国家发展水平的重要指标之一。性别失衡与社会稳定的治理不仅是公共管理问题，也是公共政策创新问题，更是一个需要政府、企业和公民社会联合的公共治理问题，是中国目前与人口相关的社会可持续发展领域最亟须解决的重大战略和民生问题，并具有重要的国际安全影响。

本文以人口性别结构研究为切入点，提出研究人口发展与经济社会可持续发展的一种跨学科的研究范式与框架，为系统分析性别结构失衡产生的社会风险、研究性别失衡对公共安全与社会稳定等社会可持续发展问题的影响提供新的研究思路和方法，为综合治理性别失衡及其后果、促进社会稳定、推进社会可持续发展提供政策建议。

## 一、已有研究的进展和空间

### （一）历史和国际视角下的性别失衡

**1. 历史研究**

性别失衡问题长期存在于中国历史中。对明、清时期男性失婚问题的研究表明，男性不能正常婚配常常带来一系列的社会后果，主要表现为非正常婚姻形式（如买卖婚、交换婚、包办婚、收继婚等）、性越轨（嫖娼、私通、同性恋等）及对社会秩序和安全的破坏等方面[14—17]。对明、清时期男性婚姻状况与犯罪之间关系的研究显示：单身男性群体是犯罪高发人群，在性侵害、偷盗、打架斗殴等案例中，单身男性占有很高比重。经济条件差和缺乏家庭约束使他们更容易犯罪，单身男性也常常参与群体犯罪，他们一直是秘密帮会、土匪团伙、邪教组织等的主要社会基础，在很大程度上影响了社会安定，甚至对王朝的更迭产生重要影响[18]。鉴于男性婚配问题的严重性，明、清政府和民间力量采取了一系列治理措施，主要包括防范溺婴行为和宏观调控婚姻行为两方面，以从生命的不同阶段缓解女性缺失。在制止溺女之风方面，明、清政府在法律上明确规定严厉惩处溺婴行为、建立育婴堂等慈善机构、鼓励童养婚和收养，为被弃女婴提供生存机会[19]；鉴于一夫多妻、限制妇女再婚等婚姻习俗加剧了婚龄女性人口的缺失问题，明、清政府和各界人士对各类婚姻行为和习俗进行宏观调控，以缓解女性缺失的压力[14]。近代政府和民间采取的种种措施虽非积极主动地应对底层男性“婚姻挤压”问题，但客观上缓解了底层社会的婚姻压力。目前，对中国历史上性别失衡问题、性别失衡与社会稳定的关系以及传导机制的实证研究还很欠缺。

**2. 国际比较研究**

性别失衡问题同样是一些国家和地区在不同发展阶段面临的重大问题。韩国、中国台湾和香港、新加坡都经历了出生性别比上升后再缓慢下降的过程，目前仍略高于正常水平；巴基斯坦和孟加拉国女孩死亡水平偏高；印度出生性别比和女孩死亡水平都偏高[20]。为了改善女性生存环境、提高妇女地位，国际社会采取了相应的治理措施。近年韩国社会男孩偏好的观念正在逐渐弱化[21]，并成为亚洲地区几个性别失衡国家中第一个出现逆转态势的国家[22]。韩国的治理措施既是韩国政府有效推动的结果，也是公民社会共同关注和参与的产物。印度和巴基斯坦的非政府组织力量较强，妇女团体以及相关健康促进组织非常活跃。国际非政府组织与这些政府的合作也比较密切，极大地推进了改善女孩生存环境和提高妇女地位的行动。一些学者通过分析比较四个亚洲女性缺失型国家和地区（韩国、中国台湾、印度和巴基斯坦）性别比失衡的态势、原因及后果，并从这些国际治理措施中提炼出经验和模式，进而对中国治理性别失衡问题提出可资借鉴的干预策略[20]。然而到目前为止，针对性别失衡问题的国际比较研究还不够系统和深入。

### （二）当代中国的性别失衡

中国的性别失衡问题引起了中国学者、公众、政府和国际社会的广泛关注。自 1980 年中期以来，很多学者从现状、原因、人口与社会后果等方面进行了深入的分析。目前已有研究大多集中分析出生性别比的趋势、原因和后果[23, 24]，也有学者对中国女孩死亡水平偏高的原因和机制作了深入分析[7, 25, 26]，虽然有研究将这两方面结合起来进行，但多侧重于女性数量短缺和男女比例失衡[12]。

**1. 性别失衡的严重性判断**

已有研究主要使用人口系统内（国家统计局的人口普查和抽样调查以及国家人口计生委）的生育率调查数据，通过调查数据前后的一致性检验和各种人口统计漏报分析技术来校正出生数据，从而判断性别失衡的严重性。然而，由于普查数据中的瞒报和漏报问题在一定程度上影响了报告的出生性别比和婴幼儿死亡水平[27, 28]，进而影响了对出生性别比的校正和对性别失衡严重程度的判断。也有研究认为数据虽然在一定程度上受到瞒报、漏报和统计不实等问题的影响，但并不存在严重的性别选择性的瞒报和漏报[29, 30]。因此，性别失衡主要不是数据造成，它基本反映了真实的状况[31]。

**2. 性别失衡的发展态势及特征**

幼儿段性别失衡主要通过出生性别比、婴幼儿死亡率性别比和 5 岁以下儿童性别比来反映。在存在强男孩偏好的人口中，生育率的显著下降往往伴随出生性别比的上升[24, 32]。最近几次人口普查及抽样调查的数据显示，中国的出生性别比从 1982 年的 107.6 上升至 2005 年的 120.5。特别是中国近年来出生性别比还随孩次显著上升，从 1982 年起，第一孩的出生性别比接近正常值，第二孩及以后孩次的出生性别比显著上升并远远高于正常值；而且出生性别比偏高程度在仅有女孩的家庭更为严重[12, 33]。出生性别比偏高还存在城乡差异，农村地区显著高于城镇地区。2005 年，农村地区出生性别比达到 122.9；城镇地区出生性别比也从 1990 年的 109.9 上升到 2005 年的 117.1。在婴幼儿死亡率方面，1980 年代后女婴死亡水平偏高程度急剧上升，0 岁组和 1 岁组死亡率性别比严重偏离了正常水平，表明对女孩的歧视重心已经从 1—4 岁组逐渐转向 0 岁组[8]。与出生性别比偏高相同，婴幼儿死亡率性别比失常也表现出城乡和区域差异。由于 5 岁以下儿童性别比综合反映了出生性别比和 0—4 岁以下儿童死亡率的性别差异，5 岁以下儿童性别比更能反映出生性别比的整体水平[24]。中国婴幼儿的性别比已经比正常值高出许多，1995 年，5 岁以下人口的性别比为 118.4，2005 年上升到 122.7。同时，第五次人口普查资料还显示，成年段人口性别比平衡的年龄在逐次推后，男女性别比平衡的年龄竟出现在 69 岁，至少推后了 20 年；从空间分布来看，绝大多数的年龄段都是农村性别比大大高于城市，尤其是 0—19 岁年龄段，农村高出城市的幅度很大[34]。

**3. 性别失衡的原因**

导致性别失衡的原因很复杂，主要包括直接原因、根源性原因和条件性原因。性别选择性流引产、溺弃女婴和对女孩的忽视是造成偏高的出生性别比和婴幼儿死亡率性别比的主要原因[4—7]，这些都构成了性别失衡的直接原因。目前，针对性别失衡的原因分析集中于对出生性别比和婴幼儿死亡率失衡的分析：持续升高的出生性别比主要是性别选择性流引产而不是溺弃女婴和漏报女婴的结果[12, 35, 36]；强烈的男孩偏好使女婴在营养、食物以及医疗保健等方面受到歧视性待遇，导致了女孩死亡水平相对偏高[7, 36]。根植于中国传统文化的男孩偏好是性别失衡的根源性原因。中国历史上一直实行严格的父系家族制度，使男性在财产继承、居住安排、家庭延续、家庭权力结构上占主导地位，女性地位相对低下[37, 38]；从夫居传统上是占绝对主导地位的婚姻形式，使得在中国尤其是农村地区，是儿子而不是女儿为老年人提供根本性的养老支持；而以儒家思想为基础的传统文化，也非常强调生育儿子的重要性[39]，这些都构成了中国家庭偏好男孩的根本基础。现行经济体系和公共政策因素构成了中国家庭偏好男孩的客观条件，成为性别失衡的条件性原因。中国 20 多年来经济高速增长，社会分层加快，但总体上还处于欠发达的转型社会，城市的社会保障体系还不健全，在农村几乎是空白[40]；虽然目前已经有保护妇女参与和发展的各种政策，但执行情况差异很大，中国妇女在教育、就业和参政等方面同男性相比存在比较大的差距，一些经济和社会发展政策的制定和实施缺乏性别平等的视角，妇女在社会、经济和政治上地位还不高；虽然有人认为中国的计划生育政策在生育率下降过程中发挥了重要作用，但是间接强化了男孩偏好[41]，难以清晰断定其对于性别失衡的影响。

**4. 性别失衡的后果**

性别失衡带来的后果是多方面的，已有研究多侧重于人口和社会后果的分析。从长期来看，中国的性别失衡将对人口规模、人口老龄化、劳动适龄人口、婚姻市场等人口问题产生影响[9, 10]。其一，性别失衡导致的女性缺失现象必然会造成男性“婚姻挤压”，每年将有数以百万的年轻男性在本国找不到异性成婚[32]。根据测算，中国严重的男性“婚姻挤压”自 2000 年开始，2013 年之后每年的男性“过剩人口”将在 10%以上，2015—2045 年间可能达到 15%以上，平均每年约有 120 万男性在婚姻市场找不到初婚对象[42]。其二，世界范围内，未婚成年男性暴力行为的比例高于已婚男性[43]，未婚成年男性数量越大，反社会行为就越多[35]。其三，高性别比的社会通常性产业发达[43]，性别失衡产生的大量未婚成年男性会自发形成性需求市场，使性交易和性服务社会化[45]。最后，由于中国农村以家庭养老为主，大龄未婚男性因为缺乏儿女的照料而加重社会养老机构的负担[46, 47]，而未来大量单身家庭的出现可能将引发养老危机，如今一些农村地区出现“光棍村”，若干年以后有可能演变成“五保户村”，给社会带来沉重的负担[48]。

## （三）性别失衡的治理

性别失衡的治理包括学术和实践两个层次。学术层次的研究主要是指采用治理的一般理论和方法去分析、评价和设计性别失衡治理相关的模式、制度和政策；实践层次的研究主要是指开展针对性别失衡治理的实践，同时包括制度和政策实践的内容。

**1. 学术层次**

与实践相比，性别失衡治理的学术研究严重滞后，主要表现在绩效评价、模式识别、制度分析及政策研究等方面。国内在性别失衡及社会稳定的治理绩效评价方面开展了初步研究[49]，但对治理的失效问题和制度政策对治理绩效的影响等问题尚存在不足。1980 年代开始，亚洲一些国家和地区针对不同原因的性别失衡及其后果开展了一些治理，但对于这些治理的理念、主体、结构、过程、内容、方式、绩效等尚缺乏系统而完整的研究，也因而缺乏对目前已有的治理模式的归类和识别。针对目前中国及亚洲其他国家和地区性别失衡治理行动及其相关工作制度、社会发展和社会保障制度、文化干预和文化传播制度及其治理绩效等尚缺乏系统、规范的研究[50]。目前，各国政府部门尚未或很少有意识地出台针对性别失衡后果治理的政策措施，因此与此相关的政策分析等也大多是基于对性别失衡原因的研究和后果的推断而提出的一些政策建议。对于性别失衡治理的政策本身虽然已经有了一些分析和研究，但仍然局限在治理绩效评价方面，已有研究少量而零散，在研究内容和方法上较为单一，十分缺乏政策的预测、模拟和仿真研究[51—53]。

**2. 实践层次**

国际上针对性别失衡进行治理的国家和地区按照其类型的不同分为两类。一类是针对性别失衡原因的治理，如韩国、中国台湾、印度、巴基斯坦等[54]；一类是针对性别失衡后果的治理，如中国台湾、俄罗斯和越南[55, 56]。国内针对性别失衡原因的治理实践主要以由学者和研究机构发起的"改善女孩生活环境"项目和政府推广实施的国家"关爱女孩行动"为代表[57, 58]。基于上述行动，中国人口出生性别比升高的势头受到一定程度的遏制，偏高的女孩死亡水平有所下降，全国性综合治理出生性别比的局面正在形成。目前，中国政府、学术界和实践部门对于性别失衡的后果和严重性的认知存在较大争议：部分人认为性别失衡的后果将十分严重，而部分人则认为学术界和实践部门夸大了性别失衡的后果[34]。中国政府目前主要偏重于针对性别失衡原因的治理，对于性别失衡后果的治理尚未提上议事日程。

### （四）性别失衡与社会可持续发展

从社会可持续发展的理念来看，性别失衡对可持续发展的关系研究主要集中在两个方面。在宏观层面，有研究指出人口出生性别比严重失衡必然导致男女数量失衡，给社会发展带来潜在威胁和巨大风险[59]；更有专家指出，在男性大大多于女性的格局中，男性之间为了争夺资源和利益，随时可能爆发社会冲突与暴力事件，破坏正常的伦理秩序，损害社会和谐、稳定和可持续发展[43]。在微观层面，滞留在农村的大龄男性更容易因女性缺失而面临成婚困难，这不仅会损害农村大龄未婚男性的生活与心理福利，甚至会产生严重的生理问题[60]，进而影响到包括其父母在内的家庭成员的生活福利。有研究表明，弱势群体利益的持续受损不但损害了可持续发展中人的全面发展这一核心理念，最终积累的不安全、不稳定因素也会对整体社会的可持续发展造成负面影响[61]。农村大龄未婚男性及其家庭以及受性别歧视影响的女童和妇女，成为当代中国低生育率条件下性别失衡的直接受害者。然而目前对性别失衡下弱势群体对人口社会可持续发展影响的研究还非常匮乏，而有关战略研究就更为少见。可能的原因主要有两方面：其一，以优生优育、教育和健康相关的人口质量以及人口老龄化为主要表现形式的人口年龄结构，与社会经济可持续发展的关系较为直接，与此相关的数据较易获取，容易引起学术界和政府的关注；其二，性别失衡问题虽然主要由出生性别比和女童死亡率偏高带来，但在城乡人口流动规模日益扩大的背景下变得更加严重和复杂，由此引发的对女性生存发展权益的侵害和对男性的"婚姻挤压"问题，必将危害社会和人的全面可持续发展，这种影响刚刚显现，研究具有较强的前瞻性和前沿性，数据较难获取，使得学术界和政府尚未对此给予足够的关注。

### (五) 简评

我们认为,我国性别失衡与社会可持续发展研究还存在很大不足和巨大发展空间,主要体现在以下一些方面。

在研究内容上,大多数研究仅限于在某些“点”,缺乏在“线”上的系统研究。性别失衡损害男性和整个人类的整体生活福利,诱发不同利益受损群体的社会失范,刺激与放大社会风险,进而影响公共安全与社会稳定。然而到目前为止,相关研究主要集中在性别失衡态势的人口学分析以及性别失衡对社会风险、公共安全及社会稳定影响的一般性推测。尚未见到在“线”上对性别失衡在某些领域可能产生的人口与社会后果、众多后果之间的相互影响机理以及从性别失衡到社会稳定系列问题之间环环相扣的传导机制进行系统的实证研究。

在研究层次上,有关性别失衡的影响研究主要集中在对个人影响的微观定性分析,缺乏对性别失衡影响的微观、中观与宏观层次相结合的定量研究。性别失衡可能在微观层面影响个人和家庭的生活福利,并随着利益受损群体的集聚在中观层面刺激群体与社区的社会失范,放大既有社会风险,诱发新的社会风险,从而逐渐积聚成为影响宏观层面上的公共安全与社会稳定的重大社会问题。因此,有必要把微观、中观与宏观层次相结合进行定量研究,分析性别失衡的公共安全传导机制。

在研究视角上,相关研究普遍视角单一,不能全面反映性别失衡对不同群体的影响。性别失衡将贯穿人的整个生命历程,损害男性和整个人类的整体生活福利,而婚姻状态与人口流动因素加剧了问题的严重性与复杂性。

在研究范式上,学术研究、政策研究、国家战略与治理实践多处于割裂状态,将几者相结合的研究范式还非常少见。要对性别失衡问题特别是性别失衡与社会稳定的复杂动态关系,在学术、制度与政策的实践层面进行深入、系统和前瞻性的实证研究,必须打破学术研究与制度政策创新实践的壁垒,建立理论研究、机理研究与政策研究和治理实践有机结合的、网络互动式、非线性的研究范式,通过治理实践经验的总结、扩散和推广、国家战略与制度政策创新的综合路径来全面解决重大人口社会发展问题,丰富中国社会发展领域的国家创新体系。

在研究方法与路径上,目前相关的理论研究在学科上相对单一,研究广度和深度上都很欠缺,几乎没有实证研究数据。研究对象的复杂性需要引入多学科交叉的研究手段与新方法,研究所涉及的学科领域将横跨人口学、社会学、经济学、管理学、公共政策、性别研究、复杂性科学、系统工程等学科领域,需将社会科学、自然科学及复杂性科学的研究方法进行有机结合。

在研究视野上,已有研究缺乏对历史上中国性别失衡及其后果的系统研究,以及对未来性别失衡及其后果的前瞻分析,也缺乏对性别失衡及其治理的国内外经验系统比较、归纳和总结。研究应该全面分析性别失衡的历史与现实,着重研究性别失衡的未来发展态势及其对人口、社会、经济、文化、健康的影响;同时将国际经验的分析与国内性别失衡治理的现状分析相结合,设计与制定性别失衡与社会稳定问题的公共治理策略和社会发展领域的制度、政策与国家战略。

总之,社会可持续发展强调对人尤其是弱势群体的关心,性别失衡会形成或加重弱势群体的不利情形，但后者的研究仅从个体自身的研究出发，还没有上升到社会可持续发展的角度，特别是微观个体层次的定量研究还很少见。此外，性别失衡背景下个体行为与相应群体行为和整个社会的可持续发展的关系研究还不够系统深入，而且面对这样一个复杂问题，还缺乏多学科交叉融合的研究范式。这些都呼唤着新的研究范式、框架和路径。

## 二、研究范式的提出

基于对相关研究的评述和对性别失衡与社会可持续发展问题的重新认识，我们引入全面和深入分析该问题的新的研究视角，并提出一种新的研究范式。

### (一) 对问题的认识

性别失衡在“量”的规定性上是性别结构偏离正常水平，在总体上导致女性人口绝对数量的缺失，人口流动因素也能导致人口性别结构在城乡、区域与群落间失衡；女性人口绝对数量的缺失是性别失衡的主导因素，人口流动是加剧性别失衡态势和复杂性的重要因素。持续偏高的出生性别比和婴幼儿死亡水平性别比会导致人口的性别失衡，而男女两性在迁移率方面的差异则会加剧地区间性别失衡的严重程度。由于城市对年轻女性劳动力的巨大需求与女性婚姻的梯级迁移，大规模的人口特别是女性人口的迁移和流动将导致男性“婚姻挤压”现象高度集中在偏远落后的农村地区，并伴随着由行业性别分工所导致的男女两性农村流动人口在城市中群落间的隔离，使得城乡、区域与群落间的性别失衡态势更加复杂和严重。

性别失衡在“质”的规定性上是对女性的歧视，并由于社会性别不公平导致对不同社会群体乃至社会成员总体利益的不利影响，在本质上是发展问题，是对性别公平与权利的保护问题。首先，以父系家族制度和男孩偏好文化为核心的根源性原因，以政策、经济发展状况和生育率水平为主导的条件性原因，以及以胎儿性别鉴定、性别选择性人工终止妊娠和对女孩在营养、医疗和照料上的忽视等为主要手段的直接技术性原因，导致了以偏高出生性别比和女孩死亡水平为表现的儿童段的性别失衡，严重损害了女性的出生权和生存发展权，是性别歧视在女性生命早期的集中体现；其次，性别失衡将贯穿人的整个生命历程，带来成年阶段的男性“过剩”，引发男性“婚姻挤压”，对被动失婚男性、未婚女性和已婚男女等不同社会群体的总体利益产生不利影响，进而影响一个国家和地区的公共安全和社会稳定，最终阻碍整体社会的可持续发展。

在中国社会转型背景下，性别失衡及与之相关的人口和社会问题与各种社会矛盾冲突共生并相互作用，变得更加严重和复杂，威胁和谐社会的构建与社会稳定。中国在不到二十年的时间里完成了经济和人口转型，但社会转型严重滞后，社会保障制度、户籍制度、就业制度等社会制度的不完善，相关领域公共政策的缺失与滞后以及城乡与区域差距不断拉大，使得各种社会矛盾冲突不断涌现，催生了新的弱势群体并加剧了原有弱势群体的脆弱性。性别失衡下利益受损群体的积聚和矛盾的积累将增加公共安全隐患，进一步加剧中国人口性别失衡问题的严重性和复杂性。性别失衡将可能刺激暴力犯罪比例上升、形成色情业的巨大潜在市场，从而加速性病、艾滋病的传播，危害公共健康和人口安全，并增加婚姻和家庭的不稳定因素。性别失衡与个体、群体的社会失范有密切关系，性别失衡带来的种种问题将可能在跨国犯罪与人口流动条件下影响国际人口与社会安全。性别失衡不但可能通过性服务与拐卖妇女等方式侵害女性权利，而且可能会损害受“婚姻挤压”的成年男性群体的合法权益，造成他们在性和心理方面处于压抑或扭曲状态，形成对公共安全的潜在威胁。在中国以“养儿防老”为主流养老模式的现实环境中，大量成年男性不能结婚必将引发相同数量老年父母的养老困难。因此，在中国各种社会制度不完善及各种社会矛盾冲突不断涌现的条件下，性别失衡及与之相关的人口和社会问题不仅损害女性的生存与发展权，而且对不同群体产生负面影响，进而损害社会所有人群的整体福利，并将对人口、经济、社会、文化、公共健康等公共安全产生影响，阻碍和谐社会的构建和社会稳定。

中国的人口安全问题在社会转型中是基础风险，以性别失衡为核心的人口安全问题将激化并放大其他社会问题，而庞大的人口规模将加大公共治理的难度，削弱财政支持的力度。性别失衡将加剧社会保障制度缺失条件下大龄未婚男性群体的养老困难，可能会激化并放大买婚、拐卖妇女、非婚生育、卖淫、性侵犯、暴力犯罪等社会问题，进而影响公共安全。在中国经济发展城乡与区域极度不平衡的情况下，这些社会问题往往发生在偏远落后的农村地区，治理这些社会问题所需的财政支持也往往是杯水车薪，一旦这些社会问题积聚并形成规模，将给公共安全和社会稳定产生不可估量的负面影响。因此，解决以性别失衡为核心的公共安全与社会稳定问题必须未雨绸缪。

中国在性别失衡的公共治理方面还没有取得显著成效，存在一定程度的治理失灵，政府与社会对性别失衡所引发的各种潜在的社会风险及其爆发缺乏前瞻性的认识，综合治理性别失衡问题呼唤社会发展各个领域的制度和政策创新与变革。1980 年代初以来，中国出生人口性别比持续上升，大部分省份的出生性别比相对于 2000 年又有所升高，性别比失衡在地理范围上也有扩大趋势，且在城市和乡村都有上升，说明政府在 1990 年代后采取的一系列法律、经济、社会措施，还未取得根本性成效，政府在性别失衡治理方面存在绩效评价与管理方面的盲点。根据韩国、中国台湾、印度、巴基斯坦等亚洲部分国家和地区的性别失衡治理经验，经济发展水平提高可以从一定程度上减轻对女性的歧视，但文化、制度中的性别偏好存在“刚性”，难以在短期内自发地消除。由于性别失衡所引发的社会风险还未完全显现，再加上导致中国性别失衡的原因复杂多样、社会转型期的各种社会矛盾又进一步加剧了性别失衡及其社会风险的复杂性，政府与社会对性别失衡所引发的各种潜在社会风险普遍缺乏清晰的认识。因此，综合治理性别失衡问题是一个复杂的社会系统工程，需要政府、企业和公民社会共同努力，在与人口相关的社会发展领域进行制度和政策的创新与变革，加快建立国家社会发展创新体系。

### （二）研究视角的引入

由以上分析可以看出，性别失衡与社会可持续发展问题具有复杂性，需要引入新的研究视角。

**1. 性别视角**

由于与社会角色之间的天然联系，性别是研究性别失衡的最重要视角。性别失衡首先侵害了女性的生存权利，是性别不平等在人类生命早期的集中体现；其次，由于成年阶段的女性缺失和“婚姻挤压”，使得成年女性常常被定位为“妻子”、“性伴侣”或“生育工具”的角色，从而进一步损害了女性的发展权利；同时由性别失衡带来的男性“过剩”将会以“婚姻挤压”的形式对成年男性的生活福利带来负面的影响，从而进一步影响公共安全和社会稳定[59]。

**2. 生命历程视角**

生命历程理论通过生命时间、社会时间以及历史时间三个角度对个体年龄重新进行定义，有助于把握个体生命历程与家庭、社会变动之间的互动关系[62, 63]。从生命时间来看，性别失衡对不同人群所造成的不利影响及可能的失范行为贯穿整个个体生命历程；从社会时间来看，性别失衡造成个体婚姻和生育偏离社会时间表从而带来负面影响；从历史时间来看，性别失衡对处于不同出生组中的人群会造成不同程度的不利影响，从而进一步影响到公共安全和社会稳定。因此，需要将生命历程视角贯穿研究的全过程，全面研究不同群体在不同生命历程阶段的特征及其转化，并将宏观与微观相联系进行分析。

**3. 婚姻视角**

父系家族制度下的婚姻形式是产生男孩偏好的根源性原因，也是导致性别失衡的重要因素。从婚姻视角切入，可以为深入探讨与男孩偏好相关的性别失衡等社会人口问题提供新的思路；同时，婚姻和人口性别结构具有天然联系，婚姻是男女两性构建家庭的纽带，性别失衡会直接影响婚姻的缔结与社会稳定。因此，婚姻是性别失衡研究的天然视角。

**4. 流动视角**

人口迁移流动对总体人口性别比不会产生影响，但却直接影响性别比区域结构，并对出生性别比产生重要影响[64]；另一方面，城乡二元结构严重阻碍中国经济和社会发展，是性别比持续走高的深层次原因，而人口流动打破了城乡二元经济结构，加速中国城市化，成为解决性别失衡问题的可能手段。从流动视角审视性别失衡问题，不仅是对性别失衡及其后果系统深入研究的学术需要，也是统筹治理性别失衡及其后果的现实需要，具有重要的现实意义和较强的学术意义。同时，性别失衡对社会稳定的影响不是个人效应，而是基于个人效应的群体和社会效应。作为性别失衡后果主要承担者的大龄未婚男性目前分布比较分散，未来对男性权利侵害的规模效应目前还无法观测[65]。人口流动使得大量具有相似特征的男性聚集在一起，对其聚集特征的研究是深入认识未来大龄未婚男性群体特征的有效途径，也为相关政策的制定提供现实依据和政策实验平台。

总之，对性别失衡与社会可持续发展的研究，需要将性别、生命历程、婚姻与流动这四个视角交叉、互动，以性别视角、生命历程视角为主线贯穿研究始终，以婚姻和流动视角为辅，分析性别失衡在不同时期和不同区域对不同群体的影响。

### (三) 一种新的研究范式

基于对已有研究成果及性别失衡问题复杂性的认识，我们提出了一种具有多视角、非线性、系统性和跨学科为主要特色的新的中国性别失衡和社会可持续发展的研究范式，见图 1。

新的研究范式强调理论研究、政策研究、战略研究与公共治理实践的统一。理论研究是基础，政策研究是方向，而公共治理实践是性别失衡治理和促进社会可持续发展的关

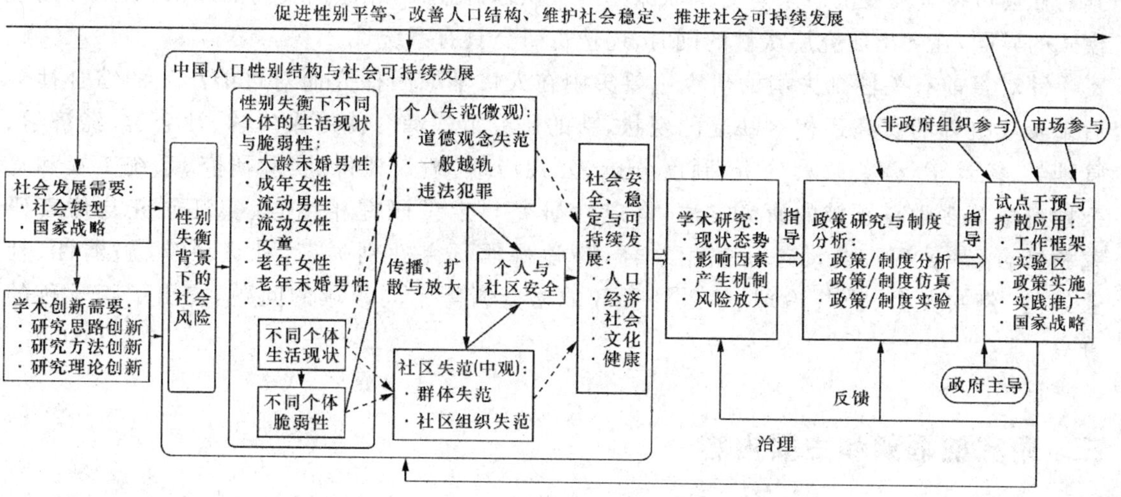

促进性别平等、改善人口结构、维护社会稳定、推进社会可持续发展

中国人口性别结构与社会可持续发展

社会发展需要：
· 社会转型
· 国家战略

学术创新需要：
· 研究思路创新
· 研究方法创新
· 研究理论创新

性别失衡背景下的社会风险

性别失衡下不同个体的生活现状与脆弱性：
· 大龄未婚男性
· 成年女性
· 流动男性
· 流动女性
· 女童
· 老年女性
· 老年未婚男性
· ……

不同个体生活现状

不同个体脆弱性

个人失范(微观)：
· 道德观念失范
· 一般越轨
· 违法犯罪

传播、扩散与放大

个人与社区安全

社区失范(中观)：
· 群体失范
· 社区组织失范

社会安全、稳定与可持续发展：
· 人口
· 经济
· 社会
· 文化
· 健康

学术研究：
· 现状态势
· 影响因素
· 产生机制
· 风险放大

指导

政策研究与制度分析：
· 政策/制度分析
· 政策/制度仿真
· 政策/制度实验

指导

非政府组织参与

市场参与

试点干预与扩散应用：
· 工作框架
· 实验区
· 政策实施
· 实践推广
· 国家战略

政府主导

反馈

治理

**图 1 中国性别失衡和社会可持续发展的研究范式**

键。只有进行深入的理论研究，才能揭示性别失衡问题产生和对社会稳定影响的深层次原因；只有进行政策分析，才能有针对性地统筹解决性别失衡的现实问题以及前瞻性地防范性别失衡可能带来的严重社会后果；只有通过社区治理实践，才能检验有关政策和制度的合理性、可行性，并基于形势分析和社区实践结果，提出国家重大战略选择，进行总体性国家战略方案的设计。把理论研究、政策研究、战略研究和公共治理实践相结合，不断发现现行性别失衡治理的制度和政策中存在的问题，加以修正和完善，促进中国社会的可持续发展。

具体地，这种新的研究范式依据社会发展需要和学术创新的需要，将人口性别结构与社会可持续发展研究纳入"社会风险(宏观)→不同人群的生活状况与脆弱性分析(微、中观)→个人与社区的社会失范分析(微、中观)→公共安全(宏观)→社会稳定(宏观)"这一宏、微观相结合的因果分析链条，系统探讨性别失衡是如何从微观和宏观两个层次影响社会稳定，这两个层次又是如何互动而放大社会风险，进而影响社会可持续发展。在学术研究的基础上，从政策及制度分析、仿真和实验三个方面进行政策和制度研究。基于学术研究和政策研究的成果，在政府主导、非政府组织和市场的参与下，进行有针对性的社区试点干预和治理实践：一方面，建立综合治理性别失衡的政策干预试验区，将实践成果进行扩散、推广，并形成国家战略；另一方面，社区试点干预和治理实践的成果反馈将丰富学术研究和政策研究。

有别于传统的从学术研究再到治理实践单一方向的线性时间维度，新的研究范式强调以多学科交叉研究为途径，形成理论研究、机理研究与政策研究和治理实践齐头并进、动态、有机耦合和反馈相结合的多维、多方向的非线性研究范式，通过治理实践经验的扩散和推广、国家战略与制度政策创新的综合路径来全面解决重大人口与社会发展问题，丰富中国社会发展领域的国家创新体系。

新的研究范式不但将性别失衡及其后果的研究纳入微、中和宏观结合的因果分析链条，而且将性别失衡的历史、现状和未来加以系统考虑，使得公众和政府对性别失衡未来趋势和其对社会可持续发展的后果有更全面深刻的认识；对比国内外性别失衡的原因、后果和治理模式的异同，在突出研究层次性的同时，还使得研究具有系统性。

针对目前有关性别失衡的研究主要集中在人口学原因探究而对可能产生的综合社会后果及其机理的研究还相对缺乏的现状，新的研究范式综合使用人口学、社会学、经济学、管理学、统计学、公共政策分析、制度分析、公共治理、绩效评价、实验研究、系统工程和复杂性科学等多学科领域的研究方法，将定性研究与定量研究相结合、实证研究与仿真研究相结合、静态研究与动态研究相结合，跨学科地研究性别失衡、社会风险、脆弱性、社会失范、公共安全、公共治理、绩效评价和战略分析等不同领域的问题，突出了跨学科的特点。

## 三、研究的框架和主要内容

在上述研究范式指导下，我们提出了如图 2 所示的研究中国性别失衡和社会可持续发展的总体框架，它主要包括以下主要内容。第一部分“态势研究”是研究的基础，通过引入新观点、新方法和新数据，对中国性别结构总体态势进行整体和全面的判断，明确中国性别失衡的态势和严重性；第二部分“机制研究”是研究的核心，在社会风险放大、社会失范和社会网络等理论与方法的指导下，宏、微观相结合地分析性别结构失衡的社会风险如何影响个人、家庭、人群和社区的社会失范和公共安全，进而影响社会稳定，从而影响社会可持续发展的机制；第三部分“实践与战略研究”是研究重点，在第一、二部分研究的基础上，通过公共治理实践和战略制定，明确如何降低性别结构失衡引起的社会风险、维护社会稳定、推进社会可持续发展。下面对每一部分的研究内容予以简要的说明。

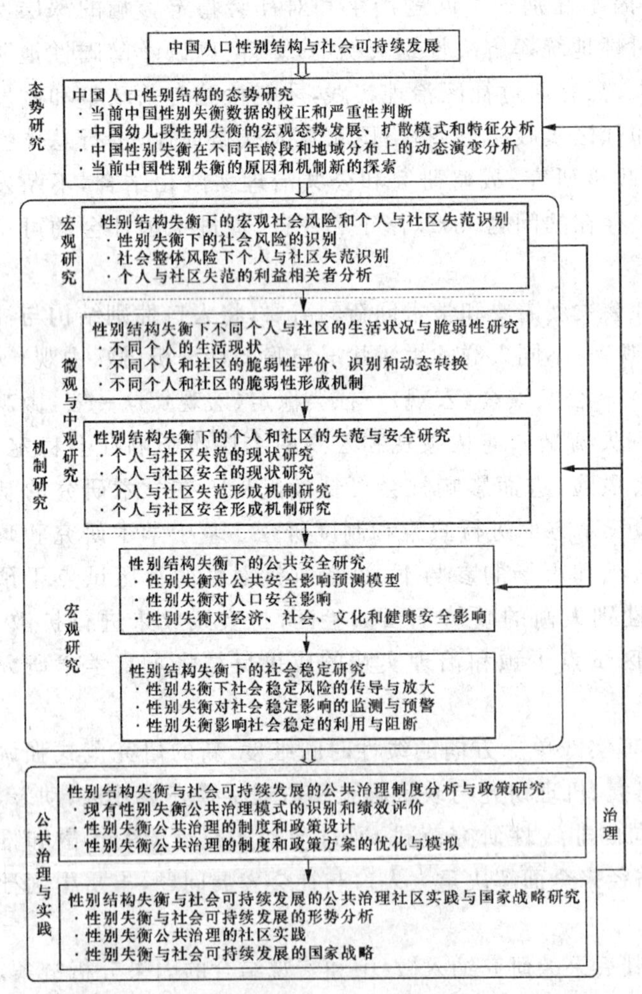

**图 2　中国性别失衡与社会可持续发展的研究框架**

第一部分“态势研究”主要基于新的分析方法和策略，利用历次人口普查和抽样调查以及未来的“六普”数据，对性别失衡的态势有较为准确的判断；根据最新校正的人口数据，重点对偏高的出生性别比和女性婴幼儿死亡率进行宏观趋势和特征分析；从生命历程和人口流动视角，剖析当前中国人口在不同出生队列和地域分布上的性别失衡态势的演化过程，探讨人口流动背景下流入地和流出地性别失衡的特征；分析性别失衡的原因、探索新的失衡机制，更好地解释当前性别失衡的趋势，为治理性别失衡提供新的思路。这里拟突破的重点是揭示性别失衡的基本态势，通过对现有普查数据的校正和口径统一，结合专门抽样调查数据，从性别失衡的规模、结构、区域差异等方面对性别失衡的态势进行全面、系统的研究，有利于增强公众和政府对性别失衡治理重要性、紧迫性的认识。其中，数据收集的可靠性、可用性以及性别失衡目前态势估计是研究的难点。这一部分的学术创新包括以下两个方面：其一，提高判断性别失衡态势的系统性和准确性；其二，结合统计、数学模型等策略，发展新的出生性别比数据校正方法，提出新的数据修正策略，对目前已有的普查数据和不同部门不同口径的出生性别比数据进行对比和修正，为性别失衡态势分析等宏观研究提供可靠的数据保证。

第二部分“机制研究”主要包括3方面内容：(1) 性别结构失衡下的宏观社会风险和个人与社区失范识别。根据已有文献、相关媒体报道和定性访谈数据，归纳和识别性别失衡可能引发的人口、经济、文化、社会、健康等宏观社会风险，总结性别失衡下个人和家庭、社区和群体的失范，进而分析不同个人与社区失范行为的相关体及作用机制。(2) 性别结构失衡下不同个人与社区的脆弱性、失范与安全研究。利用调查数据，从微观层面揭示不同个人与群体生活状况差异；依据构建的脆弱性框架，建立脆弱性评价指标，对不同个人和家庭、社区和群体进行脆弱性判别；分析脆弱性形成机制和不同时段的脆弱性动态转换机制；利用调查数据，建立相应的指标，揭示不同个人和家庭、社区和群体的失范和安全现状差异；分析性别失衡下的生活现状、社区生活环境、脆弱性是否导致个人和家庭、社区和群体失范可能性增加，进而影响个人与社区安全的机制，并着重探讨“个人失范传播、扩散形成群体失范”的风险放大机制。(3) 性别结构失衡下的公共安全、社会稳定与社会可持续发展研究。基于微观机理分析和系统参数，采用复杂网络模型、数学模型、计算机仿真等综合研究策略，对性别失衡这一宏观社会风险对人口、经济、社会、文化和健康等公共安全的影响及其演化过程进行仿真分析，探讨不同情境下社会环境因素对性别失衡后果的边际影响。在对前期研究成果进行归纳的基础上，从社会风险的传导与放大的途径切入，系统分析性别失衡影响社会稳定的整体机制，总结性别失衡下社会稳定风险的基本类型、传导路径、影响效应以及利益相关体等；并对性别失衡下的社会稳定风险进行监测预警，研究性别失衡和社会可持续发展的外部条件和政策阻断点，为治理对策研究提供依据。

“机制研究”的重点是探究性别失衡的深层次原因和新的机制，分析性别比失衡的后果及其影响机制。在这当中存在很多需要突破的难点：其一，发展一系列性别失衡下不同人群脆弱性、失范以及安全和社会稳定的测度指标体系，提出相应的测度方法与工具，保证指标体系的针对性和普适性；其二，在中、微观研究层次上，将社会风险放大框架和社会网络相结合，探讨性别失衡背景下的个人失范可能向社区扩散放大的机制；其三，在宏观研究层次上，建立相应的预测分析和仿真模型，从不同维度探讨性别失衡风险下的公共安全威胁形成机制；最后，在宏、微观联系层次上，将微观机制和主要参数融入宏观机制研究，形成立体全面的宏、微观机制分析框架。

“机制研究”的学术创新包括以下几个方面。其一，综合考虑转型社会特征和政策制度环境因素，尝试发现性别失衡产生的新原因和机制，加深公众和政府对性别失衡的正确认识，为性别失衡公共治理提供新的切入点和思路；其二，从性别失衡可能引起的宏观社会风险入手，前瞻性地研究性别失衡可能对人口、经济、社会、文化、健康等公共安全的边际影响，并总结出可能对社会稳定产生影响的模式，有助于公众和政府对性别失衡后果的严重性和治理的紧迫性有深刻认识；其三，提出性别失衡对社会稳定影响机制的链条和风险传导机制；最后，以多学科交叉的研究方法，建立微观模型用于揭示性别失衡对个人与社区脆弱性和失范的影响及个人失范向社区扩散放大形成社区失范的机制，建立宏观人口学模型、系统动力学模型等用于分析社会性别失衡的社会群体后果，特别是对公共安全的影响，并对模型进行性能分析、仿真研究和参数辨识。

第三部分“实践与战略研究”主要包括两方面内容：(1) 性别结构失衡与社会可持续发展的公共治理制度分析与政策研究。基于公共安全模拟结果以及社会稳定预警指标体系的构建，从制度和政策的角度对性别失衡与社会可持续发展公共治理进行治理模式的识别和绩效评价、制度和政策设计，借助数学模型和计算机仿真等新的公共治理研究手段，进行制度和政策方案的模拟与优化，为开展社区实践、进行国家层次的战略设计和重大战略选择提供参考。(2) 性别结构失衡与社会可持续发展的公共治理社区实践与国家战略研究。对中国目前性别失衡与社会可持续发展（主要包括社会风险、公共安全和社会稳定）的形势进行分析，总结公共治理政策及制度的需求和挑战；推动性别失衡与社会可持续发展公共治理的社区实践，监测评价治理过程与结果，提炼、总结出针对性别失衡原因和后果的高绩效治理模式；基于形势分析和社区实践结果，采用战略分析方法提出“促进性别平等、改善人口结构、维护社会稳定、推进社会可持续发展”的国家重大战略的设计和选择。

“实践与战略”的研究重点是系统分析已有的性别失衡治理政策，提出统筹解决性别失衡及其后果的对策建议，通过政策仿真、试验、社区实践和绩效评价，总结可供推广的公共治理模式，形成具有突破性和可操作性的国家战略。然而，性别失衡后果迄今尚未完全显现，前期的实证研究多以比较、归纳、个案或推断性研究为主，真正的因果关系链条难以直接体现，相应的治理现状评价、绩效评价以及促进策略、政策方案的设计等存在的不确定性增大了政策研究的难度，也是需要突破的难点。

“实践与战略”研究在学术上特别是在公共治理和战略实践领域应该实现以下突破。在学术上，发展新的性别失衡公共治理模式；将内容分析、社会网络等定量分析方法应用于定性的政策文本分析，将多智能体模型、政策仿真等用于性别失衡公共治理的政策和制度研究，发展新的政策分析方法，推动新的研究方法在公共政策领域的应用。在公共治理和战略实践领域，重点实现以下突破：其一，基于理论和实证分析以及模拟仿真的结果，构建性别失衡下的社会稳定风险动态监测系统，分模块对现代社会与未来社会的社会风险进行动态监测和预警，为政策实施效果评价提供基础；基于实证研究结果和公共治理理论进行中国性别失衡下的治理模式设计，对政策方案进行优化、仿真和模拟，实现制度和政策创新；基于实证研究结果以及中国性别失衡及其后果治理的形势分析，提出统筹治理性别失衡及其后果的国家战略，进行中国性别失衡下的公共治理实践模式的设计，并以国家“关爱女孩行动”为切入点，实施针对县、区级的治理实践，总结具有推广价值的公共治理模式，实现性别失衡及其后果治理的实践和战略创新。

## 四、对未来研究的展望

在本文提出的新的研究范式和框架指导下，我们已经于 2008 年 8 月在中国农村两个县(区)进行了包括农村大龄未婚男性在内的抽样调查和定性访谈，通过对留守在农村的大龄未婚男性、已婚男性、已婚女性和未婚女性的调查，探索了大龄男性失婚的原因与机制，系统研究了婚姻状况对留守农村大龄未婚男性生活状况(包括经济状况、社会支持等)、婚姻、生育、养老观念与行为以及性与生殖健康的影响，分析了他们社会融合和生理、心理福利的影响因素，探讨了大龄男性失婚对家庭、其他群体及社区的影响。研究发现，留守农村的大龄未婚男性的社会经济地位、生活满意度、心理福利等都显著低于其他人群，参加包括礼物交换在内的乡村社交活动显著少于已婚人群，其社会融合问题已逐渐对当地社会发展产生影响。相关分析工作仍在进行之中。

在前期工作的基础上，我们计划进一步整合多方面力量，在中国选取性别失衡的典型地区，针对未婚男性、已婚男性、成年女性、老年人、社区干部以及人口计生、卫生、公安、民政、劳动部门的工作人员等性别失衡风险冲击下的典型人群，进行社会调查及多学科交叉的纵深分析。具体地，我们将在后续研究中选取有代表性的大城市，对流动到城市的农村大龄未婚男性及其他农村流动人口进行大规模抽样调查和定性访谈，并选取经济发展程度和地理位置不同的农村地区，对农村大龄未婚男性及其他人群进行抽样调查和定性访谈，利用丰富的一手调查数据深入研究城乡人口流动以及城乡与区域差异对性别失衡态势、成因、后果及社会可持续发展的影响，探索性别失衡及其后果的治理途径，实现相关的公共政策与制度创新。

在未来的 3—5 年内，我们预计基于新的研究范式，在历史和国际的视野下，围绕性别失衡与公共安全领域中的重大问题，开拓新理论方法的研究和应用，取得基础性、系统化、可政策化的研究成果，形成具有中国特色和情景的性别失衡治理与社会可持续发展的理论体系。基于学术研究与实践成果，通过拓展加强与各级政府的合作，建立政策实验基地和公共政策实验室，探索统筹解决性别失衡可能引起的重大问题的综合发展模式、政策体系和国家社会发展领域创新体系，成为性别失衡治理和社会可持续发展领域的国家智库。

(本文的主要科学思想和工作是课题组成员共同形成的，由本文作者执笔完成。)

## 参考文献

[1] 李树茁、费尔德曼，“中国婴幼儿死亡水平的性别差异：水平、趋势与变化”，《中国人口科学》，1996(1)：7-21.

[2] 陈友华，《中国和欧盟婚姻市场透视》，南京大学出版社，2004.

[3] Jiang Q, I Attané, S Li, M W Feldman. Son Preference and the Marriage Squeeze in China—An Integrated Analysis of the First Marriage and Remarriage Market //In I Attané and C. Z. Guilmoto (eds.), Watering the Neighbor's Garden. Paris: CICRED, 2007(5): 1-19.

[4] Zeng Y, P Tu, B Gu, et al. Causes and implications of recent increase in the sex ratio at birth in

China. Population and Development Review, 1993, 19(2): 283 - 302.

[5] Gu B, K Roy. Sex ratio at birth in China with reference to other areas of East Asia: What we know. Asia-Pacific Population Journal, 1995(3): 17 - 42.

[6] Chu J. Prenatal sex determination and sex-selective abortion in rural center China. Population and Development Review, 2001,27(2): 259 - 281.

[7] Li S, C Zhu, M W Feldman. Gender differences in child survival in contemporary rural China: A county study. Journal of Biosocial Science, 2004,36: 83 - 109.

[8] 李树茁、韦艳、姜全保,"中国女孩的生存:历史、现状和展望",《市场与人口分析》,2006a(1): 2 - 16.

[9] Cai Y, W Lavely. China's missing girls: Numerical estimates and effects on population growth. China Review, 2003, 2(3): 13 - 29.

[10] Attané I, Jacques Veron. Gender Discriminations among Young Children in Asia. Pondicherry: French Institute of Pondicherry, 2005.

[11] 李树茁、姜全保、费尔德曼,《性别歧视与人口发展》,社会科学文献出版社,2006d.

[12] Banister J. Shortage of girls in China today. Journal of Population Research, 2004,21(1): 19 - 45.

[13] Hudson V, Den Boer A M. Bare Branches: The Security Implications of Asia's Surplus Male Population. Cambridge M IT Press, 2004.

[14] 卞利,"明清时期婚姻立法的调整与基层社会的稳定",《安徽大学学报》,2005,29(6): 115 - 120.

[15] 郭松义,"清代403宗民刑案例中的私通行为考察",《历史研究》,2003(3): 51 - 67.

[16] 王志强,"清代的丧娶、收继及其法律实践",《中国社会科学》,2000(6): 105 - 117.

[17] 王跃生,"清代中期婚姻行为分析",《历史研究》,2002(6): 44 - 55.

[18] Sommer Matthew H. Sex, Law and Society in Late Imperial China. Stanford: Stanford University Press, 2000.

[19] 杨剑利,"近代华北地区的溺女习俗",《北京理工大学学报:社会科学版》,2003,5(4): 79 - 81.

[20] 韦艳、李树茁、杨雪燕,"亚洲女性缺失国家和地区性别失衡的治理及对中国的借鉴",《人口研究》,2009(1): 91 - 103.

[21] CHOE SANG-HUN. Where Boys Were Kings, a Shift Toward Baby Girls. New York Times, 2007 -11 - 23.

[22] Chung Woojin, Monica Das Gupta. The decline of son preference in South Korea: The roles of development and public policy. Population and Development Review. 2007,33(4): 757 - 783.

[23] 蔡菲、黄润龙、陈胜利,"影响出生性别比升高的社会经济文化背景研究——2000年全国人口普查县级资料多因素分析报告",《人口与发展》,2008(2): 48 - 53.

[24] Park C, N Cho. Consequences of son preference in a low fertility society: Imbalance of sex ratio at birth in Korea. Population and Development Review, 1995,21: 59 - 84.

[25] 李树茁、朱楚珠,"中国儿童生存性别差异的研究与实践",《中国人口出版社》,2001.

[26] Lavely W. Unintended consequences of China's birth planning policy. Harvard, Cambridge MA. 1997.

[27] 李树茁、孙福滨、姜全保,等."中国2000年第五次人口普查死亡研究报告",《中国统计出版社》,2005.

[28] Yuan X. High sex ratio at birth in China (brief review). Paper presented at Workshop on Population Changes in China at the Beginning of the 21st Century. Australian National University, Canberra, December. 2003.

[29] Banister J. China: Recent mortality levels and trends [EB/OL]. [1992 - 04 - 30]. http: //www.

pop line. org/docs/1662/277201. html.
[30] Johansson S, A Arvidsson. Problems in counting the youngest cohorts in China's censuses and surveys. In China State Council and National Bureau of Statistics (ed.), 1990 Population Census of China: Proceedings of International Seminar. Beijing: China Statistics Press. 1994.
[31] Banister J, K Hill. Mortality in China 1964 - 2000. Population Studies, 2004,58(1): 55 - 75.
[32] Das Gupta M, S Li. Gender bias in China, South Korea and India 1920 - 1990: The effects of war, famine, and fertility decline. Development and Change, 1999,30(3): 619 - 652.
[33] 张翼,"中国人口出生性别比的失衡、原因与对策",《社会学研究》,1998(6): 55 - 68.
[34] 茅倬彦,"我国人口性别比的时间空间变化",《人口与经济》,2005(2): 51 - 55.
[35] 韦艳、李树茁、费尔德曼,"中国农村的男孩偏好与人工流产",《中国人口科学》,2005(2): 12 - 21.
[36] Croll E. Endangered Daughters: Discrimination and Development in Asia. London: Routledge. 2001.
[37] Das Gupta, M Lee, S Uberoi P, Wang D, Wang L, X Zhang. State policies and women's agency in China, the Republic of Korea and India 1950 - 2000: Lessons from contrasting experiences. pp. 234 - 259 in V. Rao and M. Walton (eds), Culture and Public Action: A Cross-Disciplinary Dialogue on Development Policy. Stanford CA: Stanford University Press. 2004.
[38] 李树茁、姜全保、刘慧君,"性别歧视的人口后果——基于公共政策视角的模拟分析". 公共管理学报,2006b(2): 90 - 98.
[39] 李树茁、靳小怡、费尔德曼,等.《当代中国农村的招赘婚姻》,中国社会科学文献出版社,2006c.
[40] 阳义南,"家庭资助计划: 完善农村家庭养老功能的政策创新",《人口与经济》,2005(1): 44 - 47.
[41] 乔晓春,"性别偏好,性别选择与出生性别比",《中国人口科学》,2004(1): 14 - 22.
[42] 李树茁、姜全保、伊莎贝尔·阿塔尼,等."中国的男孩偏好和婚姻挤压——初婚与再婚市场的综合分析",《人口与经济》,2006d(4): 1 - 8.
[43] Hudson V M, A M den Boer. Bare Branches: The Security Implications of Asia's Surplus Male Population. By Cambridge: M IT Press. 2004.
[44] Hartmann B. The testosterone threat: sociobiology, national security and population control [EB/OL]. [2006 - 12 - 31]. http://popdev. hamp shire. edu/projects/dt/pdfs/DifferenTakes_41. pdf.
[45] 孙江辉,"男女性别比失衡与违法犯罪问题研究",《中国政法大学学位论文》,2006.
[46] Hess B, J Warning. Waring. Family Relationship s of Older Women: A Women's Issue. In older Women, edited by E. W. Markson. Lexington, MA: Lexington Books. 1983.
[47] Wu Z, Pollard M. Social support among unmarried childless elderly persons. Journal of Gerontology: Series B: Psychological Sciences and Social Sciences. 1998 (53B): 324 - 335.
[48] 石人炳,"青年人口迁出对农村婚姻的影响",《人口学刊》,2006(1): 32 - 35.
[49] 杨雪燕、李树茁、唐屏华,"中国台湾的女孩生存问题及其公共政策治理",《公共管理学报》,2008a(2): 86 - 94.
[50] 全国关爱女孩行动领导小组办公室专家组,"中国的关爱女孩行动",[2008 - 10 - 22]. http://www. people. com. cn/GB/125298/125522/8212961. html.
[51] 邓国胜,"中国生育率下降的代价: 婚姻拥挤",《社会科学》,2000(7): 58 - 60.
[52] 石人炳,"性别比失调的社会后果及其特点",《人口研究》,2002(2): 57 - 60.
[53] 杨雪燕、李树茁,"出生性别比偏高问题治理的公共政策失效原因分析",《公共管理学报》,2008b(4): 84 - 92.
[54] Das Gupta M, Jiang Zhenghua, Li Bohua, et al. Why is son preference so persistent in East and

South Asia? A cross-country study of China, India and the Republic of Koreq [EB/OL]. [2002 - 12 - 31]. http://ideas. repec. org/p/wbk/wbrwps/2942. htm.

[55] Danidl Goodkind, The Vietnamese Double Marriage Squeeze. International Migration Review, 1997, 31(1): 108 - 127.

[56] Masaaki K. Russia's Population Crises in the 1990s and the Long Run: How can we dream with Russia? [EB/OL]. [2009 - 10 - 24]. http://hermes-ir. lib. hit-u. ac. jp/rs/bitstream/10086/14304 / 1/pie_dp263. pdf.

[57] 李树茁、朱楚珠、黄海波,《巢湖市改善女孩生活环境实验区项目手册》,中国人口出版社,2003.

[58] 全国关爱女孩行动领导小组办公室,《关爱女孩行动工作指南》,中国人口出版社,2006.

[59] 刘中一,"大龄未婚男性与农村社会稳定",《青少年犯罪问题》,2005(5): 17 - 22.

[60] 姜全保、李树茁、费尔德曼,"20世纪中国'失踪女性'数量的估计",《中国人口科学》,2005(4): 2 -10.

[61] 朱力,《社会问题概论》,社会科学文献出版社,2002.

[62] 包蕾萍,"生命历程理论的时间观探析",《社会学研究》,2005(4): 120 - 133.

[63] 李强,等."社会变迁与个人发展: 生命历程研究的范式与方法",《社会学研究》,1999(6): 1 - 18.

[64] 郭志刚,"北京市生育水平和出生性别比及外来人口影响",《中国人口科学》,2003(6): 53 - 57.

[65] 李慧英,"性别失衡与社会危机",[2006 - 11 - 13]. http://news. xinhuanet. com/theory/2006 -11/13/content_5324079. htm.

# GENDER BIAS AND THE "MARRIAGE SQUEEZE" IN CHINA, SOUTH KOREA AND INDIA 1920 – 1990: effects of war, famine and fertility decline

*Monica Das Gupta*, *Li Shuzhuo*

How has the history of the twentieth century affected the extent of female disadvantage in child survival in China, South Korea and India, and how has this in turn shaped spousal availability and marriage payments? These three countries represent South and East Asia, the parts of the world which show the highest levels of excess female child mortality. This is a longstanding pattern in all three countries, as evidenced by data from the nineteenth and early twentieth centuries (Xin 1989, Kwon 1977, Visaria 1969). We explore how historical events have influenced the extent of excess female child mortality during 1920 – 1990, and some of the substantial social ramifications of changes in the level of gender-based discrimination.

We examine how the level of discrimination has been affected by events in the wider society which place households under severe stress. The focus is on three kinds of resource constraint. The first is the disruption and privation of *war*, which was experienced at the national level by China in the first half of this century and especially during World War Ⅱ, and by South Korea during the Korean War of 1950 – 1953. The second is *famine*, which was experienced on a large scale in China in 1959 – 1961. The third is the substantial *fertility decline* which has taken place in all three countries in recent decades. Since these societies are characterized by strong son preference, this amounts to another form of resource constraint on the household because reducing the number of births means reducing the number of opportunities to have a son. Empirically, fertility decline in these countries has been accompanied by rising female disadvantage in survival even at low birth orders, and more masculine sex ratios of children (Das Gupta and Bhat 1995).

There seems to be little evidence from South Asia or South Korea that the poor discriminate more against their daughters, the hypothesis being that sharper resource constraints force them to allocate resources to the more valued males①. However, resource

---

① Early censuses in India show that in regions with strong son preference, the higher castes had more imbalanced sex ratios than the lower castes (Miller 1981, Das Gupta 1987). Krishnaji (1987) and Murthi et al. (1995) using district-level data from India found that, if anything, the rich discriminate more than the poor. Data from South Korea also suggests this (Das Gupta et al. 1997).

constraints may affect discrimination in another way: people may increase the level of discrimination when they experience a tightening of circumstances relative to their *own* previous position, as when they are caught up in a war or famine. This is the hypothesis which we examine.

We also explore how the marriage market has been affected by the extent of discrimination, building on Caldwell et al. 's (1983) idea of the "marriage squeeze". The history of these three countries is quite different, and these differences are reflected in the extent of discrimination against girls. We explore how this has affected spousal availability in these three countries, and how the treatment of women is affected by whether they are in surplus or shortage.

We begin by discussing what drives this comparison of three countries which are so disparate in many ways. Despite their very different levels of economic and social development and political systems, they have fundamental similarities in the position of daughters in the family, and in the nature of marriage. We then examine the historical trends in female disadvantage and how they are related to major resource constraints. Finally, we look at trends in spousal availability and some of the social implications of these historical trends, including the implications for marriage payments, and the situation of poorer people and of women.

## 1. SIMILARITIES IN THE POSITION OF DAUGHTERS IN CHINA, SOUTH KOREA AND INDIA①

China and South Korea are culturally fairly homogeneous countries in which the majority of the population belongs to a culture of rigidly patrilineal and patrilocal kinship systems based on a clan system. India is more diverse. The dominant kinship system Northwest India is strikingly similar to that of China and South Korea. Other parts of Northern India have forms of patriarchy which are less rigidly organized. Southern India has elements of a more bilateral kinship system, and also exhibits far less son preference than the North. We therefore compare the three countries and then examine the case of Northwest India, because that is the most directly comparable with China and South Korea in terms of kinship and the potential for gender bias.

In the following brief and broadbrush sketch of how the position of daughters is

① The discussion in this section draws on the voluminous literature on kinship and social organization in these three countries, as well as on our field interviews in these three countries. See for example Chang (1991), Chowdhury (1994), Chung (1977), Cohen (1976), Croll (1983), Das Gupta (1995b), Davis and Harrell (1993), Dyson and Moore (1983), Freedman (1965), Gates (1996), Goody (1990), Greenhalgh (1994), Hershman (1981), Hsu (1948), Hu (1948), Karve (1965), Kendall (1996), Kim (1989), Kolenda (1987), Lee and Campbell (1996), Lee and Wang (1997), Pasternak (1972), Pradhan (1966), Skinner (1997), Stockard (1989), Williamson (1976), Wolf (1968), Wolf and Huang (1980), and Yi (1975).

affected by the system of kinship and marriage, we refer to a "traditional" system. Traditions of course are far from immutable, and here we refer to the social arrangements prevalent in these countries through much of this century. These arrangements persist to a considerable extent today despite much social change. All three countries have experienced considerable socio-economic development, and South Korea in particular is highly developed and urbanized today. However, the kinship system in these societies are especially resilient①, and values relating to the family and marriage have been much slower to change.

In these rigidly patrilineal and patrilocal kinship systems, lineages are defined in terms of males alone. Lineages are strictly exogamous, so they import brides to produce the next generation of the lineage. Membership of a lineage and one's position in it is conferred by dint of being a particular man's offspring, and the identity of the mother is almost irrelevant to this. Women are thus merely biological reproducers for a lineage other than their lineage of birth, and men are the social reproducers, the ones who confer an identity to the newborn child. Rights to a woman are transferred to the husband's family at the time of marriage. It is understood that the woman's future productivity and services belong to the husband's family, whatever her parents' needs may be. Consequently, a daughter's birth is far less welcome than that of a son. The kinship system in these settings leads to strong son preference and accompanying discrimination against daughters.

A daughter's marginality to her family of birth also affects the way in which the question of her marriage is perceived. While her brothers are central members of the family and lineage, a daughter's appropriate place is in her father's home only until it is time for her to marry. As an adult she becomes extraneous to her family of birth, her appropriate position being a wife in another family. It is highly unusual for an adult woman to live with her parental family. In short, there is no socially acceptable role for a grown woman in her family of birth, except as a visitor. She must leave and make way for incoming daughters-in-law.

The need to marry off one's daughter is also affected by the fact that premarital sex and especially premarital childbirth bring tremendous dishonor to a family. For many reasons, then, there is much pressure on parents to find a groom for their daughter and give her away in marriage. The norm was for marriages to be arranged: it was the father's duty to see to this, and after the father's death the duty fell to the brother. Parents of grown daughters are reminded of their obligation to marry off their daughter. It is

---

① Other types of family system have shown more rapid change. Some of the most dramatic changes have taken place in matrilineal systems. These typically practice inheritance from mother's brother to sister's son, which means that men pass on their property to their nephews instead of their sons. This generates conflict of interest, especially when resources become scarcer, which encourages a shift to more patrilineal family systems. By contrast, patrilineal systems have much more congruence between the interests of lineage members, and are therefore more robust in the face of other social and economic changes.

culturally unacceptable to have daughters remaining single, as evidenced by the negligible proportions of women never-marrying in these countries.

Marriages entail some costs for both the groom's as well as the bride's family. Currently in India, the average net expenses of a daughter's marriage are far higher than a son's marriage, because large dowries are paid to the groom's family. In China and South Korea, the average net expenses of a son's marriage are several times higher than that of a daughter's marriage (Bae 1997, Williamson 1976, Xie 1997). Yet even in the latter case, people resent even the relatively small payments they make for their daughters' marriages, because this is viewed as a net loss for the family. Relatively heavy expenses on a son's wedding are less resented because the money is still viewed as remaining within the family.

There are thus some critical points of similarity between these three countries in the nature of marriage, which distinguish them from most other cultures. For example, in large parts of rural Europe it was completely acceptable, and even the norm, for grown daughters to remain single for many years and look after their parents or work on someone else's farm (Sieder and Mitterauer 1983; Arensberg and Kimball 1968). Besides, marriage was a matter of the couple's own choosing, not the responsibility of the parents. In such societies, a shortage of available grooms would be more of a personal problem for a woman, not an intolerable situation for parents to avoid by whatever means possible. This is in sharp contrast with the pressure to find a groom for one's daughter in these East and South Asian societies.

## 2. DATA AND METHODOLOGY

### *Data:*

The data used in this paper are from the national population censuses of China, South Korea and India. Where indicated, we have also used other sources. For China, these include the 1995 One Percent National Population Survey and the Annual Population Change Surveys for 1989 to 1993. For South Korea, they include the 1995 Korean Population and Housing Census and the Annual Vital Statistics from 1985 to 1992.

The accuracy of age reporting in the censuses is critical to our analysis. In the case of China and South Korea, the accuracy of age reporting is very high (Coale and Banister 1994; Kwon 1977), because almost everybody knows the animal symbol of their birth year, which helps pinpoint the year of birth. Error will thus be small and also not subject to age-heaping. This made our analysis for China and South Korea simple and robust.

By contrast, the quality of age-reporting in the Indian censuses is subject to serious age-heaping, making it impossible to use these data for many purposes. The data are officially smoothed, but the linear assumptions underlying smoothing break down for the youngest and oldest age groups①. Therefore we are unable to use these data to analyze sex ratios of annual birth cohorts, since this would require using the youngest age group. We are, however, able to use the smoothed data for the analysis of spousal availability, as the smoothing assumptions have greater validity for the relevant age-groups②.

### *Method of calculating the excess sex ratios:*

To calculate the proportions of girls missing in each birth cohort in China and South Korea, we use the methodology and the index developed by Coale and Banister (1994) in their study on "missing" females in China. Thus we calculate the observed sex ratio of each single-year birth cohort and compute a five-year moving average of the ratio. We then estimate how excessively masculine this sex ratio is by comparing it to the expected ratio in the West model life tables (Coale and Demeny 1966). This was calculated using the female life expectancy prevailing in the country at the time (see Table 4 in the Appendix), along with the assumption that the normal sex ratio at birth is 1.06. These model sex ratios are based on life tables from a range of countries, and form a useful benchmark of the "normal" sex ratio in the absence of discrimination. The censuses used for this analysis are those conducted between 1953 and 1990 in China, and between 1960 and 1990 in South Korea.

The estimated excess sex ratios for China and South Korea (Figure 1) reflect cumulative loss of females from birth till the time of the census, resulting from sex selective abortion, female infanticide and discrimination against girls and women which reverses their normal biological advantage in survival. To focus more on the discrimination in childhood, we use the most recent census data on each birth cohort. The method is described more fully in the Appendix. The same method is also used for South Korea. For India, we were unable to apply this method because of problems of age-reporting, as mentioned above. Instead, we show the juvenile (aged 0 - 4) sex ratios of India from 1951 to 1991 to give some idea of missing girls in India.

### *Method of estimating spousal availability:*

The index used in this paper is the ratio of males to younger females for each five-year birth cohort at census time, using the observed average age gap at first marriage between men and women prevailing at the time in each country (Table 1). For each male birth

① Personal communication from Mari Bhat, based on his extensive work on the Indian census data.

② Normal smoothing methods do not eliminate systematic age errors which vary by sex. However, unless these systematic errors have changed substantially over time, the trend in spousal availability is more or less correctly reported by the smoothed sex ratios.

cohort, we calculate the observed ratio for this cohort when they are aged 20 - 29①. The exception is the last calculation for each country, which uses males from age 5 in order to look at the future spousal availability②. For this last group, we use the current age gap at marriage.

To separate the effect of fertility decline from that of discrimination, we calculate the "normal" ratios of males to younger females which should prevail in the absence of discrimination. For this, we estimate the expected number of females given the observed number of males of the same age and the "normal" sex ratio from the corresponding life tables. The difference between the observed ratio and the normal ratio is the estimated effect of gender bias on spousal availability③.

There are several demographic models to investigate the marriage market. Park and Cho (1995) and Tuljapurkar et al. (1995) are primarily interested in the future marriage market, and therefore use the current age gap between spouses as the basis for their calculations. Bhat and Halli (1996) focus on the past marriage market, and hold the age gap between spouses constant in order to estimate what would have been spousal availability had the age gap not changed. This approach takes into account the fact that the age gap between spouses is partly influenced by spousal availability. Of course, many other factors also influence the age gap between spouses, including socio-economic factors such as levels of female education, and changes in social norms. In the case of China, the age gap is also influenced by changes in marriage laws. Bhat and Halli's estimates are therefore designed to reflect the full extent of marriage squeeze which would have prevailed had the spousal age gap not changed, but are not designed to reflect actual spousal availability except at the time of the initial equilibrium. Our model has to allow for empirical changes in spousal age gap, as our primary motivation in this paper is to estimate changes over time in actual spousal availability.

There are several aspects of the potentially complex dynamics of "marriage markets" which we cannot take into account. For example, differences in the remarriage rates of widows and widowers influence spousal availability. Bhat and Halli (1996) are able to

---

① In the case of China, the censuses were not carried out every ten years, so the age groups are wider in some cases. In such cases, there is a small difference in exposure to mortality, which will slightly affect our analysis insofar as there is a sex differential in this different exposure.

② For the most recent estimates, we had to supplement the census data with data from annual statistics, in which we assumed the normal sex ratio at birth to be 1.06. This is because for China we do not know the inflators to match the 1995 1% census data with the 1990 census, and for South Korea the single-year age-distribution from the 1995 census data is not yet available. Thus for China we used the births from the 1989 - 1993 annual population change surveys, and for South Korea we used the births from the 1985 - 1992 vital statistics. For India no sex-specific data are available beyond the 1991 census, and so we could not extend the calculation beyond the 1980 - 1984 birth cohort.

③ In the case of India, the data on spousal age gap and life expectancy before 1947 refer to pre-Partition India, including presentday Pakistan and Bangladesh, while those after 1947 refer to presentday India. However, the population base on which the calculations of spousal availability are made are taken from the post-Partition censuses. Thus our estimates of spousal availability, in Tables 2 and 3, reflect the situation in presentday India.

increase the complexity of the marriage market analysed by using the data from the Indian censuses on remarriage rates by sex. Unfortunately, the Chinese and South Korean data do not include information on remarriage rates, and therefore we have to ignore this potentially important factor. We also do not address the fact that people choose spouses on the basis of matching education, class and other characteristics. In addition, we do not consider the possibility that some people may choose not to marry: this is an important factor in some post-industrial societies, but not in these three countries during the period we are studying. Over 99% of women aged 40 – 49 were ever-married in the 1990 censuses of China and South Korea. Our method provides an approximate estimate of spousal availability in the first marriage market (Table 1). That is, it gives rough estimates of the historical and present proportions of people never-married given their spousal age gap, and the future trend based on the current spousal age gap.

## 3. CRISES AND THE MANIFESTATION OF GENDER BIAS

In this analysis, it is only possible to examine the effect of major national-level crises. More localized events may have been very significant in themselves, but their impact is likely to be drowned in national-level sex ratios. Therefore our focus here is only on large-scale crises.

### *China*:

Of the three countries studied here, China has had the most eventful history during this century, as least from the point of view of households trying to make their way in life (Chi 1976, Bianco 1967). The briefest sketch of this history makes the vicissitudes of ordinary life apparent. The century began with the Qing dynasty in tenuous control of the country. In 1911 a revolution deposed the Qing dynasty and installed a nationalist government under Sun Yat Sen. The country was not united under one central government, and "warlords" were battling hard for hegemony. Meanwhile, the Communist forces were gradually increasing in strength.

Through the first half of this century, the battles between the warlords, and between the nationalists and the Communists created a situation of continuous uncertainty for people. One of the least manifestations of this was uncertainty about which set of authorities was in charge and had to be dealt with. This was interspersed with periods of chaos when people might face being requisitioned to send family members to join the troops, having food supplies requisitioned, being pillaged by hungry troops, and occasionally having to flee in the face of advancing troops. All this is reflected in fairly high sex ratios of cohorts born during the 1920s and 1930s (Figure 1).

The most dramatic effect on sex ratios is evidenced when the Japanese invaded China during the Second World War. The Japanese had a presence in Manchuria from the early years of the century which they used to build up an agricultural as well as industrial base in this region rich in coal and iron and a thriving armaments industry (Cumings 1981, Chi 1976, McCormack 1977). This was followed by a more formal occupation of Manchuria in 1931. In 1937, Japan launched a massive invasion of the main body of China. This caused havoc, as people fled in the face of the advancing army and also had to deal with the requisitions of their own armies. To add to the people's difficulties, they had two Chinese armies to contend with: the Nationalists and the Communists who, during the Japanese invasion, were at best in an uneasy alliance with each other and at worst in open competition with each other.

As Japanese troops swept through the densely-populated eastern half of China in a blitzkrieg from 1937, the sex ratios shot up (Figure 1). Apparently the disruption was such that people felt they had to make some harsh choices about which family members to sustain. Stories about this period refer to female abandonment and infanticide (Tan 1989). An interview with a woman in her sixties in Zhejiang province gives a firsthand account of such an experience:

> When I was six years old, my mother said that I should be sold. I begged my father not to do this, that I would eat very little if only they would let me stay at home①.

Increased discrimination against daughters during periods of crisis was also common in nineteenth century China. Using data from local gazeteers from several provinces of China, Xin (1989) describes how levels of female infanticide rose in times of famine, drought, war and other economic stress, with comments such as:

> After the war, the economy was in a slump. The land was deserted so drowning female babies was common②.

The Japanese invasion would be expected to cause excess mortality of young men, but this is not visible here because they would have been born largely before 1920. During the 1950s, with the establishment of Communist rule, life became much calmer and more predictable for ordinary households. This peace contributed to a lowering of discrimination against daughters, helped by the Communist ideology of gender equality.

During the famine of 1959 - 1961 the sex ratios went up again (Figure 1). Those who were young girls at the time of the famine experienced the maximum excess mortality, so the peak excess ratios are in the cohorts born in 1954 - 1958, a few years before the famine. After the famine and through the 1970s, levels of discrimination remained fairly

① Interview conducted by Monica Das Gupta and Li Bohua in 1996.

② The word "common" is ours. The original translation was "very popular".

constant, with about 2% of girls missing. In the early 1980s the sex ratio began to rise once again. Since the mid - 1980s, it has been rising at an accelerating rate, probably because the availability of sex-selective abortion makes it easier to discriminate against daughters[①]. Sex ratios rose at a similar time in South Korea and India (Figures 1 and 2), and this is very likely to be for the same reason.

*South Korea:*

Korea was annexed by Japan in 1910, and remained under Japanese colonial administration until the end of the Second World War. Thus there was no war on Korean territory during the Second World War (Kim 1981, Han 1970). From 1950, however, the country was racked by war, especially in the North. The Korean War caused havoc between June 1950 and March 1951 as the two sides pushed each other up and down the peninsula. After this, till the peace settlement in July 1953, there was continued fighting around the ceasefire line, and heavy bombing of North Korea which was held by Communist forces. Actual fighting never reached the southernmost part of the Korean peninsula (Han 1970, Hastings 1987).

Interviews[②] with older people in South Korea reveal something of the havoc when the Northern troops pushed Southwards at the beginning of the war:

> (old man in a village in Kyungsangpuk Province): When the North Korean troops came near our village, we fled into the hills with our families. Nevertheless, they managed to catch some of our men and forced them to work for their troops. When the South Korean troops recaptured our village, they asked 'Who worked for the North Koreans?' Anyone who admitted to it was shot. We feared both sides.
>
> (old woman in Taegu city): As the North Koreans advanced, we fled our village and headed to the deep South where we had some relatives. On the way there we were able to buy some food because we were fortunate to have some money, but I lost the child I was expecting...

Equally revealing is the youth of those who died: the sex ratios indicate that substantial numbers of boys as young as fifteen years old were involved in the fighting. The Korean War caused so much mortality among young males that the sex ratios for the cohorts born between 1920 - 1936 are excessively feminine.

The effect of the Korean War on girls is evident in the sex ratios. As in the case of the Chinese famine, the maximum brunt of excess mortality was borne not by those born during the famine but by girls who were young children at the time. These girls appear to have suffered discrimination, whether through neglect or abandonment. Note that the sex

---

① Zeng et al. (1993) report that the import of ultrasound machines into China rose sharply in the mid - 1980s.
② Interviews conducted by Monica Das Gupta and Bae Hwa-Ok in 1996.

ratios reflect only the *excess* mortality of girls over and above the fact that children of both sexes undoubtedly suffered during the war.

After the Korean War, there have been no major crises in South Korea which are likely to impact on sex ratios. This has been a period of peace and rapid economic and social development. During this period, the proportion of females missing in South Korea follows a path very similar to that of China, rising once again in the 1980s.

*India:*

India has had perhaps the least eventful history during the period we consider here. Improvements in irrigation reduced the likelihood of harvest failure, and the construction of a railway network enabled the transport of grain to avert mortality from local harvest failures. As a result, there has been no major famine since 1920 with the exception of the Bengal Famine of 1943. From the point of view of our analysis, we would not expect to find an impact of this famine because it affected only one part of the country, and half of the affected region is no longer in India but in Bangladesh.

Neither has India experienced a war during this period. Indian soldiers participated in the Second World War in all the theaters where it was fought, but there was little fighting on Indian territory. Towards the end of the war the Japanese pushed briefly into the part of India bordering on Burma, but were quickly pushed back. As it happens, this part of India shows no son preference, so child sex ratios are unlikely to have been affected even if the war there had lasted longer. The Partition of India was obviously a very traumatic event for the country, as it was split into three sections on the basis of religion. Tens of thousands of people were killed, mostly in the months just before Partition and millions became homeless refugees, having fled from riots, arson and looting in their home areas.

For all this, Partition involved riots, not war. For a few months there were serious riots and some administrative disruption in Punjab and Delhi. Yet in the midst of riots and a large movement of population across the borders, the administration managed to set up camps for the refugees. Shortly after Independence, arrangements were made for some rough exchange of property between those leaving India and those leaving Pakistan. Although there was considerable disruption, the situation during Partition was not comparable to the breakdown (or absence) of State machinery during the Japanese invasion of China or during the Korean War.

Whatever impact Partition may have had on Indian sex ratios is reduced by two factors. One is that Southern India was very little affected by the riots. The second is that, as in the case of the Bengal Famine, only half the affected territory is still in India, reducing further the weight of the affected region in India as a whole. The region where we would expect the maximum impact of Partition is Punjab, because it has strong gender bias and experienced the greatest disruption during Partition. As discussed above, the poor quality of age-reporting in Indian censuses make it difficult to study this. However, the juvenile sex ratio for India in 1951 is higher than that for 1961. This is even sharper in the case of Punjab (Figure 2). This may reflect increased discrimination during Partition, but part of it may be due to ordinary fluctuations.

A number of points emerge from comparing the juvenile sex ratios of India with China and South Korea during recent decades when fertility has declined (Figure 2)[①]. Firstly, the sex ratios for India are low compared with China and South Korea. This is because India is culturally heterogeneous and the South shows relatively balanced sex ratios. This regional pattern is remarkably resilient over time (Visaria 1969; Das Gupta and Bhat 1995). To illustrate excess female mortality in the region with the strongest gender bias, we show the juvenile sex ratio for the Northwestern States of Punjab and Haryana (Figure 2). These are higher even than those of China and South Korea.

The second point which emerges from these data is that the main rise in sex ratios in all three countries is after 1980. This suggests that the impact of fertility decline on sex ratios is substantially raised by the spread of sex-selective technology during the 1980s.

## 4. SPOUSAL AVAILABILITY AND THE "MARRIAGE SQUEEZE"

Improved child survival earlier in this century led to a growing population in all three countries, as in most of the rest of developing world. Consequently, successive birth cohorts increased in size until fertility decline became well-established, after the 1960s (Figure 3). Given the fact that in these countries men marry women from younger cohorts than their own (Table 1), this means that the three phases of the "demographic transition" are associated with different forms of marriage squeeze. In the pre-transition phase the size of successive cohorts was not growing rapidly and we expect discrimination to generate a surplus of men. With the child mortality decline that all three countries experienced earlier this century, there may be a surplus of *women* because birth cohorts are increasing in size. The extent of this surplus depends on the extent of discrimination. More recently there has been fertility decline, which again makes for a surplus of men, both because younger cohorts will be smaller and because fertility decline can raise the level of discrimination. The period we examine, that is the birth cohorts of 1920 – 1990, includes the period of mortality decline followed by fertility decline.

Our analysis is intended simply to illustrate changes in spousal availability and how it was affected by excess female mortality. Of course, excess female mortality is just one factor influencing spousal availability. Responses to the marriage squeeze are heavily

---

① Note that the Indian juvenile sex ratios may be underestimated because of age mis-reporting, with boys ages being overstated (Mari Bhat, personal communication).

influenced by cultural norms. For example, if it were more acceptable for women to remain unmarried or to marry men substantially younger than themselves, many of the effects we describe would be greatly mitigated. However, these options have limited cultural acceptability.

The age at marriage influences our illustration considerably. If men and women have the same mean age at marriage, the proportion of "missing girls" would heavily influence the availability of spouses. However when men and women differ in mean age at marriage, the rate of growth of the population and the average age gap between spouses become the main determinants of spousal availability (Caldwell et al. 1983). We discuss these dynamics in the context of each of the three countries, and then develop some hypotheses about how spousal availability may have affected marriage payments and the treatment of women.

### *China:*

In the absence of discrimination against girls, China should have had a shortage of marriageable men until 1970, since until then fertility levels were high and the size of successive cohorts was increasing. However, this shortage was largely removed by discrimination, and for most of the period before 1970 there was some surplus of men (Table 2). Even the dramatic rise in discrimination against girls during the Second World War resulted in only a moderate rise in the surplus of men, because its effect on spousal availability was heavily cushioned by population growth. The male surplus rose for the cohorts of men born between 1930 - 1944, but only those born in 1935 - 1939 experienced a substantial rise in the excess of men. This is despite the fact that an estimated 17% of females were "missing" from the birth cohort of 1937 - 1941.

The famine of 1959 - 1961 was accompanied by a slump in fertility, as famines usually are, followed by a brief post-famine recovery in fertility. These fertility fluctuations made for a shortage of spouses followed by a surplus of spouses. The net effect is of a somewhat balanced marriage market for men born in 1955 - 1964.

Although the proportion of missing girls was highest at the time of the Japanese invasion, the problem of spousal availability is worse now because of fertility decline. From 1970 - 1980 fertility declined rapidly in China, falling from 5.8 in 1970 to 3.6 in 1975 and 2.2 in 1980 (Figure 3). Since 1980, fertility levels have fluctuated and shown relatively little overall decline. The effect of the early period of rapid fertility decline was to sharply increase the shortage of marriageable women, as successive cohort size fell sharply. Men born in 1970 - 1974 experienced a substantial rise in shortage of women. This was not offset by a surplus of available wives for subsequent cohorts of men, as these continued to register a smaller but steady surplus of men. This situation was aggravated even further for males born after 1985, when levels of discrimination against girls rose (Figure 1) as new technology made such discrimination easier. The cohort of males born in

1985 - 1989 will suffer from the same shortage of spouses as those born around the time of the Japanese invasion. Their situation is worse, than those born in 1935 - 1939, however, because it is unlikely that the shortage will be reduced in the immediate future, building up an increasing shortage of women.

The effect on spousal availability of fertility decline and of discrimination are distinguished in Table 3. Men born in 1970 - 1974 will experience greater shortage of available wives than any other cohort of men born during 1920 - 1990. Most of this shortage is caused by fertility decline. For cohorts born after 1975, the effect of fertility decline is diminished, and for men born during 1985 - 1989 most of the shortage of future wives is caused by discrimination against girls.

Men marrying in the late 1990s will experience the maximum shortage of spouses. This shortage will accumulate gradually and then receive another large boost in the second decade of the next century, when males born after 1985 enter marriageable ages. At least 12% of these men will not be able to find wives. Given the continued rise in levels of discrimination against girls between 1990 and 1995 (Figure 2), the shortage of available wives will continue to rise in the foreseeable future, and higher proportions of men will not be able to find wives. Given the small age gap between spouses of around 1.7 years in China in 1990, even the unlikely event of a long-term rise in fertility will not cushion much the shortage of available wives. This shortage will continue to increase unless discrimination ends. Some of the problems associated with this are discussed briefly below.

### *South Korea:*

South Korea also has a history of discrimination against girls. However, because of rapid population growth and the four-year age gap at first marriage, there was actually some surplus of women available for marriage for males born between 1935 - 1949. We do not analyze spousal availability for men born before that, since the heavy casualties associated with the Korean War (Figure 1) affected both single men and those who were already married. The Korean War also caused some fertility fluctuations, with a drop in fertility during the war and a postwar recovery of fertility (Kwon 1977: 141). The latter increased the surplus of women available for men born in 1950 - 1954. However, this surplus was followed by the beginning of fertility decline, which caused a shortage of women, so the effect of some of the fluctuations in spousal availability for men born during the 1950s could be reduced by increasing the age range within which spouses are sought.

The fertility decline which began in 1960 changed this to a situation in which there was a shortage of women available for marriage. The increase in discrimination against girls since the mid-1980s has added to the effect of fertility decline (Table 3), such that there were nearly 25% more males born in 1980 - 1984 than females of the appropriate age. The average age gap between spouses was still 3 years in 1990, so shrinking cohort size still affects the availability of women.

As the fertility transition nears its end now, there will be less shortage of women resulting from reductions in the size of successive birth cohorts. Discrimination will now become the main factor creating a shortage of women. So far the trend has been for discrimination to rise (Figure 2), but without the added factor of fertility decline there will be a much smaller shortage of women. Fertility fluctuations will also affect this. For example, there has been a rise in the number of births during 1991 - 1994 compared with 1984 -1990 (National Statistical Office 1994: 20), probably because these are the births of the larger cohort born during the "baby-boom" after the Korean War. Consequently, for males born in 1985 - 1989 there is only a surplus of 7% compared with females three years younger than themselves. This is of course substantial enough to cause a serious problem, but far less than the 25% shortfall experienced by males born in 1980 - 1984. Discrimination accounts for 6% of the shortfall for males born in 1980 - 1984, and all of the 7% shortfall of females for males born in 1985 - 1989.

The worst shortage of potential wives will thus be felt by those marrying in the early decades of the next century. This will be followed by a continuing shortage of women for the foreseeable future, caused mostly by discrimination against girls. There are already signs of the pressure of spousal availability, and some of this is resolved by importing women from elsewhere: for example, from amongst the ethnic Koreans in Northern China and from the Philippines①.

### *India:*

India has had a surplus of women throughout the period we study, reversing only for the males born after 1980 (Table 2). The surplus has been substantial: for males born between 1920 - 1959, there was approximately 9% more women than men of marriageable age. Moreover, the female surplus has been steady, unmarked by even brief reversals in spousal availability which could ease the situation. Thus the pressure on women in the "marriage market" has been intense throughout this period.

This consistent pattern of a surplus of women in India is generated by the fact that rapid population growth has created growing cohort sizes. With the steady mortality decline in the country since 1920, child survival increased, increasing the size of successive cohorts. The age gap between spouses has also been wider than in South Korea or China (Table 1), so the impact of growing cohort size on the availability of wives is larger. Another factor is the relative peace of the country's history since 1920, without any countrywide famine or war which might have raised discrimination against girls and reduced

① Based on field interviews in South Korea by Monica Das Gupta and Bae Hwa-Ok. The marriage of women from the Philippines was also reported in the New York Times in winter 1996 - 1997.

the surplus of women. Discrimination against girls is also lower on aggregate in India than in these two countries, since only Northern India shows strong discrimination against girls. Northwest India had a shortage of women at the turn of the century, but we cannot analyse spousal availability there in the same way because it is not a closed population: they could and did import women on a regular basis.

Fertility decline has taken place at a much slower pace in India than in South Korea or China (Figure 3), such that the size of successive cohorts has only recently begun to shrink. Combined with a larger age gap between spouses and less discrimination on aggregate than these countries, fertility decline did not quickly generate a surplus of men. Instead, it made for a balanced "marriage market" (Table 2) for men born between 1965 and 1979. The next cohort (born 1980 – 1984) will experience a surplus of men. Given the trend of continuing fertility decline, this surplus will increase, augmented by rising discrimination against girls (Figure 2).

## 5. SOCIAL IMPLICATIONS OF HISTORICAL TRENDS IN GENDER BIAS

### *Implications for marriage costs and age gap between spouses:*

China and India provide an interesting contrast in their history of spousal availability during this century. Both countries experienced mortality decline and increasing size of successive cohorts until their recent fertility decline. However, there was a *surplus* of men to marriageable women throughout this period in China, while in India the opposite was the case. This is partly because China has higher levels of discrimination against girls than India has on aggregate. Moreover, levels of discrimination were raised in China by national-scale wars and famines, which India was spared during this period. Another factor is some differences in the cultural constraints on marriage choices: the average age gap between spouses was smaller in China than in India. These factors have several implications for marriage arrangements.

We calculate that there was a balance in spousal availability in India at the turn of the century, which changed from 1921 to a substantial surplus (around 9%) of women. The sex ratio of males aged 17 – 26 to females 6 – 7[①] years younger than them was 1.02 (1881), .98 (1891), .90 (1901, following a decade of severe famines with excess male mortality), .97 (1911), .91 (1921), .92 (1931), and .92 (1951). This corroborates the view in several studies on India that there has been a surplus of women generated by improving child survival during this century, and that this has contributed to a shift from brideprice

① The average age gap between spouses used in these computations was 7 years for 1881 – 1921, and 6 years for 1931 and 1951.

to dowry and dowry inflation. Caldwell et al. (1983) were the first to argue this, and other studies have concurred (Rao 1993, Billig 1992, Bhat and Halli 1996). It is interesting to note that in field interviews people themselves attribute the rise in dowries to the surplus of women (Epstein 1973, Caldwell et al. 1983).

We extend Caldwell et al. 's (1983) argument by hypothesizing that brideprice has continued to be practiced in China because of a surplus of men through this century. Accounts suggest that there has also been inflation in brideprice, especially in poorer regions, because of the increasing difficulty of finding a wife (Zhu 1992). In the case of India, the surplus of men that we can expect for birth cohorts after 1980 means that there is hope that dowry inflation will taper off. Using survey data from South-central India, Rao① has shown that there is indeed some sign of dowry inflation tapering off in recent years. However, the social arrangements surrounding marriage payments acquire some normative content, so marriage payments may not respond very quickly to this demographic shift. Another factor which may slow down this response is the consistent pattern of trying to marry girls into families of higher socio-economic status, since these transactions are smoothed by financial incentives.

Of course, some part of dowry inflation in India is due to efforts to be hypergamous: payments have to be higher the greater the gap in status between the households, and the more qualified the groom②. It is important, however, to clarify that the need for higher payments from the bride's family is analytically distinct from a rise in the *net* payments from her family. Marriage typically entails some costs for both the bride's and the groom's family. For example, with growing incomes and desire to find qualified grooms in China and South Korea, brides' families have been paying more for marriages (Kim 1995, Xie 1997), but the major share of marriage costs continue to be borne by the groom's family in line with earlier practices.

Studies in India have also drawn attention to the fact that the marriage squeeze put pressure to reduce the age gap between spouses, in order to reduce the extent of the squeeze (Caldwell 1983, Rao 1993, Bhat and Halli 1996). This argument can also be extended to China and South Korea, which have also experienced a marriage squeeze and a reduction in the average age gap between spouses (Table 1). However, increasing the age gap between spouses will not be an effective strategy for reducing the coming marriage squeeze in the next century, because with advanced fertility transition the size of successive cohorts will not increase steadily as during this century.

---

① Vijayendra Rao, personal communication. Unfortunately, no hard data are yet available on these trends in other parts of India.

② Caldwell (1983), Rao (1993), Billig (1992) and Kapadia (1993).

### *Does a shortage of available wives improve women's situation?*

These three countries present an interesting comparison of how the "marriage squeeze" affects the situation of women. The comparison is of interest because, as described above, they show much commonality in kinship and marriage patterns, and in the position of young women within the family. This sharpens the comparison of outcomes when they show very different patterns of spousal availability. The contrast is especially sharp between China and India, because the first shows a long-term shortage of women while India shows a long-term surplus of them.

The situation of women in India has been negatively affected in several ways by the shortage of grooms. The fact of having to pay large dowries to marry off daughters puts enormous financial stress on families. In the parts of the country where the culture made girls undesirable, this financial stress adds to the problem. In the South, where there was little gender bias in the past, there is evidence of some now. However, the persistence of cultural differences is notable: as compared with the South, Northern India has not only higher levels of discrimination against girls, but also a higher pace of increase in this discrimination as fertility has declined (Das Gupta and Bhat 1995). This is despite the fact that the South has had more rapid fertility decline than the North and also experienced a shift from bridewealth to dowry and dowry inflation①.

Another negative consequence of this marriage squeeze for Indian women is that they are likely to be less valued because substitute wives are easily available. One aspect of this is the dowry-related violence which is widely reported, with husbands' families abusing women in order to extract more dowry from their parents. In extreme cases women are killed, for example by engineering an "accident" in which the woman is reportedly burnt while cooking. The surplus of women increases the likelihood of being ill-treated in other ways too, by worsening the imbalance of power between men and women. It makes it easier for the man to be abusive and more compelling for the woman to accept abuse: if one woman does not seem desirable, she can be abused or cast off and another obtained if necessary.

We hypothesize that the marriage squeeze has led to a rise in dowry-related violence during this century. In the absence of time-trend data on dowry violence, this cannot be proved quantitatively, but there is considerable qualitative evidence on this. Field interviews stress that such violence was rare in the past, and archival data indicate that brideprice was widespread [see also Natarajan (1995) and Kumari (1989)]. This is logically consistent with the increasing surplus of available women. Perhaps the most compelling evidence that dowry violence has grown substantially during this century

① Caldwell (1983), Epstein (1973), Rao (1993), Heyer (1992) and Kapadia (1993).

derives from the writings of social reformers around the turn of the century, who were deeply engaged in reforming the status of women. They discussed in detail various aspects of women's subordination and social practices which required reform. If dowry violence were prevalent at the time as it is today, it is difficult to believe that this would not have figured prominently in their writings.

China's experience is in sharp contrast to that of India. Through most of this century, there was some surplus of men. The surplus was very small amongst those marrying before 1950. We have little hard information on how women were treated at the time. However, literary sources (Lu 1980, 1990, Buck 1931) suggest that although women had very low status in the household people were not resorting to desperate and violent means to obtain wives: they saved up for a wife and married when they could. People reportedly felt themselves lucky to obtain a wife, especially if they were not rich. The demand for wives was enough that a widow might be sold by the husband's family into marriage elsewhere. It also meant that during famine women could (and did) leave their husbands to live with another man elsewhere temporarily or permanently. Heightened discrimination during the Japanese invasion generated a substantial surplus of men born during the war years. However, these men would have married when there was strict Communist control at the community level, so there would be little question of resorting to desperate and violent means of obtaining wives.

In recent years the shortage of women in China has become more serious and sustained, and women are being subjected to violence because of the difficulty of obtaining wives. The fertility decline of the early 1970s generated a substantial shortage of women for men marrying in the 1990s. The shortage of women in China now is even larger than the surplus of women in India in earlier decades. People have even resorted to buying brides who have been kidnapped. There are many reports of women being kidnapped or lured by job offers and sold into marriage in distant provinces, and of the operation of criminal gangs in this kidnapping. The situation is serious enough for the Chinese government to pass an edict in 1992 to crack down on these criminals①, and for a women's magazine to publish advice on how to avoid being kidnapped or lured (Lu 1994). Other means are also being used to secure wives, such as resurrecting the old custom of adopting and raising a little girl as a future bride for one's son, and families engaging their infants to each other (Zhu 1992).

A kidnapped woman is largely powerless to recover her freedom if she does not like her situation. The husband's community overwhelmingly supports the man, feeling that since he paid for the woman his rights should be protected. Even the local police have in some cases taken this position, sometimes out of fear of retribution by local people. The

① *Min Zhu Yu Fa Zhi* May 1992: 41 (in Chinese).

community protects its men by refusing to divulge information on the location of kidnapped women, and even by cooperating to spirit them away during a police search (Zhang and Li 1993).

Nor is it necessarily easy for women if they are rescued and returned home. The first problem is that she has been with a man. If she was already married, her erstwhile husband may not accept her. If she was single, she is likely to make a poor match, reducing her chances of a good life. Whether or not a kidnapped woman succeeds in escaping, her powerlessness subjects her to pressures which can even result in suicide. A case study of a suicide in China illustrates this point:

> A married woman in Shandong province was kidnapped and sold as a bride. Six months later, she succeeded in escaping and managed to return to her family. However, her husband said she slept with another man, and everyone in the community knew that she had done so. On the second day after she finally got home, she killed herself①.

The second problem arises because her home village needs to balance its land resources. An adult woman's place is supposed to be with her husband, not her father. Consequently the village is under pressure to strike women off their father's record in order to be able to allocate land to incoming brides, as indicated by the following case:

> Fen-er was abducted and sold in marriage to a man in Shanxi province. After a couple of months she succeeded in tricking her husband to accompany her to her home area, where she reported him to the police as having bought her from her abductor. The police dissolved their marriage and sent her back to her parents. The following day the village head came to her father and said that since she had been married, her land had to be returned to the village at the end of the accounting year. Her mother argued that her marriage had been annulled, but a village meeting supported the head's position②.

Given the community-based allocation of land, the problem is one of the village, but in India the same problem applies to households, where daughters must move out to make room for the daughters-in-law.

In Northwest India too, there has been a shortage of women in the past. As in the wealthier parts of China today, part of this was resolved by importing women from elsewhere (Census of Punjab 1868, Hershman 1981). However, this did not substantially increase women's control over their lives. They still became part of the husband's lineage

---

① Account of case study conducted by Michael Philips, and reported by him to a correspondent for the Economist. We are very grateful to Emily MacFarquhar for this information.

② *Zhung Guo Fu Nu* August 1995 (in Chinese). The article mentions that since this particular case was publicized by some journalists, county-level officials took an interest in the case and saw to it that she could keep her land.

property. A widow would be re-married within the lineage and would have little option but to accept whatever arrangements her husband's family made for her. A similar picture of being lineage property emerges from accounts of China, despite the shortage of women there①.

South Korea's pattern is similar to that which might have obtained in China if the level of discrimination in the latter had not been raised so much by decades of war till 1949. South Korea had some surplus of women for men born in 1935 – 1959, though the surplus is very small compared to India. The costs of marriage seem to have been quite low. As one woman put it, exaggerating a little to make her point:

"All we took with us to our husband's home was our bodies②"

There was no shift towards the bride's family making larger net payments for marriage than the groom's family, which is consistent with the fact that spousal availability was not strongly imbalanced. In interviews, it was widely reported that it was common in the past for men to take a mistress if their wife did not have a son. This may have been made easier by having some surplus of women. The numbers of potential mistresses would also be increased by the ranks of abandoned wives, and by the fact that a woman could have more than one "master" sequentially. In China adoption (preferably within the lineage) was the usual solution to this problem, not concubinage, and this may well be related to the shortage of women there.

We have yet to see what will happen in South Korea with the large shortage of women they are about to experience. The country is now rich enough to be able to resolve some of this problem by importing wives from Manchuria and overseas. Being a relatively small country makes this easier to do: a country the size of China could never hope to emulate this example. Besides, it is now a highly urbanized country in which law enforcement is centralized. This is in contrast to the decentralized administration of largely rural China, where there is vast potential for hiding women away in tightly-knit rural communities. Thus it is unlikely that the shortage of women in South Korea will lead to obtaining women by violent means.

Being in short supply does not seem to alter women's status and autonomy. These are determined by her position within the family and society, and can only be altered by efforts to alter the position of women in the family and society. China and North India are characterized by especially low autonomy of young women (Das Gupta 1995b). However, it is likely that women are more subject to general abuse when it is easy to obtain another wife: this supply factor adds to the existing imbalance of power between husband and wife. This intuitively plausible statement is consistent with widespread perception in India that

① Zhang and Yin (1994), and Arthur Wolf (personal communication).

② Interview conducted by Monica Das Gupta and Bae Hwa-Ok in 1996.

dowry violence is rising, but there is no hard data on trends in such stress. The logic of our hypothesis, however, is consistent with the argument that a scarcity of women will raise their value but not their status in societies characterized by strong gender inequality in power (Pisani and Zaba 1995, Guttentag and Secord 1983). Their value may rise when they are in short supply because families may make more effort to ensure that they do not lose a wife, but this may not be accompanied by a rise in women's status as reflected in greater decision-making power within the household.

### *Who is squeezed? Poverty and the marriage squeeze*

It is largely the poor who suffer from the shortage of spouses. When there is a surplus of women, poor families are hardest pressed to find the wherewithal to marry off their daughters. Sometimes their daughters are forced to marry men who may be disabled or older widowers. When there is a shortage of women, it is poor men who are unable to find spouses. Wealthier men make more attractive partners, and manage to obtain wives one way or another. A saying in China refers to the marriage migration of women from poorer hill areas to richer plains areas:

"Women, like water, flow down the hill"

In families with more than one son, the eldest son has a very high probability of being married, but if the family is under economic stress it is less likely to marry off younger sons. In fact, not letting some sons marry was one strategy for less affluent households to reduce subdivision of property and preserve resources for the following generation of the household (Das Gupta 1995a).

That the burden of the shortage falls on the poor and on younger sons is evident from genealogical data collected in Northwest India (Das Gupta 1995a) and in Northeast China (Lee and Campbell 1997). It is also apparent in survey data collected in 1933 in Jiangsu, China (Li and Lavely 1995). Across North India it was common for poorer men of the Rajput caste not to marry, since they practise strong discrimination against girls (Census of India 1931), and this helped households maintain a balance between their numbers and their resources. In China today the shortage of women has become unusually acute because of the combined pressure of declining cohort size and discrimination. It is especially difficult for men in poorer areas of China to find wives because even if they are able to put together a large sum for buying a bride, local women prefer to marry into a richer region. The desperation to find wives in China has already led to a situation in which people resort to buying women from kidnappers.

## 6. CONCLUSIONS

China, South Korea and Northern India have commonalities in their kinship systems, which make for discrimination against female children. The extent to which this discrimination is manifested increased during periods of war, famine and fertility decline. Of the three countries, India has had the quietest history during the period we consider. South Korea is next, with one period of massive disruption during the Korean War, which led to a rise in discrimination. China has experienced the most crises: during the first half of this century, civil war and invasion in China led to an enormous amount of disruption, followed more recently by the famine of 1959 – 1961. These events are reflected in sharp rises in the proportion of girls "missing" in China.

As a result, there is a sharp contrast between China and India in the history of spousal availability. In China there has been a surplus of men in the marriage market throughout this period. The extent of discrimination offsets the expected tendency to have a surplus of women when men are marrying into younger cohorts which are larger than their own because of improvements in child survival. With its quieter history, India has conformed more to the expected pattern, shifting from a surplus of men to a surplus of women with the advent of steady mortality decline. These demographic shifts seem to have affected marriage payments in these countries.

Our findings are consistent with Caldwell et al. 's (1983) hypothesis that there has been a shiftover from brideprice to dowry in India because of a shift to a surplus of women. Alternative ways of resolving this imbalance, for example by having women remain unmarried or marry significantly younger men, were not culturally acceptable. We extend this argument to hypothesize that brideprice continues to be practised in China because of the continuing shortage of women.

There are a number of other social implications of demographic shifts during this century. It is likely that the reduction in the average age gap between spouses in all three countries during this period is at least partly a response to the marriage squeeze, as this reduces imbalances in spousal availability. Ceteris paribus, this should make for greater equality of power between spouses in these societies. There are also implications for the survival of different strata of the population: when there is a shortage of women, it is typically the poor who do not marry, as richer men make more attractive spouses. To some extent, this arises out of conscious household strategy: when times are hard for a household, younger sons may be required to remain single in order to conserve family resources.

In the societies we have examined here, which are characterized by strong son preference, fertility decline has made for a surplus of men not only because it leads to shrinking cohort sizes but also because it has led to increased discrimination against girls. China and South Korea will soon experience the maximum shortage of women in the marriage market, with substantial proportions of men unable to find a wife. In the case of India, the surplus of women will soon be replaced by a surplus of men. We hypothesize that as a consequence dowry inflation will taper off, along with dowry violence and some other aspects of ill-treatment of women. It is ironic that an increase of discrimination against girls may help reduce dowry pressures and thereby indirectly reduce the extent of violence against women.

One interesting question is whether the situation of women is improved when they are in short supply. Clearly being in substantial surplus is the worst scenario for women, in terms of the suffering of the great majority of women. Having to pay dowries makes parents less willing to have daughters, and husbands more prone to dowry-related harassment and violence. Moreover, the power imbalance between the sexes is worsened by the fact that it is easy for men to find another woman if necessary. When there was a small surplus of women in South Korea, women who were unable to fulfil obligations such as bearing sons were harassed by the possibility of their husbands taking concubines.

When women are in short supply, the daily lives of the majority of women are considerably improved because men are inclined to be more careful not to lose their wife. At the same time, a small proportion of women may be subject to new types of violence related to shortage of wives. For example in China, some women are kidnapped and sold into marriage to men desperate to obtain a wife. Even if these women succeed in escaping and returning home, there are serious obstacles to their re-integration in their earlier life whether in their husband's home or their parents' home. It seems that although the *treatment* of women improves when they are in shortage, their *autonomy* can only be increased by fundamental changes in their position in the family and society. Fortunately, such changes are taking place in these societies, albeit slowly.

## References


[1] Arensberg, Conrad and S. T. Kimball, *Family and Community in Ireland*, 2nd edition, Harvard University Press, 1968.

[2] Bae Hwa-Ok. Report on field interviews in rural and urban Korea, 1996, prepared for the workshop on Son Preference in China, South Korea and India, Harvard University, Cambridge MA., February, 1997.

[3] Bhat, P. N. Mari. "Mortality and fertility in India 1881 - 1961: A reassessment". In Tim Dyson (ed.) *India's Historical Demography*, London, Curzon Press, 1989.

[4] Bhat, P. N. Mari and Shiva. S. Halli. Demographic perspectives on marriage transactions in India (mimeo), 1996.

[5] Bianco, Lucien. *Origins of the Chinese Revolution 1915 - 1949*, Stanford University Press, 1967.

[6] Billig, Michael. The marriage squeeze and the rise of groomprice in India's Kerala State, *Journal of Comparative Family Studies*, 1992,23(2): 197 - 216.

[7] Buck, Pearl S. *The Good Earth*, New York: The John Day Company, 1931.

[8] Caldwell, John C., P. H. Reddy and Pat Caldwell. The causes of marriage change in South India,

*Population Studies*, 1983,37(3): 343 - 361.

[9] Census of Punjab 1868. *Report on the Census of Punjab*, Lahore, 1870.

[10] Census of India, 1931.

[11] Chang, Hyun-Seob. Unpublished PhD. dissertation on the family in Korea, Cambridge University, U. K, 1991.

[12] Chi, Hsi-Sheng. *Warlord Politics in China 1916 - 1928*, Stanford University Press, 1976.

[13] Chowdhury, Prem. *The Veiled Woman: shifting gender equations in rural Haryana 1880 - 1990*, Delhi: Oxford University Press, 1994.

[14] Chung, Cha-whan. *Change and continuity in an urbanizing society: family and kinship in urban Korea*, PhD. thesis, University of Hawaii, 1977.

[15] Coale, Ansley, and Judith Banister. Five decades of missing females in China, *Demography*, 1994, 31(3): 459 - 480.

[16] Coale, Ansley J. and P. Demeny. *Regional Model Life Tables and Stable Populations*, Princeton University Press, 1966.

[17] Cohen, Myron. *House United, House Divided: the Chinese family in Taiwan*, New York: Columbia University Press, 1976.

[18] Croll, Elisabeth J. *Chinese Women since Mao*, London: Zed Books, 1983.

[19] Cumings, Bruce. *The Origins of the Korean War*, Princeton University Press, 1981.

[20] Das Gupta, Monica. Selective discrimination against female children in rural Punjab, India, *Population and Development Review*, 1987,13(1): 77 - 100.

[21] Das Gupta, Monica. Fertility decline in Punjab, India: parallels with historical Europe, *Population Studies*, 1995a, 49(3): 481 - 500.

[22] Das Gupta, Monica Lifecourse perspectives on women's autonomy and health outcomes, *American Anthropologist*, 1995b,97(3): 481 - 491.

[23] Das Gupta, Monica, and P. N. Mari Bhat. Fertility decline and increased manifestation of sex bias in India, *Population Studies*, 1995,51(3): 307 - 315.

[24] Das Gupta, Monica, Jiang Zhenghua, Xie Zhenming, Li Bohua, Nam-Hoon Cho, Woojin Chung and P. N. Mari Bhat. Gender bias in China, South Korea and India: causes and policy implications, report submitted to the United Nations Population Fund, 1997.

[25] Davis, Deborah and Stevan Harrell (eds.). *Chinese families in the post-Mao era*, Berkeley: University of California Press, 1993.

[26] Department of Population Statistics, State Statistical Bureau, China. *China Population Yearbook 1988*, China Statistical Press, Beijing, China, 1988.

[27] Department of Population Statistics, State Statistical Bureau, China. *1982 Population Census of China*, China Statistical Press, Beijing, China, 1985.

[28] Department of Population Statistics, State Statistical Bureau, China. *Tabulation of the 1990 Population Census of China*, China Statistical Press, Beijing, China, 1993.

[29] Department of Population Statistics, State Statistical Bureau, China. *Tabulation of the 1995 National One Percent Sample Survey*, China Statistical Press, Beijing, China, 1997.

[30] Dyson, Tim, and Mick Moore. On kinship structure, female autonomy and demographic behavior in India, *Population and Development Review*, 1983,9(1): 35 - 60.

[31] Economic Planning Board of Korea. *Population and Housing Census*, *1960*, *1970*.

[32] Epstein, T. Scarlett. *South India: Yesterday, Today and Tomorrow*, Macmillan Press, 1973.

[33] Freedman, Maurice. *Lineage Organization in Southeastern China*, London: Athlone Press and New York: Humanities Press, 1965.

[34] Gates, Hill. *China's Motor: a thousand years of petty capitalism*, Ithaca: Cornell University Press, 1996.

[35] Goody, Jack. *The Oriental, the Ancient and the Primitive: systems of marriage and the family in the pre-industrial societies of Eurasia*, Cambridge UK: Cambridge University Press, 1990.

[36] Greenhalgh, Susan. The social dynamics of child mortality in village Shaanxi, The Population Council Research Division Working Papers No. 66, 1994.

[37] Guttentag, Marcia and Paul F. Secord. Too Many Women? The Sex Ratio Question (Sage), 1983.

[38] Han Woo-keun. *The History of Korea*, Honolulu: East-West Center, 1970.

[39] Hastings, Max. *The Korean War*, Simon and Schuster, 1987.

[40] Hershman, Paul. *Punjabi Kinship and Marriage*, Delhi: Hindustan Publishing Corporation, 1981.

[41] Heyer, Judith. The role of dowries and daughters' marriages in the accumulation and distribution of capital in a South Indian community, *Journal of International Development*, 1992,4(4): 419-436.

[42] Hsu, Francis. *Under the Ancestors' Shadow*, New York: Columbia University Press, 1948.

[43] Hu, Hsien-chin. *The common descent group in China and its functions*, New York: Viking Fund, 1948.

[44] Kapadia, Karin. Marrying money: changing preference and practice in Tamil marriage, *Contributions to Indian Sociology*, 1993,27(1): 25-51.

[45] Karve, Irawati. *Kinship Organization in India*, Bombay: Asia Publishing House, 1965.

[46] Kendall, Laurel. *Getting married in Korea: of gender, morality and modernity*, Berkeley: University of California Press, 1996.

[47] Kim, Choong Soon. *Faithful endurance: an ethnography of Korean family dispersal*, Tucson: University of Arizona Press, 1988.

[48] Kim, Mo-Ran. A study of marital transaction in Korea, *Korean Journal of Sociology*, 1995,29(3): 533-558.

[49] Kim, Son-ung. Population policies in Korea, in R. Repetto et al. (eds.) *Economic Development, Population Policy, and Demographic Transition in the Republic of Korea*, Cambridge MA: Council on East Asian Studies, Harvard University, 1981.

[50] Kolenda, Pauline. *Regional differences in family structure in India*, Jaipur: Rawat Publications, 1987.

[51] Krishnaji, N. Poverty and sex ratio: some data and speculations, *Economic and Political Weekly*, 6 June, 1987.

[52] Kumari, Ranjana. *Brides are not for burning: dowry victims in India*, New Delhi: Radiant Publishers, 1989.

[53] Kwon, Tai-Hwan. *Demography of Korea: population change and its components 1925-1966*, Seoul: Seoul National University Press, 1977.

[54] Kwon, Tai-Hwan et al. *The Population of Korea*, Seoul: The Seoul National University, 1975.

[55] Kwon, Tai-Hwan. The historical background to Korea's demographic transition, in R. Repetto et al. (eds.) *Economic Development, Population Policy, and Demographic Transition in the Republic of Korea*, Cambridge MA: Council on East Asian Studies, Harvard University, 1981.

[56] Lee, James and Cameron Campbell. *Fate and fortune in rural China: social organization and population behavior in Liaoning, 1774 - 1873*, Cambridge University Press, 1997.

[57] Lee, James and Wang Feng. *Malthusian mythology and Chinese reality: the population history of one quarter of humanity, 1700 - 2000*, manuscript, 1997.

[58] Lee, Hung-Tak, and Nam-Hoon Cho. Consequences of Fertility Decline: Social, Economic and Cultural Implications in Korea, in Korean Institute for Health and Social Affairs, *Impact of Fertility Decline on Policies and Programme Strategies*, Seoul: Korea Institute for Health and Social Affairs, 1992.

[59] Li, Jiang-hong and William Lavely. Rural economy and male marriage in China: Jurong, Jiangsu 1993, *Journal of Family History*, 1995,20(3): 289 - 306.

[60] Lu Xun. *Selected Works*, Beijing: Foreign Language Press, 1980.

[61] Lu Xun. *Diary of a madman and other stories*, Honolulu: University of Hawaii Press, 1990.

[62] Lu Zhenglai. Some hints for rural women working outside, *Zhong Guo Fu Nu* August 1992 (in Chinese), 1994.

[63] McCormack, Gavan. *Chang Tso-lin in northeast China, 1911 - 1928: China, Japan and the Manchurian idea*, Stanford University Press, 1977.

[64] Miller, Barbara. *The Endangered Sex: neglect of female children in rural North India*, Ithaca: Cornell University Press, 1981.

[65] Murray, Christopher J. L, and Alan D. Lopez (eds.). *The Global Burden of Disease*, World Health Organization, 1996.

[66] Murthi, Mamta, A. Guio and J. Dreze. Mortality, fertility and gender bias in India, a district-level analysis, *Population and Development Review*, 1995,21(4): 745 - 782.

[67] Natarajan, Mangai. Victimization of women: a theoretical perspective on dowry deaths in India, *International Review of Victimization*, 1995,3(4): 297 - 308.

[68] National Bureau of Statistics and Economic Planning Board of Korea. *Population and Housing Census, 1980, 1990*.

[69] National Statistical Office of Korea. *Social Indicators in Korea*, 1993.

[70] National Statistical Office, Republic of Korea. *Annual Report on the Vital Statistics 1994* (Seoul), 1995.

[71] Park, Chai-Bin and Nam-Hoon Cho. Consequences of son preferences in a low-fertility society: imbalance of the sex ratio at birth in Korea, *Population and Development Review*, 1995,21(1): 59 - 84.

[72] Pasternak, Burton. *Kinship and community in two Chinese villages*, Stanford: Stanford University Press, 1972.

[73] Pisani, Elzabeth and Basia Zaba. Son preference, sex selection and the marriage market, *Population Studies*, forthcoming, 1995.

[74] Pradhan, Mahesh C. *The political system of the Jats of Northern India*, Bombay: Oxford University Press, 1966.

[75] Rao, Vijayendra. Dowry inflation in rural India: a statistical investigation, *Population Studies*, 1993,47(2): 283 - 293.

[76] Registrar General of India. *Estimates of vital rates for the decade 1971 - 1981 and analysis of the 1981 census data*, Paper 1 of 1985, New Delhi, 1985.

[77] Registrar General of India. *SRS based abridged life tables 1988 –1992*, Occasional Paper 4 of 1995, New Delhi, 1995.

[78] Registrar General and Census Commissioner, *Census of India, 1951, 1961, 1971, 1981, 1991*.

[79] Sieder, Reinhard and Michael Mitterauer. The reconstruction of the family life course: theoretical problems and empirical results, in R. Wall et al. (eds.) *Family Forms in Historic Europe*, Cambridge University Press, 1983.

[80] Skinner, G. William. Family systems and demographic processes, in D. I. Kertzer and T. Fricke (eds.) *Anthropological Demography: toward a new synthesis*, Chicago: University of Chicago Press, 1997.

[81] Stockard, Janice E. *Daughters of the Canton Delta: marriage patterns and economic strategies in South China 1860 –1930*, Stanford: Stanford University Press, 1989.

[82] Tan, Amy. *The JoyLuck Club*, New York: Putnam's, 1989.

[83] Tuljapurkar, Shripad, Li Nan, and Marcus W. Feldman. High sex ratios in China's future, *Science*, 1995,267: 874 – 876.

[84] Visaria, Pravin. *The Sex Ratio of the Population of India*, Census of India 1961, Vol. 1, Monograph No. 10, 1969.

[85] Williamson, Nancy E. *Sons or Daughters?*, Beverly Hills, California: Sage Publications, 1976.

[86] Wolf, Arthur and Chieh-shan Huang. *Marriage and Adoption in China, 1845 –1945*, Stanford: Stanford University Press, 1980.

[87] Wolf, Margery. *The House of Lim: a study of a Chinese farm family*, Englewood Cliffs, N. J.: Prentice Hall, 1968.

[88] Wu Cangpin. Study on the sex ratio at birth in China, pp. 110 – 148 in Liu Zheng et al. (eds.) *Studies of China's Population Problems* (Beijing: People's University Press), 1988.

[89] Xie Zhenming. Demand of childbearing of Chinese farmer and its changes in Zhejiang Province, China, paper presented at the workshop on Son Preference in China, South Korea and India, Harvard University, Cambridge MA., February, 1997.

[90] Xin Long. The high sex ratio in the modern population of China, in *Wei Ding Gao* 8: 53 – 59 (in Chinese), 1989.

[91] Yao Xinwu and Yin Hua. *Basic Data of China's Population*, Beijing: China Population Press, 1994.

[92] Yi, Kwang-Gyu. *Kinship system in Korea*, New Haven: Human Relations Area Files, 1975.

[93] Zeng Yi, Tu Ping, Gu Baochang, Xu Yi, Li Bohua, and Li Yongping. Causes and implications of the recent increase in the reported sex ratio at birth in China, *Population and Development Review*, 1993,19(2): 283 – 302.

[94] Zhang Fu and Yin Min. Black hand under the sunshine, *Min Zhu Yu Fa Zhi* November (in Chinese), 1994.

[95] Zhang Hua and Li Xiaojin. Rescue action in Taihang mountain, *Min Zhu Yu Fa Zhi* December (in Chinese), 1993.

[96] Zhu Min Mei. Unbalanced sex ratio in rural area is worry for people, *Zhong Guo Fu Nu* August (in Chinese), 1992.

## APPENDIX ON METHODOLOGY

The Chinese censuses pose two potential problems for our analysis. The first relates to the ages of military personnel. These are not reported in the 1953 and 1964 censuses, and are listed in five-year age groups in the 1982 census and in single-year age groups in the 1990 census. This affects our analysis because most of the military personnel are male and so the estimated sex ratios are affected. Coale and Banister (1994) found a way of resolving this problem, and we have used the same approach, which we describe below. The second is the possible underreporting of female births and very young girls in the 1982 and 1990 censuses. However, there is far less underreporting of very young girls than of female births (Zeng et al. 1993). Since our analysis focuses on young surviving children, it may not be affected much by under-reporting.

### *Method of estimating proportions of girls missing:*

To illustrate how we used Coale and Banister's (1994) methodology to estimate the proportion of girls missing for each five-year birth cohort at census time, we show how we applied it to the data from China. First we calculated the sex ratios of each birth cohort, as they were recorded at each census (1953, 1964, 1982 and 1990). Then, following Coale and Banister's method, we adjusted for the omission of military personnel by using for cohorts aged 16 - 34 the highest ratio recorded in any census. The logic of this is that the sex ratios of these ages would be more accurately captured by the previous census, when these people would have been too young to join the army, or the following census, when they left the army. Differential mortality at these young ages is very low, and will have little effect on the analysis.

Thus, corresponding to each of the four censuses, we obtained sex ratio curves for each birth cohort (Figure 4). The female life expectancy used to fit the model life tables are shown in Table 4. The four curves are quite consistent because the high quality of age-reporting. The only exception are the early birth cohorts, which show a difference in different censuses. This reflects the natural biological female advantage in survival, as these early birth cohorts are exposed to mortality over a long duration, so the later the census is taken, the more feminine the observed sex ratio.

In our final analysis, we use the most recent data on each birth cohort, to obtain one combined observed sex ratio curve from the four censuses. Thus the 1953 census data are used for the period 1920 - 1924 to 1948 - 1952, the 1964 data for the period 1949 - 1953 to 1959 - 1963, and so on. This is easily done since the four curves are so consistent. This makes it possible to focus more on the impact of historical events on discrimination in childhood. It also minimizes the problem of model assumptions about the sex differentials in mortality over the life span.

We derive the curve of the model sex ratios in the same way, combining curves into one combined model sex ratio curve for the most recent cohorts for each five-year birth cohort at census time (Figure 4). The excess sex ratio for each five-year birth cohort at census time is derived by comparing the observed sex ratio to the model one, minus 1.0.

To estimate the excess sex ratios for the 1986 - 1990 to 1990 - 1994 birth cohorts in China, we use data from the 1995 One Percent National Population Survey. Since the model sex ratios are not very sensitive to small changes in life expectancy and life expectancy was already very high in China by 1990, the model sex ratios for 1986 - 1990 to 1990 - 1994 birth cohorts are assumed to be the same for the 1980 - 1984 to 1985 - 1989 birth cohorts in the 1990 census.

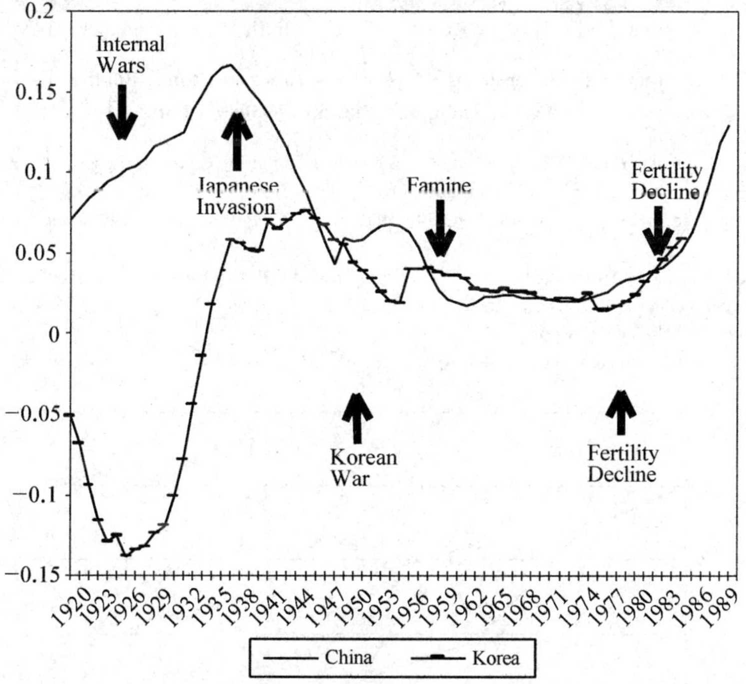


First year of 5 year period of birth

**Figure 1 Excess sex ratios at census time by 5 year birth cohorts, 1920 - 1995, China and South Korea**

Note: The excess ratios peak amongst cohorts born just before a war or famine, because those who were young girls at the time of the crisis experienced the maximum excess mortality.

Sources: China, calculation based on data from 1953, 1964, 1982 and 1990 Population Censuses of China. See Department of Population Statistics, SSB, 1988, China Population Yearbook 1988; 1985, 1982 Population Census of China; 1993, Tabulation of the 1990 Population Census of China; 1997, Tabulation of the 1995 National One Percent Sample Survey.

S. Korea, calculation based on data from 1960, 1970, 1980 and 1990 Population Censuses of Korea. See Economic Planning Board, Population and Housing Census, 1960, 1970; National Bureau of Statistics and Economic Planning Board, Population and Housing Census, 1980, 1990.

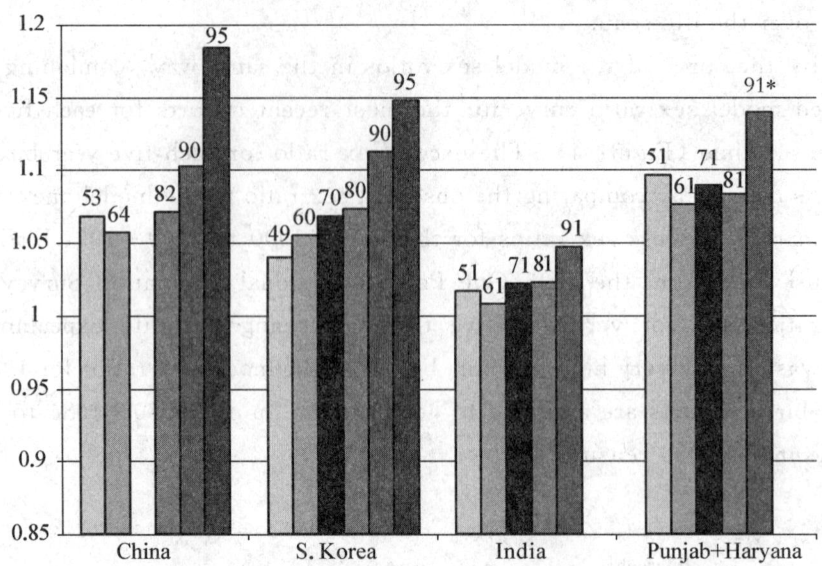


**Figure 2 Juvenile (0－4 year) sex ratios in China, South Korea, India and Punjab, 1950s－1990s**

Sources: China, computed from 1953, 1964, 1982 and 1990 Population Censuses of China, and 1995 National 1% Population Sample Survey of China (see notes to Figure 1).

S. Korea, computed from 1949, 1960, 1970, 1980, 1990 and 1995 Population and Housing Censuses of Korea (see notes to Figure 1).

India and Punjab, computed from 1951, 1961, 1971, 1981 and 1991 Population Censuses of India. See Registrar General and Census Commissioner, Census of India, 1951－1991.

*: The 1991 figure is the sex ratio of 0－6.

Note: The census year is indicated above each bar.

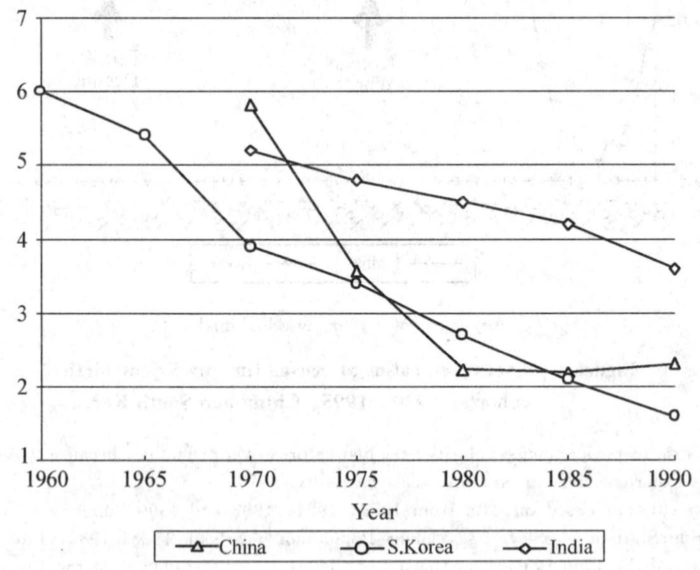


**Figure 3 Total fertility rate of China, South Korea and India, 1960－1990**

Source: China, Yao Xinwu and Yin Hua, 1994, Basic Data of China's Population, p. 144.

S. Korea, Hung-Tak Lee and Nam-Hoon Cho, 1992.

India, Sample registration system, 1970－1990.

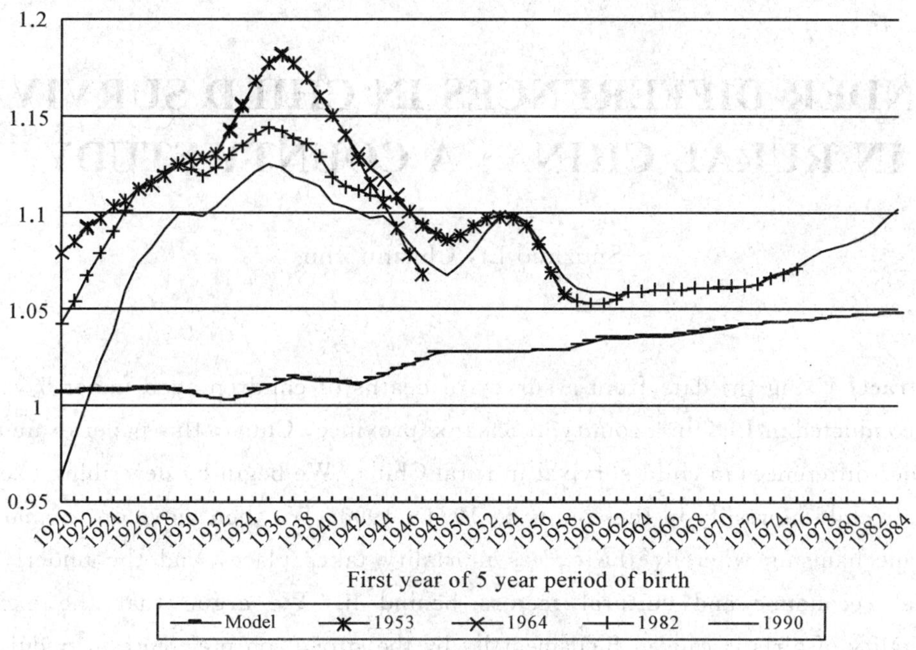


**Figure 4 Estimated and model sex ratios at census time by 5 year birth cohorts, 1920 - 1995, China**

Sources:

Estimated sex ratios: Calculation based on data from 1953, 1964, 1982 and 1990 Population Censuses of China, and 1995 National One Percent Sample Survey of China. See notes to Figure 1.

Model sex ratios: Coale and Banister (1994).

# GENDER DIFFERENCES IN CHILD SURVIVAL IN RURAL CHINA: A COUNTY STUDY①

Shuzhuo Li, Chuzhu Zhu

**Abstract:** Using the data from a survey of deaths of children aged under 5 years old conducted in 1997 in a county in Shaanxi province, China, this paper examines gender differences in child survival in rural China. We begin by describing excess female child mortality in the county in 1994 - 1996. We then move on to analyse the mechanisms whereby the excess mortality takes place, and the underlying social, economic and cultural factors behind it. We argue that the excess mortality of girls is caused fundamentally by the strong son preference in traditional Chinese culture, but is exacerbated by the government-guided family planning program and regulations. This suggests that it is crucial to raise the status of girls within the family and community, so as to mitigate the pressures to discriminate against girls under China's low fertility. Finally, we discuss the possible policy options to counter these pressures and in turn to improve female child survival in rural China.

**Key words:** Gender differences; Child survival; Rural China

## 1. Introduction

Child (aged 0 to 4) mortality is usually determined by biomedical, demographic, socio-economic and environmental factors (Mosley and Chen, 1984). In populations with no discrimination against either sex, biomedical factors are the major determinants of sex differences, and child mortality is higher for males than for females (Coale, 1991). In fact, at different levels of child mortality, there exists a "normal" ratio of male to female child mortality. This normal ratio reflects the natural "sex" difference in child mortality resulting from innate genetic factors. If the observed ratio of male to female child mortality in a population is lower than normal, the existence of "excess" female child mortality is indicated.

Excess female child mortality has existed in many developing countries, especially in

① This research was carried out with a grant from the Ford Foundation. An earlier version of this paper was presented at the Annual Meeting of Population Association of America, New York, March 25 - 27, 1999. We would like to thank all the people who participated in the survey in《J》county in 1997. Especially, we are very grateful to Marcus W. Feldman for comments on earlier drafts of this paper.

East Asia, such as China and South Korea, South Asia, such as Pakistan and Bangladesh, and India, as well as some countries in North Africa (Tabutin and Willems, 1995). This excess is usually explained in terms of various discriminations against girls in socio-economic and health-related behavioural and environmental factors, such as nutrition, food, and health care. Moreover, excess female child mortality also reflects low status of females, especially girls, and the related strong preference for sons in families and societies (Waldron, 1983).

Strong son preference and discrimination against girls have existed throughout China's history. They still exist in contemporary China, especially in rural areas (Arnold and Liu, 1986; Wen, 1993; Poston et. al., 1997; Graham et. al., 1998). In recent years, with rapid fertility decline and below-replacement fertility resulting from both dramatic socio-economic changes and the effective government-guided family planning program, son preference and discrimination against girls have intensified. The evidence for this is found in various socio-economic and demographic indicators, the most obvious of which are an abnormally high sex ratio at birth and excess female mortality among children. According to the 1995 1% Population Survey of China, in 1995, the sex ratio at birth was as high as 118, and the sex ratio of male to female infant mortality was as low as 0.75, a level unprecedented since the 1950s (Li and Zhu, 1998). These generate serious social and demographic consequences for current and future Chinese society, such as an imbalance in the future marriage market (Tuljapurkar et al., 1995; Das Gupta and Li, 1999).

The high sex ratio at birth in China has been the subject of attention by researchers, the general public, policy makers, and the Chinese government. Many studies have been carried out to investigate the levels, trends, geographic variations, and causes of China's high sex ratio at birth, as well as its relationships with other socio-economic and demographic variables and the implication for society (Hull, 1990; Johansson and Nygren, 1991; Wen, 1993; Zeng et al., 1993; Gu and Roy, 1995; Tuljapurkar et. al., 1995). The Chinese government at various levels is cognisant of this situation and has promulgated stricter legal regulations and used prenatal maternal health and family planning services to control prenatal sex determination and unapproved abortion of planned pregnancies. However, governmental interventions on this issue have not yet succeeded.

In contrast, there are few studies that have systematically investigated excess female child mortality in China. Das Gupta and Li (1999), using data from the four population censuses, found that excess female child mortality existed throughout the period of the 1920s - 1990s. They showed that female disadvantage in child survival is heightened in periods with relative household resource constraints, especially during war, famine, and fertility decline. Li and Feldman (1996), using national child mortality data, analysed temporal trends and the spatial pattern of excess female mortality in the 1950s - 1980s, as well as its relationship with some socio-economic, cultural, and family planning factors.

They found that excess female child mortality is fundamentally caused by the traditionally strong son preference, but exacerbated by current below-replacement fertility. Choe et. al. (1995) used data from the China 1988 National Survey of Fertility and Contraception to investigate the roles of gender in the sex pattern of child mortality. Their results reveal that discrimination against girls is selectively targeted on those with both older brothers and sisters, or those with only older sisters. Using data from the China In-Depth Fertility Survey in 1985 and 1987, Ren (1995) examined sex differences in child survival in three provinces of China. His results suggest that under persistent son preference, the government guided-family planning policy has resulted in higher than expected female child mortality in China.

Two points emerge from these earlier studies on excess female child mortality in China. First, the data used in these studies are mostly from national population censuses and national surveys on fertility and contraception. Few studies have used data from surveys specifically designed to explore gender differences in child survival. Second, there has to date been relatively little work of the kind done in South Asia, on the mechanisms whereby the excess female child mortality takes place, and on the socio-economic and cultural factors underlying the phenomenon. Thus, there is an urgent need for more research on gender difference in child survival in China, especially in rural areas, with a focus on the mechanisms and proximate determinants of excess female child mortality, as well as the socio-economic and cultural factors underlying it. Such research is important both to draw attention from the general public and policy makers to the problem of excess female child mortality, and in formulating policy interventions that can be effective in alleviating such discrimination and consequently improving female child survival in China.

In this paper, following the well-known framework on child mortality in developing countries of Mosley and Chen (1984), we use data from a survey in a county in Shaanxi province to explore gender differences in child survival in rural China. We designate the county as《J》county to protect the identity of the subjects and the villages that participated in our survey. Specifically, we attempt to deal with three questions: (1) the extent of excess female child mortality in《J》county in the 1990s; (2) the mechanisms that differentially affect the survival of the two sexes; (3) the main causes underlying excess female child mortality and the possible policy options to counter it.

## 2. Materials and methods

### 2.1 The study area

《J》county is located in the central part of Guanzhong plain in Shaanxi province, close to the Wei River, which is a tributary of the Yellow River. It is about 40 kilometres from

Xi'an City, which was an ancient capital of China for about 1,000 years until the end of Tang dynasty, and is currently the capital of Shaanxi. The county's population was close to 500, 000 in 1996. "J" county is rich in fertile land and is regarded as a relatively developed county in Shaanxi. As early as 2,000 years ago, at the time of the Qin State, an irrigation system was already established in the county, making most of its arable land productive. Its agriculture is well developed, with wheat and corns the main crops. Its grain yield has been historically high enough to meet local demand and to export to the capital. Farmers are also partly involved in vegetable and fruit production to serve the needs of neighbouring urban residents. Private and township enterprises developed extensively after the 1980s, absorbing many surplus farm labourers. In 1994, per capita income for farmers in 《J》 county was about 1,018 yuan, slightly higher than the national average of 921 yuan for the whole of China.

The government-guided family planning policy for farmers in 《J》 county is about the same as that prevalent in most rural Han Chinese areas, i. e. , one and a half child per couple. A couple is allowed to have a second birth only if their first child is a daughter. This policy has been implemented relatively successfully over the last decade. As a result, population growth has slowed, and the family planning program performance of 《J》 county is ranked at the medium level by the provincial government in Shaanxi. Nevertheless, in 《J》 county, many couples who have had out-of-government-plan births. In 1994, the crude birth rates in 《J》 county was about 17. 4 per thousand, a level very similar to that of 17. 7 per thousand in China.

《J》 county is regarded as one of the origins of the Han Chinese population and culture and therefore retains the core elements of the traditional Yellow River culture. Because it is located in Guanzhong plain, the population is densely distributed and the size of the villages is relatively big. Large family clans exist in almost every village and are influential in village social life. Villages maintain a strict patriarchal family system and patrilocal marriage. As in other rural Han Chinese areas of China, the strict patriarchal family system, together with other social and economic factors, make son preference very strong. This is evidenced by the high sex ratio at birth of 130 in 1995 in 《J》 county, considerably higher than that of 118 for all of China in 1995.

In short, 《J》 county is about at the medium level in China in terms of its economic development, family planning policy and implementation, and extent of son preference. Therefore, 《J》 county can to some extent represent the general situation of rural China, providing a good example for us to explore gender differences in child survival in rural China and make adequate policy suggestions.

### 2.2 The survey and data

As mentioned earlier, our research approach follows the well-known framework for child mortality in developing countries introduced by Mosley and Chen (1984). In their model, child survival is jointly determined by five proximate variables: maternal factors, environmental contamination, nutrient deficiency, injury, and personal illness control. In addition, socio-economic, institutional, and cultural factors at individual, household and community levels operate through the proximate determinants of child survival to affect the sex pattern of child mortality. In this paper, we incorporate the roles of gender in proximate determinants and factors at individual, household and community levels into their model, to explore excess female child mortality in《J》county.

We designed and conducted several surveys including a household survey, a community survey, focus group discussions, and a clinic survey. These surveys are complementary in that they provide us with both qualitative and quantitative data, enabling us to explore gender differences in child survival and to better understand the child survival situation beyond just statistics. The contents of these surveys and their implementation are discussed below.

The household survey was aimed at investigating the general situation of child survival during 1994 - 1996 in《J》county, as well as proximate, individual, and household factors that affect sex differences in child survival. The household survey was conducted with a structured questionnaire. Its targets included all households that had child deaths aged fewer than 5 during 1994 - 1996. The questionnaire consisted of three sections: In the first, each member of each household reported individual demographic and social background in the year when a child died, including information about nationality, age, education, occupation, marital status etc. In addition, each household reported its economic condition. In the second section, parents of dead children reported information about their dead children, including their sex, age at birth and death, birth order, birth quota, as well as information about their maternal factors, food and nutrition, the use of health care, and cause of death (illness or injury). In the third section, the mother reported her maternal and abortion history, and contraceptive use.

The community survey, which collected general information about the village, was also conducted with a structured questionnaire. The targets of this survey included all administrative villages that had child deaths aged fewer than 5 during 1994 - 1996. In this questionnaire, each village reported its geographic location, infrastructure, health facilities, family planning implementation, economic development, as well as customs and beliefs relating to childbearing.

The Population Research Institute, Xi'an Jiaotong University, conducted the household and community surveys in May 1997. About 50 interviewers and 5 supervisors participated in conducting the survey. The supervisors were staff and graduate students at the institute, and the interviewers were either local farmers with high school education or local family planning workers. Before conducting the survey, the supervisors and interviewers had obtained a list of the child deaths provided by the 《J》 county Family Planning Commission and the Public Health Bureau. The list was checked and supplemented by village heads, village family planning workers, village doctors, and others who knew a great deal about births and deaths of children in the villages. As a result, 815 child deaths from 231 villages were included in the survey.

Every measure was carefully implemented to ensure the quality of field interviews, data entry, and data quality. Before conducting the survey, all people involved in the survey were given a training workshop, focusing on the purposes of the survey, the structure of the questionnaires, the meaning of the questions, and skills in on-site interviewing. During the survey, the supervisors carefully reviewed all questionnaires completed by interviewers, and those questionnaires with problems were returned to interviewers and interviews were repeated when necessary. In addition, for each interviewer, his or her supervisor selected several households that were asked to answer several key questions again in order to check the quality of the first interview and the consistency between the two interviews. After the survey, a double data entry method using Foxpro was utilised to reduce data entry error. After the database was established, a computer program was used to check the internal logical consistency of questionnaires, and those with inconsistent logic were reviewed again by supervisors. As a result, although errors were present in the survey data, but the quality of data is quite reliable.

The clinic survey conducted by clinic doctors with a structured questionnaire was administered to parents of 31 children who died in one county hospital and one township clinic between June and December 1997. This survey was aimed at collecting information on children who died in clinics rather than at home or other places. Information collected in this questionnaire concerned the circumstances of these 31 child deaths, including the cause of death and the use of preventive and curative health care.

In addition, we conducted five focus group discussions between June and August 1997. About 60 people who were either local farmers or family planning workers at the grassroots level participated in these discussions. The focus group discussions were aimed at discerning people's perceptions of gender differences in childbearing. These included cultural customs and beliefs relating to childbearing, expectations of children, manifestations of son preference, and causes behind son preference.

### 2.3 The methods

Our household and community surveys were only administered to households and villages with child deaths; those households and villages with only surviving children were not included. A survey including both surviving and dead children is of course much more ideal for analyses of determinants of gender differences in child survival. However, due to various resource constraints, it was not possible for us to conduct such a survey. This is quite different from most previous studies on child survival, in which both surviving and dead children were included. Therefore, using data on child deaths, we adopt two approaches to analyse gender differences in child survival in《J》county.

The first approach is to compare different aspects of male child deaths to those of female child deaths by various kinds of proximate, parental individual, household and community factors. This includes three parts. First, we calculate ratios of male to female child deaths. In most countries with normal sex differences in child mortality, the ratio of male to female child deaths is about 1.2 - 1.4 for infants aged 0, and 1.0 - 1.2 for children aged 1 - 4 (Li and Feldman, 1996). Combining infants and children together, the ratio of male to female child deaths should be at least above 1. If the observed ratio is below 1, it indicates the existence of excess female child deaths. Second, we investigate whether the distributions of child deaths by various factors, such as birth order, birth quota etc., are significantly different between the sexes. Third, we examine whether the means of some indicators relating to child survival, such as duration of breastfeeding, duration of survival after becoming ill etc., are significantly different for the two sexes. The aim of the last two parts is to explore which factors affect child survival of the two sexes differently. The first approach in this paper is a pairwise analysis, in that we examine the interaction of sex with each proximate, individual, household and village factor. We also compare means of some factors by sex.

In the second approach, we use multivariate logistic and survival models to investigate how social, economic and cultural factors at individual, household and community levels such as maternal factors, food and nutrition, preventative and curative health care, affect the proximate determinants of child survival, and how these socio-economic and cultural factors operate through the proximate determinants to affect sex differences in the pattern of child survival.

These complementary bivariate and multivariate analyses use data only from the household and community surveys and the results of the analyses are presented in the next section. Data from the clinic survey and the focus group discussions are presented in the discussion section.

## 3. Results

### 3.1 Child deaths and child mortality

During 1994 - 1996, there were 815 child deaths in《J》county. Of these, 388 were males and 427 females, with a ratio of male to female child deaths of 0.91. Using the number of births in 1994 - 1996 provided by the Family Planning Commission, we estimated infant mortality in《J》county at about 31.82 per thousand for males and 46.06

per thousand for females. Based on the "West" model life tables of Coale and Demeny (1983), assuming the male infant mortality was normal, we estimated that the "expected" female infant mortality about 25 per thousand. Thus, female infants suffered excess infant mortality after birth of over about 21 per thousand. This female child survival disadvantage was obvious in 《J》 county in 1994 - 1996. In fact, according to the 1990 Population Census, infant mortality in 1990 in 《J》 county was 42.12 per thousand for males and 44.00 per thousand for females. Therefore, similar to the trend observed in China in the 1990s (Li and Zhu, 1998), relative to males, female child survival has been decreasing in 《J》 county.

Next we examine children's age at death, death place, cause of death, and duration of survival after becoming ill. These are presented in Table 1.

**Table 1 Distribution ans sex ratio of child deaths and duration of child survival, "J" county, 1994 - 1996.**

| Item | All child deaths | | | | Deaths within 1 day | | | |
|---|---|---|---|---|---|---|---|---|
| | *M* | *F* | *R* | *P* | *M* | *F* | *R* | *P* |
| **Age at death** | | | | 0.03 | | | | |
| Within 1 day | 119 | 174 | 0.68 | | | | | |
| 1 - 7 day | 97 | 85 | 1.14 | | | | | |
| 8 - 30 days | 61 | 50 | 1.22 | | | | | |
| 1 - 12 months | 68 | 75 | 0.91 | | | | | |
| 12 - 59 months | 43 | 41 | 1.05 | | | | | |
| **Death place** | | | | 0.00 | | | | 0.00 |
| Clinic | 202 | 158 | 1.28 | | 69 | 64 | 1.08 | |
| Home or other places | 183 | 266 | 0.69 | | 49 | 110 | 0.45 | |
| **Duration of survival after becoming ill (hours)** | 646 | 533 | | 0.55 | 13 | 11 | | 0.51 |
| **Cause of death** | | | | 0.23 | | | | 0.00 |
| Illness | 358 | 401 | 0.89 | | 11 | 174 | 0.66 | |
| Accident | 30 | 24 | 1.25 | | 5 | 0.00 | | |

Source: Survey of child survival in 《J》 county in 1994 - 1996, conducted by the Population Research Institute, Xi'an Jiaotong University in May 1997.

Notes: (a) Deaths within one day stand for those who died within the first 24 hours of birth.

(b) *M* stands for males, *F* for females, *R* for ratio of male to female deaths.

(c) For death distribution, *P* is the significance of the likelihood ratio test; for average value, *P* is the significance of the *t* test.

(d) Same for the following tables.

From Table 1, the sex distribution of child deaths is significantly different by age at death, indicating that excess female deaths were unevenly distributed over age. Assuming the number of male child deaths to be normal and taking a normal sex ratio of child deaths to be 1. 3 for infants (aged 0) and 1. 1 for children (aged 1 - 4), we estimated excess female child deaths in 1994 - 1996 in《J》county at about 121, i. e. , about 28% of female deaths were unexpected. Among them, 119 were infants and 2 were children. Moreover, the excess of females who died within the first 24 hours of birth was about 82, an overwhelming majority. These estimates are based on a normal sex ratio at birth of 105 - 107. Considering the high sex ratio at birth of 130 in 1995 in《J》county, we believe that the actual number of excess female deaths exceeded our estimate. Since excess female deaths were concentrated on those who died within one day of birth, in the following analyses, we also present the situation of this special group of deaths for reference (For simplification, hereafter we call it the "one-day group").

From Table 1 we see that the sex distribution of child deaths is significantly different by death place, with the sex ratio of deaths above 1 for those who died at a clinic, but well below 1 for those who died at home or other places. A similar situation was also found in the "one-day" group. Clearly, females were more likely to die at home, and this situation was more obvious among those who died within one day of birth. In addition, for both all child deaths and《one day》group deaths, children's duration of survival after becoming ill was higher for males than for females, although these differences are not significant.

Because this paper focuses on gender, rather than innate genetic sex differences in child survival, cause of death in the survey was classified into only two categories: illness and injury (accidental or intentional). We anticipated that with excess female child mortality in《J》county, some parents who might have abandoned or killed their children would report the cause of death as injury. However, contrary to our anticipation, sex ratio of deaths in Table 1 is quite normal among those who died of injury, but abnormal among those who died of illness. This suggests that the reported cause of death was not accurate in the survey.

## 3. 2 Child deaths by proximate factors

In the model of Mosley and Chen (1984), there are five proximate determinants of child survival: maternal factors, nutrient deficiency, personal illness control, environmental contamination, and injury. Here we focus only on the first three of these. The results are presented in Table 2.

**Table 2 Distribution and sex ratio of child deaths by proximate factors and some related measures, "J" county, 1994 - 1996.**

| Item | All child deaths | | | | Deaths within 1 day | | | |
|---|---|---|---|---|---|---|---|---|
| | *M* | *F* | *R* | *P* | *M* | *F* | *R* | *P* |
| **Martenal factors** | | | | 0. 03 | | | | 0. 05 |
| Mother's age and birth | | | | | | | | |

**Continued**

| Item | All child deaths | | | | Deaths within 1 day | | | |
|---|---|---|---|---|---|---|---|---|
| | *M* | *F* | *R* | *P* | *M* | *F* | *R* | *P* |
| 27 and below | 321 | 327 | 0.98 | | 101 | 132 | 0.77 | |
| 28+ | 64 | 96 | 0.67 | 17 | 41 | 0.42 | | |
| Birth order | | | | | | | | |
| 1 | | | | 0.00 | | | | 0.00 |
| 2 | 199 | 137 | 1.45 | | 61 | 41 | 1.49 | |
| 3+ | 160 | 253 | 0.63 | | 55 | 106 | 0.52 | |
| Birth quota | 29 | 37 | 0.78 | | 3 | 27 | 0.11 | |
| With | | | | 0.00 | | | | 0.00 |
| Without | 300 | 288 | 1.04 | | 103 | 111 | 0.93 | |
| Place pf delivery | 88 | 138 | 0.64 | | 16 | 63 | 0.25 | |
| Clinic | | | | 0.05 | | | | 0.01 |
| Home or other places | 202 | 192 | 1.05 | | 68 | 72 | 0.94 | |
| Expenses on delivery (Yuan) | | | | | | | | |
| | 124 | 107 | | 0.5 | 147 | 90 | | 0.25 |
| **Food and nutrition factors** | | | | | | | | |
| Supplementary food intake | | | | 0.55 | | | | |
| Yes | 33 | 27 | 1.22 | | | | | |
| No | 16 | 17 | 0.94 | | | | | |
| Duration of breastfeeding (month) | 11.6 | 12.5 | | 0.53 | | | | |
| **Health care factors** | | | | | | | | |
| Immunization status | | | | 0.31 | | | | 0.51 |
| Yes | 147 | 146 | 1.01 | | 6 | 12 | 0.5 | |
| No | 230 | 265 | 0.87 | | 108 | 154 | 0.7 | |
| Receiving medical treatment after becoming ill | | | | 0.00 | | | | 0.01 |
| Yes | 256 | 233 | 1.1 | | 48 | 44 | 1.09 | |
| No | 129 | 192 | 0.67 | | 71 | 130 | 0.55 | |
| Duration of receiving treatment after becoming ill (hours) | 61 | 85 | 0.32 | 6.6 | 4.6 | | 0.45 | |
| Expenses on medical treatment (Yuan) | 870 | 642 | | 0.07 | 189 | 203 | | 0.87 |
| Times of hospital transfer | 0.6 | 0.4 | | 0.02 | 0.2 | 0.1 | | 0.42 |
| Causes of delayed medical treatment | | | | 0.00 | | | | 0.09 |
| Short of money, vehicle or others | 158 | 100 | 1.58 | | 39 | 28 | 1.39 | |
| Feel not serious by parents | 73 | 101 | 0.72 | | 3 | 7 | 0.43 | |

Source: Survey of child survival in《J》county in 1994 - 1996, conducted by the Population Research Institute, Xi'an Jiaotong University in May 1997.

### 3.2.1 *Maternal factors*

In Table 2, with respect to mother's age at birth, the sex ratios of deaths among all the groups are below 1, and the sex distribution of child deaths is significantly different by mother's age at birth. However, both for all child deaths and for the《one day》group, the sex ratio of deaths is much higher for those children with mothers age at birth 27 and below than for those with mothers age at birth 28 and over. Clearly, excess female child deaths occurred mainly among children of older mothers. In rural China, mother's age at birth is also related to children's birth order, and this requires more examination. We also see in Table 2 that the sex distribution of child deaths is significantly different by birth order. Moreover, while the sex ratio of child deaths among first order children is normal, those of second or higher birth order children are well below 1.

Thus, excess female child deaths occurred mostly among girls who were second or higher order births. Li (1992) also found a similar situation in his analysis of child deaths from the 1990 Population Census. In《J》county, according to family planning regulations, a couple receives a quota from the Family Planning Commission before giving birth. Those births outside this are regarded as out-of-government-plan births. This is confirmed in Table 1: the sex distribution of child deaths is significantly different by birth quota, and the sex ratio of deaths is as low as 0.64 for all child deaths, and 0.25 for the《one day》group. Therefore, excess female deaths were heavily concentrated on children born outside the birth quota. This confirms that the government-guided family planning program affects the female child survival to some extent, as Ren (1994) also pointed out in his analysis of child survival in Shaanxi province using data from the China In-Depth Fertility Survey.

Regarding place of delivery, Table 2 shows that the sex distribution of child deaths is significantly different by place of delivery, with excess female deaths mostly among those who were born at home or other places. In addition, both for all the child deaths and for the《one day》group, expenses on delivery are higher for male than for female births, although the differences are not significant.

### 3.2.2 *Food and nutrition factors*

We use two indexes to measure sex differences in food and nutrition among child deaths. The first is among children who had completed breastfeeding before death and concerns whether they received supplementary food in addition to regular food. The second is the duration of breastfeeding among children who had completed breastfeeding before death. As seen in Table 2, the sex distribution of child deaths is not significantly different by supplementary food intake, and the difference in mean months of breastfeeding between the two sexes is also not significant. This suggests that food and nutrition is not a factor affecting sex differences in child survival in《J》county. This finding is quite different from several studies on child survival in developing countries, in which food and nutrition has been found to affect sex differences in child survival (Waldron, 1983; Paul, 1990), but it is consistent with the results of the study of Basu (1989) on child survival in several villages of two States in India.

### 3.2.3 *Health care factors*

Health care includes preventive health care and curative health care. In the survey, parents were asked whether they're dead children received relevant immunisation before death. Because not all the immunisations for children in《J》county are free for farmers, we use children's immunisation status to measure sex difference in preventive health care among child deaths. As seen in Table 2, the sex ratio of deaths is above 1 among children with immunisation, and below 1 among children without immunisation. However, the sex distribution of child deaths is not significantly different by children's immunisation status. This suggests that immunisation is not a factor affecting sex difference in child survival, a finding consistent with the study by Bhuiya and Streatfield (1991) on child survival in Matlab, Bangladesh, and the cross-country study on gender differences in child health by Hill and Upchurch (1995).

An important aspect of children's curative health care is whether children receive medical treatment after they become ill. As seen in Table 2, the sex distribution of child deaths is significantly different by medical treatment status, and the sex ratio of deaths is quite low among children who received no medical treatment before death, especially among the《one day》group. Thus, excess female deaths were concentrated on children without medical treatment before death, indicating that medical treatment is an important factor affecting sex difference in child survival in《J》county. However, once parents decided to seek medical treatment for their ill children, the time until they find a doctor was not significantly different by sex.

In addition to parents willingness to seek medical treatment for their children, sex differences in curative health care in《J》county are also reflected in the effectiveness of children's medical treatment before death provided by their parents. In Table 2, both expenses on medical treatment and times of hospital transfer are significantly higher for males than for females. Further, among children who received medical treatment before death, many children did not receive prompt medical treatment. This is either because their parents were short of money, vehicles, etc., or because their parents considered the children's illness not to be serious. It is seen in Table 2 that the sex distribution of child deaths is significantly different by causes of delayed medical treatment, and the sex ratio of deaths is below 1 among children whose parents thought their illness was not serious. Consequently, excess female deaths were mostly among those whose illnesses were not regarded as serious by their parents.

As pointed out by Bourne and Walker (1991) in their analysis of child survival in North India, when parents have strong son preference and face strict household resource constraints, they usually allocate more resources to boys than to girls in medical treatment. This is also found in《J》county: when children became ill, parents tended to consider illness of boys more serious than that of girls. Consequently, they were more likely to seek medical treatment for boys than for girls. Further, once parents decided to seek medical treatment for their children, they spent more money on medical treatment, and transferred children to better hospitals for boys than for girls. Thus, sex differences in children's curative health care contributed to excess female deaths observed in《J》county. Our findings are contrary to the study by Wu and Wang (1991) on sex difference in health care and child survival in rural Shandong province, where it was claimed that there was no discrimination against girls in terms of curative health care.

### 3.3 Child deaths by socio-economic and cultural factors

In the model of Mosley and Chen (1984), socio-economic and cultural factors at individual, household, and community levels also affect sex differences in child survival.

The results of our examination of these factors are presented in Table 3.

**Table 3 Distribution and sex ratio of child deaths by parental individual, household, and village factors and some related measures, "J" county, 1994 - 1996.**

| Item | All child deaths | | | | Deaths within 1 day | | | |
|---|---|---|---|---|---|---|---|---|
| | *M* | *F* | *R* | *P* | *M* | *F* | *R* | *P* |
| **Individual factors** | | | | 0.01 | | | | 0.06 |
| *Mother's age* | | | | | | | | |
| 24 and below | 103 | 79 | 1.30 | | 31 | 32 | 0.97 | |
| 25 - 29 | 213 | 245 | 0.87 | | 72 | 102 | 0.71 | |
| 30+ | 69 | 99 | 0.70 | | 15 | 39 | 0.39 | |
| *Motherís education (years)* | | | | 0.88 | | | | 0.74 |
| 0 - 6 | 76 | 86 | 0.88 | | 18 | 32 | 0.56 | |
| 7 - 9 | 282 | 311 | 0.91 | | 91 | 127 | 0.72 | |
| 10+ | 23 | 22 | 1.05 | | 8 | 13 | 0.62 | |
| **Household factors** | | | | | | | | |
| *Sibling composition* | | | | 0.00 | | | | 0.00 |
| None | 188 | 126 | 1.49 | | 59 | 41 | 1.44 | |
| Only brothers | 39 | 42 | 0.93 | | 11 | 9 | 1.22 | |
| Only sisters | 152 | 246 | 0.62 | | 47 | 119 | 0.39 | |
| Both | 9 | 13 | 0.69 | | 2 | 5 | 0.40 | |
| *Family income (Yuan)* | 4,606 | 4,558 | | 0.86 | 4,607 | 4,216 | | 0.24 |
| **Village factors** | | | | | | | | |
| Family planning work award | | | | 0.46 | | | | 0.11 |

**Continued**

| Item | All child deaths | | | | Deaths within 1 day | | | |
|---|---|---|---|---|---|---|---|---|
| | *M* | *F* | *R* | *P* | *M* | *F* | *R* | *P* |
| Yes | 158 | 163 | 0.97 | | 44 | 49 | 0.90 | |
| No | 230 | 264 | 0.87 | | 75 | 125 | 0.60 | |
| *Proportion of household withonly two daughters* | | | | 0.05 | | | | 0.02 |
| Above 10% | 163 | 151 | 1.08 | | 47 | 46 | 1.02 | |
| 10% and below | 225 | 276 | 0.82 | | 72 | 128 | 0.56 | |
| *Distance to county seat* | | | | 0.02 | | | | 0.04 |
| 10 km. and below | 179 | 162 | 1.11 | | 53 | 57 | 0.93 | |
| 10+ km. | 209 | 265 | 0.79 | | 66 | 117 | 0.56 | |
| *Bus to county seat* | | | | 0.00 | | | | 0.02 |
| Yes | 267 | 252 | 1.06 | | 86 | 103 | 0.84 | |
| No | 121 | 175 | 0.69 | | 33 | 71 | 0.47 | |
| *Per capita income (Yuan)* | 1,160 | 1,145 | | 0.53 | 1,166 | 1,173 | | 0.85 |

Source: Survey of child survival in 《J》 county in 1994 - 1996, conducted by the Population Research Institute, Xi'an Jiaotong University in May 1997.

#### 3.3.1 *Mother's individual factors*

The first individual factor considered here is mother's age. It is found in Table 3 that the sex distribution of child deaths is significantly different by mother's age, and sex ratios of deaths among those whose mothers are older than 25 are below 1. Clearly, excess female child deaths were concentrated on children of older mothers. This is consistent with factors of mother's age at birth and children's birth order, because these three factors are closely related. Given the one and a half child family planning policy in 《J》 county, among these three factors, we tend to regard birth order as the decisive factor resulting in excess female deaths.

The second factor is mother's education. As seen in Table 3, sex distribution of child deaths is not significantly different by mother's education, and sex ratios of deaths for almost all the groups are below 1. Thus excess female deaths occurred in all kinds of mothers regardless of their education, indicating womanise education is not a factor affecting sex difference in child survival. This is consistent with what we found in the data of the 1990 Population Census of China (Li and Zhu, 1998; Han and Li, 1999).

#### 3.3.2 *Household factors*

The most important household factor is children's sibling composition. Both Das Gupta (1987) and Muhuri and Preston (1991) point out that in India and Bangladesh, girls with the highest mortality risks are those with a surviving older sister. This is because for parents with strong son preference, excess female child morality is part of their normal family building strategy to realise their desired number and sex of children through conscious and selective neglect of, and discrimination against, girls. This is also true for 《J》 county. As seen in Table 3, the sex distribution of child deaths is significantly different by children's sibling composition. For deaths of children without brothers and sisters, the sex ratio of deaths is quite normal.

However, sex ratios of deaths are below 1 among children with only brothers and much lower than 1 among those with only sisters or with both brothers and sisters. This situation is much worse in the 《one day》 group. Hence, excess female deaths were concentrated on those girls with sisters or with brothers and sisters. In other words, discrimination against girls in 《J》 county was highly selectively targeted on girls with surviving sisters.

This is consistent with the studies on excess female child mortality in the China 1990 Population Census data by Li (1992) and in the China 1988 Two-Per-Thousand Survey of Fertility and Contraception by Choe et al. (1995). It seems that this family building strategy is quite universal in developing countries with strong son preference.

We use family income to represent the general economic status of households. As seen in Table 3, among all the child deaths, there is no significant sex difference in family income. Thus, consistent with previous studies on child survival in China (Han and Li, 1999), excess female deaths occurred in almost all kinds of households in 《J》 county, regardless of household economic status.

#### 3.3.3 *Village factors*

As shown before, the impact of family planning policy in 《J》 county on sex difference in child survival is revealed in terms of the birth quota. Here we explore the impact of the effectiveness of family planning policy in villages on sex differences in child survival. The index used here is whether villages received any family planning award in 1994 – 1996. As shown in Table 3, the sex ratio of deaths is higher for children in villages with family planning awards than for children in villages without family planning awards, but sex ratios of deaths for both groups are below 1. Further, the sex distribution of child deaths is not significantly different by status of family planning award. This suggests that, in contrast to family planning policy, the effectiveness of family planning policy implementation had no effect on sex difference in child survival in 《J》 county.

As mentioned earlier, in 《J》 county, if the first child of a couple is a daughter, this couple is allowed to have a second birth after an interval of four years. If there were no son preference or human intervention, the proportion of households with only two daughters among all two-child households would be at least over 40%. However, because of strong son preference, there were almost no villages in 《J》 county with this proportion over 40%. Thus, this proportion may partly indicate the extent of son preference in villages. We expected that excess female deaths would be more likely to occur in villages with strong son preference than in those with weak son preference. This is confirmed in Table 3, where the sex distribution of child deaths is significantly different by proportion of two-daughter households, with excess female child deaths concentrated on those villages where the proportion of two-daughter households was below 10%, especially for the《one day》death group.

Remoteness of villages also affects sex differences in child survival. We use distance from village to county seat, as well as whether there is bus service from village to county seat, to measure the remoteness of the villages. As seen in Table 3, sex distributions of child deaths are significantly different by the two indexes, and sex ratios of deaths are below 1 for children in remote villages. Thus, excess female deaths are likely in those villages far from the county seat, and with no bus service to the county seat. Actually, when children in《J》county become seriously ill, it is more difficult for parents in remote villages than for parents in villages close to the county seat to obtain prompt medical treatment in county hospitals and township clinics. This may help explain the great excess of female deaths among those who received no medical treatment before death.

As with family income, there are no significant sex differences in villages' per capita income. Thus, excess female deaths occurred in all kinds of villages regardless of village's level of economic development.

### 3.4 Multivariate analyses

The above bivariate analyses use child death circumstances by proximate, individual, household, and community factors to investigate the extent and mechanisms of female child survival disadvantage in《J》county. The results show what kinds of girls are more likely to suffer excess female child mortality, and which parents are more likely to discriminate against girls. In our multivariate analyses, we investigate how socio-economic and cultural factors at individual, household and community levels interact with sex to jointly affect the proximate determinants of child survival, and operate to affect sex differences in child survival.

The models used in the analyses are logistic models and survival models. The dependent proximate variables used in the models are place of delivery, duration of breastfeeding, immunisation status, medical treatment status, duration of receiving medical treatment. The dependent child survival variables are death place, and duration of survival after becoming ill. Consistent with bivariate analyses, the multivariate results show that except for medical treatment and death place variables, the influences of sex on other variables are not significant. Due to space limitations, we present only the results of the multivariate analysis of children's medical treatment status.

We use five logistic models to investigate the determinants of children's medical treatment status. The independent variables used in the models are sex, individual variables including age at death, birth quota, place of delivery, household variables including sibling composition, mother's age and education, family income, village variables including family planning work award status, proportion of two-daughter households, distance and bus service to county seat. These factors are selected from all the factors examined in the previous bivariate studies. The results of five logistic models are presented in Table 4.

**Table 4 Effects of individual, household, and village determinants on children's log odds of receiving medical treatment after becoming ill, "J" county.**

| Variable/model | I | II | III | IV | V |
|---|---|---|---|---|---|
| ***Sex*** (Ref. Male) | | | | | |
| Female | −0.492*** | −0.431** | −0.389* | −0.315+ | −0.183 |
| ***Individual*** | | | | | |
| Age and death (Ref: 0 month) | | | | | |
| 1 - 11 months | | −0.921*** | 2.508*** | 2.536*** | 1.890*** |
| 12 - 59 months | | 1.587*** | 1.041*** | 1,029*** | 0.422 |
| Birth quota (Ref: With) | | | | | |
| Without | | −0.518** | −0.462* | −0.476* | −0.394 |
| Place of birth (Ref: Clinic) | | | | | |
| Home or other places | | −0.866*** | −0.815*** | −0.743*** | −0.332 |
| ***Household*** | | | | | |
| Mothers' age (ref: 24 and below) | | | | | |
| 25 - 29 | | | 0.024 | 0.005 | 0.08 |
| 30+ | | | 0.099 | 0.092 | 0.296 |
| Mother's education (Ref: 0 - 6) | | | | | |
| 7 - 9 | | | 0.143 | 0.100 | −0.036+ |
| 10+ | | | 0.357 | 0.255 | 0.610 |
| Sibling composition (Ref: None) | | | | | |
| Only brothers | | | −0.321 | −0.357 | −0.404 |
| Only sisters | | | −0.408+ | −0.411+ | −0.475 |
| Both | | | −0.043 | −0.131 | −0.149 |
| Family income (log) | | | 0.24 | 0.215 | 0.249+ |
| ***Village factors*** | | | | | |
| Family planning work award (Ref: Yes) | | | | | |
| No | | | | 0.074 | 0.247 |
| Proportion of household with only two daughters (Ref: 10% and below) | | | | | |

**Continued**

| Variable/model | I | II | III | IV | V |
|---|---|---|---|---|---|
| 10%+ | | | | 0.367* | 0.311 |
| Distance to county seat (Ref: 10 km. And below) | | | | | |
| 10%+ | | | | −0.379* | −0.600* |
| Bus to county seat (Ref: Yes) | | | | | |
| No | | | | −0.346* | −0.217 |
| ***Interactions with sex*** | | | | | |
| Female X age at death: 1 - 11 months | | | | | 1,290+ |
| Female X age at death: 12 - 59 months | | | | | 1,415* |
| Female X birth quota: without | | | | | −0.118 |
| Female X birth place: home or others places | | | | | −0.838** |
| Female X mothers' age: 25 - 29 | | | | | −0.143 |
| Female X mothers' age: 30+ | | | | | −0.431 |
| Female X mother's education: 7 - 9 | | | | | 0.173 |
| Female X mother's education: 10+ | | | | | −0.722 |
| Female X sibling composition: only brothers | | | | | 0.004 |
| Female X sibling composition: only sisters | | | | | 0.279 |
| Female X sibling composition: both | | | | | 0.047 |
| Female X family planning work award: no | | | | | −0.285 |
| Female X proportion of household with only two daughters: 10%+ | | | | | −0.080 |
| Female X distance to county seat: 10+ km | | | | | 0.433 |
| Female X bus to county seat. No | | | | | −0.236 |
| Intercep | 0.685*** | 1.780*** | −1.085 | −0.722 | −1.079 |
| −2LL | 1,076*** | 934*** | 895*** | 881*** | 864*** |
| Observations | 810 | 807 | 786 | 786 | 786 |

*** $p<0.001$, ** $p<0.01$, * $p<0.05$, + $p<0.1$.

Source: Survey of child survival in《J》county in 1994 - 1996, conducted by the Population Research Institute, Xi'an Jiaotong University in May 1997.

Model I, which regresses parents odds of seeking medical treatment for their children after their children became ill on sex, shows the gross effect of sex on children's medical treatment. We see that the sex of children significantly affects parent's odds of seeking medical treatment; the odds of parents seeking medical treatment for a girl are about 61% of those for a boy. This is consistent with our findings in the bivariate analysis.

Model II, which adds individual variables to model I, shows that the influence of sex on parents odds of seeking medical treatment still remain after controlling for individual factors.

All individual variables have significant influences on parent's odds of seeking medical treatment. As expected, the parent's odds of seeking medical treatment for a child outside the birth quota are about 60% of those for a child with birth quota, and those for a child delivered at home are about 42% of those for a child delivered at a clinic. The parent's odds of seeking medical treatment for neonatal births are higher than those for post-neonatal births, but much lower than those for children aged 1 – 4.

Model III, which adds household variables to model II, shows that the influences of sex and individual variables on parents odds of seeking medical treatment still remain after controlling for household factors. It is noted that in Table 4, the parent's odds of seeking medical treatment for a neonatal birth are about 8% of those for a post-neonatal birth, and about 35% of those for a child aged 1 – 4. This is different from results in model II and is what we anticipated, because parent's odds of seeking medical treatment should increase with age. As expected, mother's age and education have no significant influences on parent's odds of seeking medical treatment. The parent's odds of seeking medical treatment for a child with only sisters are about 67% of those for a child with no siblings. However, the parent's odds of seeking medical treatment do increase with family income.

Model IV, which adds village variables to model III, shows that except for family income, the influences of sex, individual and other household variables on parents odds of seeking medical treatment still remain after controlling for village factors. As expected, the effectiveness of family planning policy implementation (or family planning work award) has no significant influence on parent's odds of seeking medical treatment. The parents odds of seeking medical treatment for a child in villages with weak son preference (high proportion of two-daughter households) are about 144% of those for a child in villages with strong son preference, and the parents odds of seeking medical treatment for a child in remote villages are lower than those for a child in villages close to county seat.

Model V, which adds the interaction effects between sex and individual, household and village variables to model IV, attempts to investigate the backgrounds of girls whose parents are less likely to seek medical treatment for their children. It is found that the parent's odds of seeking medical treatment for girls are very low among neonatal births, or births at home instead of a clinic. Thus, in spite of the fact that in general the parent's odds of seeking medical treatment are lower for girls than for boys, discriminations against girls in medical treatment are highly selective and targeted on female neonatal births or female births delivered at home.

## 4. Discussion and summary

Our survey of households and communities show that infant mortality in 1994 – 1996 in 《J》 county was about 32 per thousand for males and 46 per thousand for females, and that girls in《J》county suffered excess female infant mortality of over 21 per thousand. Among 427 female child deaths, about 28% them were unexpected excess deaths. However, substantial discrimination took place before birth, as the sex ratio at birth was as high as 130 in 1994 - 1996. In addition, female child survival disadvantages in《J》county has been increasing in the 1990s.

Most of the excess female deaths occurred among those who died at home and about two thirds of the excess female deaths took place within the first 24 hours of birth. Girls with especially high risk of excess mortality were those who were born at home, who were second or higher births in households, had only sisters or both brothers and sisters, who were out-of-government-plan births, or whose parents lived either in remote villages far from the county seat, or in villages with strong son preference.

The main mechanism of excess female child mortality is lack of use and effectiveness of curative health care, rather than preventive health care or nutrient deficiency. When children became ill, parents tended to consider illness of boys more serious than that of girls, and were more likely to seek medical treatment for boys than for girls. Further, once parents decided to seek medical treatment for their children, there were significant sex differences in the effectiveness of treatment, as reflected in expenses on medical treatment and times of hospital transfer. This finding is also confirmed in our clinic survey of 31 child deaths (Li and Zhu, 1998). Moreover, although discrimination against girls was quite universal and occurred in all kinds of households and communities regardless of socio-economic status, discrimination itself was very selectively targeted on girls whose backgrounds were those described above.

In order to better understand gender differences in child survival, we conducted five focus group discussions, focusing on people's perceptions of sex differences in childbearing and child survival, as well as the causes underlying these differences. In our focus group discussions, people reported various forms of discrimination against girls, including breastfeeding and food allocation, use of preventive and curative health care, daily care of children, and extreme behaviours such as abandonment and infanticide. The detailed results of gender differences in child survival are summarised in Figure 1.

It is clear that the results of focus group discussions on gender differences in child survival are quite different from those in our previous analyses of the household survey data, in which the main mechanism of excess female child mortality is lack of use or effectiveness of curative health care, rather than preventive health care and nutrient deficiency. How do we interpret these contrasting results? In fact, the targets of the household survey and the focus group discussions were different. The household survey included only those children who died in 1994 - 1996, and mechanisms of discrimination against girls refer to child deaths. By contrast, in focus group discussions, people's perceptions of discriminations against girls refer to all surviving and dead children. This suggests that, although there were various forms of discriminatory behaviours that affected the health of girls, the factor that directly resulted in excess female child deaths was discrimination against girls in curative health care.

An important finding from our survey is that excess female child deaths were heavily concentrated on those who died within the first 24 hours of birth in 《J》 county. In the survey, there was no significant difference in self-reported cause of death, i. e. , illness or injury. But, this is clearly inconsistent with the above finding. It is obviously difficult to explain why most of the excess female deaths were those who died within one day of birth. Based on our in-depth investigations of local farmers and family planning workers, we give here several possible explanations.

The first factor is place of delivery. In 《J》 county, medical conditions for delivering and for subsequent treatment when necessary are quite different between hospital or clinic and home, with the former much better than the latter. Thus, the risk of neonatal deaths is much higher at home than in hospital or clinics. Since females were more likely to be delivered at home than in hospital or clinics, neonatal mortality risk is expected to be higher for females than for males. One factor that affects parent's decisions on where to deliver is that the expense for delivering in hospital or clinic is higher than for home delivery. With son preference, when parents have ascertained the sex of the foetus, for example through ultra-sound B or traditional Chinese medicine, they may be more likely to deliver female births at home. Another factor could be that some parents with second pregnancies might not be willing to deliver in hospital or clinic, in order to leave some room for their family building strategy.

A second factor is mi reporting of the sex of a dead child or age at death. Because our survey was a retrospective survey and based on parent's self-reports, some parents could not recall the exact age at death of their children who died within several days after birth, and it was quite possible that they reported age at death of their children as within one day. Other parents may have deliberately underreported the age at death of their children to make the cause of death seem more like illness. Further, some parents whose second birth was a girl may have reported that child as dead in order to get a new birth quota, even though the child was actually alive. A phenomenon relating to this is adoption. Some parents who gave birth to females may have given their daughters up for adoption and reported their children as dead. These are some examples of misreporting of child deaths.

A third factor is possible female abandonment and infanticide. We lack hard evidence from our survey to support this properly. In fact, female infanticide existed widely in Chinese society before the 1950s (Wolf and Huang, 1980), even among the Qing nobility (Lee et al. , 1994). It was more commonly practised in the eastern and coastal provinces (Wu, 1988). Although infanticide has been largely abandoned since the 1950s, it has not been completely eliminated. The fact that excess female child deaths occurred mainly among those reported to have died within one day of birth suggests that female abandonment and infanticide may still be more or less occurring in 《J》 county.

Given the fact that the sex ratio at birth in 《J》 county was already as high as 130 in 1995, a question naturally raised here is why some parents prefer to use female abandonment and infanticide, instead of prenatal abortion, to attain their desired family composition? Based on our observations in 《J》 county, there are several factors that may explain this. First, not every family has access to ultra-sound B to determine the sex of a foetus, especially since the government strictly controls the use of ultra-sound B. Second, ultra-sound B cannot precisely detect the sex of a foetus. Even if it were accurate, it is relatively less expensive for some poor farmers to abandon female babies or conduct infanticide than to abort, because for some poor families, women's childbearing itself is not regarded as an economic cost. Third, some parents may consider a new birth that has not yet received a name as no different from a foetus, and regard female abandonment and infanticide as delayed abortion. Last, but most important, most people in rural communities usually show sympathy for families without a son, and tend to regard female abandonment and infanticide as an individual immoral behaviour, but not a crime.

These are some of the possible behavioural factors that may explain the concentration of excess female child deaths on those who died within one day of birth. However, since the survey data were based on parent's self-reports, we are not able to assess the relative importance of these factors.

Our analyses clearly show that excess female child mortality in 《J》 county is a result from discrimination against girls. It remains to examine why people discriminate against girls in 《J》 county. This question relates to differences between boys and girls as perceived by the community, as addressed in our focus group discussions. The results are summarised in Figure 2.

As seen in Figure 2, parents, family members, and the community in terms of their economic value, continuation of family surname, clan power, parent's emotional feeling, etc perceived boys and girls very differently. Hence, as in much of rural China, where strong son preference is an ancient part of the culture, girls tend to suffer excess mortality (Li and Feldman, 1996).

The issue of the roles of family planning policy rural communities is quite complicated. Our analyses show that excess female child mortality is more likely to occur among those children born outside the birth quota. Thus, the influences of the family planning policy on female child survival are obvious in 《J》 county. But does this mean that the government-guided family planning program is fully responsible for excess female child mortality in 《J》 county?

We argue that, similar to high sex ratios at birth in China as a whole, the excess mortality of girls in 《J》 county is fundamentally caused by the strong son preference in the traditional Chinese culture, but exacerbated by the government-guided family planning program and regulations. This is supported by the findings of Das Gupta and Li (1999) and Li and Feldman (1996) that excess female child mortality existed before the 1970s, preceding the family planning program. Indeed, as long as China maintains its low fertility, even if it were to abandon its family planning policy, it is unlikely that excess female child mortality would disappear. More likely, the female disadvantage in child survival has been exacerbated by the rapid fertility transition but is not fundamentally caused by the family planning program.

It will take a long time and require much effort to resolve the problem of excess female child mortality in《J》county, as well as in China as a whole. On the one hand, family planning management, such as prenatal maternal and child health and family planning services, need to be improved by governments at various levels. On the other hand, in addition to enhancing women's participation in the economy and society and their status within the family and community, it is important to focus on efforts to raise the value of girls to a more equal footing with boys, so as to mitigate the pressures to discriminate against girls under the present and future low fertility regime. More importantly, the government needs to take substantial measures to create awareness of the problem among the general public, policy makers, as well as rural communities, and use the relevant laws to protect the rights and welfare of girls. To this end, a national project of reproductive health training and community development is being implemented in 39 counties. Hopefully the result will be improved female child survival in rural China.

## References


[1] Arnold, F. and Liu, Z. "Sex preference, fertility and family planning in China", *Population and Development Review*, 1986, 12: 221-246.

[2] Basu, A. M. "Is discrimination in food really necessary for explaining sex differentials in childhood mortality?" *Population Studies*, 1989, 43: 193-210.

[3] Bhuiya, A. and Streatfield, K. "Mother's education and survival of female children in a rural area of Bangladesh", *Population Studies*, 1991, 45: 253-264.

[4] Bourne, K. L. and Walker, Jr. G. M. "The differential effect of mother's education on mortality of boys and girls in India", *Population Studies*, 1991, 45: 203-219.

[5] Choe, M. K., Hao, H. and Wang, F. "Effects of gender, birth order, and other correlates on childhood mortality in China" *Social Biology*, 1995, 42 (1-2): 50-64.

[6] Coale, A. J. "Excess female mortality and the balance of the sexes in the population: An estimation of the number of missing females", *Population and Development Review*, 1991, 17(3): 517-523.

[7] Coale, A. J. and Demeny, P., *Regional Model Life Tables and Stable Populations*. Academic Press, New York, 1983.

[8] Das gupta, M. and Li, S. "Gender bias and marriage squeeze in China, South Korea and India 1920-

1990". *Development and Change*, forthcoming, 1999.

[9] Das gupta, M. "Selective discrimination against female children in rural Punjab, India", *Population and Development Review*, 1987,13(1): 77-100.

[10] Graham, M., Larsen, U. and XU, X. "Son preference in Anhui province, China", *International Family Planning Perspectives*, 1998,24(2): 72-77.

[11] Gu, B. and Roy, K., "Sex ratio at birth in China, with reference to other areas in East Asia: what we know", *Asia-Pacific Population Journal*, 1995,10(3): 17-42.

[12] Han, S. and Li, S. "A study of the influences of individual and household factors on sex differences in child survival in China. [In Chinese]", *Journal of Population and Economics*, 1999(2): 28-34.

[13] Hill, K. and Upchurch, D. M. "Gender differences in child health: Evidence from the Demographic and Health Surveys", *Population and Development Review*, 1995,21(1): 127-150.

[14] Hull, T. H. "Recent trends in sex ratios at birth in China", *Population and Development Review*, 1990,16(1): 63-83.

[15] Johansson, S. and Nygren, O. "The missing girls of China: A new demographic account", *Population and Development Review*, 1991, 17(1): 35-51.

[16] Lee, J., Wang, F. and Campbell, C. "Infant and child mortality among the Qing nobility: Implications for two types of positive check", *Population Studies*, 1994,48: 395-411.

[17] Li, S. and Feldam, M. W. "Sex differentials in infant and child mortality in China: Levels, trends and variations." *Chinese Journal of Population Science*, 1996,8(3): 249-267.

[18] Li, S. and Zhu, C. "Gender Differences in Child Survival in Rural China", Project research report, 1998.

[19] Li, Y. "Sex ratios of infants and relations with some socio-economic variables: The results of the China's 1990 census and implications", paper presented at the *International Seminar on China's 1990 Population Census*, October 19-23, Beijing, 1992.

[20] Mosley, W. H. and Chen, L. C. "An analytic framework for the study of child survival in developing countries", *Population and Development Review*, 1984,10 (Supplement): 25-45.

[21] Muhuri, P. K. and Preston, S. H. "Effects of family composition on mortality differentials by sex among children in Matlab, Bangladesh", *Population and Development Review*, 1991,17(3): 415-434.

[22] Paul, B. K. "Factors affecting infant mortality in rural Bangladesh: Results from a retrospective sample survey", *Rural Sociology*, 1990,55(4): 522-540.

[23] Poston, D. L., Liu, P., Gu, B. and Mcdaniel, T. "Son preference and the sex ratio at birth in China: A provincial level analysis", *Social Biology*, 1997,44(1-2): 55-76.

[24] Ren, S. X. "Infant and child survival in Shaanxi, China", *Social Science and Medicine*, 1994,38 (4): 609-621.

[25] Ren S. X. "Sex differences in infant and child mortality in three provinces in China", *Social Science and Medicine*, 1995,40(9): 1259-1269.

[26] Tabutin, D. and Willems, M. "Excess female mortality in the developing world during the 1970s and 1980s", *Population Bulletin of the United Nations*, 1995,39: 45-78.

[27] Tuljapurkar, S., Li, N. and Feldman, M. W. "High sex ratios in China's future", *Science*, 1995, 267: 874-876.

[28] Waldron, I. "Patterns and causes of excess female mortality among children in developing countries",

*World Health Statistical Quarterly*, 1983,40: 194 - 210.

[29] Wen, X. "Effects of son preference and population policy on sex ratios at birth in two provinces of China", *Journal of Biosocial Science*, 1993,25: 110 - 120.

[30] Wolf, A. P. and Huang, C. *Marriages and Adoption in China, 1845 - 1945*. Stanford University Press, Stanford, California, 1980.

[31] Wu, C. "Study on the sex ratio at birth in China. (In Chinese.)", in *Studies of China's Population Problems*, eds. Z. Liu et al., pp. 110 - 148. China People's University Press, Beijing, China, 1988.

[32] Wu, T. and Wang, J. "Is there discrimination against female babies? [In Chinese]", *Population Research*, 1991(6): 43 - 46.

[33] Zeng, Y., Tu, P., Gu, B., Xu, Y., Li, B., and Li, Y. "Causes and implications of the recent increase in the reported sex ratio at birth in China", *Population and Development Review*, 1993,19 (2): 283 - 302.

# Floating Choices: A Generational Perspective on Intentions of Rural-Urban Migrants in China[①]

Zhongshan Yue, Shuzhuo Li, Marcus W. Feldman, Haifeng Du

**Abstract**: Using data from a 2005 Survey of rural-urban migrants in Shenzhen, this paper investigates intentions of two groups of migrants. We use the birth years from 1970 to 1980 as a reasonable range of dividing lines to separate the two groups. For each year we divide the sample into those born before that year and those born in or after that year. These are referred to as the old and the new generation, respectively. Three possible development trajectories are considered: settling in cities, returning home to seek a nonagricultural job, and returning home to farm. We find that members of the new generation have stronger desires to do non-farm work, and returning to seek a nonagricultural job has become the most important planned trajectory for this generation. Sharp differences exist between the two generations in the reasons that underlie their intentions. For the old generation, conditions such as age, family responsibility, and type of job are important determinants of intentions, while other conditions such as initial migration motives, social capital, and socioeconomic conditions of origin areas are important for the intentions of the new generation. Thus the new generation is more likely to view migration as a form of investment with the accumulation of human capital and social capital. Those migrants from the old generation who have higher education levels also intend to seek non-farm jobs. However, because of the combined effects of life cycle and the market transition in China, these intentions are not as strong as those of the new generation. We discuss economic and policy implications of our findings.

**Key words**: rural-urban migrants; the new generation; return migration; urbanization

---

① This work is jointly supported by the National Natural Science Foundation of China (70671083), Program for New Century Excellent Talents (NCET - 07 - 0668), Programs for Changjiang Scholars, Changjiang Scholars and Innovative Research Team in Universities of the Ministry of Education of China, Morrison Institute for Population and Resource Studies at Stanford, Santa Fe Institute International Program and the 2nd period of the National 985 Project of the Ministry of Education and Treasury Department of China (07200701).

## 1. Introduction

Massive rural-urban migration has been occurring for more than 20 years in China. In recent studies on migration in China, a distinction between the old generation① and the new generation has been commonly used to capture the heterogeneity among migrants (e. g., Wang, 2001; Luo and Wang, 2003; Wang, 2008). The old generation is operationally defined as those migrants who were born before the early 1970s and the new generation is those born after the late 1970s (the dividing line between these two groups is still problematic, and will be discussed later). In the 1980s, hundreds of thousands of villagers from rural areas began to leave their home to search for new jobs in cities. They were/are the old generation of rural-urban migrants and were/are generally target earners and were motivated by the idea of earning cash income to subsidize their farming activities (Huang et al., 1996; Huang, 1997). This old generation retains a very strong attachment to rural areas and the land; most of them still think of themselves as farmers rather than workers. Therefore, most of them migrate into cities for limited periods of paid labor and eventually return home (Wang, 2001). After 1990, large numbers of migrants, who were born after the late 1970s and educated in the 1980s, began to migrate into cities (Wang, 2001; Luo and Wang, 2003). These younger migrants are the new generation. Migrants of the new generation are younger, more ambitious, more educated, more skilled and know little about farming. They do not like life in rural areas and are intent on securing jobs in cities. "Earning money" is not the only incentive to migrate for the new generation; the opportunities and life style in cities attract them strongly; "learning skills", "broadening experience" and "preference for city life" have become primary reasons for their migration (Wang, 2001; Luo and Wang, 2003; Luo, 2007).

The main arguments for such a generational division are based on two theoretical perspectives. First, according to life-cycle theory, the younger and older generations differ in behaviors and attitudes even though they live within the same socio-economic context. Human life constitutes an age-related sequence of stages (preadulthood, early adulthood, middle adulthood and late adulthood) with different developmental tasks (Levinson et al., 1978; Levinson, 1986). Biologically, the 20s and 30s are the peak years of the life cycle; early adulthood (about age 17 to 45) is socially and psychologically the period for forming and pursuing youthful aspirations, establishing a niche in society, raising a family. In economics, Fuchs (1988) argues that 25 - 44 is a period of investment in human capital ("a time to sow") while 45 - 64 is a period of consumption from human capital ("a time to

---

① In previous studies, this migrant group is also called the "first generation". However, in order to avoid confusion with its use in research on international migration, we refer to it here as the "old generation", which allows specific comparison with the new generation.

reap"). Also, research on vocational behavior shows that there are variations in human capital investment activity by age; from the perspective of neoclassical human capital theory, older adults are less likely than younger adults to make human capital investments (Simpson, 2002). Second, the profound reform from the redistributive economy to a market-oriented economy has produced a deep social transition in China. According to Nee's theory of market transition, unlike redistributive economies, markets provide powerful incentives for immediate producers (migrants are among these). The market transition results in new opportunity structures which open alternative paths of socioeconomic mobility (Nee, 1989). In a market-like economy, peasants, who are transformed into petty entrepreneurs, tend to pursue a strategy of maximizing profits and developing new, more profitable lines of activity (Nee, 1989; Huang, 1997). This socioeconomic transition can widen the gap between these two generations of migrants who are likely to have substantially different characteristics in their behaviors and attitudes. The combined effects of life cycle and market transition suggest that the new generation's intentions should be different from the older generation.

However, the dividing line between the old generation and the new generation for rural-urban migrants in China is somewhat arbitrary. Such generational terms as the "first generation", the "one-and-a-half generation", and the "second generation" have been used in studies on international immigration or internal migration in the US: the "first generation" refers to those immigrants who arrived in the host areas after adulthood, immigrants from the one-and-a-half generation are those who arrived before they reached adulthood, and the second generation is those host-area-born children with at least one origin-area-born parent (e. g., Zhou, 1997; Ellis and Goodwin-White, 2006). In this sense, the size of the true second generation in China is extremely limited because only a few migrants have been able to settle down to a comfortable life in cities. Most of the current migrants in China, either young or old, are from the first generation, which has led to development of a new generational nomenclature (i. e., the old generation and the new generation). Previous studies have usually based their generational division of migrant workers on natural age or a specific birth year. Using data from a 2000 survey, Luo and Wang (2003) defined the migrant group aged 25 or below as the new generation. In Wang's study, the post-80s (i. e., those who were born from 1980 on) are defined as the new generation (Wang, 2008). We argue that migrants who were born in or before the 1960s are of the old generation and those born in or after the 1980s belong to the new generation, while those born in the 1970s are a transitional generation. We will use the birth years from 1970 to 1980 as a reasonable range for separating the old from the new generation in our study.

Although attitudes and behaviors of the new generation have changed a lot, they are not much closer to integration into the core society of the city than their predecessors were.

The Hukou System (household registration system) has perpetuated the inferior institutional and social status of rural-urban migrants, and still restricts migrants' access to public health care, a pension system, legal aid, and social services (e. g., Ke and Li, 2001; Liu and Zhou, 2004). Migrants' institutional and social inferiority undermines their chance of success in the host cities and reinforces their desire to return home. Finally, most of them can not settle down in cities, and only a few, who are very successful in business or in securing a career, remain in the cities. Urban-rural return migration has been a relatively prevalent phenomenon since 2000 in China, with many migrants returning to continue subsistence farming, and only a few managing to find nonagricultural jobs (Ma, 2001; Zhao, 2002; Bai and He, 2003; Wang and Fan, 2006). With regard to their intentions, both the old and new generations of migrants are confronted with three alternatives: first, settling in cities, "leaving the land as well as the village", which can accelerate the modernization process of China; second, returning home to seek a nonagricultural job, "leaving land but not village", to become either self-employed, or employed in the nonagricultural sector near home, which can be regarded as a grass-roots path to modernization; the last choice is returning to farm. From the perspectives of urbanization and modernization, both settling in cities and returning home to seek a nonagricultural job can relieve surplus labor pressure in rural areas, reduce the growing regional disparity between coastal/rural and interior/urban regions, and increase the pace of urbanization in China (Ma, 1999).

Despite sharp differences between the old and new generations, little is known about whether the determinants of intentions of the old generation differ from those of the new generation. Previous literature has focused either on the behavior of returning migrants without specifying that returnees have two choices, or has only paid attention to the intention of settling in cities. As discussed above, there are three trajectories of intentions for rural-urban migrants, not just two (i. e., either returning or remaining). Under the "three trajectories" framework, analysis of determinants of rural-urban migrants' intentions provides a more comprehensive understanding of the impact of rural-urban migration on social and economic development in China. The major objectives of the present study are to examine the intentions of both old and new generations, and to explore the differences in determinants of these intentions between the two generations.

## 2. Theoretical and Empirical Background

### 2.1 Remain or return: theories and determinants

For both international migrants and internal migrants, return migration has been an integral part of the migration process (Gmelch, 1980; Zhao, 2002). The determinants of migration and return migration have attracted substantial attention in economics and sociology and several theoretical perspectives have been developed which relate to the present study. Neoclassical economics (NE), for example, views migration as a cost-benefit decision, with actors deciding to settle or return in order to maximize expected net lifetime earnings (Sjaastad, 1962; Todaro, 1976). Migration is conceptualized as a form of investment in human capital. People who choose to migrate to capture higher wages and a higher living standard, must make certain investments, "which include the material costs of traveling, the costs of maintenance while moving and looking for work, the effort involved in learning a new skill or language, the difficulty experienced in adapting to a new society and culture, and the psychological costs of cutting old ties and forging new ones" (Massey et al., 1993, page 434).

A second economic perspective on migration is the new economics of labor migration (NELM), which views migration as a response to market failure at the source community rather than as an adjustment to disequilibrium in labor markets (Stark, 1991). According to this theory, "people seek to migrate temporarily for limited periods of paid labor, either to remit earnings or accumulate savings in anticipation of an eventual return home" (Constant and Massey, 2002, page 10). Migrants are generally considered as target earners, and once their earning targets have been met, they return (Piore, 1979).

In sociology, network theory argues that migrant networks, "the sets of interpersonal ties that connect migrants, former migrants, and non-migrants in origin and host areas through ties of kinship, friendship, and shared community origin", constitute a form of social capital the migrants can rely on to gain access to employment (Massey et al., 1993, page 448). Migrant networks can also facilitate the adjustment and settlement of newcomers, reduce the costs and risks of migration, and raise the probability of new migration (Massey, 1990; Massey et al., 1993). On the other hand, a deficiency of social capital can cause return migration (Orrenius, 1999).

However, neither economic theories nor network theory can perfectly interpret the causes of migration and return migration, and many researchers argue that decisions about migration and return migration are made based on a combination of both "pull" and "push" factors (Gmelch, 1980; Hare, 1999; Constant and Massey, 2002; Zhao, 2002). Drawing upon previous theoretical and empirical research, we divide the determinants that might affect decisions to remain or return into four categories: first, individual factors, including gender, age, marital status, human capital, social capital, and migration motives; second, familial factors such as spousal separation and parent's health; third, migrant's working and living conditions in the host city; fourth are the social and economic conditions in the origin and host societies.

Among individual factors, human capital such as education, language proficiency, and work experience have always been emphasized (Borjas, 1989; Newbold, 2001; Wang and

Fan, 2006). How migrant's human capital is rewarded at both origin and destination can affect migrants' decisions to return or to remain. Skills and education acquired at home, for example, are usually difficult to transfer and thus are rewarded more at home than at the destination, which predicts that migrants with higher levels of human capital tend to return (Constant and Massey, 2002). Since social capital can facilitate the adjustment and settlement of newcomers, its deficiency predicts that return migration is more likely to occur (Orrenius, 1999). Constant and Massey (2002) argue that the motivations of immigrants can also influence the decision to remain or return.

Among familial factors, frequently mentioned reasons for return migration are strong family ties and a desire to be in the company of one's own kin and longtime friends (Gmelch, 1980; Constant and Massey, 2002). From the NE perspective, attachments to family members in the place of origin lower the costs of returning home, both psychological and monetary, and raise the costs of remaining in the host society. It has been found that some migrants, particularly eldest children, are obligated by their ailing or elderly parents to return (Gmelch, 1980). Spousal separation is also a major reason for migrants to return (Constant and Massey, 2002; Zhao, 2002).

Migrants' living and working conditions also affect decision-making. One of the most important predictors is income (Gmelch, 1980; Constant and Massey, 2002). A migrant without enough income to afford to live in a city is unlikely to decide to remain. In addition, work is not only a matter of money, but also of status. While NE generally considers occupational prestige to be a non-monetary benefit in the cost-benefit calculus, NELM views prestige as irrelevant (Constant and Massey, 2002). Temporary migrants are only there for the money and do not care if they have low social status; what is important is the status at home that foreign earnings can buy (Piore, 1979).

Some researchers point to unfavorable economic conditions in the host society, such as recession or layoffs and unemployment within a single industry, as causes of return migration (Gmelch, 1980). The decision to return or settle is also influenced by ethnic prejudice and discrimination in the host society (Gmelch, 1980; Constant and Massey, 2002). The social and economic conditions at the community of origin also play an important role in decision-making. International migrants, who come from the poorer countries where the home economy cannot provide returnees with adequate employment and a comfortable standard of living, seldom return (Gmelch, 1980).

## 2.2 Remain or return: internal migration in China

Although no study has directly explored the determinants of intentions among the two generations of Chinese rural-urban migrants under the "three trajectories" framework, two strands of research have shed some light on this issue. Many studies have examined the determinants of return migration and the determinants behind settling in cities. Zhao

(2002) finds returnees tend to be older, married, better educated, and with a spouse who has not migrated. Based on a survey in Henan Province, Hare (1999) finds that the length of the observed migration spell is greatly influenced by household labor ratio and land endowments. Wang et al. (2006) argue that the institutional context of the transitional economy in China complicates our understanding of return migration. Migrants' institutional and social inferiority in cities undermines their likelihood to succeed at the destination and reinforces their return migration, especially when family needs arise. They also find that age is an important predictor of return migration; migrants are more likely to be returnees as they get older. Whether rural-urban migrants want to settle in cities is another perspective for research on return migration. Zeng and Qin (2003) find that both educational attainment and spousal separation play an important role in the decision to settle down in cities. According to Xiong and Shi (2007), occupation, income level, and housing conditions have significant effects on the decision to settle in cities, while gender, age and education have no significant influence.

Rural-urban migrants are not a random sample of the rural population; they tend to already have more human capital, i. e., they are on average younger, more skilled, and more educated than the non-migrants; this has been referred to as "migrants are positively selected" (e. g., Wang and Fan, 2006). Although researchers believe that return migration is also selective, there is no consensus on how urban-rural returnees are selected, especially in terms of education (e. g., Bai and He, 2003; Zhao, 2002). Inconsistent findings in earlier literature lead to different evaluations of the impacts on economic development of rural areas. Some researchers argue that, compared with the settlers, returnees are somewhat negatively selected, and most of them in fact return home to resume farming with a tiny number able to start their own businesses (Bai and He, 2003; Liang and Wu, 2003). Accordingly, they have limited influence on local economic development. In contrast, Zhao (2002) argues that they are better educated and invest significantly more in productive farm assets. Return migration reverses the brain-drain process, and the businesses and enterprises set up by returnees provide more employment opportunities for the home society, which can diversify the local economy in rural areas (Ma, 1999).

The generational perspective on the study of intentions has received scant attention in the literature, although it has been found that age of rural-urban migrants has a significant influence on the decision to remain or return. The "three trajectories" framework used here may also shed some light on this issue.

## 3. Data and Methods

Data for this study come from the Shenzhen Survey of rural-urban migrants conducted by Institute for Population and Development Studies at Xi'an Jiaotong University in April 2005. Shenzhen is in southern China's Guangdong province, and is situated immediately north of Hong Kong. After China's opening policy and economic reform (since 1980), this area rapidly became China's first — and ultimately most successful — Special Economic Zone. Shenzhen's population was 10,350,000 in 2005, of whom only 16.5% have Shenzhen Hukou (Yang, 2005). Shenzhen has the highest proportion of immigrants (including other kinds of migrants besides rural-urban migrants) among Chinese cities, which makes it an excellent example of rural-urban migrants' destination cities.

Our survey subjects were rural-urban migrants aged above 15 without Shenzhen Hukou. Since there are two types of rural migrants according to their housing arrangement, concentrated-housing migrants and scattered-housing migrants, two different sampling methods were employed. Among the former who live in dormitories or work sheds provided by factories, about 550 respondents were interviewed by cluster sampling in three electronic companies and two construction sites situated in Baoan, Nanshan, and Longgang districts. Among the latter who live in a community of urbanites or in a mixed community of both urbanites and rural-urban migrants, and whose places of residence are mostly rented and rarely owned by themselves, about 1,200 respondents were interviewed by simple random sampling in five streets of Nanshan, Luohu, and Yantian districts. In the survey, individual information, migration history, family conditions, and the working and living conditions in the city were collected. Additionally, based on the categories made by Van del Poel (1993), information on social support networks including instrumental support network, emotional support network, and social contact network was also collected. In total there were 1,739 eligible questionnaires left after excluding the ineligible ones.

### 3.1 Dependant variable

In the survey, each respondent was asked "where are you willing to develop your career or settle down permanently". According to respondents' answers, our sample can be divided into three groups: agricultural returnees, those migrants who plan to return to farm; nonagricultural returnees, who intend to return to seek a nonagricultural job; and settlers, who intend to settle in cities with a non-farm career plan.

### 3.2 Independent variables

With the four categories of determinants discussed above, we group the possible determinants (except the generation variable) into five categories. Table 1 presents the independent variables and their definitions.

**Table 1 Independent variables and their definitions**

| *Independent variables* | *Definition* |
| --- | --- |
| ***Generation*** | |
| The old generation | Reference (Respondent born before the dividing year) |
| The new generation | Respondent born in or after the dividing year |
| ***Individual factors*** | |
| Age | Respondent's age, in years |
| Male | Respondent is male |
| Married | Respondent is married |
| Human Capital | |
| Educational attainment | |
| Primary & below | Respondent attended primary school or never attended school |
| Junior high | Reference (Respondent attended junior high school) |
| Senior high & above | Respondent finished senior high school, technical secondary school, college or university |
| Work experience | The common logarithm of months since respondent began to work in cities |
| Dialect proficiency | Respondent can speak Cantonese |
| Social capital | 1 more than the mean of the average size of social support network |
| Initial migration motives | |
| Economy/family-oriented | Reference (Respondent migrated to make money, to marry or to take care of family members at the very beginning of migration) |
| Skill-driven | Respondent migrated to gain studying/learning skills, broaden experience in the first place |
| Preference for city life | Respondent migrated because of preference for life in cities |
| ***Familial factors*** | |
| Spouse at hometown | Respondent's spouse is left behind at home |
| Children at hometown | Respondent has at least one children ＜＝16 at hometown |
| Parents' health status | Respondent's father or mother is not able to do housework, fieldwork or work outside |
| ***Current working and living conditions*** | |
| Job nature | |
| Manual | Reference (Respondent is an industrial worker or manages the household, or works in commerce or service industries) |
| Non-manual/semi-manual | Respondent is an administrator, a manager, a professional or technical employee, a clerk or an owner of a private enterprise |
| Self-employed | Respondent is self-employed |
| Number of jobs taken | The number of jobs respondent has taken since beginning to work in cities |

**Continued**

| *Independent variables* | *Definition* |
|---|---|
| Income | The common logarithm of monthly income plus 1(Yuan), i. e., log(income+1) |
| Housing condition | |
| Concentrated-housing | Reference (Respondent lives in a relatively isolated community that is full of rural-urban migrants) |
| Scattered-housing | Respondent lives in a community of urbanites, or a mixed community of urbanites and rural-urban migrants |
| ***Social conditions of host areas*** | |
| Discrimination | Respondent reports being frequently discriminated against by urbanites |
| ***Social and economic conditions of origin areas*** | |
| Western | Reference (Respondent comes from Chongqing, Sichuan, Guizhou, Yunnan, Tibet, Shaanxi, Gansu, Ningxia, Qinghai or Xinjiang) |
| Central | Respondent comes from Shanxi, Inner Mongolia, Jilin, Heilongjiang, Anhui, Jiangxi, Henan, Hubei, Hunan, Guangxi, or Hainan |
| Eastern | Respondent comes from Beijing, Tianjin, Hebei, Liaoning, Shanghai, Jiangsu, Zhejiang, Fujian, Shangdong, or Guangdong |

With respect to the definition of the new generation, Wang's (2001) seminal study claims that the new generation of rural-urban migrants are those who were born after the late 1970's, educated in the 1980's, and first migrated into cities after 1990. In previous empirical studies, a certain birth year has been used as a dividing line between the two generations (e. g., 1975 in Luo and Wang's (2003) research, 1980 in Wang (2008). As mentioned above, this division is somewhat arbitrary. In order to reduce the results' sensitivity to using a specific birth year as a dividing line, we use the transitional period (from 1970 to 1980) between the two generations as 11 possible dividing lines in our study. The younger respondents who were born after the dividing line are defined as the new generation, and all the other older respondents are referred to as the old generation.

The first category of determinants is termed individual factors, and includes age, gender, marital status, human capital, social capital, and initial migration motives. In our study, human capital not only includes educational attainment but also work experience and dialect proficiency, which are accumulated or obtained during migration and may affect a migrant's productivity. In this paper social capital refers to resources embedded in social networks, and is measured by the size of social support networks. Because members of the three types of social support networks overlap substantially, the average size of the three networks is taken as an indicator of a migrant's social capital. Regarding initial migration motives, we define those respondents who migrated to make money, to marry, or to take care of family members as "economy/family-oriented" migrants, those who migrated for the purpose of studying, gaining skills, or broadening experience as "skill-driven" migrants, and those who migrated because they preferred life in the city as the third group.

The second category of determinants is familial factors and includes whether the migrant has a spouse or children at home and the health status of the migrant's parents. These variables can reflect the psychological cost to migrants of migration; they can also indicate the family responsibilities of a migrant.

The third category includes factors that concern current working and living conditions. Three groups (manual, non-manual/semi-manual, and self-employed) are identified in terms of the respondent's job. Job nature is used as an indirect indicator of occupational status. In our study, a migrant who is an industrial worker or manages the household or works in commerce or service industries is defined as a manual laborer. Owners of a private enterprise (only ten) are incorporated into the non-manual or semi-manual group. The number of jobs the respondent has taken is also regarded as an indicator of that migrant's working conditions. Monthly income is used as an indicator of economic status. Respondents who live in a community of urbanites or a mixed community of urbanites and rural-urban migrants are defined as scattered-housing migrants. Compared with the scattered-housing group, concentrated-housing migrants are often housed in more cramped areas with poorer ventilation and sanitation and usually spend less or even no money on housing.

The last two categories are indicators of social and economic conditions at the areas of origin and destination (also referred to as host areas). Social conditions in host areas are indicated by whether migrants are frequently discriminated against. Because our respondents all come from Shenzhen, the economic conditions in the host city cannot be addressed in our study. Social and economic conditions at the place of origin are indicated by the region in which the respondent's hometown is situated. According to the standard established by the National Bureau of Statistics, China can be geographically divided into three regions: eastern, central, and western (National Bureau of Statistics of China, 2003). Consequently, Guangxi and Hainan are part of the Eastern region. However, their per capita GDPs in 2005 (data source: National Bureau of Statistics of China, 2006) are so low that they cannot compare economically with other eastern provinces. Thus we group them with the central region. The eastern region is very fertile, and also enjoys the highest levels of economy and marketization. The central region also has good conditions for agriculture, but although the levels of its economy and marketization are better than the western, they are far behind the eastern (National Bureau of Statistics of China, 2003). Thus we use western, central, and eastern as categories representing the social and economic conditions in the rural area of origin.

Of the total of 1,739 participants in the survey, the 6% of the respondents who reported having no idea about intentions are excluded from our study. Because of the "temporary" nature of rural-urban migration, our cross-sectional data are inevitably biased to some extent. Thus the migrants who remain in the city at any point in time are not a representative sample of the cohort that originally entered. Specifically, the earlier migrants, either failures who could not secure a job or adapt to city life, or target earners who accomplished their earning targets, have returned home, while some very successful migrants have settled down in the city. This cumulative effect causes bias in sample. Since few migrants are permitted to settle in cities, the bias is limited and not fatal. At the same time, in order to remedy the problem in our data, we excluded from our analysis 43 interviewees who already owned their own house in Shenzhen. Because they are potential or even actual city settlers, most of them have already decided to settle in Shenzhen for the rest of their life. The remaining 1,598 respondents are included in the present study.

Table 2 presents descriptive statistics of the independent variables used in our analysis, separately for the old and new generations (taking the models with a dividing line of 1975 as an example). On average, work experience of the new generation is less than the old generation. Significant differences exist between the two generations in initial migration motives: only 2% of the old generation migrated for the purpose of learning skills or broadening experience and 4% because they preferred city life, compared to 17% and 20% of the new generation, respectively. Because of their earlier stage of life, the new generation does not have the same extent of psychological costs and family responsibilities as the old. A slightly larger proportion of the new generation is engaged in non-manual/semi-manual work, while many more migrants of the old generation are self-employed than of the new. The new generation's monthly income is not as high as the old generation. Discrimination against migrants is not very severe in Shenzhen. Most of the migrants of both generations come from the central region.

**Table 2 Descriptive statistics of independent variables**

| *Variables* | *Whole sample* | | *The old generation* | | *The new generation* | |
|---|---|---|---|---|---|---|
| | Mean | SD | Mean | SD | Mean | SD |
| ***Generation*** | | | | | | |
| The new generation | 0.52 | — | / | / | / | / |
| ***Individual factors*** | | | | | | |
| Age | / | / | 37.89 | 5.87 | 24.31 | 3.62 |
| Male | 0.51 | — | 0.66 | — | 0.37 | — |
| Married | 0.66 | — | 0.94 | — | 0.39 | — |
| Human capital | | | | | | |
| Educational attainment | | | | | | |

**Continued**

| Variables | Whole sample | | The old generation | | The new generation | |
|---|---|---|---|---|---|---|
| | Mean | SD | Mean | SD | Mean | SD |
| Primary & below | 0. 12 | — | 0. 20 | — | 0. 05 | — |
| Senior high & above | 0. 29 | — | 0. 25 | — | 0. 34 | — |
| Work experience | 1. 76 | 0. 43 | 1. 88 | 0. 43 | 1. 64 | 0. 40 |
| Dialect proficiency | 0. 24 | — | 0. 22 | — | 0. 27 | — |
| Social capital | 0. 11 | — | 0. 12 | — | 0. 10 | — |
| Initial migration motives | | | | | | |
| Skill-driven | 0. 10 | — | 0. 02 | — | 0. 17 | — |
| Preference for city life | 0. 12 | — | 0. 04 | — | 0. 20 | — |
| ***Familial factors*** | | | | | | |
| Spouse at hometown | 0. 15 | — | 0. 24 | — | 0. 06 | — |
| Children at hometown | 0. 34 | — | 0. 50 | — | 0. 19 | — |
| Parents' health status | 0. 17 | — | 0. 26 | — | 0. 08 | — |
| ***Working and living conditions*** | | | | | | |
| Job nature | | | | | | |
| Non-manual/semi-manual | 0. 10 | — | 0. 09 | — | 0. 11 | — |
| Self-employed | 0. 18 | — | 0. 27 | — | 0. 10 | — |
| Number of jobs taken | 1. 84 | 1. 93 | 1. 99 | 2. 28 | 1. 71 | 1. 53 |
| Income | 2. 94 | 0. 65 | 2. 98 | 0. 68 | 2. 90 | 0. 63 |
| Housing condition | | | | | | |
| Scattered-housing | 0. 67 | — | 0. 77 | — | 0. 57 | — |
| ***Social conditions of host area*** | | | | | | |
| Discrimination | 0. 02 | — | 0. 04 | — | 0. 01 | — |
| ***Social and economic conditions of origin areas*** | | | | | | |
| Central | 0. 51 | — | 0. 50 | — | 0. 52 | — |
| Eastern | 0. 25 | — | 0. 25 | — | 0. 26 | — |
| ***Number of cases*** | 1,598 | | 762 | | 836 | |

Note: the dividing year is 1975.
Source: Data from the 2005 Shenzhen Survey of rural-urban migrants.

## 3. 3 Analytical strategy

According to the intentions they reported, we divide the respondents into three groups: agricultural returnees, nonagricultural returnees, and settlers. Multinomial logistic regression is well suited for analyzing the relationship between a multiple category dependent variable and metric or dichotomous independent variables (Powers and Xie,

2000). Taking the agricultural returnees as the reference group, for each possible dividing line (from 1970 to 1980) we carried out three multinomial logistic regressions using STATA 10.0: first, we ran a whole sample model with all the other variables controlled for; second, we did the analysis separately for the old and new generations. In total there are 33 regressions. Only results that were consistent in terms of direction and significance (at least significant at the 0.1 level, i.e., the absolute values of $t$ statistics are not less than 1.65) in all 11 sets of models will be interpreted and discussed in our study. However, for the purpose of saving space, we present only the results with the dividing line of 1975 as an example.

## 4. Results

### 4.1 *Intention comparison between the two generations*

Table 3 presents the distribution of intentions by birth year and generation (taking the model with a dividing line of 1975 as an example). The patterns of intentions differ by birth year: the younger the migrants, the more likely they are to intend to be nonagricultural returnees and settlers, rather than to be agricultural returnees. The same patterns hold by generation, substantial differences in intentions can be seen between the two generations. The proportion of the old generation that intends to settle in cities is a little higher than that of the new one, but because of the bias mentioned above, it is not safe to conclude that the old generation is more willing to settle down in cities. Further analysis of the differences in intentions between the generations will be presented in the multivariate models in the next section.

**Table 3 Intentions of migrants by birth year and generation (%)**

| | *Agricultural Returnees* | *Nonagricultural Returnees* | *Settlers* |
|---|---|---|---|
| **By birth year** | | | |
| Before 1970 (n=452) | 49.8 | 7.3 | 42.9 |
| 1970 (n=54) | 42.6 | 25.9 | 31.5 |
| 1971 (n=65) | 38.5 | 21.5 | 40.0 |
| 1972 (n=63) | 38.1 | 11.1 | 50.8 |
| 1973 (n=62) | 21.0 | 22.5 | 56.5 |
| 1974 (n=66) | 31.8 | 21.2 | 47.0 |
| 1975 (n=62) | 25.8 | 40.3 | 33.9 |
| 1976 (n=92) | 33.7 | 28.3 | 38.0 |

**Continued**

| | *Agricultural Returnees* | *Nonagricultural Returnees* | *Settlers* |
|---|---|---|---|
| 1977 (n=58) | 20.6 | 39.7 | 39.7 |
| 1978 (n=52) | 23.1 | 30.8 | 46.1 |
| 1979 (n=66) | 16.7 | 37.9 | 45.4 |
| From 1980 (n=506) | 12.9 | 48.6 | 38.5 |
| Whole sample (n=1 598) | 29.9 | 28.6 | 41.5 |
| **By generation** (the dividing line is 1975) | | | |
| The old generation (n=762) | 43.4 | 12.6 | 44.0 |
| The new generation (n=836) | 17.6 | 43.2 | 39.2 |

Source: As for Table 2.

## 4.2 Determinants of intentions

Taking the agricultural returnees as the baseline group, we present the results of three multinomial logistic analyses of the whole sample, the old generation and the second generation in Table 4. We take here the models with a dividing line of 1975 as examples. In the whole sample models, the variable of generation is defined by age, so age is excluded from the whole sample analysis.

In the whole sample analysis with the other variables controlled for, we find that the new generation is more likely to plan to be nonagricultural returnees and settlers rather than to be agricultural returnees. In the models with the dividing line of 1975, the odds-ratios associated with the new generation dummy are 3.295 and 1.433, respectively. Since the same effect holds in all 11 models, it is safe to conclude that the new generation is more willing to secure an off-farm job, either to be settlers in cities or to be nonagricultural returnees, than to be agricultural returnees. We also find that the new generation has a higher likelihood of being nonagricultural returnees rather than settlers by taking the nonagricultural returnees as the baseline group (when we use 1980 as the dividing line the effect of generation is not significant, the *t*-value is −0.88). Because of space limitation, we do not show these results.

In the 11 models for the old generation, several consistent findings are worth noting. Age and education have effects on migrants' intention of being nonagricultural or agricultural returnees. Increasing age significantly reduces the old generation's likelihood of being nonagricultural returnees. As age goes up by one year, the old generation is 0.896 time less likely to be nonagricultural returnees in the model with the dividing line of 1975. Education has a positive effect on it, with those who enjoy a higher level of education more likely to be nonagricultural returnees. For example, in the model with the dividing line of 1975, migrants who finished junior high school are 2.551 (i.e., 1/0.392) times more

Table 4 Odds-ratios and $t$-values of the multinomial logistic regression of intentions (agricultural returnees constitute the reference group)

| Variables | *Whole sample* | | *The old generation* | | *The new generation* | |
|---|---|---|---|---|---|---|
| | Nonagricultural returnees | Settlers | Nonagricultural returnees | Settlers | Nonagricultural returnees | Settlers |
| ***Generation*** | | | | | | |
| The new generation | **3.295 (5.97)** | **1.433 (2.03)** | / | / | / | / |
| ***Individual factors*** | | | | | | |
| Age | / | / | **0.896 (−3.62)** | 0.988 (−0.78) | 0.938 (−1.45) | 0.945 (−1.28) |
| Male | 0.775 (−1.50) | 0.783 (−1.65) | 0.796 (−0.80) | 0.881 (−0.64) | 0.898 (−0.44) | 0.825 (−0.77) |
| Married | 0.675 (−1.69) | 0.815 (−0.95) | 0.618 (−0.89) | 0.900 (−0.25) | 1.094 (0.27) | 1.182 (0.51) |
| Human capital | | | | | | |
| Educational attainment | | | | | | |
| Primary & below | 0.314 (−3.93) | 0.649 (−0.95) | **0.392 (−2.23)** | 0.710 (−1.51) | **0.245 (−3.11)** | 0.359 (−2.41) |
| Senior high & above | 2.127 (4.00) | 2.164 (4.46) | **2.546 (3.12)** | **1.553 (1.95)** | **2.593 (3.29)** | **3.338 (4.13)** |
| Work experience | 0.913 (−0.47) | 0.953 (−0.28) | 1.327 (0.84) | 0.932 (−0.32) | 0.921 (−0.27) | 1.135 (0.40) |
| Dialect proficiency | 1.782 (2.36) | 1.949 (3.17) | 2.021 (1.73) | **2.256 (2.86)** | 1.552 (1.33) | 1.602 (1.47) |
| Social capital | 1.369 (1.28) | 0.938 (−0.28) | 1.130 (0.33) | 0.651 (−1.48) | **2.503 (2.06)** | 2.019 (1.53) |
| Initial migration motives | | | | | | |
| Skill-driven | 3.757 (4.29) | 1.641 (1.53) | 1.117 (0.11) | 2.484 (1.31) | **3.565 (3.63)** | 1.374 (0.85) |
| Preference for city life | 2.477 (3.04) | 2.768 (3.43) | 3.946 (1.85) | 2.532 (1.36) | **2.073 (2.16)** | **2.409 (2.57)** |
| ***Familial factors*** | | | | | | |
| Spouse at hometown | 0.581 (−2.21) | 0.547 (−2.92) | 0.686 (−1.09) | **0.642 (−1.84)** | 0.568 (−1.36) | 0.368 (−2.19) |
| Children at hometown | 1.103 (0.49) | 0.785 (−1.51) | 1.042 (0.14) | 0.806 (−1.08) | 0.867 (−0.43) | 0.669 (−1.21) |

**Continued**

| Variables | Whole sample | | The old generation | | The new generation | |
|---|---|---|---|---|---|---|
| | Nonagricultural returnees | Settlers | Nonagricultural returnees | Settlers | Nonagricultural returnees | Settlers |
| Parents' health status | 0.680 (−1.82) | 0.681 (−2.17) | 0.911 (−0.32) | 0.635 (−2.21) | 0.638 (−1.25) | 0.854 (−0.42) |
| ***Working and living conditions*** | | | | | | |
| Job nature | | | | | | |
| Non-manual/semi-manual | 1.656 (1.69) | 1.538 (1.58) | 1.227 (0.44) | 1.616 (1.39) | 1.444 (0.78) | 1.302 (0.56) |
| Self-employed | 1.502 (1.59) | 2.248 (4.23) | 1.763 (1.60) | **2.239 (3.62)** | 0.918 (−0.20) | 1.821 (1.56) |
| Number of jobs taken | 1.059 (1.37) | 1.048 (1.25) | 1.023 (0.42) | 1.033 (0.75) | 1.196 (1.84) | 1.209 (1.97) |
| Income | 0.957 (−0.37) | 1.128 (1.18) | 0.938 (−0.32) | 1.130 (0.91) | 0.922 (−0.49) | 1.048 (0.29) |
| Housing condition | | | | | | |
| Scattered-housing | 0.582 (−2.97) | 2.101 (4.16) | 0.589 (−1.62) | **3.279 (4.29)** | **0.516 (−2.57)** | 1.690 (1.94) |
| ***Social conditions of host areas*** | | | | | | |
| Discrimination | 0.533 (−1.21) | 0.604 (−1.25) | 0.474 (−0.92) | 0.641 (−0.93) | 0.650 (−0.55) | 0.647 (−0.56) |
| ***Social and economic conditions of origin areas*** | | | | | | |
| Central | 0.889 (−0.66) | 1.085 (0.49) | 0.695 (−1.25) | 0.886 (−0.56) | 1.262 (0.93) | 1.562 (1.65) |
| Eastern | 0.968 (−0.12) | 1.876 (2.73) | 1.020 (0.05) | 1.409 (1.14) | 1.162 (0.40) | **2.792 (2.75)** |
| Chi-square | 657.38 | | 241.48 | | 246.24 | |
| Significance level | <0.001 | | <0.001 | | <0.001 | |
| Number of cases | 1,598 | | 762 | | 836 | |

Note: the dividing year is 1975. The numbers in parentheses are the $t$-values. Items in bold and underlined are consistently significant results in terms of direction and significance (at least significant at the 0.1 level on two-tailed tests, i.e., the absolute values of $t$-values are not less than 1.65) in all 11 sets of models.

likely to be nonagricultural returnees than those who finished primary school & below, and those who finished senor high school & above are 2. 546 times more likely to be nonagricultural returnees than those with a educational level of junior high school. Education, dialect proficiency, familial factors, job nature and housing condition have effects on migrants' intention of being settlers in cities. Education's positive effect holds for being settlers as it does for being nonagricultural returnees. Those migrants of the old generation who can speak Cantonese are more likely to be settlers rather than agricultural returnees. For example, the odds-ratio associated with dialect proficiency is 2. 256 in the model with the dividing line of 1975. Having a spouse at home significantly reduces the likelihood to settle in cities. The odds-ratio associated with it is 0. 642 in the model presented in Table 4. Self-employed migrants tend to be settlers rather than agricultural returnees. In the model with the dividing line of 1975, for example, the self-employed migrants are 2. 239 times more likely to be settlers than the manual labors. Those scattered-housing migrants who have better housing conditions are 3. 279 times more likely to plan to settle in cities in the model with the dividing line of 1975. It is also worth noting that increasing age significantly increases the old generation's likelihood of being settlers rather than being nonagricultural returnees by taking the nonagricultural returnees as the baseline group. The odds ratio associated with age is 1. 103 (i. e. , 0. 988/0. 896) when we use 1975 as the dividing line.

In the models for the new generation, education's role holds as for the old generation: the higher the level of education, the more likely the migrants are to secure an off-farm occupation. Social capital, initial migration motives and housing condition have significant effects on the intention of being a nonagricultural returnee. Migrants from the new generation who have more social capital are 2. 503 times more likely to plan to be nonagricultural returnees in the model with the dividing line of 1975. The skill-driven migrants of the new generation and those migrants who prefer city life are more likely to be nonagricultural returnees. In the model with the dividing line of 1975, the odds-ratios associated with them are 3. 565 and 2. 073, respectively. Scattered-housing condition reduces their likelihood to be nonagricultural returnees. The odds-ratio associated with housing condition is 0. 516 in the model presented in Table 4. Initial migration motives and social & economic conditions exert significant effects on migrants' intentions of being a settler. Those migrants who prefer city life have a higher likelihood of staying in cities. In the model presented in Table 4, for example, this is 2. 409 times more likely to occur. Migrants from the eastern region are more likely to plan to settle in cities. The odds ratio associated with the eastern region is 2. 792 in the model shown in Table 4. Familial factors have no consistent significant effect on migrants' intentions.

Education has the same effects on intentions of rural-urban migrants: those with higher education are more likely to intend to be non-farm workers, either settlers or nonagricultural returnees. But when compared with the nonagricultural returnees and taking the "primary & below" as the reference group, those migrants with higher education are less likely to intend to settle down in cities, i. e. , returnees are not necessarily negatively selected by education, nonagricultural returnees are positively selected (this effect is not significant for the new generation). With respect to the housing condition, we find that those scattered-housing migrants are more willing to settle down in cities rather than to return to farm or to secure a nonagricultural job (this effect is not consistently significant for the new generation). Among returnees, the scattered-housing migrants of the new generation are less likely to intend to be nonagricultural laborers. A possible explanation for this is that scattered housing is of a higher standard but costs more, which would force failed migrants with lower income to return. Since securing a nonagricultural job requires more financial and human capital, they are more likely to intend to return to agriculture.

There are sharp differences in determinants between the two generations. Age, dialect proficiency, having a spouse at the hometown, and job nature only have effects on the old generations' intentions. The effect of age cannot be interpreted straightforwardly. On one hand, increasing age decreases the physical capability to meet the demands of migrant work, but on the other, age also reflects the stage of life; for example, after children have grown up and married, their demand on family income would decline (Wang and Fan, 2006). To some extent this provides evidence that migrants from the old generation tend to be target earners. They will return to continue subsistence farming having accomplished their earning targets. At the same time, older migrants have usually accumulated more resources than the younger ones; thus the former are more likely to become successful and to afford life in cities. It is no longer necessary for them to return to secure a non-farm job. This possibly explains why the older migrants of the old generation are more willing to be settlers than nonagricultural returnees (see Table 1). Dialect proficiency, a typical measure of acculturation, also has an effect on intentions of the old generation, although Mandarin is also the main language in Shenzhen. This effect is not significant for the new generation, which might reflect greater adaptability and tolerance among the new generation. The effect of having a spouse at the hometown reflects the importance of family responsibility in determining intentions of being returnees or settlers for the old generation who generally carry more responsibilities than the new generation. In Table 4, we also see that parents' health status plays a role in intentions of the old generation, although its effect is not consistently significant. To some extent, type of job determines migrants' living conditions; inasmuch as the self-employed migrants, who usually earn higher income, are more likely to live a relatively decent life in cities than the manual laborers, these successful migrants are more likely to plan to settle down. However, this effect is not significant for the new generation.

Social capital, migration motives, and social & economic conditions in areas of origin all have significant effects on intentions of the new generation. For the new generation, not only human capital but also social capital affects migrants' intentions. Migrants' networks are mainly made up of relatives and fellow villagers from the same origin areas, and few network members come from the host city (Li et al., 2007). Thus, social capital only affects migrants' intentions of being nonagricultural returnees rather than being settlers. A possible interpretation of the role of initial migration motives in intentions for the new generation is that, living in a transitional era, members of the new generation are more eager to take action to pursue their ambitions, which could be inferred from life-cycle theory. The socioeconomic situation at the origin areas plays an important role in migrations' intentions. Migrants of the new generation from the eastern region where levels of economy and marketization are highest are more likely to plan to settle down in cities, suggesting that market transition does have an effect on migrants' intentions. However, probably because of their later stage of life, this effect is not significant for the old generation.

Possible explanations for such differences between the two generations are the following. Because of their different stage of life plus growing up within a different socioeconomic context, i. e., the combined effect of life cycle and market transition, for the old generation the hard conditions such as age, family responsibility, and type of job play more important roles in their intentions, while for the new generation such conditions as migration motives and social capital matter much more. The old generation's intentions are strongly based on whether the current situation can provide a satisfying life, whereas intentions of the new generation are not sensitive to this. For the latter, migration is more likely to be conceptualized as a process of accumulating human and social capital, and they are more likely to adjust their attitudes and behavior when experiencing the profound socioeconomic changes occurring in contemporary China. Therefore, through learning new skills and broadening experience during migration, they want to realize their dream of attaining a non-farm job, either in a city or at their hometown.

## 5. Discussion and Summary

After the two decades of rural-urban migration, the new generation is gradually constituting the majority of rural-urban migrants. Attitudes and behaviors of the immigrants have changed over this period. Using data from the 2005 Shenzhen Survey, we examined the determinants of intentions of rural-urban migrants between the two generations while taking into account three possible development trajectories. Several findings are worth summarizing.

First, generation has a significant effect on intentions of rural-urban migrants.

Compared to the old, the new generation is more eager to change occupation from farming to non-farm work. Returning to seek a nonagricultural job has become the most common choice for this generation. Unlike the old, the new generation no longer has a strong attachment to the original village and the land. Returning to continue farming has become their least-favored option. They do want to settle in cities by taking nonagricultural jobs. But because of their institutional and social inferiority, the new generation is no closer to integration into the city society than their predecessors were. Therefore, making a compromise to reality, becoming a nonagricultural returnee has become the new generation's suboptimal but primary choice.

Only education plays the same role in intentions of old and new generation rural urban-migrants. The more education they have, the more likely they are to intend to be non-farm workers. Sharp differences in determinants of intentions exist between the two generations. For the old generation, the consistently significant determinants include age, dialect proficiency, spouse at hometown, and job nature. But only social capital, initial migration motives, and socioeconomic conditions have effects on intentions of the new generation. These differences suggest that the new generation is more likely to view migration as a form of investment with the accumulation of human capital and social capital, through which they hope to eventually realize an occupational transformation into non-farm workers.

At the same time, we also find that those rural-urban migrants from the old generation with higher education level are also more likely to plan to seek an off-farm career, which seems inconsistent with the target-earner arguments in previous studies. This suggests that their attitudes and behaviors also evolve. According to the structuration theory of Giddens (1984), Huang et al. (1996) provide a possible explanation. At the very beginning rural-urban migrants are stimulated by the idea of earning cash income. However, no matter how reasonable their initial motivation was and their practical purposes might be, as time passes they learn not only to re-adjust their previous aims, but also to make some changes in their motivations and actions (Huang et al., 1996). This is supported by the finding that initial migration motives have no effect on current intentions of the old generation. However, because of their stage of life and their insensitivity to market transition, their intentions of realizing the transformation to a nonagricultural occupation appear to be not as strong as those of the new generation.

Our findings also settle the dispute concerning whether returnees are negatively or positively selected in terms of education. According to our study, returnees are not necessarily negatively or positively selected when we take the "primary & below" as the reference group: nonagricultural returnees from the old generation are positively selected even compared with migrants who intend to settle in cities, while the agricultural returnees are negatively selected. However, this effect is not significant for the new generation, which probably reflects that this selectivity pattern is experiencing some changes in China's transitional era. A possible explanation for this is that because of the segmentation of the urban and rural labor markets in China, most migrants' jobs tend to be menial and do not reward education (Zhao, 2002). So compared to settling in cities, returning to seek a nonagricultural job seems to reward education more. Since human capital has a great influence on the development of the economy, we suggest that "nonagricultural returnees" will play an important role in the future development of rural areas. This also has an important policy implication for migrant children. In the migration process, education is a principal concern for migrant families and for China's Government. Despite government efforts to promote equal rights in the nine-year compulsory education for all of China's children, including offspring of current migrants (whether they are among the 6.5 million taken to urban areas or the 22.9 million "left behind" in rural areas), nearly half of all migrant children cannot go to school and 9.3% of them drop out (China Daily, 2004). There are cheaper schools specifically for migrant children in cities, but the teaching and facilities are of a much lower quality. Considering the role of education in transforming domestic agricultural farmers into industrial workers, more measures need to be taken to improve migrant children's education. The gap in education quality between sending and receiving areas, and between children of migrants and children with urban Hukou, should be narrowed. For adult migrants, vocational education and training programs should be developed according to the needs of employers. More communication between the local authorities in sending areas, vocational training institutions and employers from state-owned and private enterprises should be encouraged.

The tremendous abundance of labor in rural areas is still one of the most challenging issues currently facing policy-makers in China. Rural-urban migrants, especially the new generation, strongly desire to settle in cities. However, the institutional and social discrimination they experience pushes them into a "marginal man" dilemma; many of them are reluctantly forced to return with a city-settler dream. Our findings reveal that, after having enhanced their human, social and financial capital, taking into account their experience of institutional and social discrimination, the new generation plans to return to seek a nonagricultural job, and this should be a driving force for the economy of the sending areas. Returnees will play an important role in developing local economies by making use of their physical, human, financial, and social capital that was gained during migration, which can help to reduce the growing regional disparity between coastal/rural and inferior/urban areas. Return migration also facilitates the ongoing diffusion of labor-intensive industries from the coastal region to inland areas, which provides a great opportunity for these less developed areas. This "grass-roots" path of modernization can accelerate the pace of urbanization and industrialization, and bridge urban-rural and inter-regional inequality.

Our study has several limitations. First, the Shenzhen survey of rural-urban migrants was not specifically designed to study the intentions of the two generations. As a result, some important variables likely to affect migrants' intentions, such as the per capita arable land at the area of origin, vocational training experience, farming experience, and the labor ratio in the family, were not included in our questionnaire and therefore could not be addressed in the present article. Second, our results are based on cross-sectional, rather than longitudinal data. As we discussed previously, the cumulative effect causes bias in our data. Despite measures taken to remedy this problem, our findings are probably somewhat affected; for example, it may lead us to overestimate migrants' (especially the old generation) rate of planning to settle down in cities because failures and some target earners have returned home. Fortunately, for determinant analysis, these influences are likely to be limited. Finally, the intentions of rural-urban migrants will not necessarily translate into actions. However, the gap between intentions and eventual actions can enhance our understanding of rural-urban migrants and is an important issue.

## References


[1] Bai N, He Y, "Returning to the Countryside versus Continuing to Work in the Cities: A Study on Rural Urban Migrants and Their Return to the Countryside of China" *Social Sciences in China*, 2003, 4: 149 - 159.

[2] Baur M, Gransow B, Jin Y, Shi G(Ed.), *Labour Mobility in Urban China: An Integrated Labour Market in the Making?* (Lit Verlag, Münster), 2006.

[3] Borjas G J, "Immigrant and Emigrant Earnings: A Longitudinal Study" *Economic Inquiry*, 1989,27 (1): 21 - 37.

[4] China Daily, November 04, 2004, "Migrant children stay bottom of class" http://english.peopledaily.com.cn/200411/04/eng20041104_162754.html.

[5] Constant A, Massey D S, "Return migration by German guestworkers: Neoclassical versus new economic theories" *International Migration*, 2002, 40(4): 5 - 38.

[6] Ellis M, Goodwin-White J, "1.5 generation internal migration in the US: dispersion from states of immigration" *The International Migration Review*, 2006,40(4): 899 - 926.

[7] Fuchs V R, *How we live* (Harvard Univ. Press, Cambridge), 1983.

[8] Giddens A, *The Constitution of Society* (Polity Press, Cambridge), 1984.

[9] Gmelch G, "Return Migration" *Annual Review of Anthropology*, 1980,9: 135 - 159.

[10] Hare D, "'Push' versus 'pull' factors in migration outflows and returns: Determinants of migration status and spell duration among China's rural population" *Journal of Development Studies*, 1999,35 (3): 45 - 72.

[11] Huang P, Xunqiu shengcun: dangdai nongcun waichu renkou de shehuixue yanjiu [*Seeking for Survival: A Sociological Study on Rural Urban Migrants*] (Yunnan Press, Kunming, China), 1997.

[12] Huang P, "Xunqiu shengcun de chongdong" [Motivations for Survival] *Er shi yi shiji (xianggang)*

[21st Century (Hong Kong)], 1996,12.

[13] Ke L, Li H, *Chengshi li de nongmin: zhongguo da chengshi de nongmingong* [Villagers in Big Cities: the Floating Population in China] (Central Compilation & Translation Press, Beijing, China), 2001.

[14] Levinson D J, Darrow C N, et al., *Seasons of a man's life* (New York, Knopf), 1978.

[15] Levinson D J, "A Conception of adult development" *American Psychologist*, 1986,41(1): 3 - 13.

[16] Li S, Yang X, et al., "Zhongguo nongmingong shehui zhichi wangluo de xianzhuang jiqi yingxiang yinsu yanjiu" [Social Support Networks of Rural-Urban Migrants in China: Situation and Determinants] *Xi'an jiaotong daxue xuebao* (*shehui kexue ban*) [Journal of Xi'an Jiaotong University(Social Sciences)], 2007,27(1): 67 - 76.

[17] Liang Z, Wu Y, "Return migration in China: newmethods and findings", paper presented at the Annual Meeting of the Population Association of America, Minneapolis, MN, 2003.

[18] Liu C, Zhou L, "Shehui ziben yu nongmingong de shehui ronghe" [Social capital and social integration of rural urban migrants] Renkou yanjiu [Population Research], 2004,9: 12 - 18.

[19] Luo J, "Xinshengdai nongmingong de qipan: women bu zhixiang zheng dian qian" [Expectations of the new generation of rural urban migrants: we don't just want to earn money], 2007,http://www.gov.cn/jrzg/2007-05/08/content_607303.htm.

[20] Luo X, Wang C, "Xinshengdai nongcun liudong renkou de waichu dongyin yu xingdong xuanze" [Causes and choices of migration for the new generation of rural urban migrants] *Zhejiang shehui kexue* [Zhejiang Social Sciences], 2003, 1: 109 - 113.

[21] Ma Z, "Temporary migration and regional development in China" *Environment and Planning A*, 1999, 31: 783 - 802.

[22] Ma Z, "Urban labour-force experience as a determinant of rural occupation change: evidence from recent urban-rural return migration in China" *Environment and Planning A*, 2001,33: 237 - 255.

[23] Massey D S, "The social and economic origins of immigration" *Annals of the American Academy of Political and Social Science*, 1990,510: 60 - 72.

[24] Massey D S, Arango J, et al., "Theories of International Migration: A Review and Appraisal" *Population and Development Review*, 1993,19: 431 - 466.

[25] National Bureau of Statistics of China, 2003, "Woguo dong, zhong, xi bu diqu shi zenyang huafen de"[Division of the eastern, central and western regions in China] http://www.stats.gov.cn/tjzs/t20030812_402369584.htm.

[26] National Bureau of Statistics of China, *Statistical Yearbook of China* 2006 (China Statiatics Press, Beijing), 2006.

[27] Nee V, "A Theory of Market Transition — from Redistribution to Markets in State Socialism" *American Sociological Review*, 1989,54(5): 663 - 681.

[28] Newbold K B, "Counting Migrants and Migrations: Comparing Lifetime and Fixed-Interval Return and Onward Migration" *Economic Geography*, 2001,77: 23 - 40.

[29] Orrenius P M, Return Migration from Mexico: Theory and Evidence Los Angeles, CA, University of California. PhD thesis, 1999.

[30] Piore M J, *Birds of Passage: Migrant Labor in Industrial Societies* (Cambridge University Press, Cambridge), 1979.

[31] Powers D A and Xie Y, *Statistical Methods for Categorical Data Analysis* (Academic Press, New

York), 2000.

[32] Simpson P A, Greller M M et al., "Variations in human capital investment activity by age" *Journal of Vocational Behavior*, 2002,61(1): 109 - 138.

[33] Sjaastad L A, "The costs and returns of human migration" *Journal of Political Economy*, 1962, 70s: 80 - 93.

[34] Stark O, *The Migration of Labor* (Basil Blackwell, Cambridge), 1991.

[35] Todaro M P, *Internal Migration in Developing Countries*. (International Labor Office, Geneva), 1976.

[36] Van Del Poel, "Delineating Personal Support Network" *Social Networks*, 1993, 15: 49 - 70.

[37] Wang C, "Xinshengdai nongcun liudong renkou de shehui rengtong yu chengxiang ronghe de guanxi" [Social identity and social integration of the new generation of rural urban migrants] Shehuixue yanjiu [Sociological Studies], 2001,3: 63 - 76.

[38] Wang W, Fan C, "Success or failure: selectivity and reasons of return migration in Sichuan and Anhui, China" *Environment and Planning A*, 2006,38 : 939 - 958.

[39] Wang X, "An investigation into intergenerational differences between two generations of migrant workers" *Social Sciences in China*, 2008,29(3): 136 - 156.

[40] Xiong B, Shi R, "Nongmingong dingju chengshi yiyuang yingxiang yinsu" [An Analysis on the Factors Affecting the Rural Labours' Desire to Live Permanently in the Urban] *Nanfang renkou* [South China Population], 2007,22: 52 - 57.

[41] Yang M, 2005, "Shenzhen renkou tupo qianwang" [Population of Shenzhen exceeds ten millions] http://news.sina.com.cn/o/2005 - 12 - 29/11317850299s.shtml.

[42] Zeng X, Qin W, "Zaicheng nongmingong liucheng qingxiang yingxiang yinsu fenxi" [The Factors Influencing the Peasant Migrants' Tendency to Remain in City or Not] *Renkou yu jingji* [Population & Economics], 2003,138: 50 - 54.

[43] Zhao Y, "Causes and consequences of return migration: Recent evidence from China" *Journal of Comparative Economics*, 2002,30: 376 - 394.

[44] Zhou M, "Growing Up American: The Challenge Confronting Immigrant Children and Children of Immigrants" *Annual Review of Sociology*, 1997,23: 63 - 95.

# Intergenerational support and subjective health of older people in rural China: A gender-based longitudinal study

Shuzhuo Li, Lu Song, Marcus W Feldman

**Aim**: To examine gender differences in the effect of intergenerational exchanges on subjective health of Chinese rural elderly.

**Methods**: Using the data from three waves of the survey "Well-being of Elderly in Anhui Province, China" conducted in 2001, 2003 and 2006, respectively, this study uses random effect logit models for men and women separately.

**Results**: While an increase in instrumental support from children to older people is associated with deterioration in the subjective health of older men, financial support from older people to children is associated with improvement in the formers' subjective health. Although an increase in instrumental support from older people to children, and mutual emotional support is associated with improved subjective health of older women, financial support from children to older women has a negative effect on the latter's subjective health.

**Conclusions**: Reciprocal intergenerational transfers contribute to improvement in subjective health of older people, while increased support through demand-based transfers appears to result in deterioration of their health.

**Key words**: intergenerational support; self-rated health; gender; older people

## 1. Introduction

Rapid declines in fertility and mortality in China have led to population ageing, which is expected to accelerate in the near future. Moreover, because there are so many migrants from rural areas, most of whom are young adults, aging of China's population is more serious in rural areas than in cities[1]. As families are the major support source for older individuals in rural areas, that is, adult children serve as the primary pro-viders of support to their elderly parents, the traditional family system of support must confront the problem of out-migration of young adults from rural areas.

Many studies have demonstrated that men and women tend to experience different health outcomes when exposed to similar risks. Besides biological risks, these risk factors are related to the social roles of men and women[2,3], such as marital status, living arrangement and socioeconomic status (SES). Moreover, social support has a positive influence on health status of older people[4,5]. Although older women tend to experience prolonged debilitating illnesses, functional impairments and worse self-rated health (SRH) [2,3,6-8], older men may benefit more from a lower level of social support than do older women[9]. Thus men and women should be analysed separately to account for gender differences in the strength of the associations between socio-economic characteristics and health[10]. However, few studies have addressed the relationship between social support and health status separately for men and women.

Family is the crucial social institution in providing support to its members in China and other oriental nations, in which the Confucian culture is deeply embedded[11]. It is widely recognised that children play an important role in the health and well-being of older people. Many studies have shown that as older women have fewer economic resources than older men, older women are dependent on their spouses or adult children for financial assistance[12]. Other researchers, however, have suggested that older women's position relative to adult children is not one of dependence but one of authority. As women age, they receive material benefits from adult children, while older men do not tend to attract the same level of filial piety[13]. In rural China, more than two-thirds of older people are dependent on financial assistance from their children[14]; thus the level of financial support from children determines the quality of medical treatment and hence the health status of older people.

Some studies have found that the well-functioning elderly who receive more frequent instrumental support exhibit greater risk to their future health than do similarly healthy elders who receive less frequent instrumental support[15]. Possible reasons are that instrumental support may induce excessive dependency in older individuals, or that elderly parents prefer to be independent for as long as possible, but support from children becomes important when the former have disabilities in functional activities[16]. Not only do elderly parents who are healthier and more mobile require less assistance, but they are also more likely to provide assistance to their children. Because of the social roles and division of labour between the sexes, older women are more likely to be involved in provision of this assistance. To the extent that instrumental support provided to adult children integrates an older person into his or her family and strengthens familial contacts, the greater involvement of older women in instrumental support benefits them[17].

With their different roles in society and family, older women are more intimate with their children than are older men, so that emotional support might be expected to be more important for their well-being than for that of older men[18]. However, a study in Japan suggests that emotional support is a promoter of better subjective health in older men than in older women[19]. In China, while a negative association between emotional support and elders' health status was reported[20], Liu et al. [5] suggested that emotional support, both received and provided, is positively related to SRH of older people. A recent study found that emotional support between generations is reciprocal, and hence is of benefit to subjective health of older people[21].

Recent studies have investigated whether gender relates to the health of older people and the pattern of intergenerational exchanges between older people and their children, as well as the well-being of older people in most Asian countries, including China, where family is the most important source of financial or social support[8,22-24]. From these studies there is no consistent pattern of disadvantage to older women in health and well-being with respect to such variables as support received, SES and ability of daily living. Intergenerational support may be causally related to health and well-being of older people, or vice versa. To date, there have been few longitudinal studies of these issues. Especially in China, with contemporary challenges to the traditional culture and kinship system, the effect of family on health and well-being of older people requires further study. In this paper, we determine whether there are gender differences in the effects of intergenerational financial, instrumental and emotional support on subjective health of older people in rural China.

## 2. Methods

### 2.1 Data

Data for this study are derived from the three waves of the survey "Well-being of Elderly Survey in Anhui Province", which were carried out in 2001, 2003 and 2006, respectively, by the Institute for Population and Development Studies of Xi'an Jiaotong University, in conjunction with the University of Southern California. The respondents were identified from all residents aged 60 years and older with a small proportionate over-sampling of people 75 years of age and older. Of 1,800 individuals identified as eligible respondents, 1,715 completed the survey in 2001, 1,391 respondents completed the follow-up survey in 2003 (excluding 240 deaths, 76 migrations and 8 people missing), and 1,067 respondents were re-interviewed in 2006 (excluding 236 deaths, 57 migrations and 31 missing). After omitting respondents without children and cases with missing data on relevant study variables, 1,018 respondents (462 men and 556 women) who participated in all three waves were included in our analyses, and each interviewee provided three observations.

The three waves of data have two survey intervals: 2001 - 2003 and 2003 - 2006. To produce more robust estimates, similar to some previous studies in ageing[25,26], the three waves of data are pooled together. Time 1 refers to the start-point of each interval (i. e. 2001 as Time 1 in 2001 - 2003 interval, and 2003 as Time 1 in 2003 - 2006 interval) in which subjective health may change, whereas Time 2 refers to the end-point of each interval (i. e. 2003 as Time 2 in 2001 - 2003 interval, and 2006 as Time 2 in 2003 - 2006 interval). The total number of observations at Time 1 was 2,036 (924 men and 1,112 women). That is, there were 1,018 observations at each Time 1 (2001 and 2003), and these same people were all observed at each Time 2 (2003 and 2006).

## 2.2 Measurement

### 2.2.1 *Dependent variables*

SRH, the dependent variable in this study, is assessed by a four-point scale response to a question "How is your health?": (i) very good; (ii) good; (iii) average; and (iv) not so good. In our analysis, responses were recorded as dichotomous: (i) good (including "very good" and "good"); and (ii) poor ("average" and "not so good"). Compared with the level at Time 1, the change of SRH at Time 2 is classified as "better" and "no better" (including "worse" and "no change"), with "no better" considered as the reference in the data analysis.

### 2.2.2 *Independent variables*

The independent variable, intergenerational support is subdivided into financial support, instrumental support and emotional support. The differences between Time 1 and Time 2 support for the same individual measure the change of intergenerational support provided and the change of intergenerational support received.

We measured financial support received from children based on the total amount that the parent had received from each child during the past 12 months. If the respondents did not respond with the exact amount, the options were the following categories based on Chinese RMB currency: 0="none", 1="less than 50", 2="50 - 99", 3="100 - 199", 4="200 - 499", 5="500 - 999", 6="1,000 - 2,999", 7="3,000 - 4,999", 8="5,000 - 9,999", 9="More than 10,000". The median value of each interval is taken as the amount of financial support from each child. We first compute the sum of financial transfers received from all children by a participant. The log of this sum is taken to be the financial support received by an elder at Time 1. Scoring of financial support provided is the same as for financial support received. Comparing the amount at Time 1 and Time 2, the change of financial support received or provided is coded as 0 if there is no increase (including decrease), 1 if there is an increase.

We measured instrumental support based on support received from, and provided, to children during the past 12 months in two areas: (i) household tasks, such as cleaning the house and washing clothes, and (ii) personal care tasks, such as bathing and dressing, each of which are recorded as four values: (i) Every day=7.5, (ii) At least once per week=1.5, (iii) Several times per month=0.5, (iv) Seldom or None=0; this scoring follows the method proposed by Bian et al.[27]. The total score for the two kinds of assistance is considered as the support received at Time 1 by an elder. The scoring of instrumental support provided is the same for instrumental support received. Comparing

Time 1 and Time 2, the change of instrumental support received or of instrumental support provided is coded as 0 if there is no increase (including decrease), 1 if there is an increase.

Emotional support is assessed using the three questions: (i) Overall, how close do you feel to (this child)? (ii) Overall, how well do you and (this child) get along together? (iii) How much do you feel that (this child) would be willing to listen when you intend to talk about your worries and troubles? The responses are coded as follows: 1="Not at all close/not at all well/not at all", 2="Somewhat close/somewhat well/ somewhat", 3="Very close/very well/very much". The alpha reliability coefficient for these items is 0.86. We take the mean of the total score across all children for each elderly parent at Time 1 to indicate the emotional support, avoiding multi-collinearity between emotional support and number of children. The change of emotional support is measured as a dummy variable, with no increase (including decrease), contrasted with an increase.

#### 2.2.3 *Control variables*

Health status was measured as the sum of 15 items reflecting difficulty in performing personal activities of daily living (dressing or undressing, walking around the room, getting out of bed, standing up from a chair), instrumental activities of daily living (preparing meals, shopping, doing housework, taking the bus or train, managing money), and activities requiring physical strength, mobility and flexibility (lifting a 10-kg bag of rice, climbing one flight stairs, walking 100 m, and stooping, crouching or kneeling). An elder is considered as functionally limited in a given activity if he or she has any degree of difficulty in performing that activity without help. Functional status is measured by the number of functional limitations at Time 1, ranging from 0 (none) to 15 (15 items). We coded the remaining variables as dummy variables: age groups (0=60 - 69, 1=70 - 79, 2=80 or older), marital status (1=married), living arrangement (0=not living with children or grandchildren, 1=living with children (including grandchildren), 2=living with grandchildren, but not with children), education (1=literate), occupation (0=non-agricultural work), income (1=having income from work or a pension) The levels at Time 1 of these variables are also controlled in our analysis.

### 2.3 Statistical approach

We first compare by gender the level at Time 1 and the change of intergenerational support between Time 1 and Time 2, respectively, by *t*-test and by chi-squared test, to see whether there are gender differences in intergenerational support. Then, to correct for intra-subject correlation because of double observations of respondents in 2003, which was Time 2 in 2001 - 2003 interval and Time 1 for the 2003 - 2006 interval[28], separate random-effect logistic regression models for the male and female samples are used to analyse the association between SRH and intergenerational support in terms of gender. As the change of support is affected by the level at Time 1, level at Time 1 is also included in the models.

STATA version 9 is used in statistical analyses.

## 3. Results

In Table 1, we show that there is a gender difference in intergenerational support between older people and their children. While the financial support provided by older women (0.83) is significantly less than by older men (1.16), instrumental support received and provided between older women and their children (5.05 and 5.64, respectively) are greater than between older men and their children (2.29 and 3.54, respectively). Table 1 also shows that, during the period between Time 1 and Time 2, while the percentage of older men who provided more support to their children is higher than that of older women (30.30% and 25.63%, respectively), the percentages of older women receiving more instrumental support are significantly higher than those of older men (29.95% and 16.45%, respectively). There are no gender differences in financial support received by older people (or its change) and emotional support (or its change) between older people and their children.

**Table 1 Gender difference in intergenerational support between the rural elderly and their children: At Time 1 and change ($N$=2,036)**

| Intergenerational support | Men ($N$=924) | Women ($N$=1,112) | Gender difference |
|---|---|---|---|
| At Time 1 | | | |
| Financial support received | 2.80 | 2.76 | NS |
| Financial support provided | 1.16 | 0.83 | *** |
| Instrumental support received | 2.29 | 5.05 | *** |
| Instrumental support provided | 3.54 | 5.64 | *** |
| Emotional support | 7.34 | 7.36 | NS |
| Change‡ | | | |
| Financial support received | 57.47 | 58.72 | NS |
| Financial support provided | 22.62 | 16.46 | *** |
| Instrumental support received | 16.45 | 29.95 | *** |
| Instrumental support provided | 30.30 | 25.63 | * |
| Emotional support | 41.23 | 42.18 | NS |

*** $P<0.001$; ** $P<0.01$; * $P<0.05$; NS, not significant. ‡ The percentage of older men/ women with increase of support, comparing the level between Time 1 and Time 2. $N$ is the total number of observations. $t$-test for gender difference in intergenerational support at Time 1, and chi-squared test for gender difference in change frequencies of intergenerational support. Data source: Survey of "Well-being of Elderly in Anhui Province, China" conducted in 2001, 2003 and 2006.

Table 2 shows the results of testing for relationships between intergenerational support and SRH of older people by gender, controlling for health risk factors at Time 1. We see that, while older men who provide financial support to their children at Time 1 have a greater probability of being in "better" SRH (odds ratio (OR)=1.147), increase of instrumental support received reduces the probability of being in "better" SRH (OR=0.363), but instrumental support received at Time 1 increases the probability that older men report "better" health (OR=1.024). For older women, while financial support received at Time 1 diminishes the probability of being in "better" SRH (OR=0.729), increase of instrumental support provided increases the probability of being in "better" SRH (OR=1.548). Increase of emotional support between Time 1 and Time 2 increases the probability that older women have "better" health (OR=1.648).

**Table 2 Odds ratios of intergenerational support on self-rated health by gender ($N=2,036$)**

| Independent variables | Men | Women |
|---|---|---|
| Intergenerational support | | |
| Financial support received: Time 1 | 0.864 | 0.729* |
| | (0.131) | (0.123) |
| Change of financial support received (increase) | 1.014 | 0.869 |
| | (0.180) | (0.186) |
| Financial support provided: Time 1 | 1.147* | 1.018 |
| | (0.072) | (0.089) |
| Change of financial support provided (increase) | 0.906 | 1.245 |
| | (0.208) | (0.233) |
| Instrumental support received: Time 1 | 1.024* | 1.009 |
| | (0.011) | (0.010) |
| Change of instrumental support received (increase) | 0.363* | 1.060 |
| | (0.268) | (0.200) |
| Instrumental support provided: Time 1 | 0.983 | 1.000 |
| | (0.013) | (0.011) |
| Change of instrumental support provided (increase) | 1.018 | 1.548** |
| | (0.190) | (0.197) |
| Emotional support: Time 1 | 0.886† | 0.945 |
| | (0.060) | (0.058) |
| Change of emotional support (increase) | 1.063 | 1.648** |
| | (0.179) | (0.190) |
| Sociodemographic characteristics Age group (years) | | |
| 70-79 | 0.799 | 0.632† |

Continued

| Independent variables | Men | Women |
| --- | --- | --- |
| | (0.188) | (0.203) |
| 80 or older | 1.277 | 0.919 |
| | (0.359) | (0.316) |
| Marital status (married) | 0.928 | 0.279** |
| | (0.221) | (0.253) |
| Living arrangement | | |
| Living with children (including grandchildren) | 1.302 | 0.479† |
| | (0.217) | (0.276) |
| Living with grandchildren (no children) | 1.491* | 0.490† |
| | (0.237) | (0.305) |
| Socioeconomic status | | |
| Education (literate) | 0.952 | 1.390 |
| | (0.162) | (0.301) |
| Occupation (non-agricultural work) | 0.638 | 1.315 |
| | (0.298) | (0.404) |
| Income (having income) | 0.506* | 0.962 |
| | (0.200) | (0.212) |
| Health status | | |
| Functional disabilities | 0.945* | 0.922** |
| | (0.027) | (0.024) |
| $n$ | 924 | 1 112 |
| $\chi^2$ | 371.69*** | 474.64*** |

*** $P<0.001$; ** $P<0.01$; * $P<0.05$; † $P<0.1$. The reference categories of the categorical variables are omitted, including no increase of financial support received, no increase of financial support provided, no increase of instrumental support received, no increase of instrumental support provided, no increase of emotional support, 60 - 69 years old, unmarried, living without children or grandchildren, illiterate, farming or housework, having no income. All variables of sociodemographic characteristics, socioeconomic status and health status are measured at Time 1. Odds ratios and their significant level are corrected for intra-subject correlation because of multiple observations of respondents in the pooled dataset. $N$ is the total number of observations. Data source: Survey of "Well-being of Elderly in Anhui Province, China" conducted in 2001, 2003 and 2006.

Table 2 also shows that there are gender differences with respect to the relationship between the subjective health and sociodemographic characteristics of older people. Married older women are less likely to assess themselves as being in "better" health than older women without a spouse (OR=0.279), which suggests that older women with a spouse may have no health advantage. Living with grandchil-dren (no children), older men are more likely to be in "better" SRH (OR=1.491). However, financial independence reduces the probability that older men have "better" SRH (OR=0.506), which implies that paid work may have a negative impact on subjective health of older men.

## 4. Discussion

Our study suggests that there are gender differences in intergenerational support between older people and their children. The increase in the amount of financial support provided by older women to their children is significantly smaller than that provided by older men. This may be because most older women do not have income, and therefore are less able to make financial transfers to their children. However, there is no gender difference in the change of financial support that older people receive. Compared with older men, older women usually receive and provide more instrumental support. The reason for this is, with gender difference in roles in society and the family, women offer more instrumental support throughout their lives than do men, and as a consequence of their closer emotional bond with their children become the major recipients of their children's help[29].

We find that there are gender differences in the relationship between intergenerational support and subjective health of older people. Financial support provided by older men to their children is positively associated with improvement in the former's subjective health, possibly because with independence, older men can generally afford financial assistance to their children without risking their health status. However, for older women, financial support received from their children is negatively associated with improved subjective health. This suggests that although there is no gender difference in the flow of financial support received, because they are economically disadvantaged, older women may suffer excessive dependency, which induces worse subjective health.

More instrumental support received from their children is negatively associated with increase of the subjective health of older men, while an increase in instrumental support provided has a positive effect on subjective health of older women. This suggests that elderly parents prefer to be independent for long as possible but support from children becomes important when older people develop disabilities in functional activities. A surplus of instrumental support received may overburden the mental health of older men, or even increase the risk to their subjective health, while instrumental support provided from older women to their children may be reciprocated by support from children. However, this may be due to the items of instrumental support in our study being usually recognised as "female" tasks.

We also find that an increase in mutual emotional support has a positive effect on subjective health of older women, but not older men, suggesting that older women rather than older men may be sensitive to the sentiment between generations. This is consistent with the pattern suggested by Silverstein et al. [30] that because of the traditional gender-based division of roles in families, transfers of the emotional component of family life generally occur towards mothers rather than towards fathers.

As a whole, there is a pattern of demand-based exchange in intergenerational support between older people and their children in rural China. More supports do not have positive effects on the health status of older people, but may undermine their autonomy, or even worsen their subjective health. This suggests that an increase in demand-based transfers, such as financial support and instrumental support from children to older people is negatively associated with an increase of older people's subjective health. By contrast, increase in financial and instrumental support that older people can offer does not cause deterioration in their subjective health, but appears to solidify reciprocity between elderly parents and their children. Those older people who provide economic or instrumental assistance benefit from their children, which improves the mental status and subjective health of the former. Besides the gender-specific nature in support between older men and older women, differences in socioeconomic resources and division of labour may result in a gender difference in the relationship between intergenerational support and subjective health of older individuals. While the subjective health of older men is sensitive to financial support provided and instrumental support received, which is consistent with the traditional control of economic resources held by male family members, older women are affected by financial support received and instrumental support provided, which accords with the idea that women are the traditional kinkeepers in the family. We also find that increase in emotional support has a significantly positive effect on the subjective health of older women. Thus, emotional support between adult children and their elderly parents, especially an elderly mother, becomes stronger, perhaps in order to cope with the needs of older people, and this in turn strengthens the intergenerational relationship.

A limitation of our study concerns the direction of causation between SRH and support. In our analysis, this problem may arise if unwell older individuals are predisposed to receive particular types of intergenerational support. This is a possible source of specification bias in our analysis, and further research is needed to strengthen confidence in our particular interpretation.

## References

[1] Zeng Y. The main feature of population aging and policy considerations .. China. *Population and Economics*, 2001,128: 3 - 9. (In Chinese.)

[2] Verbrugge LM. Gender and health: An update on hypotheses and evidence. *Journal of Health and Social Behavior*, 1985,26: 156 - 182.

[3] Verbrugge LM. The twains meet: Empirical explanations for sex differences in health and mortality. *Journal of Health and Social Behavior*, 1989,30: 282 - 304.

[4] Litwin H. Social network type and health status in a national sample of elderly Israelis. *Social*

*Science and Medicine*, 1998,46: 599 - 609.

[5] Liu X, Liang J, Gu S. Flows of social support and health status among older persons in China. *Social Science and Medicine*, 1995,41: 1175 - 1184.

[6] Rahman MO, Liu J. Gender differences in functioning for older adults in rural Bangladesh: The impact of differential reporting? *Journal of Gerontology: Medical Sciences*, 2000,55A: M28 - M33.

[7] Silverstein M, Seeman T, Kasl S, Berkman L. Gender differences in the comparison of self-reported disability and performance measures. *Journal of Gerontology Social Sciences*, 1997,52A: M19 - M26.

[8] Zhang W, Li S, Feldman MW. Gender differences in activity of daily living of older people in rural China: Evidence from Chaohu. *Journal of Women and Aging*, 2005,17: 73 - 89.

[9] Shye D, Mullooly JP, Freeborn DK. Gender differences in the relationship between social network support and mortality: A longitudinal study of an elderly cohort. *Social Science and Medicine*, 1995, 41: 935 - 947.

[10] Arber S, Cooper H. Gender differences in health in later life: The new paradox? *Social Science and Medicine*, 1999,48: 61 - 76.

[11] Frankenberg E, Lillard L, Willis RJ. Patterns of intergenerational transfers in Southeast Asia. *Journal of Marriage and Family*, 2002,64: 627 - 641.

[12] Rudkin L. Gender differences in economic well-being among older people of Java. *Demography*, 1993,30: 209 - 226.

[13] Brown JK. Cross-cultural perspectives on middle-aged women. *Current Anthropology*, 1982,23: 143 -156.

[14] Xu Q, Yuan Y. *The Role of Family Support in the Old-Age Security in China*[c]//*23rd IUSSP General Population Conference: Symposium on Demography of China*. Beijing: Xin Hua Press, 1997.

[15] Seeman TE, Bruce ML, McAvay GJ. Baseline social network characteristics and onset of ADL disability: MacArthur studies of successful aging. *Journal of Gerontology: Social Sciences*, 1996, 51b: S191 - S200.

[16] Silverstein M, Bengston VL. Does intergenerational social support influence the psychological well-being of older parents? The contingencies of declining health and widowhood. *Social Science and Medicine*, 1994,38: 943 - 957.

[17] Ghuman S, Ofstedal MB. Gender and family support for older adults in Bangladesh [OL]. PSC Research Report No 04 - 563. Population Studies Center, University of Michigan, 2004. Available from URL: http: //www. psc. isr. umich. edu/pubs/rr04 - 563. pdf.

[18] Patrick JH, Cottrell LE, Barnes KA. Gender, emotional support and wellbeing among the rural elderly. *Sex Roles*, 2001,45: 15 - 29.

[19] Okamoto K, Tanaka Y. Gender differences in the relationship between social support and subjective health among elderly persons in Japan. *Preventive Medicine*, 2004,38: 318 - 322.

[20] Wang J. New features of family conflicts in urban China. *Zhejiang Xuekan*, 1990,6: 146.

[21] Song L, Li S, Zhang W, Feldman MW. Intergeneration support and self-rated health of the elderly in rural China: An investigation in Chaohu, Anhui province. (Chapter 14) In: Zeng Y, Poston D, Vlosky DA, Gu D, eds. *Healthy Longevity in China: Demographic, Socioeconomic, and Psychological Dimensions*. Dordrecht: Springer Publisher, 2007.

[22] Friedman J. Gender dimensions of support for older people in Vietnam. *Research on Aging*, 2003, 25: 587 - 630.

[23] Ofstedal MB, Reidy E, Knodel J. Gender differences in economic support and well-being of older Asians. *Journal of Cross-cultural Gerontology*, 2004,19: 165 - 201.

[24] Sobieszczyk T, Knodel J, Chayovan N. Gender and well-being among older people: Evidence from Thailand. *Ageing and Society*, 2003,23: 701 - 735.

[25] Gu D, Xu Q. Sociodemographic effects on the dynamics of task-specific ADL functioning at the oldest-old ages: The case of China. *Journal of Cross-cultural Gerontology*, 2007,22: 61 - 81.

[26] Liang J, Brown JW, Krause NM, Ofstedal MB, Bennett J. Health and living arrangements of older Americans: Does marriage matter? *Journal of Aging and Health*, 2005,17: 305 - 335.

[27] Bian F, Logan JR, Bian Y. Intergenerational relations in urban China: Proximity contact, and help to parents. *Demography*, 1998,35: 115 - 124.

[28] Liang KY, Zeger SL. Longitudinal data analysis using generalized linear models. *Biometrika*。1986, 73: 13 - 22.

[29] Fei X. *Peasant Life in China: A Field Study of Country Life in the Yangtze Village*. London: Routledge & Kegan Paul Ltd, 1939.

[30] Silverstein M, Parrott TM, Bengtson VL. Factors that predispose middleaged sons and daughters to provide social support to older parents. *Journal of Marriage and the Family*, 1995,57: 465 - 475.

# Economics, cultural transmission, and the dynamics of the sex ratio at birth in China

Mikhail Lipatov, Shuzhuo Li, and Marcus W. Feldman

**Abstract:** In rural China, the ratio of newborn boys to newborn girls [sex ratio at birth (SRB)] has been rising for several decades, to values significantly above its biological norm. This trend has a number of alarming societal consequences, and has attracted the attention of scholars and politicians. The root of the problem lies in a 2,500-year-old culture of son preference. This culture is intricately linked with the economic reality of each couple's life, so that there are financial and psychological repercussions to parents who have no sons. To bring greater clarity and understanding to this issue, we present a quantitative framework that describes the interaction between economics and cultural transmission. We start with an explicit mechanism by which economic incentives can change cultural beliefs of a given individual, and go on to include a mechanism of cultural inheritance from generation to generation. We then show how economic conditions can affect the dynamics of cultural change in an entire society, and may lead to a decrease in the country's sex ratio at birth.

**Key words:** son preference; sex selection; marriage customs; dynamic model

In most human populations, sex ratio at birth (SRB) (the ratio of newborn boys per newborn girls) is close to 1.05. SRB may vary with the number of children per birth, paternal age[1], and even season[2]. Today, however, the most significant deviation of SRB from its biological value is due to a combination of socioeconomic factors in a number of countries of South and East Asia, including India and the People's Republic of China[3-6]. The chief factor responsible for this deviation is a strong preference for sons[7-10]. Although part of this preference may be due to economic necessity, for instance in rural areas where the need for manual labor is great, it is also traceable to deeply rooted practices and cultural beliefs[11]. Examples are the continuation of the family lineage, restriction of certain funeral practices to sons of the deceased, and the widespread practice of virilocal marriage (in which a bride goes to live in her husband's household)[12, 13]. Due to this preference for sons, many couples in South and East Asia face a difficult choice: either to risk having no sons and lose face in front of their friends and family, or to take deliberate steps to ensure that at least one of their children is male. Many couples make the second choice by means of sex-selective abortions and infanticide, thus contributing to the abnormally high ratio of male to female children in their countries[14-16].

In China, the problem has been exacerbated by two additional factors: availability of ultrasound technology that allows the parents to determine the sex of a fetus (although this technology is illegal for sex determination, its use for this purpose is widespread)[17, 18], and governmental policies that have significantly reduced fertility[10, 19, 20]. These factors contribute to an increasing SRB, and make modification of the culture of son preference all of the more important[21-24]. China's government has been working to solve this problem in several ways: for instance, by discouraging the illegal use of ultrasound technologies, by providing financial incentives to couples that give birth to girls, or by directly facilitating cultural change away from son preference[12, 22]. Here, we aim to model the relationship between cultural transmission and economic incentives to suggest conditions under which each of the above methods might be effective.

In models of transmission of son preference, a certain percentage of women choose to pursue sex selection to ensure that at least one of their children is male[25, 26]. In the language of Li and colleagues[26], these women have cultural value $\pi$. The remaining women do not carry out sex selection (they have cultural value $\pi_0$). Thus, $\pi$ and $\pi_0$ correspond to the behavior of women with respect to sex selection.

Li et al.[26] suggest that if the transmission of $\pi_0$ from parents to children or via the media is sufficiently strong, the extent of son preference might eventually decrease. If this occurred, then the strongly male-biased sex ratio in some Asian countries would tend back to normal. However, the model of Li and colleagues[26] does not incorporate the difference in economic value between sons and daughters, and thus does not address how fiscal incentives might affect the dynamics of cultural change.

Explicit economic values assigned to daughters and sons form the basis of the framework developed by Bhattacharjya et al.[27]. However, this framework does not allow for cultural change that can alter these values. Rather, it describes the state of economic equilibrium to which the system tends under static conditions.

In this article, we propose a quantitative framework for the influence of financial incentives on cultural transmission of son preference. We discuss the application of this model to socioeconomic dynamics of sex ratio in China, and the conditions under which it reduces to a purely economic model[27].

# 1. Results

## 1.1 Cultural and Economic Value: $\sigma$ and $m$

As son preference can be traced to both cultural beliefs and economic necessity, we partition the value of a child into two separate components: economic and cultural. Economic value is that which is readily translatable into money. It includes the value of the child's manual labor over his or her lifetime, the support of parents in their old age, and any governmental subsidies the parents would receive toward raising the child.

Cultural value, in contrast, cannot be immediately converted into money and is dependent on the parents' cultural beliefs. It includes the value of continuing the family's surname in future generations, and the value of knowing that the family's ancestors will be remembered for years to come. We assume that a mother can translate the cultural value of her child into the currency of economic value and that shortly after its birth she accurately assesses the child's total value — cultural and economic combined.

We use $\sigma$ and $m$ to denote cultural and economic value, respectively, and measure the two types of value in the same monetary units. We also assume that cultural value ($\sigma$) is entirely marital — in other words, it is realized only if the child finds himself or herself a spouse. Conversely, economic value ($m$) is assumed to be completely non-marital, i. e., not contingent on his or her marital success. So far, all of the examples of economic and cultural value we have given fit these criteria. For a discussion of marital and non-marital value, please see *SI Appendix*, section A.

Let the cultural value of a married son be $\sigma_s$. Because cultural value is completely marital, for an unmarried son $\sigma_s=0$. We assume that the ratio of males to females at birth ($r$) is $>1$, and equal to the male/female ratio at marriageable age. In other words, we ignore sex-differential mortality before marriage. We also assume that all marriages are monogamous, and that the marriage market is panmictic, so that every woman finds herself a husband, but a number of men do not find themselves wives. In this environment, the probability that a son gets married is $1/r$. It follows that the expected amount of cultural value a son brings to his household is $\sigma_s/r$. This amount would be different if we had assumed a non-panmictic marriage market, but that would not change any of our qualitative results (*SI Appendix*, section A).

We assume that for mothers who do not follow the sex selection strategy, the cultural value of married sons is equal to that of married daughters: $\sigma_s=\sigma_d=\sigma_0$. For those who do follow the sex selection strategy, $\sigma_s=\sigma_1$, where $\sigma_1>\sigma_d=\sigma_0$. The probability that a daughter gets married in a panmictic marriage market is equal to 1. Consequently, the average amount of cultural value she will bring to her household is equal to $\sigma_0$.

The expected difference between the cultural values of sons and daughters to their mothers is $\Delta\sigma$, where

$$\Delta\sigma=\frac{\sigma_s}{r}-\sigma_0=\begin{cases}\dfrac{\sigma_1}{r}-\sigma_0 & \text{for women with } \sigma_s=\sigma_1\\ \sigma_0\times\left(\dfrac{1}{r}-1\right) & \text{for women with } \sigma_s=\sigma_0\end{cases}. \qquad [1]$$

Note that $\sigma_1$ and $\sigma_0$ are constants, but the proportion of women with $\sigma_s = \sigma_1$ can vary in time. For women with $\sigma_s = \sigma_0$, $\Delta\sigma \leqslant 0$, and approaches zero as $r$ approaches 1. This follows basic intuition: when $r=1$ (i. e., sons and daughters are equally likely to marry), and a given woman believes that the cultural value of a married son is equal to that of a married daughter, we expect her difference in cultural value between sons and daughters to be zero. For women with $\sigma_s = \sigma_1$, the expected difference in cultural value can be either positive or negative, depending on the values of $\sigma_1$ and $r$.

The economic value of sons, $m_s$, does not depend on cultural beliefs of individuals. Instead, $m_s$ is determined by society-wide economic factors. As a result, its value is homogeneous in the society at any given time. Thus, we can define $\Delta m$ — a society-wide difference between the economic value of sons and that of daughters:

$$\Delta m \equiv m_s - m_d, \qquad [2]$$

where $m_d$ is the economic value of daughters. Because we assume that economic value is entirely non-marital, neither $m_s$ nor $m_d$ need to be discounted by the sex ratio.

Finally, we define total value difference (TVD) as the sum of $\Delta\sigma$ and $\Delta$m:

$$\mathrm{TVD} \equiv \Delta m + \Delta\sigma = \Delta m + \left(\frac{\sigma_s}{r} - \sigma_0\right). \qquad [3]$$

## 1.2 Prejudice Toward Son Preference

*ρ*. A mother's behavior with respect to sex selection is correlated with her $\sigma_s$ — the cultural value she places on sons. We now introduce $\rho$ — a separate, inherited marker of prejudice toward son preference. Unlike $\sigma_s$, $\rho$ does not determine the mother's behavior directly.

After the birth of her children, a mother assesses the economic reality in the surrounding society, combines that with her own cultural beliefs, and evaluates the TVD between a son and a daughter (Eq. 3). If TVD is greater than some threshold, she forms prejudice toward son preference ($\rho=1$). If it is less than that threshold, her prejudice will be against son preference ($\rho=0$). We normalize $\Delta m$ in such a way that this threshold value is zero:

$$\rho_{\text{child}} \equiv \begin{cases} 1 & \textit{if } \mathrm{TVD}_{\text{mother}} \geqslant 0 \\ 0 & \text{otherwise} \end{cases}. \qquad [4]$$

Every woman holds values for $\sigma_s$ and $\rho$, and every man — a value for $\rho$. Fig. 1 depicts the full inheritance scheme for $\sigma_s$ and $\rho$. We can use it to trace one path in the inheritance process through 3 generations, starting with $\sigma_s$ of woman *A*. The $\sigma_s$ of *A* is translated to her daughter's $\rho$ via *TVD* during the early stage of the daughter's life, when much of her learning is intuitive and direct[28]. During a later, conceptual learning stage, the $\sigma_s$ that the daughter of $A$ learned from her mother is modified according to her own $\rho$, her husband's $\rho$, and the societal $\rho$ (i. e., prevalence of $\rho=1$ in the entire parental generation). She then transfers this modified $\sigma_s$ to her own daughter — the grandmother of $A$.

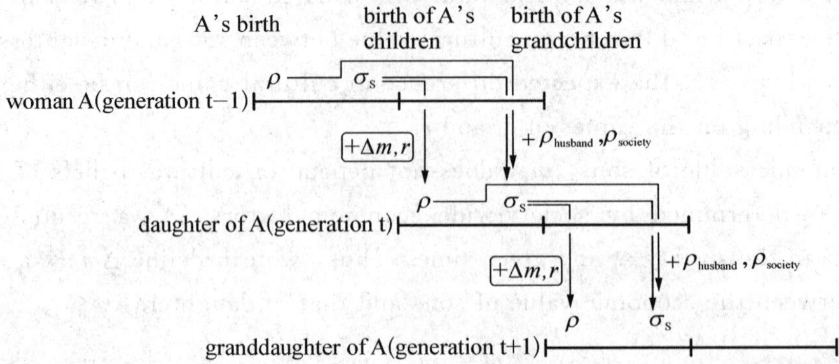


**Fig. 1 Inheritance scheme for $\sigma_s$ and $\rho$. Soon after the children in generation $t$ are born, their mothers form a prejudice ($\rho$) from a combination of their cultural beliefs (their $\sigma_s$ values) and the socioeconomic environment ($\Delta m$ and $r$). The mothers then transfer the value of $\rho$ to their children while the children are still young. Later, when the children are older, their mothers teach them their cultural beliefs explicitly. In the process, these beliefs will sometimes be modified in line with the mother's and father's $\rho$**

## 1.3 Translation from $\sigma_s$ to $\rho$

TVD can take on one of two possible values: one for $\sigma_s=\sigma_1$, and one for $\sigma_s=\sigma_0$ (see equations 1 and 3). Consequently, there are three possible modes of translation from $\sigma_s$ to $\rho$ via Eqs. 3 and 4. When $r$, the sex ratio, is close to 1, both possible values of TVD are greater than zero, so that all children receive $\rho=1$ (Eqs. 3 and 4). We call this mode $M_1$. When $r$ is large, many men cannot find wives, so that both values of TVD are less than zero, and all children receive $\rho=0$. This is mode $M_0$. Finally, in mode $M_\sigma$, TVD$\geqslant 0$ for mothers with $\sigma_s=\sigma_1$ and TVD$<0$ for those with $\sigma_s=\sigma_0$, so that the cultural belief of a mother is fully correlated with the prejudice value inherited by her child.

To obtain equations for the boundaries between the three modes of translation, we let TVD$=0$ with $\sigma_s=\sigma_0$ and $\sigma_s=\sigma_1$:

$$r=\frac{\sigma_1}{\sigma_0-\Delta m}, \tag{5}$$

and

$$r=\frac{\sigma_0}{\sigma_0-\Delta m}. \tag{6}$$

Values of $r$ less than the right hand side of Eq. 5 correspond to mode $M_1$, values of $r$ between the lines in equations 5 and 6 correspond to $M_\sigma$, and those greater than the right hand side of Eq. 6 to $M_0$ (Fig. 2).

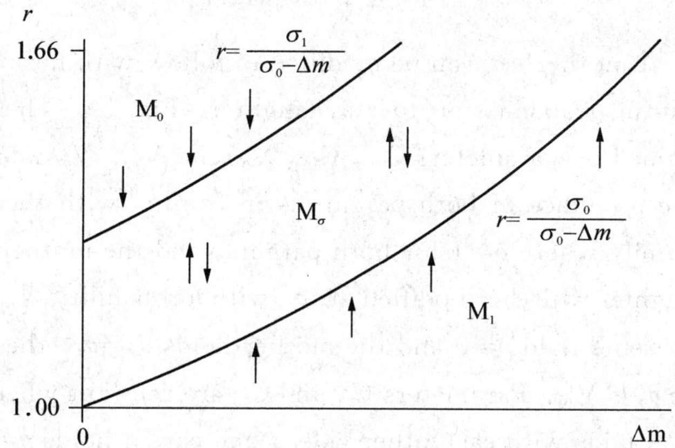


**Fig. 2 Summary of model dynamics. In mode $M_1$, all children receive $\rho=1$, regardless of their mothers' cultural beliefs. Thus, in $M_1$, sex ratio $r$ always increases. In mode $M_0$, all children receive $\rho=0$, and $r$ always decreases. In $M_\sigma$, a child's $\rho$ follows his/her mother's cultural belief $\sigma_s$. In this mode, direction and rate of change in $r$ is determined by the effect of parental and societal intuitive preferences ($\rho$) on the transmission of cultural belief ($\sigma_s$), i. e., parameters $C_{01}$, $C_{10}$, $V_{01}$ and $V_{10}$**

## 1.4 Dynamic Variables

We study the dynamics of change in $r$ for a given value of $\Delta m$. To do so, we define variables $x_{10}$, $x_{01}$, $x_{00}$, $x_{11}$, $y_0$, $y_1$, and $z_1$. The first 6 variables keep track of the proportions of women and men with different combinations of cultural beliefs ($\sigma_s=\sigma_0$ or $\sigma_s=\sigma_1$) and prejudice values ($\rho=0$ or $\rho=1$) (see Table 1). $z_1$ is the overall proportion of people that have $\rho=1$:

**Table 1 Temporal variables[a] that keep track of individuals with different combinations of $\sigma_s$ and $\rho$**

| Variable | Gender | $\rho$ | $\sigma_s$ |
|---|---|---|---|
| $x_{11}$ | | 1 | $\sigma_1$ |
| $x_{10}$ | | 1 | $\sigma_0$ |
| $x_{01}$ | ♀ | 0 | $\sigma_1$ |
| $x_{00}$ | | 0 | $\sigma_0$ |
| $y_1$ | | 1 | — |
| $y_0$ | ♂ | 0 | — |
| $z_1$ | Both | 1 | — |

a See text for variable definitions.

$$z_1 \equiv \frac{\#\text{ of people with } \rho = 1}{\text{total } \#\text{ of people}}. \quad [7]$$

**Cultural Conversion.** A mother's $\sigma_s$ can be modified to follow with her own, her husband's, and the societal $\rho$ during transmission to her daughter (Fig. 1). The probability of such conversion is determined by parameters $C_{01}$, $C_{10}$, $V_{01}$ and $V_{10}$. $V_{01}$ and $V_{10}$ come into play in families where the prejudice of both parents is in conflict with the mother's behavior. For instance, in a family where $\rho=1$ for both parents, and the mother's $\sigma_s=\sigma_0$, the $\sigma_s$ she transfers to her daughter will be modified to $\sigma_1$ with probability $V_{01}$. Conversely, in a family where both parents hold $\rho=0$ and the mother holds $\sigma_s=\sigma_1$, the probability that her daughter's $\sigma_s$ will be $\sigma_0$ is $V_{10}$. Parameters $C_{01}$ and $C_{10}$ are relevant when prejudice values of the two parents are at odds with each other (i. e. , one parent holds $\rho=1$ and the other $\rho=0$), so that the probability of cultural conversion is determined by the prevailing societal prejudice ($z_1$). Specifically, if the mother's $\sigma_s$ is equal to $\sigma_0$, the probability that it will change to $\sigma_1$ is $C_{01}\times(1-z_1)$. Conversely, if the mother's $\sigma_s$ is $\sigma_1$, the probability of change in $\sigma_s$ as it is transmitted from mother to daughter is $C_{10}\times z_1$. Definitions of $C_{01}$, $C_{10}$, $V_{01}$ and $V_{10}$ are summarized in Table 2.

**Table 2 Parameters that determine how often a mother's cultural belief $\sigma_s$ is modified by her own, her husband's, and the societal prejudice $\rho$**

| Parameter | Conditions for conversion | | Multiplying factor (due to societal $\rho$) | Result of conversion (daughter's $\sigma_s$) |
|---|---|---|---|---|
| | Maternal $\sigma_s$ | Parental $\rho$ | | |
| $C_{10}$ | $\sigma_1$ | {1, 0} | $(1-z_1)$ | $\sigma_0$ |
| $V_{10}$ | $\sigma_1$ | {0, 0} | 1 | $\sigma_0$ |
| $C_{01}$ | $\sigma_0$ | {1, 0} | $z_1$ | $\sigma_1$ |
| $V_{01}$ | $\sigma_0$ | {1, 1} | 1 | $\sigma_1$ |

See text for parameter definitions. Parental $\rho=\{1, 0\}$ refers both to situations where father's $\rho=1$ and mother's $\rho=0$, and those where the two values are reversed. Note that parameter subscripts refer to the direction of change in $\sigma_s$, not the state of parental $\rho$.

## 1.5 Recursion Equations in $M_\sigma$

Suppose the proportion of women with $\sigma_s=\sigma_1$ and $\rho=1$ is $x_{11}^t$ at time $t$, and the proportion of men with $\rho=1$ is $y_1^t$. Then the proportion of marriages in which the bride has $\sigma_s=\sigma_1$ and $\rho=1$, and the groom has $\rho=1$, is the product $x_{11}^t \times y_1^t$. We follow a similar procedure to write down the proportions of the other 7 possible combinations of male and female traits in marriages at time $t$ (Table 3, column 4). We then calculate the proportions of male and female progeny with different combinations of $\sigma_s$ and $\rho$ for each marriage type using the definitions of parameters $C_{01}$, $C_{10}$, $V_{01}$ and $V_{10}$ (Table 3, columns 5 - 10).

Finally, we obtain $x_{11}$ at time $t+1$ by multiplying the probabilities of the 8 possible marriage types (Table 3, column 4) by the corresponding probabilities that a female child will have $\rho=1$ and $\sigma_s=\sigma_1$ (Table 3, column 5), and adding up the resulting products. We obtain $x_{10}$, $x_{01}$ and $y_1$ via a similar process, by cross-multiplying the probabilities of marriage types (Table 3, column 4) with the corresponding probabilities of offspring types (Table 3, columns 6, 7 and 9, respectively):

$$x_{11}^{t+1} = x_{11}^t y_1^t + [1 - C_{10}(1 - z_1^t)][x_{01}^t y_1^t + x_{11}^t(1 - y_1^t)] + (1 - V_{10})[x_{01}^t(1 - y_1^t)], \quad [8a]$$

$$x_{10}^{t+1} = C_{10}(1 - z_1^t)[x_{01}^t y_1^t + x_{11}^t(1 - y_1^t)] + V_{10} x_{01}^t (1 - y_1^t), \quad [8b]$$

$$x_{01}^{t+1} = V_{01} x_{10}^t y_1^t + C_{01} z_1^t [(1 - x_{11}^t - x_{01}^t - x_{10}^t) y_1^t + x_{10}^t (1 - y_1^t)], \quad [8c]$$

$$y_1^{t+1} = x_{11}^t + x_{01}^t. \quad [8d]$$

**Table 3 Marriage table in mode $M_\sigma$**

| ♀ | | ♂ | | Frequencies of trait combinations at time period $t+1$ | | | | | |
|---|---|---|---|---|---|---|---|---|---|
| | | | | Among daughters | | | | Among sons | |
| $\rho$ | $\sigma_s$ | $\rho$ | Probability of marriage type at time period $t$ | $\rho=1$, $\sigma_s=\sigma_1$ ($x_{11}$) | $\rho=1$, $\sigma_s=\sigma_1$ ($x_{10}$) | $\rho=0$, $\sigma_s=\sigma_1$ ($x_{01}$) | $\rho=0$, $\sigma_s=\sigma_0$ ($x_{00}$) | $\rho=1$ ($y_1$) | $\rho=0$ ($y_0$) |
| 1 | $\sigma_1$ | 1 | $(1-x_{11}-x_{01}-x_{10})y_1$ | 1 | 0 | 0 | 0 | 1 | 0 |
| 1 | $\sigma_0$ | 1 | $x_{11}(1-y_1)$ | 0 | 0 | $V_{01}$ | $1-V_{01}$ | 0 | 1 |
| 0 | $\sigma_1$ | 1 | $x_{10}(1-y_1)$ | $1-C_{10}(1-z_1)$ | $C_{10}(1-z_1)$ | 0 | 0 | 1 | 0 |
| 0 | $\sigma_0$ | 1 | $x_{01}(1-y_1)$ | 0 | 0 | $C_{01}z_1$ | $1-C_{01}z_1$ | 0 | 1 |
| 1 | $\sigma_1$ | 0 | $(1-x_{11}-x_{01}-x_{10})\times(1-y_1)$ | $1-C_{10}(1-z_1)$ | $C_{10}(1-z_1)$ | 0 | 0 | 1 | 0 |
| 1 | $\sigma_0$ | 0 | $(1-x_{11}-x_{01}-x_{10})\times(1-y_1)$ | 0 | 0 | $C_{01}z_1$ | $1-C_{01}z_1$ | 0 | 1 |
| 0 | $\sigma_1$ | 0 | $(1-x_{11}-x_{01}-x_{10})\times(1-y_1)$ | $1-V_{10}$ | $V_{10}$ | 0 | 0 | 1 | 0 |
| 0 | $\sigma_0$ | 0 | $(1-x_{11}-x_{01}-x_{10})\times(1-y_1)$ | | | | | | |

$z_1^t$ in Eq. 8 can be expressed in terms of other variables (for the derivation, see *SI Appendix*, section B):

$$z_1^t = \frac{x_{11}^t + x_{10}^t + r^t y_1^t}{1 + r^t}. \quad [9]$$

Given a number of simplifying assumptions, $r$ at time $t+1$ can be expressed as a function of $x_{11}$ and $x_{01}$ at time $t$ (*SI Appendix*, section B):

$$r^{t+1} = \frac{1 + \frac{1}{4}(x_{11}^t + x_{01}^t)}{1 - \frac{1}{4}(x_{11}^t + x_{01}^t)} \quad [10]$$

Together, equations 8 through 10 define the behavior of the system in mode $M_\sigma$, and can be numerically iterated for different sets of parameters $C_{01}$, $C_{10}$, $V_{10}$ and $V_{01}$. When the parameters are such that the probability of conversion to $\sigma_0$ is relatively high and the probability of conversion away from $\sigma_0$ is relatively low in other words, $C_{10}$ and $V_{10}$ are large, whereas $C_{01}$ and $V_{01}$ are small (see Fig. S1), $r$ tends to increase with time. However, if the former probability is decreased and the latter is increased, $r$ can decrease instead (Fig. S2).

Recall that in mode $M_0$ (Fig. 2), $r$ is so high that everyone has intuitive preference $\rho=0$. Thus, we do not expect any conversion to $\sigma_s=\sigma_1$. In addition, if the rate of conversion to $\sigma_0$ is non-zero, we expect the proportion of women with $\sigma_s=\sigma_1$, and sex ratio $r$, to decrease. Accordingly, either the society will reenter mode $M_\sigma$, or $r$ will reach 1 (see Fig. S2). Similarly, if the society finds itself in mode $M_1$, it will tend toward increasing values of $r$. In this case, either the society will reach mode $M_\sigma$, or $r$ will reach the maximum value of 5/3. For a quantitative treatment of these processes, see *SI Appendix*, section C.

## 2. Discussion

### 2.1 Reducing to a Model of Economic Equilibrium

Bhattacharjya et al.[27] constructed a purely economic model that predicts the equilibrium sex selection potency (i. e., the proportion of women who have behavior $\pi$) and SRB (i. e., $r$), given a set of values attributed to married and unmarried sons and daughters[27]. These authors distinguish between the value $v_m$ of a married son, the value $v_u$ of an unmarried son, and the value $v_d$ of a daughter. In our model, these values are equal to $m_s+\sigma_s$, $m_s$, and $m_d+\sigma_d$, respectively. Bhattacharjya's model[27] does not allow for the possibility of cultural variation and transmission. In terms of our model, this means that $\sigma_s=\sigma_0$ for all women. Thus, we can rewrite $v_m$, $v_u$ and $v_d$ as $m_s+\sigma_0$, $m_s$ and $m_d+\sigma_0$. As a result, cultural transmission mode $M_\sigma$ in Fig. 2 collapses to a single curve, and the society tends to an equilibrium SRB defined by this line (Fig. S3).

In[27], the equilibrium sex selection potency $p^*$ is defined as the equilibrium proportion of women with behavior $\pi$, and

$$p^* = \frac{T(v_m - v_d)}{y(v_m + v_d - 2v_u)}, \qquad [11]$$

Where $T$ is the total fertility rate and $y$ is the probability that a woman is in a sex selection situation. In our model, $T=2$, and $y$ is the probability that a woman's first child is a girl, i. e., 1/2. By substituting 2 for $T$, 1/2 for $y$, $m_s+\sigma_0$ for $v_m$, $m_s$ for $v_u$ and $m_d+\sigma_0$ for $v_d$ (see above) in Eq. 11, we obtain

$$p^* = 4\frac{m_s - m_d}{2\sigma_0 + m_d - m_s} = 4\frac{\Delta m}{2\sigma_0 - \Delta m}. \qquad [12]$$

When the width of mode $M_\sigma$ is zero (Fig. S3), the boundary between modes $M_0$ and $M_1$ is defined by Eq. 6:

$$r^* = \frac{\sigma_0}{\sigma_0 - \Delta m}. \qquad [13]$$

Where $r^*$ is the equilibrium SRB to which the system will tend.

Also, from Eq. 10, we can deduce that

$$r^* = \frac{1 + \frac{1}{4}p^*}{1 - \frac{1}{4}p^*}, \qquad [14]$$

under equilibrium conditions. The inverse of Eq. 14 is

$$p^* = 4\frac{r^* - 1}{r^* + 1}. \qquad [15]$$

By substituting Eq. 13 into Eq. 15, we obtain

$$p^* = 4\frac{r^* - 1}{r^* + 1} = 4\frac{\Delta m}{2\sigma_0 - \Delta m}, \qquad [16]$$

which is the same as the equilibrium potency derived in[27] (Eqs. 11 and 12).

## 2.2 Resemblance to a Model of Cultural Transmission

When the society is in mode $M_\sigma$, our model closely resembles a model of cultural transmission described in ref. 26. In both models, the total fertility is equal to 2, and the biological sex ratio at birth is assumed to be 1 : 1. Unlike Li et al. [26], however, we include the possibility of conversion from behavior $\pi_0$ to behavior $\pi$, and do not allow cultural transmission due to mass media. Our cultural conversion parameters $V_{10}$ and $C_{10}$ are similar to the parameters that determine the rates of vertical and oblique transmission of Li et al. [26].

## 2.3 Interpreting Societal Observations in Terms of the Model

We now present a handful of socioeconomic observations related to sex ratio at birth in China, and interpret them in the context of our model.

***Recent studies on the patterns of marriage and son preference in China have focused on a pair of counties in Shaanxi province: Sanyuan and Lueyang***[26, 29, 30]. Sanyuan is a densely populated county where large family clans have a strong influence on village life, and villages maintain a strict patrilineal family system. Lueyang, however, is sparsely populated, and the patrilineal family system is much more relaxed. SRB in Lueyang between 1990 and 1996 was at 105.0, below the national average and close to the biological norm. At the same time, in Sanyuan SRB was at 117.2, much higher than in Lueyang and above the national average.

One possible reason for this discrepancy is that in Lueyang, the perceived cultural value of sons does not vary as much as it does in Sanyuan (i. e., $\sigma_1 - \sigma_0$ is smaller, see Fig. S4). As a result, the boundary between $M_0$ and $M_\sigma$ may be farther to the right, which may push SRB to lower values. Additionally, SRB in Lueyang may be lower due to a lower value of $\Delta m$ (Fig. S5).

***Widely available ultrasound technologies that can determine the sex of a fetus exacerbate China's sex ratio problem***[10, 17]. In response, the Chinese government has instituted punishment for the use of ultrasound to exercise sex selection. To explore this phenomenon in terms of our model we can define an arbitrary threshold value difference $C$ in Eq. 4:

$$\rho_{\text{child}} \equiv \begin{cases} 1 & if\ \text{TVD}_{\text{mother}} \geqslant C \\ 0 & \text{otherwise.} \end{cases} \quad [17]$$

$C$ is the cost of sex-selection. When ultrasound technologies are made available, $C$ is decreased. When the use of these technologies is made punishable by law, $C$ is increased, the boundaries of cultural transmission mode $M_\sigma$ shift to the right, and the value of SRB is pushed downwards (Fig. S6).

**Between the years 2000 and 2003, a number of Chinese and international agencies participated in a program entitled "Chaohu Experimental Zone Improving Girl-Child Survival Environment."** Its purpose was to improve the chances of survival for girls in Chaohu city of Anhui province via a number of reproductive-health training and social-development activities. As a result of this program, SRB in Chaohu decreased from >125 in 1999 to 114 in 2002 (22). Its greatest effect was likely to raise the awareness of the total cost and benefits of sons, daughters, and of following the strategy of sex selection — thus making the purely economic model (Fig. S3) appropriate for the women who gave birth between 2000 and 2003.

It also could have decreased SRB by reducing $\Delta m$ (e. g., via the enhancement of the social security system), by shifting the boundaries between $M_0$ and $M_1$ in the direction of increasing $\Delta m$ (e. g., via punishing those who commit sex-selective abortions and infanticide (Fig. S6), or via a combination of these factors).

## 3. Conclusion

Our findings help conceptualize the socioeconomic processes that can alter the sex ratio in today's China, and hence have implications on the future governmental policies directed to bring the requisite societal change. We show that policy makers wishing to reduce female selective abortion or infanticide have two levers. One is economic incentives that alter $\Delta m$ and the other is cultural changes operating on $\Delta\sigma$. It seems reasonable that the framework developed here can be modified to become more appropriate to the situation in India, where the dowry custom is prevalent in many areas and where the sex ratio is also extremely male-biased. Future work will build stronger connections between theoretical models of economics and cultural transmission and real-life observations.

## 4. Materials and Methods

Simulations of this article's dynamic model were performed using Mathematica software[31]. The resulting plots were annotated using Graphic Converter X[32]. *SI Appendix*, section A contains a brief discussion of the model behavior under a localized marriage market. *SI Appendix*, section B contains a derivation of SRB and the proportion of people with prejudice toward son preference in terms of other dynamic variables. *SI Appendix*, section C contains a derivation of the recursion equations under dynamic modes $M_0$ and $M_1$. Figs. S1 – S6 provide additional insight into the behavior of the theoretical model.

## Reference


[1] Jacobsen R, Moller H, Mouritsen A. Natural variation in the human sex ratio. *Hum Reprod*, 1999, 14: 3120 – 3125.

[2] Lerchl A. Seasonality of sex ratio in Germany. *Hum Reprod*, 1998, 13: 1401 – 1402.

[3] Central Intelligence Agency. *The World Factbook*, 2007. (US Government Printing Office, Washington DC).

[4] Lai D. Sex Ratio at Birth and Infant Mortality Rate in China: An Empirical Study. *Soc Indicators Res*, 2005, 10: 313 – 326.

[5] Poston DL, Jr, et al. Son preference and the sex ratio at birth in China: A provincial level analysis. *Soc Biol*, 1997, 44(1 – 2): 55 – 76.

[6] Tuljapurkar S, Li N, Feldman MW. High sex ratios in China's future. *Science*, 1995, 267: 874 – 876.

[7] Das Gupta M. Why is Son preference so persistent in East and South Asia? a cross-country study of China, India and the Republic of Korea. *J Dev Studies*, 2003, 40: 153.

[8] Poston DL, Jr. Son preference and fertility in China. *J Biosoc Sci*, 2002, 34: 333 – 347.

[9] Banister J. Shortage of girls in China today. *J Pop Res*, 2004, 21: 19 – 45.

[10] Hesketh T. The effect of China's one-child family policy after 25 years. *N Engl J Med*, 2005, 353: 1171.

[11] Chan C, Blyth E, Chan C. Attitudes to and practices regarding sex selection in China. *Prenatal Diagnosis*, 2006, 26: 610 – 613.

[12] Wexler L. Allowing girls to hold up half the sky: Combining norm shifting and economic incentives to combat daughter discrimination in China. *Chicago J Internat Law*, 2006, 7(1).

[13] Li S. Acceptance of two types of uxorilocal marriage in contemporary rural China: The case of Lueyang. *J Fam Hist*, 2003,28: 314 - 333.

[14] Clark S. Son preference and sex composition of children: Evidence from India. *Demography*, 2000, 37: 95 - 108.

[15] Das Gupta M. Selective discrimination against female children in rural Punjab, India. *Pop Dev Rev*, 1987,131: 77 - 100.

[16] Coale AJ, Banister J. Five decades of missing females in China. *Demography*, 1994,31: 459 - 479.

[17] Kristof ND. China: Ultrasound abuse in sex selection. *Womens Health J*, 1993,4: 16 - 17.

[18] Wu Z, Viisainen K, Hemminki E. Determinants of high sex ratio among newborns: A cohort study from rural Anhui province, China. *Reprod Health Matt*, 2006,14: 172 - 180.

[19] Festini F, de Martino M. Twenty five years of the one child family policy in China. *J Epidemiol Commun Health*, 2004,58: 358 - 360.

[20] Razavi S. *Gendered Poverty and Well-Being* (Blackwell, Malden, MA), 2000,p. 291.

[21] Löfstedt P, Luo S, Johansson A. Abortion patterns and reported sex ratios at birth in rural Yunnan, China. *Reprod Health Matters*, 2004,12: 86 - 95.

[22] Li S. Imbalanced Sex Ratio at Birth and Comprehensive Intervention in China. 4th Asia Pacific Conference on Reproductive Health and Rights. Available at www. unfpa. org/gender/docs/studies/china. pdf, 2007.

[23] Attané I. The demographic impact of a female deficit in China, 2000 - 2050. *Pop Dev Rev*, 2006,32: 755 - 770.

[24] Edlund L. Son preference, sex ratios, and marriage patterns. *J Pol Econ*, 1999,107: 1275 - 1304.

[25] Cavalli-Sforza LL, Feldman MW. Cultural Transmission and Evolution: *A Quantitative Approach. Monographs in Population Biology Vol 16* (Princeton Univ Press, Princeton, NJ), 1981, pp. xiv and 388.

[26] Li N MW Feldman, and Li S. Cultural transmission in a demographic study of sex ratio at birth in China's future. *Theor Popul Biol*, 2000,58: 161 - 172.

[27] Bhattacharjya D, *et al*. How can economic schemes curtail the increasing sex ratio at birth in China? *Demogr Res*, 2008,19: 1831 - 1850.

[28] Piaget J. *The Child's Conception of the World* (Kegan, Paul, Trench, Trubner and Co, London), 1929, p. 397.

[29] Li S, Feldman MW, Li N. A comparative study of determinants of uxorilocal marriage in two counties of China. *Soc Biol*, 2001,48: 125 - 150.

[30] Li S, Jin X, Feldman M. *Uxorilocal Marriage in Contemporary China* (Social Sciences Acad, Xi'an, China), 2006.

[31] Wolfram Research. *Mathematica* (Wolfram, Champaign, IL), 2003.

[32] Lemke Software. *Graphic Converter X* (Lemke, Peine, Germany), 2007.

# Corrections

## ANTHROPOLOGY

Correction for "Economics, cultural transmission, and the dynamics of the sex ratio at birth in China," by Mikhail Lipatov, Shuzhuo Li, and Marcus W. Feldman, which appeared in issue 49, December 9, 2008, of *Proc Natl Acad Sci USA* (105: 19171 - 19176; first published December 1, 2008; 10.1073/pnas.0806747105).

The authors note that on page 19172, right column, fifth full paragraph, the last sentence is incorrect in part. "She then transfers this modified $\sigma_s$ to her own daughter — the grandmother of $A$," should read "She then transfers this modified $\sigma_s$ to her own daughter — the **granddaughter** of $A$." On page 19173, in the legend for Fig. 2, the last sentence is incorrect in part. "In this mode, direction and rate of change in $r$ is determined by the effect of parental and societal intuitive preferences ($\rho$) on the transmission of cultural belief ($\sigma_s$), i.e., parameters $C_{01}$, $C_{10}$, $V_{01}$ and $V_{10}$," should instead read "In this mode, direction and rate of change in $r$ is determined by the effect of parental and societal intuitive preferences ($\rho$) on the transmission of cultural belief ($\sigma_s$), i.e., parameters $C_{01}$, $C_{10}$, $V_{01}$ and $V_{10}$ **in Table 2.**" On page 19174, in Table 2, the last sentence of the legend, "Note that parameter subscripts refer to the direction of change in $\sigma_s$, not the state of parental $\rho$," should read "Note that parameter subscripts refer to the direction of change in $\sigma_s$ **from the first subscript to the second**, not the state of parental $\rho$." On page 19175, right column, first full paragraph, seventh line, "Its greatest effect ..." should read "**Most likely**, its greatest effect ...". These errors do not affect the conclusions of the article.

www.pnas.org/cgi/doi/10.1073/pnas.0904442106

# 二、薛澜学术代表成果汇集篇

# 薛　澜

薛澜，男，1959年6月出生，教育部长江学者特聘教授，清华大学教授，博士生导师。1991年获卡内基梅隆大学工程与公共政策博士学位。现任清华大学公共管理学院院长。兼任中国行政管理学会副会长、中国机构编制管理研究会副会长、中国管理科学学会副会长、全国MPA教育指导委员会副主任委员、国家软科学研究工作指导委员会委员、国务院应急管理专家组成员。

薛澜教授在危机管理、应急管理与风险管理研究领域贡献杰出。他较早地结合中国社会转型期危机事件的根源和特点，分析了中国危机事件产生、发展、演化的基本规律及我国转型期各种矛盾激化的深层原因，对中国危机事件的因果链条进行了深刻的解构，形成了系统的研究方法，提出了非常规决策治理的整体制度设计，为研究转型期中国危机事件提供了重要的理论视角。他的研究成果在我国应对“非典”事件的关键时期，为政府相关部门科学决策提供了有力的支撑，为国家总体应急管理体系建设提供了重要参考。

此外，薛澜教授还在公共管理与政策的理论与实证、科技与创新政策等研究领域取得了丰富成果。他较早地对中国公共管理及政策领域的学科发展、研究方法、宏观趋势等进行了深入研究，为我国公共管理的学科建设规划提供了重要思路。他的研究着眼于中国实际，重视理论的本土化，重视公共政策过程和中国思想库的研究，在医药卫生体制改革、环境与发展等具体应用领域，对政府公共政策制定产生了实质性的影响，尤其是在科技与创新政策研究方面，为我国科技政策制定和国家创新系统的建设作出了一定的贡献。

薛澜教授先后在《中国社会科学》、《管理世界》、Environmental Politics、Journal of Engineering and Technology Management、Global Governance、International Journal of Technology Management、Public Administration and Development、Nature等国内外权威和核心学术期刊及国际会议上发表论文50余篇，出版重要专著若干部。

# 我国宏观管理与政策学科发展状况的回顾

自1978年起，我国陆续有200多所大专院校设立管理学系或管理学院，成为推动中国管理科学发展的一支主要力量。在一些著名的大学中，与管理科学专业相关的研究生人数已占到全校研究生总数的1/5左右，大学已成为我国管理科学研究的主要力量。中国科学院的一些研究所以及国家有关部门的政策与管理研究机构也为我国管理科学的发展作出了重要的贡献。1986年国家自然科学基金委员会成立时，便设立了管理科学组，开始以国家项目的名义支持管理科学的研究。1996年管理科学组升格为管理科学部，表明了管理科学正逐步为科学界、政府部门和社会认可，开始走向成熟。国务院前总理朱镕基在1996年7月25日国家自然科学基金委员会管理科学学科战略研讨会上作了题为《管理科学、兴国之道》的讲话，对管理科学的地位和作用给予很高的评价，更寄托了殷切的期望。

我国管理科学的发展有自己的特点，明显带有中国科学发展的历史痕迹。管理科学的一些分支学科，以数学和工程技术中的定量分析方法为主要研究手段，在我国有较强的研究基础，发展较快并形成了一定的实力和优势；在经济与科技管理的一些领域，我们的研究力量有了很大的发展，在技术创新和高技术产业发展管理等方面形成了自己的特色，取得了一批有影响的成果。工商管理的研究起步较晚，但随着企业界对管理科学的日益重视，近几年这方面的研究呈现出快速发展的势头。其中，伴随着我国政治经济改革的进程逐步加快和经济社会转型期积聚的政策需求，宏观管理与政策学科的发展格外引人瞩目。尤其是从1999年国务院学位委员会批准设立公共管理硕士专业学位后，全国先后有上百所公共管理院系正式成立，极大地推动了宏观管理与政策学科的发展。

## 一、我国宏观管理与政策学科发展概述

宏观管理与政策学科作为一个学科群，其各分支学科自1978年社会科学恢复重建以来散见于管理学、政治学、社会学、经济学等学科体系中，并得到一定的发展。自20世纪90年代以来，随着经济、社会体制转轨以及各学科与国际的逐步接轨，宏观管理与政策学科的各分支学科均得到了较快的发展，并日益得到重视。

国家自然科学基金委员会管理科学部确定宏观管理与政策学科为“十五”期间的优先资助领域，其主要领域有：(1) 宏观战略管理，包括区域发展与城镇化管理、农业结构的调整与系统优化；(2) 创新管理与科技政策，包括创新管理、我国科学研究体系的整体设计与资源配置、技术战略与技术预测、科技安全问题研究；(3) 人口、资源、环境协调发展研究，包括水资源管理、资源环境与产业转型的复合生态管理、典型灾害的系统成因与管理方法；(4) 财政与金融管理，包括财政政策与货币政策的制定与协同、金融机构的监管与自律研究、金融

工程的理论和方法研究；(5) 劳动与社会保障管理，包括劳动力市场管理和社会保障研究。

经过5年的发展，宏观管理与政策学科逐步形成了4大重点资助研究板块，即宏观经济管理(包括产业经济管理、区域经济管理、宏观经济管理与政策、财税管理、金融管理等)、农林经济管理、可持续发展与资源环境管理、公共管理与公共政策。

宏观经济管理方面，主要在金融管理、产业规制、区域发展与管理等领域有所进展，带动了学科的整体发展。尤其是金融管理方面，不少关于资本市场、资产定价、货币银行等方面的项目在"十五"期间得到了资助发展。

在农业经济管理领域，学科稳步发展，国际合作与交流有明显的进展与成果。在农业技术经济、农村劳动力转移、土地管理等领域的研究渐趋成熟。目前，该领域的学者在一些前沿研究方向积极工作，如转基因农作物的影响与发展战略研究、农业资源环境保护与利用管理、农村与农业中的公共产品管理与公共政策、农产品物流等，致力于解决我国经济社会发展过程中的"三农"问题并努力提供更好的理论方法和有应用前景的成果。同时，中国学者在国际学术舞台上十分活跃，引起国际学术界的广泛关注。

资源环境与可持续发展管理是多学科交叉的研究领域，自20世纪90年代中期以来一直得到资助研究和发展。学界围绕生态管理、资源(水、土地、能源)管理与开发利用、环境保护与管理、可持续发展的战略管理和安全管理等研究方向，进行了深入的探索，部分研究成果还在实际管理活动中得到很好的应用。

公共管理与公共政策领域是"十五"期间逐步受到重视的研究领域，发展相当迅速，目前已是宏观管理与政策学科最大的分支学科，它包括政府管理、教育政策与管理、公共医疗与卫生管理、劳动就业与社会保障、公共管理与公共政策的一般理论与方法等。在公共管理一般理论、公共政策的具体领域的应用研究方面有一定的进展。但总体来说，公共管理与公共政策学科在我国仍处于发展初期，学科边界不清晰的问题尤为明显，研究队伍正在形成之中。

随着社会、政治、经济的转轨和政策、管理需求的与日俱增，在主要领域发展的带动下，宏观管理与政策学科整体得到了迅速的发展，各领域成果显著增长，理论和实践不断结合，共同促进了我国经济社会的可持续协调发展。

## 二、我国宏观管理与政策学科理论发展回顾

为更全面地了解我国宏观管理与政策学科研究的发展状况，我们对77种中文核心期刊在1994—2003年间所发表的研究成果进行了统计分析，以成果总量、各重点领域的成果数量、各重点领域成果数量的变化三个指标为基础，对近10年来各重点领域的研究作较为系统的分析。

### (一) 我国宏观管理与政策学科的理论研究概况

**1. 成果总量**

通过对国内77种相关重要期刊在宏观管理与政策学科领域所做研究工作的统计分析表明，近10年来本学科领域发表的论文和其他研究成果数量有了显著增加(见图1)。统计显示，通过近10年的发展，该学科领域的研究成果数量呈线性增长趋势，成果的规模和研究领域不断扩大。这与这些年来市场经济体制不断完善、经济社会转型各种社会矛盾、政策矛盾日益突

出、宏观管理水平相对滞后等对理论研究提出的要求有关，也是理论应时发展的现实验证。

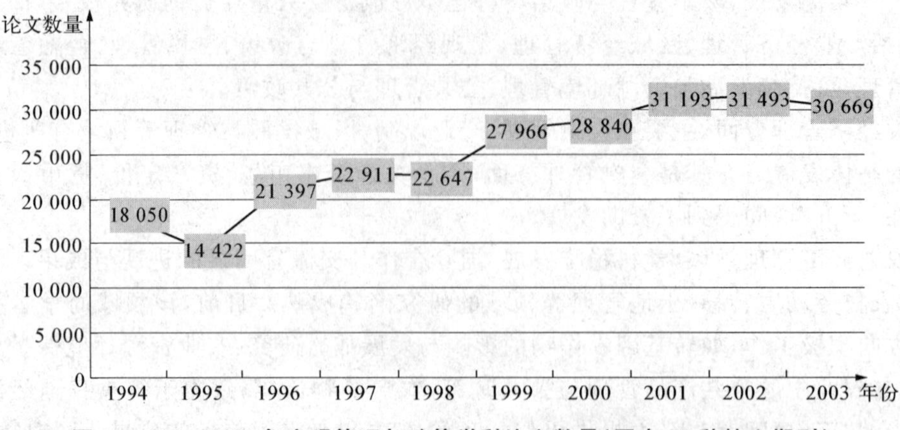


**图 1　1994—2003 年宏观管理与政策学科论文数量(国内 77 种核心期刊)**

### 2. 研究成果的领域分布

与经济社会改革紧密相关，宏观管理与政策学科的发展针对经济社会改革的各个方面进行了较为系统、全面的研究，研究领域不断拓展，研究重点不断凸显，并与社会热点紧密相联，为改革和发展提供着理论支撑和政策支持。针对我国社会经济发展中日益显现的各种结构性矛盾，如经济发展与环境保护的问题、区域发展与地区差异问题、“三农”问题、宏观调控等，宏观管理与政策学科进行了丰富的研究。数据统计表明，1994—2003 年期间，国内期刊论文数量排在前五位的领域分别是城镇管理与区域发展、“三农”问题、环境资源与可持续发展、经济调控与政策、国家战略(见图 2)。

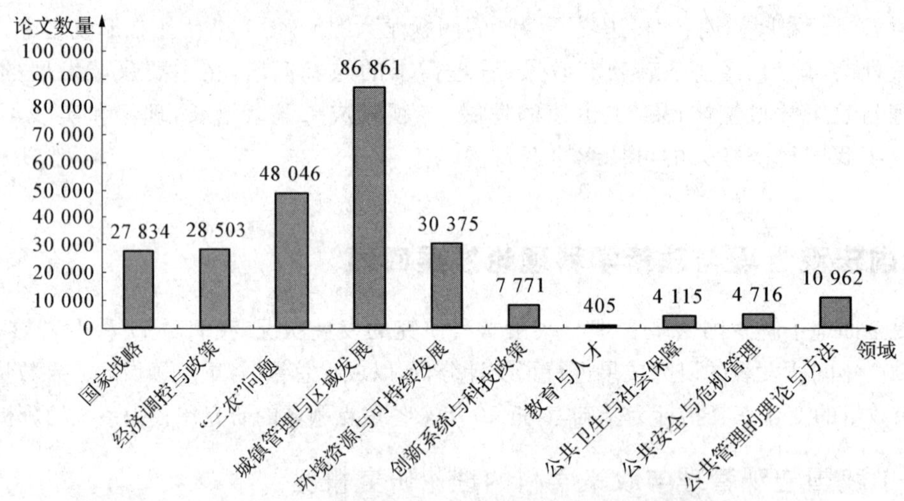


**图 2　1994—2003 年宏观管理与政策学科各分支领域论文数量(国内 77 种核心期刊)**

### 3. 各重点领域研究成果的变化

理论的发展从一个侧面也反映了现实的需要，数据表明，1994—2003 年间国内期刊发表成果年均增长速度最快的前五个领域分别是国家战略、环境资源与可持续发展、“三农”问题、公共管理的理论与方法、经济调控与政策(见图 3 和图 4)。

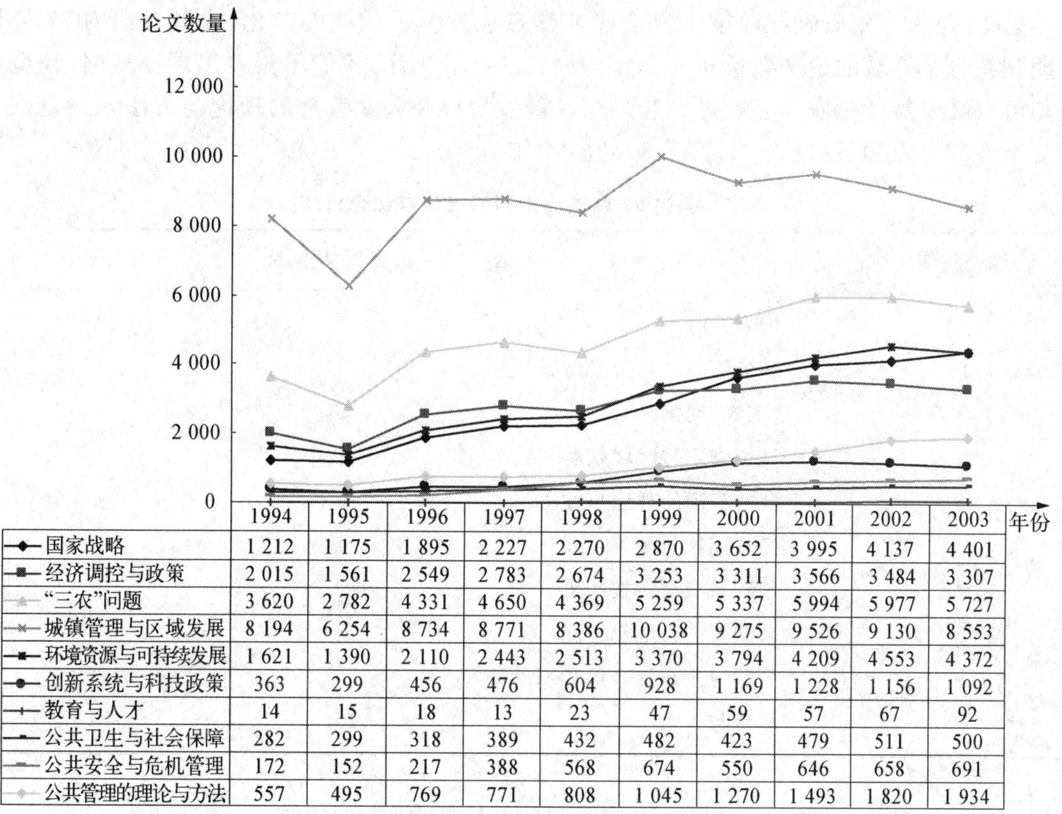


| | 1994 | 1995 | 1996 | 1997 | 1998 | 1999 | 2000 | 2001 | 2002 | 2003 |
|---|---|---|---|---|---|---|---|---|---|---|
| 国家战略 | 1 212 | 1 175 | 1 895 | 2 227 | 2 270 | 2 870 | 3 652 | 3 995 | 4 137 | 4 401 |
| 经济调控与政策 | 2 015 | 1 561 | 2 549 | 2 783 | 2 674 | 3 253 | 3 311 | 3 566 | 3 484 | 3 307 |
| “三农”问题 | 3 620 | 2 782 | 4 331 | 4 650 | 4 369 | 5 259 | 5 337 | 5 994 | 5 977 | 5 727 |
| 城镇管理与区域发展 | 8 194 | 6 254 | 8 734 | 8 771 | 8 386 | 10 038 | 9 275 | 9 526 | 9 130 | 8 553 |
| 环境资源与可持续发展 | 1 621 | 1 390 | 2 110 | 2 443 | 2 513 | 3 370 | 3 794 | 4 209 | 4 553 | 4 372 |
| 创新系统与科技政策 | 363 | 299 | 456 | 476 | 604 | 928 | 1 169 | 1 228 | 1 156 | 1 092 |
| 教育与人才 | 14 | 15 | 18 | 13 | 23 | 47 | 59 | 57 | 67 | 92 |
| 公共卫生与社会保障 | 282 | 299 | 318 | 389 | 432 | 482 | 423 | 479 | 511 | 500 |
| 公共安全与危机管理 | 172 | 152 | 217 | 388 | 568 | 674 | 550 | 646 | 658 | 691 |
| 公共管理的理论与方法 | 557 | 495 | 769 | 771 | 808 | 1 045 | 1 270 | 1 493 | 1 820 | 1 934 |

**图 3　1994—2003 年宏观管理与政策学科各分支领域论文数量变化(国内 77 种核心期刊)**

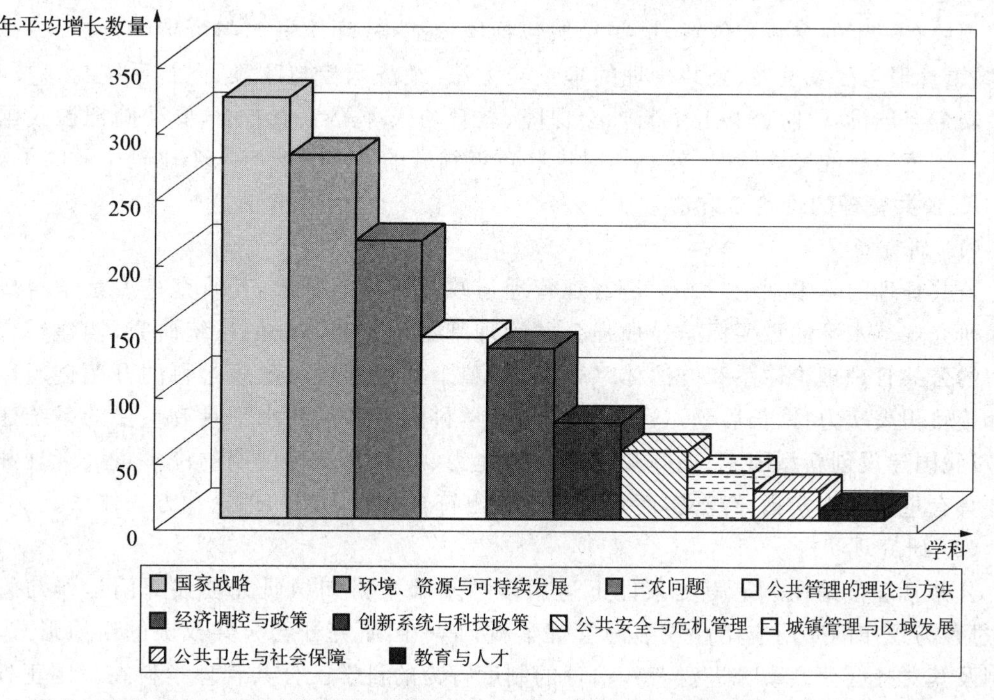


**图 4　1994—2003 年宏观管理与政策学科各领域论文年平均增长(国内 77 种核心期刊)**

近10年来宏观管理与政策学科的研究热点也发生了相应的变化，通过对国内77种核心期刊在每个领域的论文数量排序和年均增长速度的排序，我们不难看出国家战略、环境资源与可持续发展、“三农”问题、城镇管理与区域发展以及公共管理的理论与方法始终是该学科的重点和热点领域(见表1)。

**表1　国内77种核心期刊研究热点综合排序**

| 综合排序 | 研究领域 | 论文数量排序 | 年均增速排序 |
| --- | --- | --- | --- |
| 1 | 国家战略 | 5 | 1 |
| 2 | 环境资源与可持续发展 | 3 | 2 |
| 3 | “三农”问题 | 2 | 3 |
| 4 | 城镇管理与区域发展 | 1 | 8 |
| 5 | 公共管理的理论与方法 | 6 | 4 |
| 6 | 经济调控与政策 | 4 | 5 |
| 7 | 创新系统与科技政策 | 7 | 6 |
| 8 | 公共安全与危机管理 | 8 | 7 |
| 9 | 公共卫生与社会保障 | 9 | 9 |
| 10 | 教育与人才 | 10 | 10 |

## (二) 我国宏观管理与政策学科重点理论研究领域回顾

经过多年发展，我国宏观管理与政策学科的学科群已经具有一定的规模，并在某些重点研究领域有一定的突破和创新，这些领域包括国家战略、环境资源与可持续发展、“三农”问题、城镇管理与区域发展、公共管理的理论与方法、经济调控与政策、创新系统与科技政策、公共安全与危机管理、公共卫生与社会保障、教育与人才等十个方面，要准确把握我国宏观管理与政策学科的发展状况，就必须对这些重点领域的发展状况有一个比较全面的了解。

**1. 公共管理的理论与方法**

(1) 研究意义

公共管理的基本理论与方法是宏观管理与政策研究的基础，其研究进展是学科成熟程度和研究规范水平的重要标志。加强公共管理基本理论和方法的系统研究，构建符合中国国情的公共管理理论体系和方法体系，可以为整个宏观管理与政策学科的开拓创新以及与国际接轨积聚实力、助长后劲。这对于提高本学科的整体创新水平具有重要的系统建构意义；对我国建设创新型国家、提高政府的施政能力、应对社会转型期的许多重大管理和政策问题具有重要的现实指导意义，而且可以发展出符合中国国情的理论和方法体系。

(2) 研究现状

公共管理学是在一定历史条件下运用多种基础学科知识研究公共部门运作与管理性质、过程与规律的一门应用性较强的管理学科，是一门研究社会公共权威的组织形式、运作机制及其对社会公共事务进行有效治理的制度行为的科学。公共管理学科在我国正处于创始和形成期，存在大量的理论空白需要填补。问卷调查显示，21%的专家认为我国宏观管理与政策学科在基础理论研究上比较薄弱，缺乏系统性、原创性和理论前瞻性，在研究方法上与国际通用的规范方法相脱节。

通过对中国期刊网 77 种核心期刊的文献统计分析的结果显示，自 1994 年至 2003 年的 10 年间，关于公共管理基本理论与方法方面的论文数量增长迅速：从 1994 年的 554 篇上升到 2003 年的 1 934 篇，增幅达到两倍以上，但在总量上仅占全部论文总量的 4.59%。这表明我国关于公共管理基本理论与方法的研究发展迅速，但相比于国外的同类研究还相差较远。尤其是与西方公共管理发展相比，在公共治理理论及其在不同公共治理结构中的应用、公共政策过程分析框架与方法、公共组织理论与管理工具及其在学习型政府与高绩效责任政府中的应用等的研究方面存在着较大的差距(见图 5)。

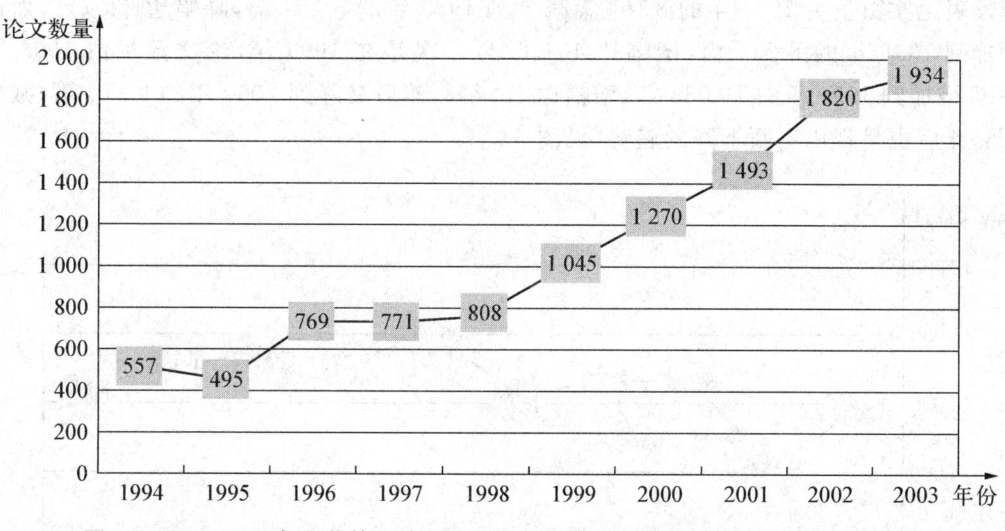


**图 5　1994—2003 年公共管理的理论与方法发表论文数量(国内 77 种核心期刊)**

目前，我国公共管理学的基本理论体系尚未完全建立，政策分析框架、政府管理的基本工具和方法等仍需与中国实际相结合进行开创性研究，我国的公共管理学有着广阔的发展空间。

**2. 城镇管理与区域发展**

(1) 研究意义

城镇化是世界进入工业化时期以来的全球现象，是农村人口转化为城市人口以及城市不断发展完善的过程，是生产方式、生活居住方式和社区组织方式转化的过程。由于国情条件和体制方面的独特原因，中国在人口资源环境、国际竞争及发展目标等方面对城镇化进程形成巨大压力。探索城镇化发展的普适性特征，顺应城镇化进程的内在规律，总结国内外经验，实行合理的城镇化发展模式和对策，对于支持和促进我国城镇化健康发展、保证现代化战略目标的实现具有重要意义。

区域发展以解决经济增长、社会公平和地区发展不平衡为基本目的，中国各地区的发展极不平衡，无论是西部大开发、东北等老工业基地振兴战略还是中部崛起，都是解决地区发展不平衡、缩小地区差距、实现可持续协调发展的重要举措，区域发展理论的创新无疑具有重要的现实意义。

(2) 研究现状

20 世纪 80 年代以来,我国积极推动城市科学的发展,对城市化和城镇管理的一系列问题展开研究,主要包括城市化的发展规律、发展道路研究、城市增长及其合理规模的研究、农村城市化的理论与政策研究以及我国城市化进程的对策研究。随着社会、经济和科学技术的发展和进步,许多新的问题不断出现,如城乡统筹、城乡可持续发展、城乡土地、区域(流域)交通和城市环境、人口、劳动力的大规模流动和迁移、城市公共安全、城市减灾防灾和危机管理与预警、数字城市等需要进行更为深入和开拓性的研究。

从国内 77 种核心期刊发表论文的统计结果看,城镇管理与区域发展领域每年发表论文数量总体基本持平,并略有增加,但同时也出现了两次大幅度的变化。一次是在 1995 年,该领域发表论文数量由 1994 年的 8 194 篇减少到 1995 年的 6 254 篇,降幅达 23.7%,而此后又增加到 1996 年的 8 734 篇,增幅达 40%。另一次是在 1999 年,论文数量由 1998 年的 8 386篇增加到 1999 年的 10 038 篇,增幅达 19.7%,然后又降到 2000 年的 9 275 篇,减少了 7.6%,此后也呈现出不断下降的趋势(见图 6)。

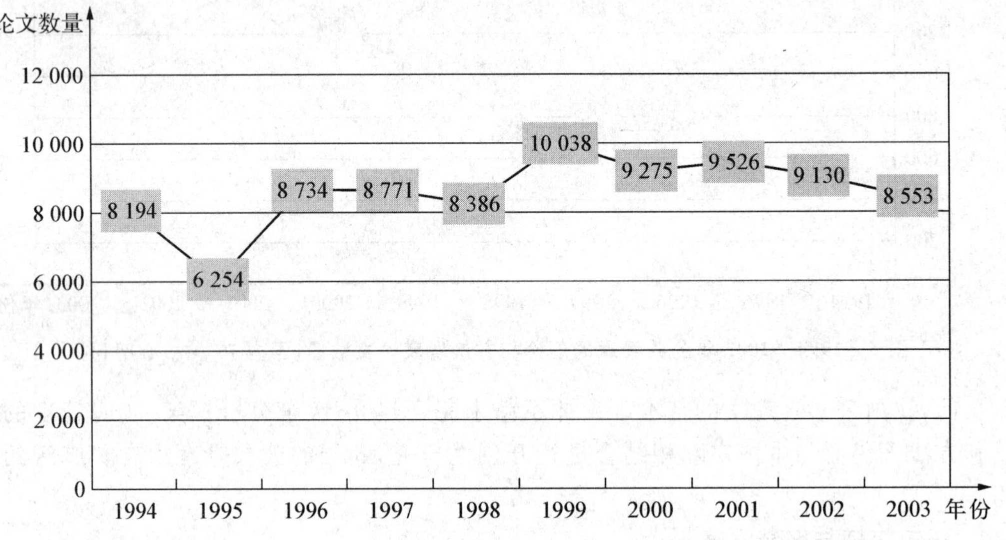


**图 6　1994—2003 年城镇管理与区域发展发表论文数量(国内 77 种核心期刊)**

区域发展一直是经济学关注较多的话题,区域经济增长理论研究涵盖了资源基础、专业化、区域创新、人力资本、知识渗透和技术创新等领域,更多地从经济学的角度给予了较多的关注。但区域发展不能仅考虑经济目标,必须综合考虑环境管理、资源管理、经济发展和人口管理等多方面问题,要综合运用经济学、管理学等理论,并实现理论和技术上的突破。

**3. 环境资源与可持续发展**

(1) 研究意义

中国经济几十年的高速发展消耗了大量资源,迅速的工业化给环境带来了很大破坏。当前,中国已步入小康社会的全面建设时期。在未来较长一段时期内,资源紧缺、环境保护与可持续投资环境的建立将成为我国经济、社会发展面临的重要问题,对该领域的研究具有强烈的社会需求。同时，对于中国这样一个追赶型大国而言，其在发展中面临的资源与环境问题具有不同于发达国家和其他发展中国家的特点和规律，对此进行的管理与政策研究，有可能取得科学突破。

(2) 研究现状

在国内外近10年的各类相关研究中，资源与环境问题一直是宏观管理与政策所关注的重点之一。我国在资源与环境领域的研究主要是针对我国经济、社会发展中出现的环境管理问题进行的。主要的研究内容包括：资源短缺、环境污染问题的现状与成因；资源、环境与经济可持续发展的关系问题；环境管理与治理；环境保护的方法和途径；资源有效合理利用中的管理问题；绿色GDP；经济全球化背景下的贸易摩擦与生态投资环境问题；减灾管理问题等。

从国内77种核心期刊发表论文的统计结果来看，每年发表数量总体呈现明显的增长趋势，从1991年每年发表1 621篇增长到2003年的4 372篇，增长幅度为170%。从1995年至2002年，该领域每年发表论文数量连年上升，增长幅度达到了228%。此后的2002至2003年又略有下降(见图7)。

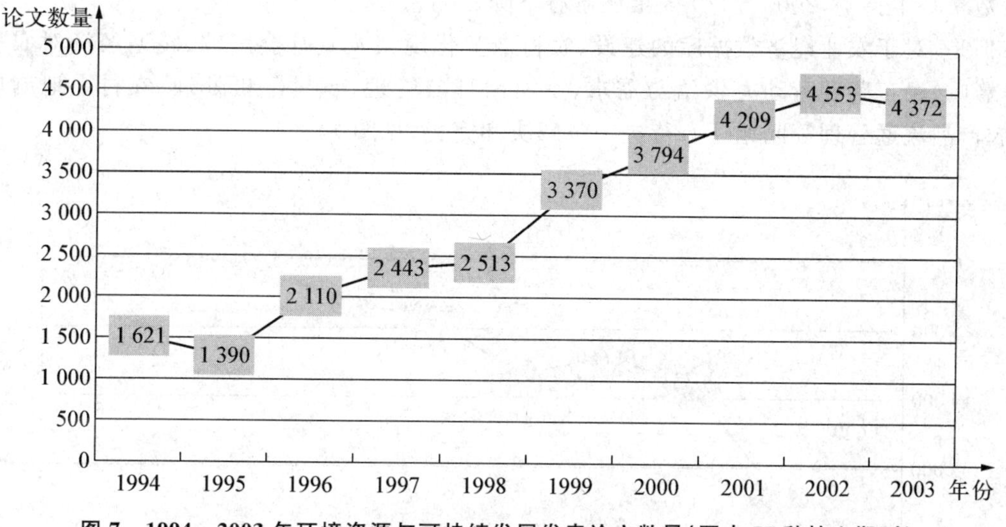


**图7 1994—2003年环境资源与可持续发展发表论文数量(国内77种核心期刊)**

与国外相比，我国环境资源与可持续发展在以下几个方面具有较大的差距，如自然资源的财产权问题、可持续性问题、对资源与环境的价值评估、基于市场的环境管理政策工具研究、环境问题的数量模型研究、跨界环境问题、环境非政府组织的发展研究、生态投资环境与贸易壁垒、环境与资源管理中利益相关者的行为研究等。

结合中国实际，我国的环境资源与可持续发展还须在能源安全管理体系与政策研究、基于资源节约和环境友好的产业生态系统研究、水资源管理与政策研究等方面具有实质性的突破。

**4. “三农”问题**

(1) 研究意义

“三农”(农村、农业、农民)问题是长期以来困扰我国全面、协调、可持续发展的重大问题。同时，在产业结构调整以及经济制度转型的新形势下，我国在农林经济可持续发展方面也面临着巨大的挑战，总体上与国际前沿存在一定的差距。当前，在构建和谐社会和建设社会主义新农村的新形势下，加强对“三农”问题的研究，加强对农林经济管理理论的探索、为我国农业经济的管理实践提出理论依据和政策建议具有重要意义。

(2) 研究现状

20 多年来，我国的农业经济研究重点围绕农业、农村现代化发展战略，探索实现中国农业和农村现代化以及产业化发展的规律及实现途径。同时，针对我国加入 WTO 和农业国际化的历史机遇与挑战，积极探索我国农业战略性结构调整的方向、途径与政策，寻求提高农民收入、改善农村社会经济环境和农村居民生活质量、推进西部开发与农业可持续发展的途径。近期，加大了对全面建设小康社会、统筹城乡经济社会发展、增加农民收入以及完善农产品市场体系、农产品质量安全、农民组织化等问题的研究。

“三农”问题在国内 77 种核心期刊中发表论文的统计显示，1994 至 1995 年发表论文数量出现了 23%的降幅。此后，从 1995 年至 2001 年，每年论文的发表数量总体明显上升，由 1995 年的 2 782 篇上升到 2001 年的 5 994 篇，增幅达 115%。而从 2001 年至 2003 年，论文发表数量基本持平，2002 至 2003 年还略有下降。

但是，对于农业经济数据库的建设、农村老龄化现象及其社会影响、转型经济对农村的冲击影响、民工荒和劳动力供给与需求、乡村治理与管理、乡村危机处理、农村土地制度研究、农产品流通管理等问题还有待进一步解决和完善(见图 8)。

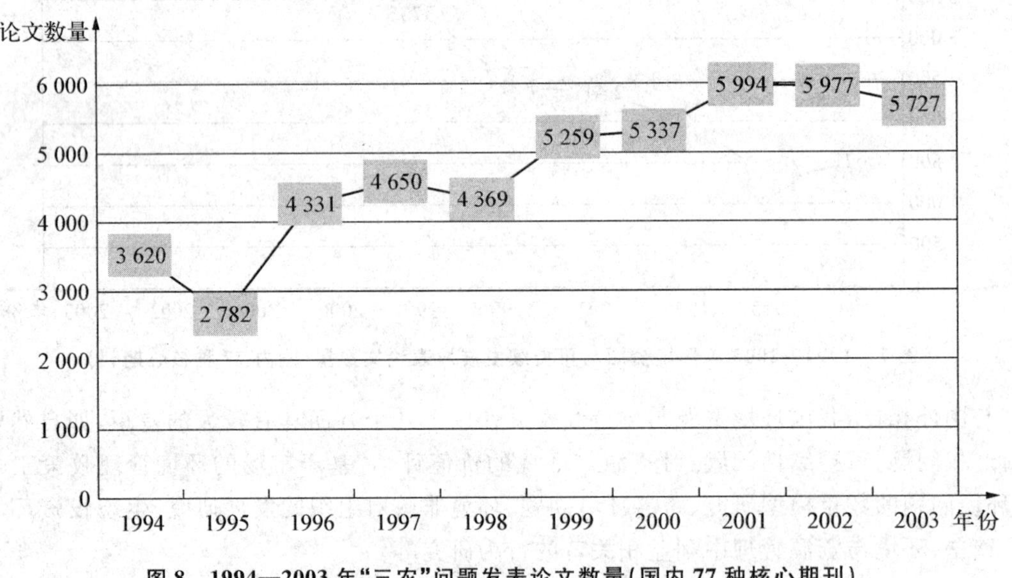


**图 8 1994—2003 年“三农”问题发表论文数量(国内 77 种核心期刊)**

**5. 教育与人才**

(1) 研究意义

教育是提高全民素质的根本途径。当代世界范围内的教育制度和教育模式都在发生变化，出现了各种新型的教育机构和教育形式。教育发展是一项复杂的社会系统工程，中国是一个人口大国，中华人民共和国成立 50 多年来，九年制义务教育已经基本普及，高等教育发展迅速，各种职业教育与培训逐渐增多。目前，在提倡终身学习、自主创新的时代，教育与人才的研究无疑是提升综合国力的重要途径。

(2) 研究现状

我国的教育与人才培养在新中国成立的50多年中取得了长足发展，全民受教育程度显著提升，基础教育、职业教育、高等教育等各种教育形式全面发展，人才培养成果显著，教育与人才培养对国民经济的贡献日渐显现。在过去的理论研究中，基于教育教学以及人才培养的模式、方法等微观层面研究较为丰富，随着全面建设小康社会的进行，实现把人口负担转变为人力资源优势、实施人才强国战略以及发挥教育和人力资本的先导性、全局性作用等一系列具有时代意义的话题提到了理论发展的前沿。

从对国内77种核心期刊发表的论文数量统计来看，该领域每年发表论文数量出现明显的上升趋势，从1994年发表14篇上升到2003年发表92篇，增加了5.6倍。发表论文情况总体可以分为两个阶段：1994年至1997年，每年发表论文数量基本持平，没有出现上升现象；从1997年至2003年，每年发表的论文数量几乎连年攀升，从1997年的13篇增加到了2003年的92篇，论文数量增加了6倍多，而且这种不断增长的趋势近年来得以持续（见图9）。

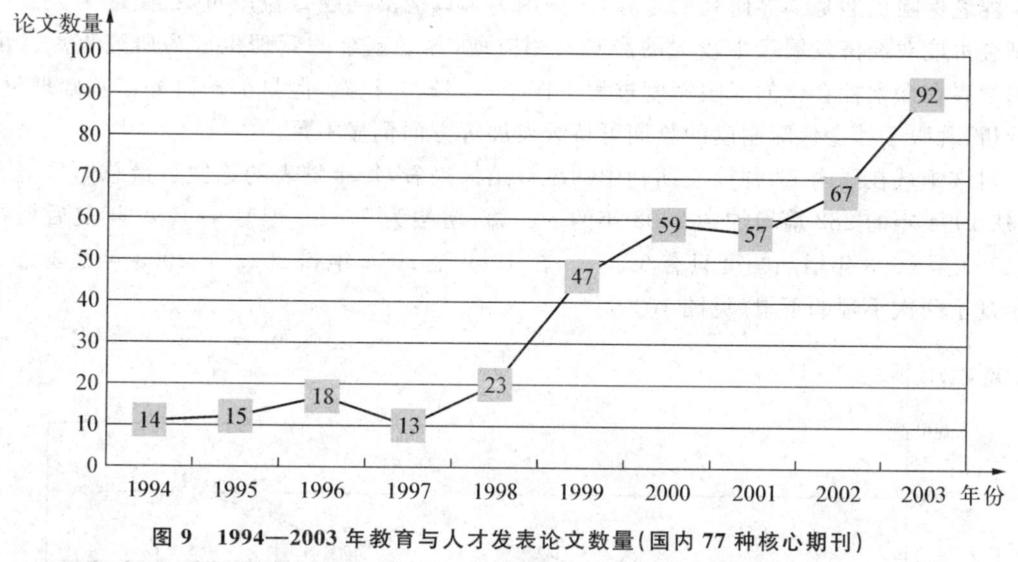


**图9　1994—2003年教育与人才发表论文数量(国内77种核心期刊)**

### 6. 公共卫生与社会保障

(1) 研究意义

公共卫生是广大人民生命健康的保障，是和谐社会建设的基本支撑条件。我国卫生资源存在总量不足、配置失衡、使用不合理等问题，SARS等公共卫生突发事件暴露了我国公共卫生体系的许多薄弱环节，公共卫生体制改革出现了一系列新的矛盾和问题。在公共卫生、医疗服务和社区卫生等各个方面都需要调整和发展。因此，未来一段时期内，公共卫生是中国面临的最紧迫、最重要的问题之一。作为一个拥有13亿人口的发展中国家，在从传统计划经济体制向市场经济体制的转型过程中，如何建设社会主义市场经济体制下的公共卫生体系，实现人人拥有健康保障的目标，对现实和理论都带来了重大挑战。

与公共卫生体系同时提出的是社会保障问题，从中国的实际情况来看，在经济体制改革和人口老龄化的大背景下，中国于 20 世纪 80 年代开始了对旧有的以企业为保障单位的社会保障制度进行社会化的改革。转型经济国家中社会保障制度改革的难度远远大于市场经济国家。研究适合中国国情的社会保障制度并由政府提供相应供给对保障居民的生存和发展的权利、稳定社会经济生活、保障社会主义市场经济的有效运行是具有深远的意义。

(2) 研究现状

我国现有的公共卫生研究主要是基于公共医疗卫生的体系、运行、资源配置以及重大传染性疾病的控制等问题进行，但这些研究在“SARS 事件”等一系列公共卫生事件中遭遇到瓶颈，即对传统的公共卫生医疗体系提出了挑战，加强适应未来突发公共卫生事件下的公共卫生体系研究、适应平民需求的医疗服务体系改革等成为现实的需要。

社会保障制度是政府实施再分配的一个重要工具，是弥补市场分配盲目性的一个工具。在这一基本理论之下，社会保险和社会救济中的各种问题都有相关研究成果。社会保险是研究的重点，其中的养老保险、健康保险和失业保险因其所涉及的人口之众和对经济的影响之深成为重中之重。在失业保险方面，主要研究内容集中在如何变对失业人口的消极救济为积极的就业措施上；在健康保险方面，主要集中在怎样控制道德风险和健康保险费用方面。养老保险仍然是学界研究的重点，一是因为人口老龄问题日益严重，二是因为大量的养老基金可能对经济发展产生较大的影响。相应地，养老基金的管理也成为研究重点。虽然国内学界在探索社会化的保险制度过程中作了一些研究积累，但目前的研究在基础理论、定量分析、着眼于社会保障制度的长期可持续发展等方面仍显不足。

对该领域在国内 77 种核心期刊中的统计结果来看，每年发表的论文数量总体呈上升趋势，从 1994 年的 282 篇增加到 2003 年的 500 篇，增幅为 77%。但是从 1999 年之后增幅较小，1999 至 2003 年增加幅度只有 3.7%。在 1999 至 2000 年和 2002 至 2003 年发表论文数量出现了两次小幅的下滑(见图 10)。

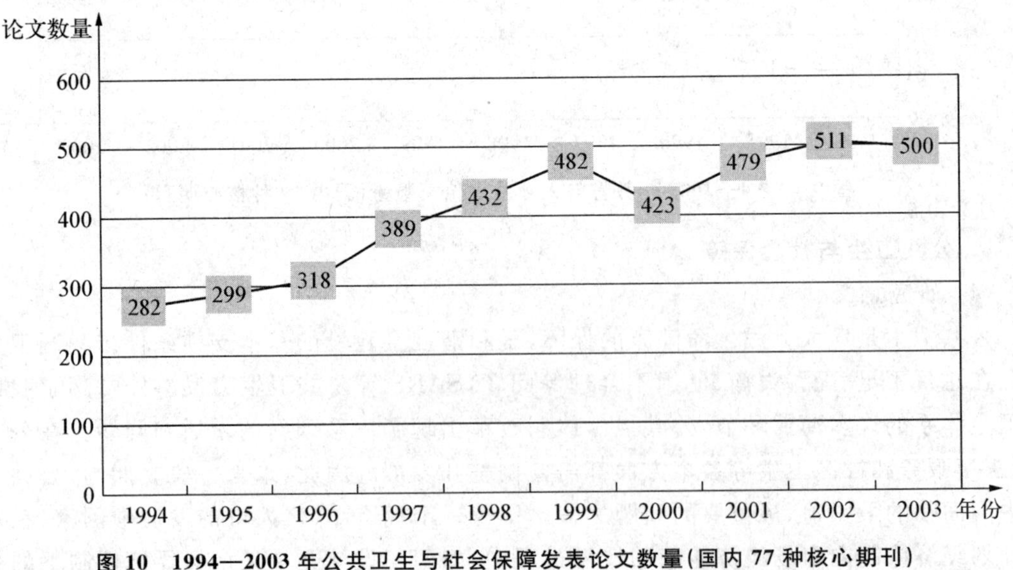


**图 10　1994—2003 年公共卫生与社会保障发表论文数量(国内 77 种核心期刊)**

### 7. 公共安全与危机管理

(1) 研究意义

我国不仅是世界上自然灾害发生频繁、分布范围广泛、灾害造成损失最严重的少数国家之一，而且人为灾害也频繁不断，进入20世纪90年代后由于灾害造成的损失明显呈现上升趋势，以洪水灾害的直接损失为例，1993年为630亿元，1994年为1 700亿元，1996年为2 200亿元，而1998年据民政部的统计更是高达2 460亿元。进入21世纪以来，各种重特大公共安全事件频频发生，对国家和公民的生命财产安全造成极大的威胁。因此，加强公共安全和危机管理的研究不仅是理论发展的需要，更是对实现我国可持续发展的回应。

(2) 研究现状

我国于1989年成立了"减灾十年"委员会，一些学者从自然灾害对社会发展影响的角度，以中国为案例，探讨了人类与自然的关系；也有学者从灾害学、管理学、经济学、统计学等学科相结合的角度，以全球灾害问题为背景，侧重中国的国情，对灾害问题做了系列研究。但有关灾害管理方面的系统研究不多。

我国关于重大公共安全的预防控制研究工作起步较晚，20世纪80年代才开始进行环境风险评价与人为灾害评估方法的研究，1990年开始突发性化学事故应急救援的试点工作，"八五"期间"重大危险源评价与宏观控制技术研究"项目被列为国家科技攻关课题并取得了较大研究进展。近年来，在灾害预报、风险评价与管理等方面也有一定的进展。

我国现代意义上的危机管理理论研究却处于起步阶段，"9·11事件"之后，公共部门危机管理才引起了我国政府与学者的高度重视，一些课题相继出现：牛文元、丁元竹、张成福、马晓河和台湾空中大学洪秀菊博士、瑞典Crismart危机研究中心的Bengt Sundelius教授、Eric Stern博士等先后对我国公共危机管理与政府责任问题的相关领域进行了较为深入的研究。2003年"非典"之后，我国公共危机管理研究集中到公共卫生与健康、社会保障与弱势群体保护、政府问责机制建设与公共服务等领域。胡鞍钢、王绍光等主持的课题，针对日益突出的社会不平等、不公平、不稳定及其他社会危机，明确提出以国家基本制度建设为中心的战略构想，目的在于通过国家制度建设消弭社会危机；薛澜等主持的"社会变革中突发事件应急管理"课题，课题成果《危机管理：转型期中国面临的挑战》一书从社会转型期的时代大背景探讨了我国现阶段危机形态的根源和特征，勾勒出我国现代化危机管理体系的基本框架，为促进公共治理结构的顺利转型和社会的协调发展提供了可资借鉴的模式。2003年4月，清华大学公共管理学院成立了"SARS事件"危机管理课题组，到6月底，该课题组在3个月内共提供了32份SARS专题报告，并形成专著——《透视SARS：健康与发展》。此后，危机管理在国内学术界掀起了一股热潮，出版了大量的学术成果。

但是，我国目前的危机管理研究大多集中于对公共危机定义、分类、诱因以及国际经验的借鉴等理论层面的探讨，注重于政治学、社会学角度的定性研究，理论研究较多，实际操作性研究较少，在某些关键概念和领域并未实现共同话语，公共危机管理学科尚未形成。

对该领域在国内77种核心期刊发表论文的统计分析显示，每年发表论文数量总体有明显的上升趋势，从1994年的172篇增加到2003年的691篇，增加了3倍多。从1995年至

1999 年,每年发表论文数量连续五年大幅增加,增长幅度达 3.4 倍。而从 1999 年以后,该领域每年发表论文数量基本持平,只有小幅度的波动,没有发生明显的变化(见图 11)。

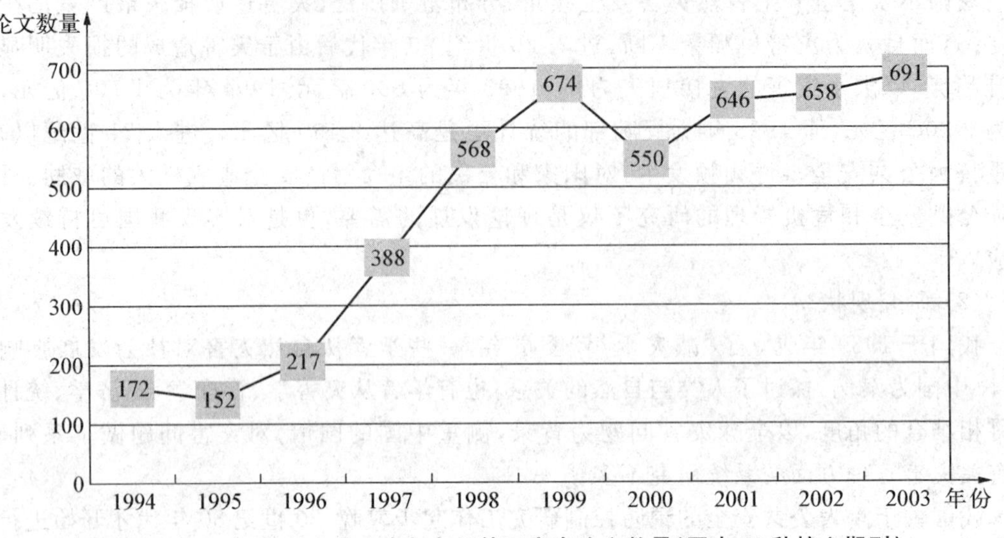


**图 11　1994—2003 年公共安全与危机管理发表论文数量(国内 77 种核心期刊)**

**8. 创新系统与科技政策**

(1) 研究意义

建设和完善国家创新体系是我国社会主义市场经济改革的一项重要任务,国家已将加强创新体系建设作为今后一个时期科技工作的重点之一。与一般市场经济国家不同,我国国家创新体系建设的重要任务之一是在社会主义市场经济体制改革指导下完善制度建设。对我国国家创新体系的研究不仅仅是像许多国家那样通常集中在各行为主体之间的联系和创新环境上,还包括政府职能的转变和各行为主体的重塑,涉及许多新的因素。因此,对创新管理深入而广泛的研究不仅具有很大的应用价值,也会带来重要的理论进展。

同时,科学技术是第一生产力,是全球知识经济的发展趋势,是建设创新型国家的要求,是建立创新型国家的有效载体。一国的科技管理与政策水平,对其科技发展产生直接影响,具有重要的研究价值和意义。

(2) 研究现状

我国自 20 世纪 80 年代引进技术创新管理理论以来,在技术创新管理的研究方面取得了一定的成就,有关技术创新模式、模仿创新、核心能力与技术创新的关联、二次创新理论、持续创新理论、创新系统等的论述均引起了国际学者的高度重视。

但与国际上目前主要集中的创新政策、国家创新系统的度量、国家创新系统与国际创新系统的关系、产业创新和区域创新研究相比,我国创新管理研究还需要提升,具体包括:进一步加强创新管理整体理论体系的研究;面向企业技术创新实践和微观及操作层面的研究;加深不同产业和技术领域的创新管理模式与轨迹的研究;产业创新和区域创新;从战略管理的高度融合创新行为、加快技术创新管理与网络经济、电子商务等学科的融合等。

科技管理与政策一直是各国学者研究的重点领域之一。近年来,该领域的研究表现出明显的扩展与深化。从科技政策扩展到更广泛的科技与创新政策,注重研究基于科技的国家与区域创新能力;加强了高技术领域的战略与政策研究,尤其关注纳米、生物、信息技术领域;强调科技服务于社会目标(如安全、环境目标)等。我国关于科技管理与政策的研究,主要以促进科技与经济相结合为主线,围绕科技体制改革、创新系统建设,科技投入、基础科学与高技术发展等问题进行研究,也开展了一些政策分析、政策工具的综合运用等方面的研究。

从对该领域在国内 77 种核心期刊发表论文的统计来看,每年发表论文数量总体呈上升趋势,从 1994 年的 363 篇增加到 2003 年的 1 092 篇,增幅为 200%。尤其是从 1995 年到 2001 年,每年的发表数量连续递增,这一阶段的总增幅达 310%。但从 2001 年至 2003 年发表数量又出现逐年减少的现象(见图 12)。

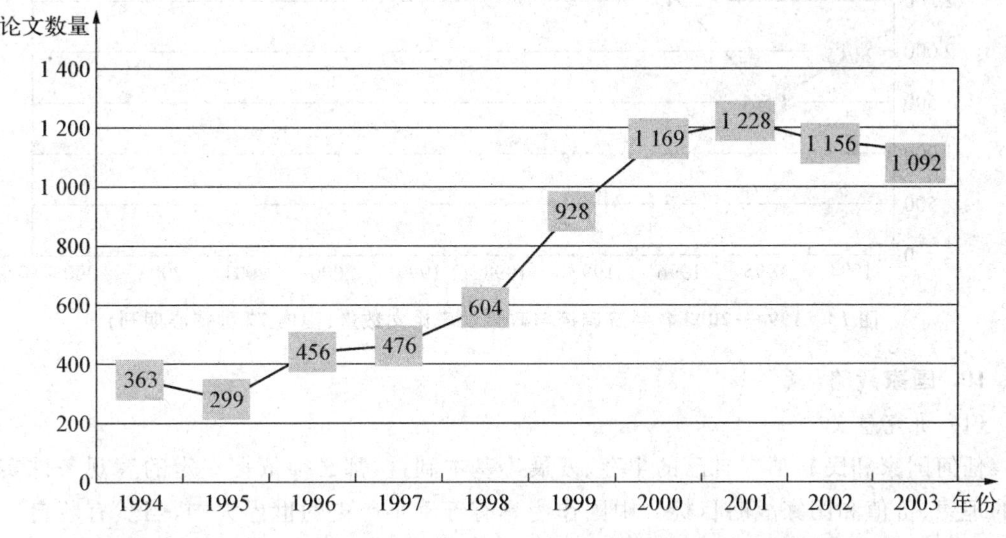


**图 12　1994—2003 年创新系统与科技政策发表论文数量(国内 77 种核心期刊)**

**9. 经济调控与政策**

(1) 研究意义

经济调控与政策是政府弥补市场失灵、进行补缺的有效手段,是我国经济社会良性运行的有效保障,对于调节经济发展速度、保证经济发展水平、调整产业结构、维护社会公平具有十分重要的作用和意义。

(2) 研究现状

自 1978 年以来,我国政府和理论界就一直注重经济调控与政策手段的运用,从"一个中心,两个基本点"的政策确立到改革开放、深化国有企业改革、西部大开发、"三农"问题的解决等,都体现了经济调控与政策的水平和效用。理论界关于经济调控和政策的讨论也从国家主导理论、国家干预理论向国家参与理论方向发展,推动了我国经济的快速、高效发展。

从对经济调控与政策领域在国内 77 种核心期刊中发表的论文数量统计来看,该领域每年发表的论文数量总体呈现明显的上升趋势。1994 年发表论文数量为 2 015 篇,而 2003 年上升到 3 307 篇,上升幅度达到 64%。与 20 种期刊的统计结果相类似,该领域的发展可分为三个阶段:第一阶段是 1994 年至 1995 年,每年发表的论文数量出现下降的现象,下降幅度达 22.5%。第二阶段是 1995 年至 2001 年，该阶段每年发表的论文数量呈现明显的上升趋势。尽管 1997 至 1998 年的发表数量略有下降，但总体来说年发表数量由 1995 年的 1 561 篇上升到 2001 年的 3 566 篇，增长幅度达到了 128%。第三个阶段则出现在 2001 至 2003 年，年发表论文数量出现连续递减的情况，降幅达 7.3%(见图 13)。

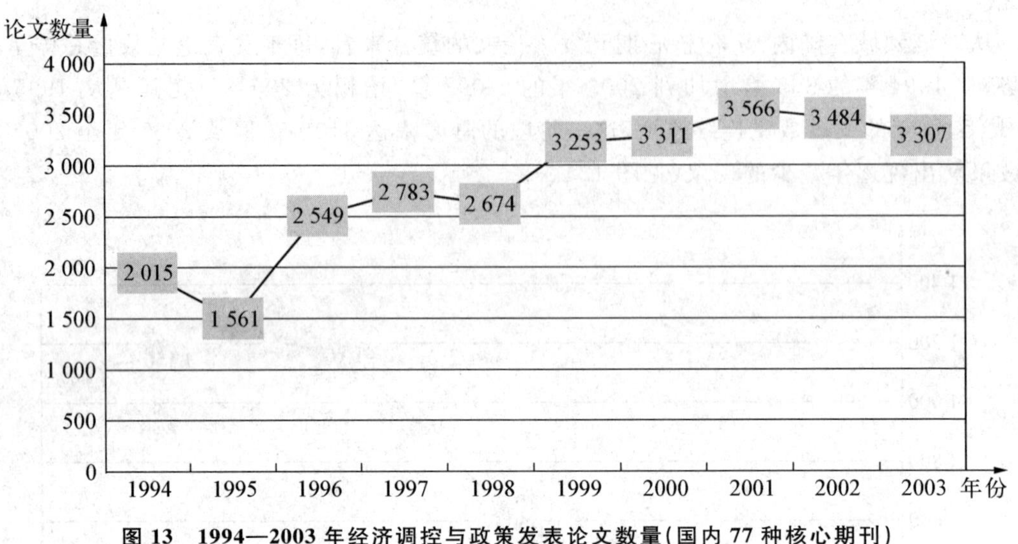


**图 13　1994—2003 年经济调控与政策发表论文数量(国内 77 种核心期刊)**

**10. 国家战略**

(1) 研究意义

任何国家和民族都有自己的生存、发展等基本利益，都必须依据一定的客观条件实现自己的理想、价值和国家战略目标。中国作为具有五千年历史的世界大国，当然有着自己的价值观、传统、文化和民族理想。同时，中国必须在任何复杂的形势下，清醒认识和牢牢把握自己的根本利益和力量，制定和实施符合本国原则和利益、符合国家力量条件、有助于实现国家战略目标的国家战略。

国家战略是指导国家各个领域的总方略，是筹划和综合运用国家的政治、经济、军事、科技、文化、外交和精神力量，保卫国家安全，振兴国家，以达到国家目标的科学和艺术。国家战略的研究对于中华民族的振兴和发展具有十分重要的意义。

(2) 研究现状

我国的国家战略主要体现在党和国家的总路线、总纲领、总方针之中，并且随着社会进步和国情的变化而不断地发展。国家战略包括国家发展战略、安全战略、外交战略等一系列路线、方针、政策，如"科教兴国"、"西部大开发"、"东北等老工业基地振兴"等国家发展战略的提出，对振兴中华具有深远的意义。

从国内 77 种核心期刊的发表论文统计结果看，1994 至 2003 年，在国家战略领域每年发表论文的数量一直上升。1994 年发表论文 1 212 篇，2003 年发表论文 4 401 篇，增长幅度达到 263%。自 1995 年以后，每年发表论文数量都比前一年有所增加，尽管增长幅度不尽相同。其中 1995 至 1996 年增长幅度较大，达 61.3%。此后，发表论文的增长速度放缓，例如 1998 至 1999 年增长幅度为 9%(见图 14)。

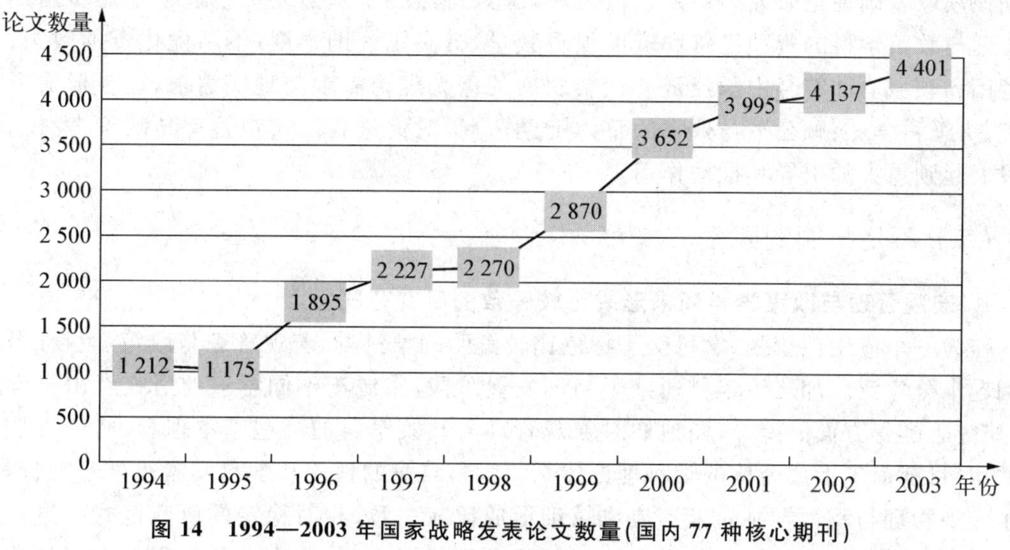


**图 14　1994—2003 年国家战略发表论文数量(国内 77 种核心期刊)**

## 三、我国宏观管理与政策学科的发展状况分析

改革开放以来,伴随社会主义市场经济体制和民主法制体系的逐步完善,中国的经济、社会体制发生着重大转型,尤其是自 20 世纪 90 年代以后,公共管理作为宏观管理与政策学科中的主要力量,在我国获得了迅速发展,有力地推进了相关学科资源的优化整合。当前,我国的宏观管理与政策学科已具备了一定的研究基础和优势,同时也存在一些不足和制约因素。

### (一) 发展优势

**1. 我国宏观管理实践的现实需求是宏观管理与政策学科发展的巨大推动力**

宏观管理与政策是一门实践性很强的学科,该学科的主要任务是为宏观管理与政策制定提供理论依据和决策参考。目前,我国正处于建立和完善社会主义市场经济体制的转型时期,国家提出了全面建设小康社会、和谐社会和建设创新型国家的发展目标,新的形势和任务对政府进行宏观管理与政策制定的实践提出了一系列问题和挑战,这些现实需求成为促进宏观管理与政策学科发展的巨大推动力。

**2. 研究队伍逐步形成并发展壮大是宏观管理与政策学科发展的重要基础**

我国宏观管理与政策学科的研究队伍主要集中在高等院校、研究院所、政府政策研究部门等系统内。随着公共管理学科的建立与发展,一些从事管理科学与工程和工商管理学科研究的学者,以及从事经济学、政治学、社会学、自然科学等领域研究的学者开始汇集到宏观管理与政策学科中,共同推动着该学科的发展。研究队伍的逐步形成和成长壮大正成为促进宏观管理与政策学科快速、良好发展的重要基础。

**3. 国家资助力度的逐渐加大是宏观管理与政策学科发展的重要保障**

随着政府职能的转变,中央、地方政府逐年加强了对宏观管理与政策研究的投入。作为资助该领域基础理论研究的主要机构之一，国家自然科学基金委员会近年来逐步增加了宏观管理与政策学科的资助经费和资助项目数量，提高了资助强度，不断优化资助政策，使资助范围和领域更加符合中国经济与社会发展的重大理论需求与现实需求，逐步形成了布局合理、决策科学、兼顾公平与效率的整体资助格局，对促进我国宏观管理与政策学科的建设与发展起到重大的引导和推动作用。

### （二）不足与制约因素

**1. 宏观管理与政策学科尚未形成比较一致的研究范式**

作为一个应用性较强、学科交叉特色比较鲜明的学科群，宏观管理与政策学科涉及的研究问题十分广泛。加之该学科还处于初创发展阶段，来源于不同学科的研究者由于学科背景、研究志趣等方面的差异，使他们对宏观管理与政策学科的一些基本理念、研究方法等缺乏共识，目前尚未形成公认的学科理论体系。学科自身的性质和学科发展正处于初创期，决定了宏观管理与政策学科尚未形成也较难形成比较一致、相对稳定的研究范式。这一特点赋予了宏观管理与政策学科多样性的创新活力和发展空间，但也在一定程度上制约着该学科的规范化与国际化的发展进程。

**2. 基础理论研究相对薄弱，有中国特色的原创性研究比较缺乏**

由于我国的宏观管理与政策学科还处于发展的初创阶段，使该学科的基础理论研究比较少，原创性的研究工作更少，尚未形成系统、完善的基础理论体系。我国在本学科领域的研究者较多以政府当前工作的重心和社会热点问题来调整自己学术关注的焦点，在某种程度上存在着“追热点，赶潮流”现象，基础理论研究相对薄弱，主要以引借国外已有理论成果为主，具有中国特色的本土化、原创性基础研究成果比较缺乏。就中国的宏观管理与政策学科而言，没有系统深入的基础理论研究，学科的整体水平就难以提高，没有中国特色，就无法在国际学术领域占据独特的地位。

**3. 研究方法的规范性和合理使用有待进一步改善**

在专家问卷调研中，一些专家认为我国宏观管理与政策研究在研究方法上与国际先进方法脱节。相当多的研究只采用定性方法，一般是运用资料分析、文献研究为主的方法进行思辨分析和论证，很少开展实证分析和深入的案例研究、实地研究和实验研究。主要表现在研究内容与实际问题联系不够紧密，研究的理论成果实际应用性较差，难以用于管理实践的指导；研究多采用定性方法，研究方法不规范、不科学，造成研究结论经不起推敲，难以与国际学术前沿接轨；大部分研究是以实际问题为导向的，而对宏观管理与政策学科的基础理论研究较少，未形成系统的基础理论体系。由于研究方法的科学性和严密性不够，致使研究结论很难取得良好的信度和效度，不能与国际学术前沿接轨。

近年来，国内学者在努力推进研究方法的规范化方面已经取得了一定进展，但另一方面，出现了方法选择不当的问题，迷失于“方法的丛林”，实际上是研究方法不规范的另一种极端表现。对于处在初创发展期的宏观管理与政策学科而言，尤其需要根据研究要求来选择和发展适当的研究方法。

**4. 理论研究不能为实践提供有效的知识支撑**

通过问卷调查、座谈和访谈，通过对中国期刊网上的研究论文所使用的关键词以及国内思想库研究成果的统计分析发现，当前我国宏观管理与政策的学术研究热点与我国政府工作的重点是比较一致的。这便出现了我国宏观管理与政策研究中的一种悖论式的判断：一方面，大量研究成果的内容与现实结合紧密；另一方面，问卷调查中多数专家认为，中国的宏观管理与政策研究中存在较大的理论与实践脱节问题。

上述现象出现的原因之一是，不少研究人员在研究的思路和方法方面存在缺陷，真正紧贴政府运作与社会现实问题的实证分析和深入的案例研究不够，现场研究和观察实验研究更加缺乏，从而没有很好地解决理论研究与实际问题之间的依存路径与对应关系。因此，虽然研究题目直接针对了现实需求，但研究得到的结论对实际应用的支撑力度却比较差，更难以直接地应用到宏观政策与管理实践中。这种理论研究不能为实践提供有效知识支撑的另一原因在于，多数研究主要是仅仅限于就事论事，缺少整体性、实用性、前瞻性和预见性研究。

此外，宏观管理与政策的研究与制度因素密切相关，很多体制机制上的约束对宏观管理与政策问题的研究起到了严重的阻碍作用。是在现有制度约束下进行学科的研究，还是突破制度因素的束缚进行自由的探讨与研究，成为决定学科今后发展情况的重要因素。同时，国家对宏观管理与政策学科的资助渠道较多，一些资助渠道还没有明确自己的定位，各渠道之间缺乏足够的沟通和协调，造成资助资金的分散和资助项目的重复。此外，学科代码还未完全统一，对宏观管理与政策学科的发展不利。

### (三) 研究力量

我国宏观管理与政策学科的研究力量主要集中在国家宏观决策及其综合研究部门、高等院校、社会科学院、党校和军队相关研究部门这五大系统内。经过多年的发展，研究队伍不断成长，研究实力不断提升，研究成果不断丰富。据有关部门不完全统计，我国有上千家政策研究机构为各级政府宏观决策与管理提供咨询服务。

国家宏观研究部门是隶属于政府决策部门的研究机构，他们侧重于对国家发展中出现的重大现实问题进行研究，直接向政府提供可供使用的政策建议。例如国务院发展研究中心、国家发改委、中共中央政策研究室等都有从事宏观管理与政策研究的部门。这些研究部门的大部分研究人员具有高级专业技术职称，是本研究领域有影响的专家，并在周围聚集了一批稳定的合作研究力量，他们为我国宏观管理与政策领域的理论研究与实践作出了重要贡献。此外，这些研究机构还与 UNDP、亚洲开发银行、福特基金会、OECD 等国际组织、外国机构和国内科研院所、企事业单位进行科研合作，促进了多种研究力量参与我国宏观管理与政策学科的发展与建设。

高等院校也是进行宏观管理与政策研究的重要力量，他们通过设立研究中心、参与相关课题的研究以及开设宏观管理与政策的相关专业，有力地促进了宏观管理与政策学科的研究和发展。通过对专家调查问卷的统计分析，专家们认为在宏观管理与政策领域研究力量最强的前五个高校或研究机构分别是北京大学、清华大学、中国人民大学、中国社会科学院和复旦大学，而中山大学、国务院发展研究中心、浙江大学和武汉大学则紧随其后。自 1999 年国务院学位委员会批准设立公共管理专业硕士学位(MPA)以来，高等院校宏观管理与政策学科的发展获得了新的动力和契机。目前全国有近百所高校设立了公共管理学院或公共管理教育中心，有100所院校获得MPA试办权，涵盖了大部分国内知名高等院校。同时，由于宏观管理与政策学科交叉性强的特点，高等院校中的经济、政法、工商管理等领域中也有很多学者从事宏观管理与政策领域的研究工作。MPA教育将依托高校雄厚的教学资源和师资力量，培养出高素质、专业化的国家公共管理干部队伍，并推动建立起一个高效、协调、规范的公共政策管理体系。MPA教育的发展状况从一个侧面反映了高校在宏观管理与政策领域研究水平的提高和研究力量的壮大。

此外，社会科学院作为我国重要的科学研究部门和教育机构，拥有优厚的学术资源和强大的研究队伍，在宏观管理与政策领域的研究中有着其他研究力量无可比拟的优势，发挥着不可替代的重要作用。党校和军队的相关研究机构围绕国家发展的现实需求和自己的研究优势进行有针对性的研究工作，在宏观管理与政策研究领域同样发挥着特殊的重要作用。

总之，我国宏观管理与政策学科经过20多年的发展，尤其是在国家自然科学基金委的资助发展下，已经取得了长足的发展和进步，理论研究为实践发展提供了有力的理论支撑，但同时也要看到，我国的宏观管理与政策学科发展相对较晚，还有许多不足和发展空间，需要通过国家、高等院校、科研院所等各方的努力加以推动，以期对我国的改革和发展继续发挥更大的作用。

# 中国公共管理理论研究的重点领域和主题[①]

陈振明，薛澜

**摘要：**近年来，党和政府提出科学发展观，做出构建社会主义和谐社会、建设创新型国家等战略决策，并采取切实可行的措施，深化行政体制改革，推进党的执政能力建设、政府管理创新和服务型政府建设。这既为中国公共部门尤其是政府的改革与发展提供了新的巨大空间，对公共管理理论与方法的研究提出了更高的要求，也为该学科的发展提供了前所未有的历史机遇。公共管理的基本理论与方法是宏观管理与政策研究的基础，其研究进展是学科成熟程度和研究规范水平的重要标志。因此，必须根据转型期中国公共管理的实践发展和现实需要，选择更具有战略性和针对性的理论与实践课题进行研究，切实帮助党和政府处理与解决复杂的公共管理和公共政策问题。政府改革与治理、公共政策的理论与实践、公共组织理论以及政府工具等是中国公共管理的理论与方法近期亟待研究的重点领域和主题。

**关键词：**公共管理；政府改革；治理；公共政策；公共组织

公共管理是一个涉及众多学科的重大理论与实践领域，而我国改革开放和市场经济发展急需公共管理特别是政府管理或治理的创新研究。随着全球化、信息化、市场化和知识经济时代的来临以及世界性公共部门改革浪潮的兴起，当代国内外的公共管理的理论和实践都已经发生了深刻的变化。在我国改革开放和现代化建设事业的发展过程中，公共部门管理尤其是政府治理产生了大量急需解决的重大问题。巨大的现实与理论需求必将有力地推动我国公共管理学科的迅速发展。因此，必须立足于转型期中国公共管理实践，加强公共管理的基础理论研究以及知识创新，以满足转型期中国公共管理发展的实践需要。

20世纪80年代中期，我国恢复并展开了对公共管理学领域的研究与教学工作。经过了20余年的发展，在公共管理与公共政策的学术研究、人才培养和知识应用方面取得了显著进展，逐步成长为一个独立的研究领域。然而，与国外尤其是西方国家相比，我国公共管理学科的教学与研究仍然比较落后，存在着学科边界模糊、视野狭窄、基础不牢、知识体系不完整、研究方法陈旧、知识创新不足、理论研究落后于实践发展、针对性、应用性不强、对国外公共管理领域的新思潮、新流派、新理论和新方法的跟踪研究与批判分析尚待加强等方面的问题。《宏观管理与政策学科“十一五”发展战略与优先资助研究报告》课题组的调查数据表

① 本文受2006年度国家自然科学基金重点项目70633001的资助。

明[1]，21%的专家认为我国宏观管理与政策学科(即公共管理及公共政策学科)在基础理论研究上比较薄弱，缺乏系统性、原创性和理论前瞻性，在研究方法上与国际通用的规范方法相脱节；同时，我国公共管理学科仍处于创始和形成期，存在大量的理论空白需要填补。

从实践上看，我国改革开放、市场经济发展和政府改革中产生了许多重大的实际问题。这些问题的解决，需要公共管理与公共政策尤其是政府管理与治理的创新研究。特别是近年来党和政府提出科学发展观，做出构建社会主义和谐社会和建设创新型国家等战略决策，并采取切实可行的措施，深化行政体制改革，推进党的执政能力建设、依法行政、政府管理创新和服务型政府建设。温家宝总理在十届全国人大五次会议上的《政府工作报告》也提出了今年和今后一段时期政府自身改革和建设必须做好的主要工作。这既为中国公共部门尤其是政府的改革与发展提供了新的巨大空间，也对公共管理理论与方法的研究提出了更高的要求，为该学科的发展提供了前所未有的历史机遇。

公共管理的基本理论与方法是宏观管理与政策研究的基础，其研究进展是学科成熟程度和研究规范水平的重要标志；加强公共管理基本理论和方法的系统研究，构建符合中国国情的公共管理理论体系和方法体系，可以为整个宏观管理与政策学科的开拓创新、与国际接轨积聚实力、助长后劲。这对于提高本学科的整体创新水平具有重要的系统建构意义；对于我国建设创新型国家、提高政府的执政能力、应对社会转型期的许多重大管理和政策问题具有重要的现实指导意义，而且可以发展出符合中国国情的理论和方法体系。

因此，必须根据我国公共管理的实践发展和现实需要，选择更具战略性和针对性的理论与实践课题进行研究，以推动公共管理学的基础理论研究以及知识创新，以适应迅速变化的我国公共管理的实践要求。下面，我们将对中国公共管理的理论近期亟待研究的四个重点领域——政府改革与治理、公共政策的理论与实践、公共组织理论、政府工具——及其主题做出前瞻性的分析与说明。

## 一、政府改革与治理的研究

20世纪最后的二十余年，为迎接全球化、信息化、国际竞争加剧的挑战以及摆脱财政困境和提高政府效率，西方各国相继掀起了政府改革的热潮。它的基本取向是以采用工商管理的理论、方法及技术，引入市场竞争机制，强调顾客导向以及提高服务质量为特征的“管理主义”或“新公共管理”，它往往被人们描述为一场追求“三E”(Economy, Efficiency and Effectiveness，即经济、效率和效益)目标的管理改革运动。这场改革使支配了20世纪大部分时光的传统的公共行政模式向“管理主义”或“新公共管理”模式转变，即形成政府治理的新模式。此后，通过对“新公共管理”理论及其改革实践的总结与反思，各国学者开始更加关注于公共服务的结果取向、倾向公共治理结构的多元化发展、通过责任分散的治理手段来构建以提高公共服务质量为导向的政府。可以说，治理或公共治理的概念正日益受到学界和政界的重视，并成为政府改革的一个目标模式。

一般来说，治理是一个上下互动的管理过程，它主要通过多元、合作、协商、伙伴关系、确

---

① 该报告是国家自然科学基金委员会管理科学部委托清华大学公共管理学院薛澜主持的课题组完成的。

立认同和共同的目标等方式实施对公共事务的管理，其实质在于建立在市场原则、公共利益和认同之上的合作。它所仰赖的管理机制不只是单纯的政府权威，而更多地是合作网络的权威。全球治理委员会认为，治理是或公或私的个人和机构管理共同事务的诸多方式的总和，是使相互冲突或不同利益得以调和并采取联合行动的持续过程。治理理念所关注的主要问题是“如何在日益多样化的政府组织形式下保护公共利益”①，如何在有限的财政资源下以灵活的手段回应社会的公共需求。

在我国，“科学发展观”、“和谐社会”、“服务型政府”、“依法行政”和“党的执政能力建设”等新理念和战略的提出，为我国构建新型的公共治理体系提供了基本的指导思想。党的十六届三中全会提出“坚持以人为本，树立全面、协调、可持续的发展观，促进经济社会和人的全面发展。”这表明我国公共治理理念已经由注重经济发展转到注重经济社会协调、可持续发展的转变。党的十六届四中全会又明确提出“要适应我国社会的深刻变化，把和谐社会建设摆在重要位置，注重激发社会活力，促进社会公平和正义。”这表明我国的公共治理将淡化“政府本位”的价值观，更加注重社会的公共需求和正义。尤其值得注意的是，2003 年“非典”事件之后，政府的社会管理和公共服务职能逐渐引起了广泛的关注。温家宝总理指出：“非典疫情的发生和蔓延，给我们的一个重要启示，就是要在继续加强经济调节和市场监管职能的同时，更加重视政府的社会管理和公共服务职能。”温家宝总理在今年 3 月召开的十届全国人大五次会议上的《政府工作报告》则将“加强社会管理和公共服务职能，增强基本公共服务能力，着力解决人民群众反映强烈的问题”当作今年政府自身改革和建设的三项主要工作之一②。实际上，加强政府的社会管理和公共服务职能意味着我国的政府改革与治理要以满足社会的公共需求为导向，并采用以人为本的公共治理方式来实现社会的和谐发展。

与此同时，随着我国市场经济的推进，社会的阶层、结构、运转方式乃至观念都产生了深刻的变化，客观上需要我国构建新型的公共治理体系，以适应社会发展变迁的需要。众所周知，现代社会的一个基本特征就是市场经济构成社会运行的基本面，复杂的分工、交易系统促进了经济生活的蓬勃发展，同时也使得社会利益主体多元化、社会结构阶层化、社会关系复杂化。这种情况扩展了社会的多元需求，激化了政府财政资源稀缺的压力，客观上要求政府加强公共治理体系的建设，通过不同治理结构和特定管理自主权的结合，使政府提供的公共服务更好地满足公众的需要，更具有回应性，并为民众提供参与公共决策过程的机会。

当前，政府改革与治理领域值得研究的若干理论问题如下。

**1. 我国公共治理体系的构建**

研究全球范围内公共治理体系变革的背景、现状和趋势，进行公共治理理论和实践的国际比较；基于我国经济社会发展和市场体制的不断完善，研究如何建设一个行为规范、公正透明、勤政高效、清正廉洁的政府；研究转型期我国政府治理结构的变革、我国公共管理体系的基本架构、政府机构设置及其改革、政府内部的权力配置及运行机制、政府内部结构关系（包括纵向的管理层级与管理幅度的关系、横向的决策机构、执行机构和监督机构的关系）；研究政府治理的组织结构形式，尤其是分析和评价传统的“官僚制”（“科层制”）的作用和局

---

① 经济合作与发展组织，《分散化的公共治理——代理机构、权力主体和其他政府实体》，国家发改委课题组译，中信出版社，2004 年，第 3 页。

② 《温家宝总理在十届全国人大五次会议上的政府工作报告(摘要)》，《光明日报》2007 年 3 月 6 日第 3 版。

限性，并探索新的治理结构形式；研究服务型政府的组织结构、制度和变革方向，国家统一管理和地方治理结构多元化之间的协调关系，党和政府与各种社会主体（企事业单位、社会团体、中介组织、社区和公民个人等）之间的多元、合作、协商和伙伴关系，实施公共治理的理论、模型、方法与工具等方面的问题。

**2. 政府的角色定位与政府职能转变**

政府行政的角色定位以及职能的转换是深化我国行政管理体制改革的一个重要任务。目前，我国政府职能尚未最终实现根本性的转变，政府仍然包揽过多的社会公共事务，其生产、提供、安排角色的定位还不够合理，存在越位、缺位和错位现象。党中央和国务院已经明确指出，行政体制改革的当务之急，就是要政府明确自身的角色定位；并将现阶段我国的政府职能界定为经济调节、市场监管、社会管理和公共服务四个基本方面。本专题主要研究建设和谐社会背景下政府角色重新定位和职能梳理，以明确政府管理的范畴和边界，政府与市场、社会之间的分工关系；研究以提供公共服务为核心的政府职能体系的重构，尤其是研究如何全面履行政府职能，在继续加强经济调节和市场监管职能的同时，着力加强社会管理和公共服务职能建设，构建服务型政府；研究如何建立健全应对突发性公共事件的管理机制、深化行政审批制度改革、推进依法行政等问题。

**3. 第三部门的发展与管理**

有如萨拉蒙所说："有组织的志愿性活动正在全球范围内开展，大量民间的、非营利的或非政府组织（即第三部门）正在世界各地建立。非营利组织的兴起，源自公民个人、政府以外各种机构以及政府本身的一系列压力。它反映了众多独特的社会和技术变化，以及积蓄已久的对国家能力的信心危机。"[①]有国内学者预言，在未来，非营利组织的规模和重要性将不断增长，许多在过去几十年间由政府承担的义务，将被社区组织——非营利组织取代[②]。本专题应着重研究政府与社会的职能分工问题；研究如何创造诱致性的激励体制，激发公民个人和社会组织参与到公共治理上来；研究如何创设配套的制度安排和实施有效的政策监管，使非营利组织的运转实现制度化与规范化；同时，应研究如何完善第三部门的管理体制与创新运行机制，研究政府如何加强对第三部门的管理（特别是如何通过税收控制和法律监督，规范第三部门的发展）；研究如何建立健全第三部门的自律机制；研究第三部门的社会监督机制如何"补位"，使之与政府对第三部门的行政管理和第三部门的自律机制形成良性的互动。

**4. 政府间关系**

政府间关系是指中央政府与各级地方政府之间纵横交错的网络关系，它既包括纵向的中央政府与地方政府、各级地方政府之间的关系，也包括同级地方政府之间以及不存在行政隶属关系的非同级地方政府之间的关系。改革开放以来，我国地方政府的独立性和自主权迅速扩大，已经成为具有独立经济社会利益和独立发展目标的利益主体。它不仅改变了传统中央与地方之间单纯的控制与服从的关系，还深化了地方政府之间的对策博弈关系，使得政府间关系研究成为一个日益突出的实践与理论课题。本专题主要研究我国公共管理过程中

---

① 莱斯特·萨拉蒙，《非营利部门的崛起》，谭静译，《马克思主义与现实》，2002年第3期。

② 李亚平、于海，《第三域的兴起》，复旦大学出版社，1998年，第4页。

的中央与地方关系的调整，中央与地方权力(权利)的划分，“条”与“块”、集权和分权的关系，尤其是研究如何在保证中央权威的前提下充分发挥地方的积极性问题；研究地方政府之间的关系，政府内部不同层级的组织之间的授权和分权、我国行政区划调整、地方政府层级以及区划设置、区域公共管理的合作和竞争方式，以及“网络治理”和“复合行政”新模式等问题①。

**5. 公共财政框架下的治理结构与制度设计**

与市场经济发展相适应，我国已初步建立起了公共财政体制，但仍然存在预算缺乏透明度、资源配置的效率低、资金滥用和浪费严重、审计机制不够健全等问题。因此，有必要研究目前我国公共财政体制与管理中存在的问题，分析原因并提出对策，完善我国的公共财政体制。特别是要研究如何在适当的公共财政框架下构建公共治理的结构与制度设计问题；研究西方发达国家以政府预算和政府会计为重心的公共财政管理改革，研究如何以公共治理的理念——责任(Accountability)、透明(Transparency)、预见(Predictability)和参与(Participation)——来指导公共财政管理改革；研究公共财政框架下我国政府治理结构的变革；研究我国政府事权、财权的协调和运作关系等方面的问题。

## 二、公共政策的理论与实践研究

公共政策是国家机关、政党及其他政治团体在特定时期为实现或服务于一定的社会政治、经济、文化目标所采取的政治行为或规定的行为准则②。在美国学者尼古拉斯·亨利看来，公共政策既涉及政治学领域——公共政策是对社会价值进行的权威性的分配，又涉及公共行政学的领域——公共政策需要公共行政官员在行政管理组织中加以实施③。公共政策体现国家整体战略和政治价值的需要，也反映社会公共问题和公共管理技术的有机结合，因而对一国或地区经济社会的持续和健康发展起着至为重要的作用。公共政策研究(又称公共政策学、政策科学、政策分析)诞生于快速的工业化和都市化过程所带来的一系列问题情境中，如犯罪、贫困、教育、卫生、住房、就业、养老和环境保护等，是政界寻求解决社会问题的办法以及学界试图运用其知识来解释和帮助解决这些问题时“一拍即合”的产物。正是在这种背景下，公共政策研究或政策科学作为一个全新的跨学科、应用性研究领域，在二战后的西方迅速发展起来，成为20世纪70年代以后公共管理学发展的一个新方向。

公共政策研究将科学知识尤其是社会科学知识与公共决策过程密切联系起来，提倡以问题为中心，而不是以学科为中心的知识产生方式；政策科学的倡导者们力图克服政治学及其他社会科学将理论与实践相脱离，片面强调学术研究的局限性，提出一门能把各种知识和方法直接运用于解决社会政治问题的新学科。它是一门以实践为取向的学科，是适应人类利用已有知识和方法去改进政策制定系统、提高政策质量的需要而产生的。政策科学的研究对象是政策实践或实际的政策过程，它的目的和功能是提供政策相关知识，为政策实践服

---

① 按照王健、鲍静等人在《“复合行政”的提出——解决当代中国区域经济一体化与行政区划冲突的新思路》(《中国行政管理》，2004年第3期)一文中的说法，所谓复合行政，就是在经济全球化背景下，为了促进区域经济一体化，实现跨行政区公共服务，跨行政区划、跨行政层级的不同政府之间，吸纳非政府组织参与，经交叠、嵌套而形成的多中心、自主治理的合作机制。

② 陈振明，《政策科学》(第二版)导论，中国人民大学出版社，2003年，第50页。

③ 尼古拉斯·亨利，《公共行政与公共事务》，张昕等译，华夏出版社，2002年，第291—292页。

务。因此，公共政策不是纯理论科学或基础研究，而是一门应用性很强的学科，可以说体现了理论与实践的高度统一，它既来源于实践，又在实践中得以应用和发展①。

最近的二三十年，当代国外公共政策研究出现了一系列的新变化及新趋势：政策科学作为一门统一的社会科学的范式受到作为一门应用性社会科学的政策分析范式的挑战，而理性、科学的政策分析范式受到人们的广泛质疑；公共政策的研究途径日益多样化（在其中经济学途径的地位越来越突出）；基于阶段划分的传统政策过程理论遇到各种新的概念框架的有力竞争；政策科学学科逐步分化，尤其是出现了比较公共政策、政策伦理学、政策工具研究等分支学科；政策科学的研究主题不断拓展，许多主题的研究取得新进展，形成了新的理论。

近年来，我国公共政策的理论与实证研究也取得了重要的进步，引进、消化和吸收国外政策分析的理论和方法成果，跟踪该领域的最新趋势，在中国政策系统及其运行、中国现实政策尤其是经济社会政策问题等方面的研究上取得了显著的进展。但是，存在的问题也相当突出，例如，公共政策的理论体系陈旧，研究方法规范性较弱，抽象的理论建构和演绎较多，实证的问题研究和政策方案研究较少。这就迫切需要我们强化公共政策的理论与实证研究，以我国的政策系统、政策过程以及政策实践作为研究对象，立足于我国现实的重大经济社会政策问题，重点关注转型期新旧体制之间的摩擦、利益多元化、资源与环境限制等多重约束条件下我国公共政策的制定和执行所面临的挑战，并对其进行分析、评估和判断；研究我国在建设社会主义和谐社会和法治国家的过程中，如何推进公共决策的科学化、民主化和法制化；跟踪西方公共政策分析的发展趋势并与我国进行比较分析，注意引进、消化和吸收当代国外的政策科学研究的积极成果，处理好国际化与本土化的关系问题，即一方面在公共政策的概念、理论、方法的表述上注意国际化和规范化；另一方面又要立足于我国政策实践，充分注意我国的政策系统和政策过程以及政治制度和意识形态的特点，立足于我国现实的政策实践和政策问题的研究，形成有中国特色的政策科学的基本概念、理论和方法。

当前，公共政策领域值得研究的若干理论问题如下：

**1. 公共政策基本理论与方法论研究**

与传统的社会科学各学科相比，政策科学具有更广泛的学术框架，它提倡以问题为中心而不是以学科为中心的知识产生方式，围绕政策问题的解决而整合来自各学科的知识和方法，如政治学、经济学、社会学、管理学、数学、统计学、运筹学、未来学和系统分析等。因此，我国的公共政策研究必须下大力气加强对基本理论和方法的探索，尤其是要加强对公共政策的学科基础、公共政策研究途径、政策分析方法论的研究。

**2. 公共决策体制研究**

公共决策体制是公共决策组织的核心部分，是决策主体、决策权力分配、决策规则和方式的总和，或者说是各种政策主体参与决策过程的制度安排。在某种意义上说，政策设计可以看作是政府机构或体制的产出，而不同的政府制度结构和体制将产生不同的政策后果。

---

① 陈振明，《政策科学的"研究纲领"》，《中国社会科学》，1997 年第 4 期；《是政策科学，还是政策分析》，《政治学研究》，1996 年第 6 期。

因此，必须研究公共决策体制的设计与创新、公共决策权力的运行、特定决策机制及机构设置和公共政策内容之间的关系以及在特定的制度下可能形成的政策工具的偏好。当前，特别需要研究如何更好理顺我国各种决策主体（尤其是党、人大和政府）的权力关系，创新公共决策体制，改进我国公共决策系统，实现民主集中制执行的科学化，提高公共政策制定的质量。

**3. 公共政策过程研究**

公共政策系统的运行表现为由一系列功能活动环节所构成的过程。作为政策过程研究的一种主导性途径，阶段途径将政策过程划分为政策议程、政策规划与合法化、执行、评估和终结等阶段，并在每一阶段讨论影响政策过程的各种基本因素。近一二十年来，学者们在批判反思的基础上，提出了各种关于政策过程的新理论框架，包括制度理性选择框架、多源流框架、中断—平衡框架、倡导联盟框架、政策扩散框架、因果性途径、权力角斗场理论、文化理论、建构主义框架、政策论域框架等，从而丰富了政策过程的理论①。而从目前我国的政策实践需要来看，中国政策过程理论的研究必须重视对我国实际政策过程的提炼，研究中国政策过程的特点；同时，重视对政策过程的程序或活动环节的研究，特别是加强对政策执行和评估的研究。必须研究我国政策执行过程、影响政策有效执行的因素、政策执行的手段，并针对我国公共政策实施过程中的延搁、变通、曲解等现象进行深入地考察和分析；研究公共政策评估的模式、过程和方法及技术，特别是研究如何建立起一套具有可操作性和实证性的政策评估指标体系。

**4. 政策分析方法及技术的研究**

20 世纪 60、70 年代以来，以定量分析为主导的政策分析在公共政策研究领域中的地位日益突显，成为最引人注目的研究途径。公共政策分析关心的是如何解决所面临的问题而不是如何解释这些问题，它强调通过定性分析方法、定量分析方法和技术来寻求公共政策问题的解决方案，“最终试图创立一种能够提高决策效率的学问”②。应当说，加强公共政策分析方法及技术（包括定性分析与定量分析方法、理性与非理性及创造性思维方法、论证性与批判性方法等）的研究，对于我国提高公共政策研究的应用性、现实性和本土化具有重要意义。它是政府重要的决策咨询基础和知识来源，对于促进我国公共决策的科学化和民主化意义重大。

**5. 公共决策科学化民主化的研究**

在推进我国政治体制改革和加快社会主义民主政治建设过程中，提高决策科学化民主化水平是当务之急。当前，需要研究在决策科学化民主化的进程中，如何完善重大问题集体决策制度、专家咨询制度、社会公示和听证制度、决策责任制度。同时，研究国外公共政策决策模式及其演变③，分析各种模式的特点和应用背景，并评价其各自的优劣，研究如何借鉴各种决策模式的合理因素并应用于我国的决策实践，完善我国公共决策的程序。

---

① 保罗·A·萨巴蒂尔著，彭宗超、钟开斌译，《政策过程理论》，三联书店，2004 年，第 3—21 页。

② 威廉·N·邓恩著，谢明等译，《公共政策分析导论》，中国人民大学出版社，2002 年，第 3 页。

③ 在政策科学的发展过程中出现了各种基于对决策实践的理论反思的决策模式，如理性模式、渐进模式（或渐进—变化模式）、满意模式（有限理性模式）、超理性模式、最优模式、综合扫描模式、制度模式、过程模式、集团模式、精英模式、对策模式（博弈模式）、系统模式、序列决策模式、垃圾筒模式等。

#### 6. 公共决策中的公民参与问题研究

公民参与公共决策及公共事务管理是民主社会的基本内涵，而一个合理的、具有回应性的公共政策，应当以最大多数人的最大利益为目标，不应以社会某群体或阶层利益的严重损害为代价。党的"十六大"报告明确提出要"健全民主制度、丰富民主形式，扩大公民有序的政治参与，保证人民依法实行民主选举，民主决策，民主管理和民主监督，享有广泛的权利和自由，尊重保障人权"。这就要求公众能够更多地参与到公共政策的制定过程中，保证公众有充分的知情权、参与权、表达权和监督权。当前，要着重研究公众参与决策的制度设计——如何将各个社会阶层和群体所持的参与方式纳入制度规范体系，将其利益表达和意愿诉求及时和有序地纳入政治系统；研究如何拓宽公众参与决策的渠道——如公民听证或咨询委员会、民意调查和公众舆论、公民论坛、非营利组织的参与、关键公众接触和官民个别接触、基于网络的公民参与的新形式（如网络民意调查、网络选举、虚拟社区、网络公共论坛等）；研究如何开展多层次的公众参与——如何组织不同层次的政治参与，在继续深化政治代表人物和知识分子政治参与的同时，发展普通公民的有序政治参与。

## 三、公共组织理论研究

公共组织理论（或公共组织与管理研究）是目前国内公共管理学界研究比较薄弱而亟待加强的一个主题领域。在某种意义上说，公共组织理论也就是一般的公共管理理论；而掌握公共组织理论是实施有效的公共管理的前提，因为公共组织是公共管理活动的主体，是公共事务的管理者和公共服务的提供者。

公共组织理论是一般的"组织理论"的一部分。在过去，公共组织的论述主要散布于"讨论公共官僚机构的政治学和经济学著作"中，这些著作"通常把公共官僚机构描述得与私人领域相当不同……都没有给予内部管理——设计组织结构、激励并领导雇员、发展内部交流和团队合作——高度重视"①。现在，人们在理解公共组织方面已形成了许多重要的主题，并作了详细的研究，将这些主题整合在一起，有可能建立起一个公共组织理论②。公共组织理论研究的是公共组织性质、结构、设计方式、组织过程或组织行为、组织环境、组织变革与发展一类的组织问题③。作为人类活动协调和合作的形式，组织是人类社会最普遍的现象，在人类文明发展中极为重要，人类社会的进步依赖于组织的发展。在现代社会，组织在国家和社会生活中的作用日益突出，公共管理活动也离不开组织，正如马克思所说："行政是国家的组织活动。"④

传统公共组织（行政组织）理论源于 20 世纪初期的韦伯和泰勒等人的著作，它以"官僚制"（科层制）作为主要的研究对象，将"官僚制"当作公共组织的最佳表现形式，视规则、精确性和专业分工为组织结构和生产力的关键。从 20 世纪 60 年代开始，"官僚制"从理论到实践都受到了人们的质疑和批判。美国组织理论家沃伦·本尼斯在《官僚制的灭亡即将到来》

---

① 海尔·G·瑞尼著，王孙禺、达飞译，《理解和管理公共组织》，清华大学出版社，2002 年，第 8、9 页。
② 罗伯特·丹哈特著，项龙、刘俊生译，《公共组织理论》，华夏出版社，2002 年，第 12 页。
③ 陈振明、孟华，《公共组织理论》，上海人民出版社，2006 年，第 265 页。
④ 《马克思恩格斯全集》第 1 卷，人民出版社，1956 年，第 479 页。

一书中说："(从 60 年代开始算起的)20 至 50 年间，人们将目睹并亲自加入官僚制的送葬队伍。"①不仅"官僚制"的实践发展遇到了严峻挑战，以官僚组织理论为基础并囿于"行政原则"探索的传统公共行政学也面临困境。

20 世纪 60 年代末 70 年代初，乔治·弗雷德里克森等人提出了"新公共行政学"研究范式，把"政府的目的从政体价值的保护范围扩大到所有的公民，②"赋予公共组织更为宽阔的含义以及更为任重道远的社会服务使命。弗雷德里克森指出，传统的公共行政学研究局限于预算、人事管理、组织与管理一类的范畴上，过于狭窄，过于以"组织内部"取向，理论上过于空洞；"新公共行政学"要求一种新的组织理论，认为在公共组织中存在着四种基本的作用过程，即分配过程、整合过程、边界交换过程和社会动机过程，这四种过程适应于理解和改善旧的公共行政学③。但是，"至少对于公共组织的人来说，'新公共行政学'者有待于提出更加紧迫的问题，他们提出的解决方案也太少"④。

从 20 世纪 70 年代开始，经济学范畴的理性人假设、交换范式、公共选择等概念逐步融入了公共行政的话语体系，将公共行政的组织理论引向了公共管理的组织观。与以往公共行政学相比，公共管理更注重公共组织的政策目标选择和公共服务运作的方法、效率和回应性等现实层面，由静态的组织机构、过程和程序研究转到动态的项目、结果与绩效的研究，并探讨公共组织如何高效率地运用公共资源为社会提供更有效的公共服务，强调用私人组织的管理技术来改进政府绩效。

经过一个多世纪的发展演变，传统狭义的行政组织管理已经向更为广泛的公共部门组织管理发展，它的理论与实践呈现出系统化的公共部门组织变革、重视公共组织的绩效和文化、基于公共服务的组织再造和公共组织研究途径的多元化等方面的特征。

近期我国公共组织理论研究的重点是构建中国公共组织理论的基本知识框架。必须立足于我国公共组织尤其是国家(政府)组织的现实，在借鉴国内外公共组织理论研究成果的基础上，探讨公共组织的类型、特征及其与私人组织的关系、公共组织体制与结构及其变革、公共组织中的权力运作，公共组织的管理过程或管理功能(决策、领导、协调和控制等)、公共组织的管理方式(尤其是流程再造、绩效管理和战略管理)、公共组织文化、公共组织发展等方面的主题。

目前，公共组织领域需要研究的若干理论问题如下。

**1. 公共组织的特征、类型及其与私人组织的关系**

关于公共组织的特征及其与私人组织的关系，一直是有争论的问题，对这一问题的回答也涉及对公共部门改革实践中的战略与战术的选择以及对改革的评价(对当代西方的"新公共管理"或"企业化政府"改革就是一个典型的例子)。针对这些理论与实践上的争论，需要研究公共组织的特征及其与私人组织的关系的这个基础性问题。与此同时，公共组织(或公共部门)范围很广，包括政党组织、政府组织和非营利组织或第三部门等在内；在我国，党政

---

① Jay M. Shafritz, Albert C. Hyde, *Classics of Public Administration* (2nd ed.). The Dorsey Press, 1987, p. 325.

② 乔治·弗雷德里克森著，张成福等译，《公共行政的精神》，中国人民大学出版社，2003 年，第 42 页。

③ H. George Frederickson, Tow ard a New Public Administration, in Jay M. Shafritz & Albert C. Hyde (eds.), *Classics of Public Administration*, Moore Publishing Company, Inc., Oak Park, Illinois, 1978, p. 395.

④ 罗伯特·丹哈特著，刘俊生译，《公共组织理论》，华夏出版社，2002 年，第 122 页。

机关、群众团体、民间组织、中介组织、社区组织、相当部分的事业单位甚至国有企业都属于公共组织的范畴。因此，有必要研究公共组织的一般分类方法，研究现阶段我国各类公共组织的特点和性质及其相互关系，研究各类公共组织（尤其是政府机构和事业单位）的改革、发展与管理等问题。

**2. 公共部门战略管理研究**

这是一个必须引起国内学界高度重视的研究领域。战略管理着眼于公共组织与外部环境的相互作用，系统考虑组织的未来远景、长期目标和近期目标，将关注的焦点由内部转向外部，从注重日常管理、常规管理转向未来的发展管理和风险管理。由于当代公共管理的实践环境以及当代公共组织自身的结构、职能、流程和关系等都发生了深刻的变化，因此，考虑组织所面临的环境（优势、劣势、机遇和威胁），考虑组织的长远发展目标和未来，增强组织灵活性、能动性和适应性，提高自身竞争力，成为公共部门管理者最基本的管理任务及内容。这就需要立足于我国公共管理的发展及其环境，研究我国公共部门战略管理的系统与过程，尤其是研究战略思维、战略分析、战略制定、执行和评估的方法及技术问题。

**3. 公共部门人力资源管理研究**

人事管理从一开始就构成组织理论的一个重要组成部分。在当代西方尤其是美国，工商企业管理领域首先出现了从传统的人事管理到当代人力资源管理的革命性转变，并逐步推广和应用于公共部门特别是政府的人事管理之中。公共部门人力资源管理已成为当代公共部门（政府组织及非营利组织等）人事管理的新模式。在我国的组织人事管理实践中，人力资源管理的新理念和模式也得到越来越普遍的应用。本专题的研究应立足于我国当前行政体制与组织人事制度改革的实践，研究公共部门人力资源管理的新模式、干部人事管理体制创新和管理方式的转变、公务员制度的完善、我国公共部门人力资源的规划、开发和培训等问题。

**4. 公共部门的绩效管理研究**

加强和完善公共部门绩效评估，无疑是提高公共部门管理绩效的一个有效途径。在西方，随着“新公共管理”改革的兴起，绩效评估以及绩效管理在公共部门（尤其是政府管理中）得到广泛的运用。在我国，随着行政体制改革的深入和政府机关效能建设的展开，作为改进公共部门（尤其是政府）管理的一种有效工具，绩效评估及绩效管理越来越受到了人们的重视，并逐步在我国政府管理中得到应用和推广。当前，我国公共组织持续地变革与创新，政府管理效率与绩效逐步提高，这就更需要研究如何构建科学的绩效评估体系和方法，测量政府自身的效率、廉洁性和回应性程度，测量政府产出——公共服务的数量、质量和公正性程度；也需要研究如何在科学发展观的指导下建立健全领导干部的政绩评价指标体系。

**5. 公共组织的变异和权力制约研究**

在公共组织中，权力的运用是组织过程的核心，几乎所有组织都是在权力与政治活动的规则下运行。组织权力运作的动态过程实际上与决策的动态过程相一致，因此，组织过程就是一个决策过程，而决策是一个“权力角逐”的游戏①。公共组织的变异主要表现为内在性的膨胀，即公共部门及其官员运用公共权力追求自身组织目标或自身利益而非公共利益或

① 查尔斯·E·林德布罗姆著，朱国斌译，《政策制定过程》，华夏出版社，1988年，第53页。

社会福利的现象。在我国市场化改革过程中，权力的寻租和出租已经成为侵蚀公共组织正当性基础的异化现象。因此，需要研究公共组织权力变异的表现、原因与根源、公共组织维护公共利益的制度约束、权力约束和监督机制构建，特别是研究如何完善教育、制度和监督并重的惩治和预防腐败体系问题。

**6. 公共组织领导行为的研究**

领导是公共组织管理的一个核心职能，它对于公共组织发展与变革方向的把握、组织运行效率的提升等都有着举足轻重的作用。必须对我国公共组织的领导行为进行认真研究，以丰富中国公共组织理论和领导科学理论。当前，特别需要研究如何提高党的执政能力和政府行政执行力，研究党和国家如何坚持从国情出发和以人为本、执政为民的理念，实现党的领导、人民当家做主和依法治国的有机统一等问题。

此外，需要研究公共部门改革的系统配套，特别是研究构建和谐社会和建设创新型国家视野中的公共组织（主要是政府）改革的系统战略设计，将组织重建、体制变革、机制创新、职能转变、流程再造和管理方式更新以及相互关系的调整有机地结合起来，以全方位推进我国的公共组织变革。

## 四、政府工具研究

政府工具研究又称政策工具、治理工具或公共管理技术的研究，它是当代公共管理的一个重要的理论与实践领域。在 20 世纪 70 年代之前，公共管理学界对于工具的系统研究非常匮乏，甚至关于是否应该研究这一领域的争论都几乎没有出现过①。20 世纪 80 年代以后，在公共管理学及政策科学领域，出现了不少关于政府工具方面的论著。例如，胡德的《政府工具》(1983、1986)、彼特斯和尼斯潘主编的《公共政策工具》(1998)、戴维·奥斯本等人主编的《政府改革手册：战略与工具》(2000)、莱斯特·M·萨拉蒙等人主编的《政府工具——新治理指南》(2002)等②。现在，政府工具已发展成为当代公共管理学和政策科学研究的一个焦点，并正在成长为一个新的学科分支或主题领域③。

在实践中，政府管理方式的创新，特别是市场化机制、工商管理技术和社会化手段在政府管理中的引入，是 21 世纪行政管理发展的一个基本趋势。自 20 世纪 70 年代末开始，伴随着全球化、信息化、市场化以及知识经济时代的来临，西方各国相继掀起政府改革的浪潮。尽管西方各国政府改革的战略和优先性不同，但都以改进管理方式为核心，并采取以引入市场机制和工商管理技术为特征的“管理主义”或“新公共管理”措施，追求提高行政效率、改善管理绩效、加强责任制、放松管制、增加灵活性和回应性等目标。西方的“管理主义”改革在将市场机制、工商管理技术和社会化手段应用于行政管理的实践中已积累起成功的经验，也留下了失败的教训；西方学者对这个问题作了大量的实证分析与理论研究，取得了丰硕的成

① B. Guy Peters, Frans K. M. Van Nispen (eds.), *Public Policy Instruments: Evaluating the Tools of Public Administration*, Cheltenham, UK: Edw ard Elgar, 1998, p. 205.

② Lester M. Salamon, Odus V. Elliot, *Tools of Government: A Guide to the New Governance*, Oxford University Press, 2002.

③ 陈振明，“政府工具研究与政府管理方式改进”，《中国行政管理》，2004 年第 6 期。

果，但也有许多理论与实践难题没有解决。

在我国，随着市场经济的不断成熟和加入 WTO、行政体制改革的深化以及政府职能的转变，政府治理模式以及行政管理的方式、方法和手段亟待创新。现阶段我国行政管理水平不高的一个重要原因是管理手段较为单一，缺乏管理方式方法的创新和现代化。这就迫切需要引入一整套与市场经济相适应的新的政府工具或现代化的公共管理技术，并建构起新的行政管理的实践模式。江泽民同志在党的“十六大”报告中将改进管理方式与深化行政管理体制改革、转变政府职能和推行电子政务并列，作为今后我国政府改革的四大内容之一。温家宝总理在十届全国人大五次会议上的《政府工作报告》中则强调“必须创新政府管理制度和方式”，将“改进管理与服务方式”作为当前和今后一段时间政府自身改革和建设的主要内容之一①。而管理方式改进的一个重要方面是引入新的政府工具或现代化公共管理技术。

从内涵上看，政府工具以及管理方式是实现政府管理职能的手段，是“政府的行为方式，以及通过某种途径用以调节政府行为的机制”②。应该说，政府管理方式与工具研究的迅速发展与其对公共管理和公共政策过程细致入微的分析解释（尤其是对公共政策执行过程的模型化诠释）有关，它使得传统对政府管理的研究带上了从“软知识”向“硬科学”发展的印记，对政府过程更具解释力，对公共管理实践也有更为直接的指导作用。而由政府工具研究发展而来的“工具箱”，在国外政府管理实践中被广泛认可并得到使用，这大大增强了政府管理方式与工具研究的影响力。实际上，我国近年来政府改革所取得的积极成果，有相当一部分得益于政府管理方式与工具等操作层面的突破，行政审批制度改革、电子化政府建设、绩效评估、行政服务中心发展等就是有力的证明。以近年来备受瞩目的“中国地方政府创新奖”为例，许多地方政府正是借着工作流程的重构和管理方式的改进而提高了治理水平。

目前，国内学界缺乏对政府工具进行深入的理论研究和实证分析，不能为公共管理方式的创新与改进提供理论基础以及提供行之有效的工具。因此，这一领域的研究亟待加强。政府工具研究涉及一系列问题，其核心是如何将政策意图转变为管理行为，将政策理想转变为政策现实。这一领域的近期研究必须重点关注政府工具的基础理论和发展前沿以及实践的应用与开发，并关注中国政府改革与治理尤其是体制创新与职能转变的现实，从理论与实践的结合上，对政府工具的重要主题——政府工具的内涵、特征和功能、政府工具的分类、政府工具选择与评价及其标准、政府改革与治理中常用工具应用的范围、机制、效果与局限性等进行研究。

当前政府工具领域值得研究的若干理论问题如下。

**1. 政府工具的特性与分类**

什么是政府工具？它有哪些基本特征？这是政府工具研究最基本的问题。政府工具是一种手段，也是一种“客体”，还是一种活动；政府工具具有多样性和动态性的特征，并非一经选定就固定不变，必须不断地调整以跟上社会经济发展的需要。在使用过程中，它会随着时间的推移而发生改变，即使它们本身不变，主体运用它们的方式、策略等都有可能发生巨大改变。与此同时，政府工具并不是单一的，而是多元化的“工具家族”，政府工具分类的形成

① 《温家宝总理在十届全国人大五次会议上的政府工作报告（摘要）》。

② 欧文·E·休斯著，彭和平等译，《公共管理导论》，中国人民大学出版社，2001 年，第 99 页。

被看成是工具研究的最基本的成果之一。在相当长的时间里,政府工具的分类主要依据工具特性来进行。然而,现有的分类都不能令人满意,没有一个分类方法能够穷尽所有政府工具。由于分类所依据的标准不一,研究者们对于工具分类也就自然不同。因此,必须对政府工具的特性与分类进行基础性研究。

**2. 政府工具的选择、应用和组合**

在公共管理及政策执行中,选用何种政府工具或政策工具、用哪一种标准来评价该政策工具的效果等问题对政府能否达成既定目标具有决定性影响。政府工具的选择涉及两个主要问题,即影响工具选择的因素及如何进行工具选择。影响工具选择的因素主要有政策目标或政府目标、工具的特性、工具应用的背景、以前的工具选择和意识形态五种主要因素;而如何进行工具选择必须结合我国的具体案例来研究。工具效力的评价是古典研究途径中最重要的问题之一,目前人们逐渐将焦点转移到了政府工具的具体应用过程中,尤其是集中在哪些主体参与了工具的应用过程,他们对于应用过程的影响及其程度,以及各参与者之间的协调与合作等问题。此外,还要研究工具的优化组合。人们认为,工具的同时并且协调运作更符合现实社会经济发展的需要,工具的优化组合可以取长补短,避免单个工具应用的片面性。

**3. 公共服务供给机制和方式的选择与评估研究**

党的十六届六中全会通过的《中共中央关于构建社会主义和谐社会的若干重大问题的决定》明确指出:政府要更加注重履行社会管理和公共服务职能,逐步形成惠及全民的基本公共服务体系,创新公共服务体制和改进公共服务方式。因此,当前政府工具以及管理方式改进研究的焦点之一是公共服务的提供机制及方式的选择与评估问题。必须考虑如何通过制度安排让目标群体充分显示其需求偏好,如何将有限的财政资源在多样化、差异化甚至相互冲突的偏好之间进行排序,如何根据公共服务自身的特征提供多样化的渠道和组合,让社会能够选择最适于解决所面临的每一个具体问题的生产者和提供者。特别是如何针对本地实际问题,引入市场竞争机制、工商管理方法及信息技术,更新管理方式,用现代化的公共管理方法和技术(政府工具)来保障服务型政府 的实现,就成为当前公共管理学研究的重点和难点之一。

**4. 电子政务的管理研究**

可以说,信息技术是一种最重要的政府管理工具,它是引起当代公共管理变革的最根本的动力,而电子政务或电子化政府建设则是当代公共管理发展的一个基本趋势。按照联合国公共经济与公共管理局(UNDPEPA)和美国公共行政学会(ASPA)的观点,广义上的电子政务几乎可以囊括所有信息与通信技术在公共部门中的应用;而狭义上的电子政务指的是利用互联网向公众传递政府信息和服务①。可以说,电子政务就是政府机构运用信息技术,通过整合政府资源,再造工作流程,重组政府部门,为公众提供便利的公共服务。本专题要探讨中国电子政务建设的现状与成败得失,分析发展的困境或制约因数,研究电子政务最终的需求识别、电子政务系统模型、电子政务流程设计与变革管理,电子政务建设的长期发展方略等问题。

---

① United Nation & American Society for Public Administration, *Benchmarking E-Government: A Global Perspective Assessing the Progress of the UN Member States*. http://unpanl. un. org/intradoc/groups/public/documents/NISPAcee/UNPAN009486. pdf,2002-05.

**5. 政府流程再造研究**

作为一种发源于工商管理领域的管理工具和技术，流程再造被广泛应用于公共部门，给公共部门带来剧烈的、革命性的和跳跃式的变化。政府流程再造的实质就是凭借现代的信息技术，使传统的以职能为中心的职能导向型政府转变为以流程为中心的流程导向型政府，将与公众服务有关的各方面工作有机地结合起来，最终“整合不同的体制，提供无缝隙的服务”①。在我国，最具典型意义的政府简化行政程序、优化行政流程的实践改革，就是电子政务、行政审批制度改革和行政服务中心。因此，当前政府流程再造研究的重点应该是分析行政审批制度改革、行政服务中心和电子政务在地方政府改革中的实践情况、存在问题和改革路径。

**6. 公共预算评估与行政成本分析**

政府预算和会计改革是世界各国公共管理领域改革的热门议题之一。20 世纪 90 年代起，西方各国在政府再造过程中发展了“企业化预算制度”（Entrepreneurial Budgeting System）②，以提高行政执行绩效并降低行政成本。尽管会计和预算改革属于政府管理方式和技术层面的问题，然而，健全的预算和会计实务不仅对一国经济增长有着深远的影响，同时也是良好的公共治理结构的关键要素③。因为预算和会计制度不仅是监督、控制政府预算，提高行政绩效的基本保障，也是形成“少花钱，多办事”的公共治理结构的刚性约束。因此，必须在借鉴发达国家预算管理经验和做法的基础上，从公共产品核算的角度，研究如何在公共预算中融入成本核算的理念，在制度上强化政府内控机制，使公共产品和服务能严格按照价值规律的要求进行核算和提供。

总之，转型期我国经济社会的发展与公共管理改革的推进以及全球化的公共部门改革实践，既对中国公共管理理论的研究法提出了严峻的挑战和更高的要求，也为这种研究提供了丰富多彩的课题、素材、资料、实验基地以及成果应用的机会。我国公共管理的实践发展正呼唤并推动着理论研究的突破，公共管理学科的知识体系亟待创新，加强公共管理学科的基本理论与方法研究的意义重大。

---

① 拉塞尔·M·林登著，汪大海等译，《无缝隙政府》，中国人民大学出版社，2002 年，第 181 页。

② 也可称为“绩效基础预算”（Performance-based Budgeting）、“使命导向预算”（Mission driven budgeting）或“支出控制预算”（Expenditure control budgeting）。

③ 麦哲逊：《良好的公共部门治理：西方国家预算及会计改革的基本理论》，参见陈小悦、陈立齐编，《政府预算与会计改革——中国与西方的模式》，中信出版社，2002 年，第 27—35 页。

# 制度惯性与政策扭曲：实践科学发展观面临的制度转轨挑战

薛澜，陈玲

**摘要：** 科学发展观的提出标志着中国从速度型发展模式向规制型发展模式的转型。速度型发展模式在政策目标、损益分布、社会心理和绩效评价等各个方面形成了强大的制度惯性，因此，规制型发展模式需要扭转上述制度惯性，避免政策扭曲。本文提出要从行政管理体制、中央地方关系、公务员激励机制、公共决策机制和社会道德体系的角度建立适应规制型发展模式的新型制度安排。

**关键词：** 科学发展观；速度型发展；规制型发展；制度惯性；政策扭曲

## 一、引言

2003年，中国新一代领导人提出了科学发展观的理念，标志着中国发展阶段从速度型发展向规制型发展的重要转折。速度型发展最重要的特点是以经济持续高速增长作为发展的主要目标。在这个阶段，尽管其他目标也会得到兼顾，但经济高速增长是明确排在首位的政策目标。很多国家在发展过程中都经历过这个阶段，中国也不例外。规制型发展的特点是政策目标多元化和均衡化，为此，对经济和社会的全面规制就成为题中应有之义。规制型发展模式除了重视经济增长的速度以外，增长的方式和增长的质量、与经济发展相对应的社会发展等都成为政策目标的重要考虑。科学发展观的要义——以人为本，实现全面、协调、可持续发展——清楚地提出了一个多样化的政策目标集，表明规制型发展模式的来临。

为了实现各种政策目标的协调，规制型发展必须进行新的制度转轨，以保证对经济和社会活动加强引导和规制。中国过去30年经济高速增长，核心动力来自计划经济体制向市场经济体制的制度转轨。而未来中国能否成功实现从速度型发展到规制型发展的转型，很大程度上取决于相应的制度转轨能否成功。从一方面看，我们当前的转轨条件远远好于30年前。现阶段国家开放程度和社会财富积累都与30年前濒临崩溃的国家经济不能同日而语。但从另外一个角度看，恰恰是30年前中国的社会动乱和经济停滞让党和政府、中国人民看到了“以阶级斗争为纲”的灾难性后果，看到了计划经济体制的种种沉疴，激发了推动改革开放和体制转轨的巨大动力。时至今日，改革开放的成功已经形成了新的体制惯性，并产生了各种依附于这些体制惯性的既得利益集团。这种体制惯性很可能成为进一步深化改革、向规制型发展模式转型的巨大阻碍。如果对于这种体制惯性没有清醒的认识，并给予充分重视和深入研究，我们向规制型发展模式的转型必然会举步维艰。未来中国从速度型发展向规制型发展的转型过程中究竟会面临哪些体制惯性的挑战？笔者对此进行了初步的分析，希望能够引起更多的关注与思考。

## 二、制度惯性与政策扭曲

速度型发展形成的制度惯性和规制型发展面临的制度挑战如下表1所示。

**表1　速度型发展和规制型发展的制度转轨**

| | 速度型发展的制度惯性 | 规制型发展的制度挑战 |
|---|---|---|
| 政策目标 | 经济增长速度优先 | 增长速度、增长质量、增长方式、社会发展等目标的协调 |
| 社会参与各方损益 | 帕累托改进,参与各方都受益;增量调整成为可能 | 非帕累托改进,损益不确定,路径依赖形成利益集团 |
| 损益时间分布 | 当期收益,未来成本 | 当期成本,未来收益 |
| 损益社会分布 | 个体收益,社会成本 | 个体成本,社会收益 |
| 损益的心理贴现率 | 贴现率从低向高转变 | 贴现率从过高转向合理 |
| 中央—地方政策效应 | 中央政策得到放大和创新,地方政府竞优 | 中央政策被衰减和扭曲,地方政府竞次 |
| 任期制下的政策绩效 | 经济目标易于度量,短期见效;任期内投入产出比较均衡 | 多元目标难以衡量,长期见效;任期内投入产出不均衡 |

首先,从政策目标来看,速度型发展以经济增长速度为优先目标,而规制型发展则以社会经济的多元均衡目标为特征。

速度型发展强调经济增长速度,这种明确的指导思想使得公共政策制定的过程相对简单,决策更加迅速,执行考核更加有力。但规制型发展则要求统筹考虑经济发展和社会发展的多元目标,统筹考虑经济发展与自然环境资源的保护,统筹考虑区域协调发展等。多元化的政策目标使得政策目标排序困难,政策过程相对更加复杂,因此对公共政策制定体系和决策机制提出严峻考验。

第二是社会参与各方的损益情况。

要保证社会公正,就必须在公共政策制定过程中充分考虑社会各方的收益和损失。速度型发展的过程很大程度上也是计划经济向市场经济转轨的过程,这一过程总体而言是帕累托改进的,绝大多数人都不同程度地获得收益。不仅如此,通过增量调整和政策补偿的方式,一部分获益较少或利益受损者的境遇也能得到改善。因此,速度型发展所面临的改革阻力较小。但在规制型发展过程中,公共政策给社会各方带来的损益情况带有不确定性。即使是改善总体社会福利的公共政策,也有可能使某些社会群体的利益受损。另外,中国经济转轨过程中已经形成了一些利益集团。体制变迁将打破现有利益格局,给既得利益集团的收益带来较大的不确定性。利益受损的社会群体及利益受到威胁的集团往往成为改革的强大阻力。因此,在规制型发展过程中,很多政策的制定和执行都要面临各种各样的障碍。

第三是损益的时间分布。

总体而言,速度型发展中相关参与主体的收益是当期兑现的直接收益,而成本则往往是未来支付的延期成本。最典型的例子是经济发展过程中的环境污染问题。在以往的速度型发展过程中，各地政府大干快上，重点关注 GDP、就业和地方财政增长，而对环境污染的治理则采取回避和拖延的态度。直至今日，环境污染触目惊心，政府才不得不正面以对。这也正是规制型发展过程中所面临的挑战。因此，在规制型发展中，政府面临很多速度型发展积累下来的问题，往往需要进行大量的、当期的直接投入，而其收益是长远的、未来的，损益的时间分布恰恰与速度型发展相反。

第四是损益在个体与社会之间的分布。

总体而言，速度型发展使得所有参与主体直接获益，收益是个体的、私有的；而成本则往往是社会的、公共的。例如，一些地方小煤窑、小矿山的乱采滥挖对国家自然资源造成巨大损害和浪费，但却屡禁不止，其原因就是很多个人只看到眼前个体的利益，而对给国家和社会所造成的重大损失置之不顾。规制型发展就是要逆转这种情况，重点投入和维护社会的公共资源，其收益很难从个体角度衡量。例如，对生态环境的保护和修复，其收益是全社会和全人类的，但其成本却需要各地政府和社会个体来承担。

第五是中央政策传达到地方的效应。

中央和地方关系对于中国这样一个泱泱大国而言历来十分重要。中国是单一制国家，中央政府的政策对地方政府的行为有重要作用。在速度型发展时期，中央政府制定了经济发展的鼓励性政策，这些政策到地方上往往得到进一步的放大和创新。地方政府之间在投资环境、优惠政策、政府服务等方面相互竞争，加快经济发展。但在规制型发展过程中，中央政府制定的往往是经济社会均衡发展的约束性政策。这些政策到地方后往往被衰减和扭曲。由于缺乏监督和管制，地方政府尽可能缩小约束性政策的适用范围，弱化政策影响。一些西方国家在发展中也面临同样问题，并称之为“竞次”(race to the bottom)，意即地方政府面对环境保护等约束性政策时都尽可能减少管制，以吸引外地投资和鼓励本地企业发展，如同“水向低处流”的道理一样，只要勉强不超过中央政策设定的底线就可以，所以叫做“竞次”。

第六是损益的“心理贴现率”。

所谓心理贴现率就是未来收益在当期的心理满足程度。在速度型发展过程中，政府和社会都急于求成，收益尽可能当期获得，也就是心理贴现率很高，哪怕未来两三年之后的收益在当前看来都觉得没有意义。相对来讲，规制型发展是跨期的持续均衡发展，需要为未来的长远利益和整体利益进行长期投入，因而心理贴现率相对较低，反映经济社会发展的合理步伐。心理贴现率从公共管理的角度看非常重要。一个社会的心理贴现率过高，导致社会浮躁情绪弥漫，发展急于求成；而相对合理的心理贴现率则为政府提供了稳妥深化改革的社会环境。

最后是政策绩效的评价。

速度型发展以经济增长为优先的政策目标，经济绩效相对比较容易评估，如通过 GDP 增长率、地方财政状况等指标来评估。但是，规制型发展的政策目标多元化，特别是一些增长方式和质量、社会与环境方面的政策绩效难以当期兑现或者量化，因而给政策绩效评价带来困难。

总之，在过去 30 多年的速度型发展过程中，包括政策目标、损益分布、心理贴现、绩效评价等方面的制度安排已经形成了很大的惯性。在这样的制度惯性下，规制型发展政策不可避免地会被扭曲和变异。为了实现科学发展观提出的目标，最关键的问题是怎样建立一个适应规制型发展的新制度。如何才能扭转原有的制度惯性，建立新的制度安排？以下几个方面恐怕是需要我们重点关注的内容。

## 三、改革公共治理体系，消除制度惯性与政策扭曲

首先是改革中国的行政管理体制，建立职权均衡、监管独立的规制型政府。

在速度型发展过程中，中国其实已经形成了政府不同部门之间位势和职权的落差，政府部门的实际权力某种程度上取决于其所分配的资源多寡或重要性。同级政府部门中，与经济发展密切相关的部门位势较高，权力较大。相对来讲，那些与经济与社会规制相关的部门则位势较低，权力较小。规制型发展对后者的职能发挥提出了更高的要求，如何提升规制部门的行政级别、扩充其人力及预算、增强其行政能力，是行政管理体制改革的重要方向。同时，要想真正建立一个规制型发展的治理模式，还需要从法律上明确各类监管机构的独立性，在体系设置方面充分考虑垂直管理和业务指导，根据特定监管事务的内在特性作决定。

其次是理顺中央与地方的关系，重新明确各级政府之间的权责分布和协调体系。

在速度型发展模式下，中央和地方财政尽管都有了相当大的增长，但中央与地方资源不区分、责任不匹配的现象非常严重。“中央请客、地方买单”，中央政府提出政策要求，但没有给地方政府相关的资源，这也是转型时期面临的问题。因此，在规制型发展模式中，中央与地方政府应达成权责一致、激励相容的体系。同时还需重新理顺地方政府之间的竞争和协调关系。在速度型发展模式下，地方政府间竞争促进政策创新和收益增加，而在规制型发展模式下，各地政府需要对经济活动的负外部性进行规制，导致地方政府的“竞优”变成“竞次”，比赛谁的规制最差、最宽松。因此，规制型发展模式需要明确界定不同行政区域之间的共有资源和外部性的产权，如跨界的河流、环境污染等，并在产权界定清晰的情况下建立相应的管理体制。

第三是制定与规制型发展相适应的公务员激励机制。

在速度型发展的时候经济发展与官员职位升迁密切相关。由于经济速度指标、财政指标等自下而上的考核成为官员升迁的关键因素，于是各地发明出种种聪明的方式来计算指标，从而形成地方官员激励机制。在转型时期，我国采用一种自上而下的问责制，如增加更多的指标，增加更多一票否决的内容，用于实现节能减排、减少安全事故等非经济增长类政策目标。这些手段在短时期内可能给官员增加压力，但从长远来说仍然无法解决根本问题。因此，我们必须考虑建立自上而下和自下而上结合的责任体系，绩效考核不仅要反映地区差异和发展阶段差异，而且还要区分领导责任、行政责任、道德责任和法律责任，尤其要改变把职位升迁作为唯一激励机制的做法，避免政策执行和绩效评价的扭曲。

第四是建立科学民主的决策机制。

速度型发展的决策机制主要是由行政精英主导决策过程，转型过程中已经出现了一些柔性的决策机制，如专家咨询、政策分析、听证会等。但这些做法仍有很大随意性和局限性；而公众和媒体的无序参与、利益集团的不当影响，其实也对决策产生了很大影响。在规制型

发展模式中，应当根据不同的情况、不同的决策类型采用不同的决策机制，开拓不同群体公平表达其利益和价值倾向的渠道，并在有不同意见时，建立各方参与的民主决策机制。

第五是重建社会道德体系。

在速度型发展过程中，实用主义的政策导向使得我们注重个人权益和利益的张扬，以至于一些个人收益很小、同时社会成本很大的事情层出不穷，而个人成本哪怕很小、同时社会收益很大的事情却很难推行。在向规制型发展模式转型的过程中，我们应建立外在的规则，然后使之内化为社会行为准则和道德规范，而仅仅依靠简单的社会教育可能收效甚微。

总之，从速度型发展模式向规制型发展模式的转型，实际上也是政府行政体制的重大转变和公共治理体系的全面转型。如果说中国速度型发展成功的制度因素是形成了各方利益相容的激励机制，那么中国规制型发展更需要重建一个不仅仅是当今各方利益均衡的规制体系，而且也是一个当今和长远利益均衡、个体和全民利益均衡的规制体系。我们相信，在党和政府的坚强领导下，有中国改革开放 30 多年来积累的成功经验和教训作为借鉴，中国能够成功地实现这一重大的制度转型，为中华民族的振兴和国际社会的共同发展奠定基础。

# 中国思想库的社会职能[①]

## ——以政策过程为中心的改革之路

薛澜,朱旭峰

**摘要**:为制定出符合国家长远利益的可操作的公共政策,我们需要寻找一条以政策过程为中心的改革之路。中国思想库作为其重要机制之一,在现阶段具有三大社会职能,即理性决策外脑、边缘利益代言和社会监督。然而,随着政策系统逐渐向体制外精英开放,中国的政策过程存在着从原来的行政体制对政策过程的垄断演变为强势精英联盟对政策思想的垄断的可能。在此演变过程中,思想库可能失去独立性而发展成为强势精英联盟的附属工具。为此,本文提出以完善的"政策分析市场"为核心的保障思想库发挥其社会职能的一套制度安排。在实证上,文章结合 2004 年全国 301 家思想库负责人的调查数据,对当前思想库在政策过程中发挥作用的情况进行了分析,指出当前保障中国思想库发挥社会职能的"政策分析市场"虽然已经得到了很大发展,但总体上讲还存在相当程度的发展空间。

**关键词**:中国思想库;政策过程;社会职能;政策分析市场;政策思想垄断

## 一、引言

以提高效率为基本目标,以建立激励机制为关键的经济体制改革,创造了 30 年的中国奇迹。但进入 20 世纪 90 年代中期以后,中国社会的进一步转型和市场经济改革的深化所引起的失业人群的扩大、地区之间和内部收入差距的扩大、资源紧缺和生态环境的恶化以及加入 WTO 所面临的国际竞争等问题,都在向中国的发展战略、决策机制和政策执行的模式提出挑战——中国进入了一个新的历史发展阶段。

在这样复杂的环境下,为了制定出符合国家发展长远利益的可操作的公共政策,我们需要寻找一条适合中国政治体制的改革之路。而这一改革道路的选择迫切需要从基本的政策过程理论出发,来探讨这些操作性机制和相关政策机构设计背后所蕴涵的价值理性。有一些学者建议,在保证现行基本政治制度稳定的前提下,政府可以一方面通过加强治理能力来应对各种挑战(Yang, 2006),另一方面可以通过对政策过程和行政体制的改革,加强现行制度的延续性和合法性(Angle, 2005)[②],并最终实现公共决策的民主参与和科学

---

① 基金资助:"国家杰出青年科学基金"(70125005)、教育部"新世纪优秀人才支持计划"(NCET-08-0303)。

② 安格尔为中国的政治发展提出了"适宜的民主集中制"构想,指出:"与自由主义民主不同,合宜的民主集中制的连续性和合法性,更多的是建立在受到尊重的程序的基础上的:它们依赖领导层圆满地实现全社会的共同目标"(Angle, 2005)。

理性①。按照这样的思路,中国各地的基层民主选举、信息公开与政府绩效评估、重大问题公开听证会等这些看似比较温和的、局部的改革措施就具有重要的全局意义。但我们不得不承认,基于政策过程的各种机制和方案的研究还仅仅处于起步阶段,除个别深入的研究外,更多的还是一些零散的写实性的描述和评估。令人欣慰的是,中国的政策科学与政策过程研究已经起步。一些中国学者已经开始就基本的政策过程的理论问题进行思考。这些思考有的是基于对政府运作模式的回顾和总结(朱光磊,1997;胡伟,1998),还有的是基于对国外学者窥视中国政策过程所得结论的理解和批判(薛澜等,2005;彭志国,2005),另一些则是致力于在理论上构建中国特色的政策过程模型,如"摸着石头过"(盛宇华,1998;徐湘林,2002);"一体化民主决策模型"(胡向明,1997);"上下互动"模型(卢迈,2000)和"上下来去"模型(宁骚,2003);"中国政策议程设置的六种模式"(王绍光,2006);"学习适应模型"(王绍光,2008)等。

就具体的机制选择而言,作为公共政策过程重要机制之一的"思想库"已经得到了广泛重视。特别是党的十七大报告首次提出了"鼓励哲学社会科学界为党和人民事业发挥思想库作用"。但是,思想库在中国的政策过程体系中到底能够发挥什么样的社会职能?实现这些职能需要哪些制度条件?中国在这些具体的制度条件的建设过程中的现状如何?目前还存在哪些制度缺陷?这些都是摆在每一位政府决策者和哲学社会科学学者面前的重要问题。本研究就是在政策科学的理论框架下,对思想库在中国的发展进行实证考察,并系统地探讨思想库这类组织的社会职能及实现这些社会职能所需的制度条件等若干问题。

## 二、思想库的定义及其相关文献梳理

思想库(这个词来自英语 Think Tanks,包括"智囊团"、"脑库"、"智库"等翻译版本)在西方已成为对政策产生重要影响和对社会发展起巨大推动作用的社会组织。在西方,思想库参与政策过程的研究已经在最近10年中成为越来越热门的研究话题。概括地说,关于思想库的研究遵循着如下几条路径:第一,从历史角度观察思想库发展过程,分析思想库兴起的政治背景,诸如政府态度或社会思潮等;第二,以专家知识的形成和输出过程分析思想库中专家的作用及他们为了向政府输送政策理念而进行的努力;第三,选择某个政策领域(如外交政策)的决策过程为案例,梳理思想库与政府、媒体间的关系;第四,思想库行为与影响力评价;第五,国别思想库研究以及国际比较研究(朱旭峰,2007)。

西方学者定义思想库主要从它们的社会功能及其组织地位入手。一般来说,学者们对于思想库作为从事政策研究机构的社会功能是有高度共识的。如迪克逊(Dickson)较早提出:"思想库是一种稳定的相对独立的政策研究机构,其研究人员运用科学的研究方法对广泛的政策问题进行跨学科的研究。在与政府、企业及大众密切相关的政策问题上提出咨询"(Dickson,1971)。之后,英国学者詹姆士(James)对思想库进行了相似的较为简洁的定义:

① 党和政府始终将公共决策的民主参与和科学理性摆在重要位置。1986年万里作了题为《决策民主化和科学化是政治体制改革的一个重要课题》的讲话。而最近的中国共产党的十七大报告针对推进决策科学化民主化问题提出了新的要求:"完善决策信息和智力支持系统,增强决策透明度和公众参与度,制定与群众利益密切相关的法律法规和公共政策原则上要公开听取意见"。

“思想库是从事于力图影响公共政策的多学科研究的独立组织”(James,1993)。但不同学者之间对思想库应具有的组织地位的看法存在较大分歧。迪克逊和詹姆士的上述定义是一个广域的概念,并未对其组织地位提出任何具体限制。而以卫斯(Weiss)、斯通(Stone)和瑞奇(Rich)等为代表的英美学者一般把思想库限定为独立于政府部门、党派和利益集团之外的非营利组织(Weiss, 1990;Stone, 1996; Rich, 2004)。但具体到一些特定的研究组织,如高校研究机构、承担研究合同的研究机构是否应该纳入思想库的范畴仍持不同看法。

关于中国思想库的中西方文献以介绍性的工作居多,过去的文献对中国思想库的概念界定也不够清晰。本文作者发表的《“中国思想库”:含义、分类与研究展望》一文对中国思想库的概念进行了比较系统的阐述。我们将中国思想库的一般含义界定为“相对稳定且独立运作的政策研究和咨询机构”(薛澜等,2006)。根据中国法律的规定,我们将中国思想库分为两大类:(1) 半官方思想库,这些政策研究机构的组织地位是事业单位法人,包括国务院发展研究中心、社科院下属从事相关政策的各研究所、各中央部委的研究所及地方省市的发展研究中心等;(2) 民间思想库,这类政策研究机构由 3 种组织身份组成,包括民办非企业法人(如国民经济研究所)、企业(如中国(海南)改革发展研究院),以及高校下属的研究机构(如北京大学经济研究中心)①。

需要进一步指出的是,上述对于中国思想库的定义是在调整了西方思想库概念中有关“独立性”和“非营利性”限定的基础上提出的。虽然很多专门研究西方思想库的学者强调思想库的“独立性”和“非营利性”,但随着思想库在全球的迅速发展,跨国界的比较研究也逐渐增多,在全球范围内看,过度强调思想库的“独立性”和“非营利性”就有失偏颇。就“独立性”而言,一方面它的概念本身和判断标准都很含糊,另一方面由于各国政治文化的不同,各国思想库与政府间的关系千差万别。正如威佛和麦甘(Weaver & McGann)所批评的那样,“所谓思想库必须独立于政府和私人利益之外以保证其思想自由的观念是一种典型的英美(Anglo-American)思维模式的偏袒,与世界上其他许多文化不符”(McGann et al. ,2000)。也只有美国这样具有繁荣的基金会文化的国家才真正能够形成完全独立于政府的非营利思想库②。但事实上,即便在美国,那些声称自己是独立的思想库者其实有很多也有浓厚的政府和党派背景③。正因为如此,威佛和麦甘建议采用一个比较务实的办法,即把思想库定义为“相对于政府和其他社会利益集团(如企业、利益集团或政党)具有较大自主性的政策研究机构”。他们同时特别指出“自主性(autonomy)是一个相对的而不是绝对的含义,其具体应用必须根据不同地区的情况相应调整”(McGann, 2000)。

我们的定义将“独立性”调整为“独立运作”,这是因为中国的思想库大多有政府背景,我

---

① 关于中国大学下属的政策研究机构是否属于思想库范畴,学术界也有争论。因为一方面它们一般不是独立的法人,另一方面前文提到的卫斯对大学的政策研究分析组织是否应该列入思想库曾有阐述:大学的政策分析组织应该着眼于基础理论的建构与探讨,它不适合开创政策。但是由于中国的大学附设的研究机构的研究成果和政策建议职能已经越来越受到重视,而且其观点也都是服务于社会的,因此,在对中国思想库的界定中,我们认为中国的大学附属研究机构具备思想库职能。另一方面,对大学下属型政策研究机构的行政属性的界定,考虑到它们之所以不具备独立的法人地位,主要是因为上级大学为了便于统一的管理(因为此类研究所还有教学等职能),但作为事业单位的上级大学一般不会对研究机构的观点施加过多影响。因此,我们将它们作为一类民间思想库的雏形来看待(薛澜等,2006)。

② 史密斯将美国思想库在 20 世纪 70 年代以来繁荣的原因之一归功于美国发达的基金会(Smith,1991)。

③ 其中最著名的当然要属兰德公司(RAND Corp.),但它一直被称为“影子政府”(Guttman,1976)。其他有政府背景、党派背景的思想库在美国也不胜枚举。

们很少能找到完全符合美国“独立性”价值观的中国思想库。正因为中国思想库或多或少地都有政府背景，因而是否将非独立的政府内部的官方研究机构（如政府内部的政策研究室）纳入思想库范畴就成为设定中国思想库边界的最大难点。曾有研究把中国政府内部的政策研究机构定义为官方思想库（Shai et al.，2004），这就意味着研究者完全放弃了对思想库独立组织的追求。我们的观点是，如果将政府内部的政策研究机构也纳入思想库范畴的话，我们其实抛弃了思想库作为政府“外脑”的最基本属性。中国政府内部的政策研究部门与上述我们定义的两大类中国思想库的本质不同之处就在于，前者是政府决策过程的直接参与者，这些机构的最重要职能就是研究并起草具有政策文件性质的政府报告或领导讲话，这些职能属于政府的“内脑”。进一步比较官方政策研究机构与半官方思想库在组织运作方面的特点，半官方思想库已具有相当大的自主性，它们可以接受来自其他私人部门甚至是海外基金的研究项目，而政府政策研究室是不会这么做的。因此，我们强调机构的“独立运作”以取代“独立性”的限定既符合威佛和麦甘对宽泛意义上思想库概念的理解，又符合当前的中国国情，同时也避免了在“独立性”这一含糊标准上的纠缠。

我们在中国思想库的定义中还放弃了“非营利”这一限定。很多美国学者之所以强调思想库的非营利性标准，是因为美国法律对非营利性研究机构的界定非常明确，西方学者如此定义思想库体现了可操作性原则。美国 501(c)3 条款对非营利性的权利和义务有明确的规定，为了享受此条款规定的优惠，登记在案的非营利研究机构的行为受到很大限制①。但在中国，非营利机构制度尚不健全，有一些名义上是非营利的机构却开展着诸多营利事业。相反，一些政策研究机构虽然注册的是营利性的企业，但从事着和非营利研究机构一样的工作。它们成立时之所以注册为企业，只是因为登记为非营利机构的手续过于繁琐。另外，中国关于社会捐助的法律激励不强，很多研究机构均存在经费短缺问题。在中国普遍存在着“一套班子两块牌子”的研究组织，就是指同一单位分别注册了非营利性和营利性的两种组织形式，从而通过部分营利业务的收入补贴非营利的事业。所以，我们认为，将非营利性作为中国思想库的界定标准也是不合时宜的。

## 三、转型期中国思想库的社会职能

### （一）行政体制对政策过程的垄断

尽管在改革开放过程中有了很大的改进，在中国的政策过程中，行政体制内的政治精英仍然垄断着主要政策的决策资源和权力。王锡锌和章永乐在概括中国政策过程的现实图景时指出：“行政权在很长一段时间内呈高度集中的强势，渗透到社会与个体生活的每个角落，而与此相应的规则制定或者更准确地说‘政策制定’不仅带有很强的‘行政导向’甚至成为行政权运行中的‘应有之义’……在中国行政过程中，实际上存在专家理性和大众参与的双重缺位”（王锡锌等，2003）。而西方学者在针对中国 20 世纪 90 年代初以前的政策过程研究文

① 如条款规定这些组织不得进行任何替个别利益说话的行为，如游说活动。见美国 1986 年法典：A. 1F. I.，pp. 5320—5323。

献中，也一般不考虑行政体系外的社会参与者。进入新世纪后，学者们在研究中发现从20世纪90年代中后期开始，社会精英中的一些成员开始进入政策过程。但有能力真正影响政策的也只有几类被体制内化的社会精英，如特殊的经济精英(得到认可并有一定社会影响的私营企业主)、科技精英(科学家特别是院士)(Dickson,2003;Kennedy,2005;Cao,2004)等。并不是所有的社会精英都能够公平地进入有限开放的政策过程，而普通大众试图影响政策的难度则更大。因此，总的来说，政策过程虽然正在逐步开放，但行政体制对政策过程垄断的现状并未得到根本改变。

行政体制对政策过程的垄断，从而使政策过程缺乏大众与社会精英广泛参与，其危害主要表现在：首先，公共政策过程的决策产出往往受到合法性挑战。王锡锌等总结道，一方面，在应该进行集体选择的价值领域，决策权力被完全交给行政官员，最终由少数人做出的价值选择扭曲了问题的本质，政策目标从而难以获得大众接受；另一方面，由于行政职权混乱造成专业化无法深入发展，使得政策理性在各部门内部难以实现，公共利益被自觉不自觉地由本部门利益所代替。过于集中的官员权力可能导致官员无能或权力滥用，并使大众知识得不到有效利用，大众参与沦为象征符号，甚至成为行政官僚推行非理性政策的盾牌(王锡锌等，2003)。再者，由于缺乏监督与社会力量制衡，政策制定者通过对政策过程的垄断进行设租(rent setting)，为方便少数利益相关人或自己进行寻租提供便利和制度保障。我们在今天经常看到的现象是，政府虽然也经常邀请专家们参加"政策咨询会"，但政府对这些专家的选择和对专家意见的采纳往往带有较明显的偏向性，很多不同的政策思想通过专家的选择和意见的选择就被屏蔽掉了。再如，为听取各方意见的吸收专家和公众参与所建立的"价格听证会"制度在很多情况下被变成了涨价"新闻发布会"(佚名，2004)。这些都是政府试图为不具合法性的政策披上专家理性的外衣而进行的巧妙安排。

其次，部门利益的割据导致政府各层级重大决策的低效率。依附于行政部门的技术官僚对部门利益的关注是他们担负的使命。部门官员总是试图从上级那里获得更多的资源。这种资源可能不仅指物质资源，主管领导对自己部门工作注意力的分配、升迁的机会等都是资源的表现形式。在向上级争取资源的说服过程中，将具有部门利益分配内涵的政治问题表述得更客观、更技术化通常是他们选择的策略。其另一个策略是尽可能提高本部门在该政策制定和执行过程中的地位和排名，使部门在这项政策中获得更大的发言权。前苏联的衰落很大程度上就是由于在这种部门技术官僚竞争下，高层领导对专业认知的缺乏与政治策略把握的能力不足。阿尔巴托夫的观察是，部门利益割据下的前苏联，政治局很少提出最重要的、根本性的经济问题。话题基本上只涉及相当细小的下属部门之间的相互抱怨(阿尔巴托夫，1998)。在中国也出现过在一些技术性较强的政策背后，技术官僚或管理精英均在试图影响最终政策而进行着旷日持久的努力，直到他们被调离岗位、政策最终出台或部门被撤销(如朱旭峰，2003)。

第三，政策制定对领导负责而不向公众负责导致专业化的理性决策受到政治权威的牵制。高层领导由于时间和专业知识的局限很难就具体的政策问题做出权威性的判断。虽然行政体制改革中，许多具体的政策制定的职能日益转移到行政部门中层，但上级领导经常亲自过问一些政策中的技术细节。中国的干部制度促使官僚体制内的政治精英更倾向于虚心听取上级领导的指示，这使作为下级部门的官员在进行战略技术选择等重大决策时，处于政策理性与领导权威的两难境地，以至于再详细周密的政策设计和计算往往都比不上领导的一个暗示或批示来得对政策选择更有决定性意义。因此，封闭体系内上下级官员互动的结果促使政治权威代替理性决策成为政策决策的主导机制。

## (二) 中国思想库的社会职能

思想库作为政府的"外脑"，其最重要的目标就是实现其在政策过程中的影响力。和企业追求利润一样，思想库的所有行为都围绕着推广它们的知识产品从而实现影响力的最大化而展开(Abelson, 2002)。无论思想库的大小和兴趣，思想库的研究者总是寻求机会向官员、记者、资助人和其他公共组织的负责人尽可能宣传自己的观点，或者借助媒体影响公众(Anonymous,2002)。通过这些行为，思想库得以有能力直接或间接地影响政策的产出。思想库内的专家本身处于社会知识精英阶层，面对社会结构中处于不同地位的政策参与者，思想库将采用截然不同的策略。根据不同的策略与行为，我们可以将思想库影响力分为决策影响力、精英影响力和大众影响力 3 个层次(朱旭峰等,2004)。从实现影响力这一行为的动机来看，中西方思想库的专家们并没有本质区别；而从行为的表现来看，区别仅仅在于不同国家思想库在追求影响力时对不同政策过程制度安排的一种适应。在这种驱使下，思想库的专家们经常扮演着不同的社会身份：除了担当通常意义上的思想库的研究者、学者、决策咨询专家等身份以外，他们还在"思想中介人"(idea brokers)(Smith, 1991)、"公共知识分子"(public intellectuals)(Posner, 2001)或"政策企业家"(policy entrepreneurs)(Kingdon, 1995；Mintrom, 2000)等身份之间进行着角色转换。

为解决上述中国现阶段行政体系对政策过程垄断所引起的各种问题，思想库的决策参与作为一种政府建设机制的引入，为实现政策过程的理性与表达公众利益提供了可能。具体来讲，在为其 3 个层次的影响力而作努力的同时，中国思想库具有政府的理性决策外脑、边缘利益代言以及社会监督的三大社会职能。首先，思想库作为独立于政府外的政策研究与咨询机构，其地位就是其运用专家知识和超然身份为官员提供决策方案以供决策者采纳。由于政策问题的模糊性(Cohen et al., 1972)、复杂性和微弱的选择压力(Simon, 1985)，时间和信息成为最大的稀缺资源，政府官员最需要的能力是如何有效地管理时间而不是管理任务(Drucker, 1967; Mackenzie, 1972)，政策制定者希望了解问题的各种信息并需要知道过去政策的成本和收益(Kingdon, 1995; Krehbiel, 1992)，所以，思想库的政策分析活动有了对口的市场。相比较而言，思想库对决策方案的利弊分析更能体现专家理性的特质。虽然出于政治等方面的考虑，理性的思想并不一定被官员完全接受，但对那些无论从时间还是兴趣上都不太有条件追求政策理性的官员来说，思想库的咨询建议就成为具有理性和正当性的可供挑剔的政策备选方案。

其次，在目前处于社会边缘的弱势群体有待寻找到合适的利益表达方式的情况下，思想库的出现有助于将社会边缘阶层的声音通过自己的渠道向决策官员输送或者通过公开的研究报告向社会各界表达。近些年在诸如"三农"问题、城市流浪乞讨人员管理、医疗和社会保障等问题上，思想库已经表现出卓越的"政策企业家"的职能，成为社会边缘阶层利益的代言人(Zhu, 2008)。在这一过程中，媒体可以成为思想库边缘利益代言的合作伙伴。和思想库相比，媒体缺乏的是专家理性但更具有把握公众注意的资源和能力。充分意识到自身优势和缺陷的媒体和思想库自发地形成一种相互依赖的关系(朱旭峰,2002)。在这一关系中,媒体获得了思想库所提供的公正的专家理性观点而更具有说服力,思想库则获得研究成果的媒体发布渠道而更具有大众影响力。思想库与媒体这种自发的相互依赖关系将成为一股强大力量进入政策决策者的视野,推动社会边缘利益的政策表达。

第三,思想库影响力还包括它们能够公开辩论、宣扬观点、监控政府行为和批评政策。就思想库而言,对政府的监督并提出批评是提升自己决策影响力和大众影响力的方式:一方面能够引起政府的注意,使政府内的官员根据思想库提供的线索审视自己的过去而不盲目自我乐观。当政府官员的价值判断出现偏差或言行妨碍公共利益时,思想库的专家身份运用其专业知识指出谬误,从而构成一种具有说服力的监督。另一方面能够在公众心目中树立起良好的正义形象,不管最后立法和政策是否因他们的言论而改变,它们至少能够获得普通大众更多的关注和支持。

中国思想库的社会职能对当前构建和谐社会具有特别重要的意义。在社会转型过程中,社会不和谐因素主要来自两个方面。第一是社会边缘阶层的利益无法通过正式渠道表达,因而以利益表达为目的的群体性事件频繁出现;第二是社会贫富分化加大增加了社会边缘阶层民众的相对挫折感,并且他们看不到通过正常途径能够实现向上层社会流动的希望,因而有人愿意为通过个人犯罪行为的致富捷径铤而走险。思想库的理性决策外脑、边缘利益代言以及社会监督的三大职能有利于促进政府对这部分弱势群体的关注,从而在相关政策的制定过程中,能够认真地考虑到他们的利益和价值选择,减少社会不和谐因素。

## 四、保障思想库实现社会职能的制度条件

思想库的崛起与发展并不能自动对政策过程产生积极的影响。思想库的健康发展还需要相应的社会环境与制度条件作为保障。思想库要想实现上述社会职能,首先必须具备的两个内在必要条件就是高水平的专业能力及客观独立的立场。思想库必须具备高水平的专业能力是显而易见的,正是在其选择领域中所具备的专业水平使得这些机构的分析得到决策者和社会各个方面的尊重和认可。而保持客观独立的公众形象既是思想库在追求影响力的过程中实现其社会职能的基本条件,也是评价思想库行为的准则①。然而,在转型期的中国,思想库的独立性可能遭到政策过程中相关利益的扭曲。

### (一)"政策思想垄断"与思想库独立性丧失的可能性

中国的政策过程存在着从原来的行政体制对政策过程的垄断演变为强势精英联盟对政

---

① 有必要对"独立性"的概念进行再认识。虽然"独立性"作为中国思想库组织身份的判断标准时可以忽略,但它仍然是每个思想库追求的共同价值。首先,独立性并不意味着思想库对各类政策就没有各自的倾向性态度,因为政策倾向往往是思想库中相关专家因其教育背景、信息来源和对客观社会价值的独立评判的结果。而从整个政策过程角度看,支持不同倾向性政策观点的思想库的存在正是开放的决策过程的体现。其次,思想库支持倾向性政策,也不能排除个别思想库被某些利益集团收买,成为该集团的代言工具而进行公开倡导倾向性政策思想。这种情况就属于思想库失去了"独立性"。从长远的角度看,一旦这样的倾向为政策制定者和社会所识别,这些思想库的政策分析价值就大大降低,从而使其很难取得社会信任,最终只能出局。最后,思想库可以通过接受研究合同并将政策分析结果以内部报告的方式作为决策咨询和参考意见提供给委托方。这种行为只是思想库业务范围中客户导向的咨询服务行为,与思想库客观独立的公众形象无关。

策思想垄断的可能。在20世纪90年代各级官僚体系完成精英转换的同时，中国全社会领域内的精英转换也正在发生。以政权延续性和较严格地限制私吞公产为核心制度特征的中国市场转型过程，使中国的社会阶层结构变迁中的精英机会和前苏东等转型国家不尽相同(Walder, 2003)。孙立平认为在90年代中期以来，中国体制外的商业精英逐步获得了从政治上被压制到政治经济双重认可的胜利；体制内和体制外精英、政治和商业精英的强势精英联盟的形成以及知识、技术阶层和新闻界等的加入，使得唯一一支对中国政策选择产生强大影响力的强势精英群体的联盟已经形成(孙立平，2004)。已有的实证研究表明，在一些思想库专家倾向于同政治/行政精英结成联盟的地区中，无论是政治/行政精英还是知识精英，他们在社会结构中相对于普通人群的收入优势正在被拉大(朱旭峰，2008)。随着体制外知识精英得以有机会逐渐进入政策系统，如果没有适当的制度设计，中国的政策过程有可能从原来的行政体制的"政策过程垄断"演变为强势精英联盟的"政策思想垄断"，从而加剧社会不平衡。

那些具有利益一元化特征的强势精英联盟衍生而成的"特殊利益集团"对国家决策具有实质性的影响并且垄断了政策观点。根据"倡议联合框架"(Advocacy Coalition)(Sabatier et al., 1993)的理论和实证，政策子系统中存在若干个以影响政策为目标自发的社会联合体是宪政规则和社会结构发展的必然结果，而国家以裁判的身份掌握着政策的主导地位。中国的这种强势精英联盟也具有"倡议联合"的基本特征。但问题是如果只存在唯一一个强势的倡议联合有能力进入政策子系统，国家因此再也找不到可以和代表该联合的政策信仰相制衡的其他政策选择了——政策观点因而被垄断了。

"政策观点垄断"是一种比经济和资源垄断更高层次的垄断形式[①]，它不仅导致传统垄断所造成的经济层面的社会资源配置的市场失灵并使垄断者获得超额垄断租金，而且在政治层面还有可能导致国家自主性的逐渐丧失。奥斯特罗姆指出，在政策制定时国家提供了政策的利益相关者平衡相互间关系的行动舞台，在行动舞台的社会空间中，个体间进行着相互作用、交换商品和服务、解决问题、相互支配或斗争(Ostrom, 1999)。当各方利益代表都能够有效地进入该舞台时，不同的利益得到了表达。但当具有唯一性的社会强势精英通过各种合法途径和非法手段垄断政策观点时，在政策过程中国家利益将被社会强势精英的群体利益所代替，国家自主性因而受到挑战。如果不对类似现象加以遏制的话，国家将不仅失去政策过程的实际控制权，而且将难以有能力通过对政策过程本身的优化而对民主发展方向有效把握。这样，国家在政策过程中自主性的丧失将更加成为不可逆转的趋势。

必须清醒地认识到，中国思想库作为政府外的社会知识精英阶层，存在被强势精英联盟吸收为其代言人的可能。当前，存在两种促成中国思想库加入强势精英联盟的动机。一种情况和利益相关。思想库为了得到财政上的资助而依附于强势的"特殊利益集团"。在这种情况下，与思想库不直接相关的利益通过资助过程被内部化了。思想库将在保持独立的公众形象和获得利益集团资助问题上的权衡过程中选择后者，并愿意扭曲自己的独立价值为利益服务。运用专家话语向公众或政府布道，从而努力将集团利益提升为社会利益或国家

① 为了避免与经济学中"政策垄断"概念加以区别，这里采用"政策观点垄断"的概念。而前者是指经济组织借助产业政策而获得对资源、技术或市场独占的垄断。

利益。另一种情况与利益无关。思想库出于自身政策信仰的驱使，认为根据该精英联盟提出的政策主张制定政策就是符合社会价值的，或者由于缺乏有效的影响力渠道，认为借助该精英联盟能够更加方便地向政府表达意见。这两种情况的存在不仅可能阻碍上述思想库三大社会职能的实现，而且还可能促使思想库成为政策思想垄断的工具。

## （二）"政策分析市场"作为制度条件

当我们提出中国思想库的社会职能的同时，我们必须在制度上建立防止思想库变成政策思想垄断工具的有效措施。党的十七大报告中提出"推进决策科学化民主化，完善决策信息和智力支持系统"的要求，就是要求在加强决策机构与决策机制建设的同时，必须系统地考虑决策过程的外部制度环境建设问题。为此，本文提出以完善的"政策分析市场"（Policy Market）为核心的保障思想库发挥其社会职能的一套制度安排①。

**1. 政策分析市场的需求与供给**

在政策分析市场中，思想库提供的产品是政策思想、专家知识、建议甚至是批评，而政府、媒体和公众等都是市场中这些产品的需求者和消费者。在需求方面，政府对思想库的认同以及对待政策分析的需求是决定着思想库能否发挥社会职能的前提条件之一。而在供给方面，具有不同背景的各种思想库是否能在一种政治环境下共存，并提供代表多种价值和利益的政策思想，是完善的政策分析市场的前提条件之二。

**2. 思想库经费的多元化输入**

在比较发达的政策分析市场中，研究经费不仅来自思想库产品的最终需求和消费者——政府，而且还来自公益的研究基金、个人捐助者或企业等政策思想的非直接消费者。有了多渠道的充足的研究资金来源，研究机构不再会为生计而到处寻求经费，因而其受到少数别有用心的资助者的利益诱导而丧失独立性的可能性大大减少。在美国，思想库的经费来源大多来自无偿的各类社会组织或个人捐助，经费资助和研究课题相对没有联系。捐助者已根据有关法律通过捐助获得了其他方面的实际政策优惠的回报，所以他们在思想库靠捐助经费进行的研究成果是否和捐助者的利益相关方面更加宽容。因此，在中国设立政府的政策研究基金；通过法律或政策鼓励社会公益捐助；在政府引导的基础上通过法律制度鼓励民间资本作为研究基金的有益补充；鼓励思想库专家的公益探索行为并自由申请政策研究公益基金等，都是保障思想库获得多元化的财政来源的有效制度基础。

**3. 研究成果的多层次输出**

思想库的研究成果不仅向政府部门输出，还以各种形式向其他任何关心政策问题的群体输出，因此，思想库实现影响力的行为是丰富多样的。在政策过程中，思想库不同层次的政策参与者会通过各种渠道将自己的思想传递到政府。因此，在一个完善的政策分析市场中，作为政策思想最终消费者的政府应该建立起广泛的政策思想搜集和筛选机制。

---

① 西方学者也认识到存在政策思想自由交换的市场的重要性。他们有时称之为"思想市场"（marketplace of ideas）（Smith，1991），有时称之为"智力市场"（intellectual market）（Easterbrook，1986），本文特别强调这种市场在中国是可以由政府主导而建立起来的一套制度安排，因此这里采用"政策分析市场"的概念以区别于上述类似的西方政策市场的概念。

**4. 政策思想优劣鉴别机制**

这是政策分析市场的最重要特征，也是与其他物质市场的本质区别。这是因为政策分析市场的特点之一就是信息不对称。政策制定者（也就是政策研究的消费者）往往对政策建议的科学性很难判断（否则就不用再请人做政策研究了）。因此需要建立一个政策思想同行评审和同行竞争的机制。在辩论过程中，当一个政策方案优于另一个方案时，提出或者支持这一方案的学者在辩论中就会获得更高的政府声誉和公众知名度，从而也提高了该学者及其所在的思想库的声誉。而一个能够让多种政策主张公开辩论的平台，是政府和社会其他政策参与者有能力更加平等地鉴别不同观点优劣的有效机制。在这样的平台上，任何一项政策问题均会有许多思想库关注并提出相关政策观点和建议。这样，政府宛如进入一家摆满了可供选择的政策方案的“超市”①。

**5. 政策分析市场的监督机制**

在信息高度不对称的政策分析市场中，政府和公众的有效监管是政策分析市场发展的重要前提条件。在确保思想库的基本立场观点符合政府相关法律、法规的同时，政府可以与行业协会合作，建立基本的准入门槛、职业标准、财务监管制度等。这样既保证了思想库的研究能力和职业操守，又能监督思想库的公开研究成果与经费来源的利益相关性。

## 五、中国思想库的发展及制度条件的实证考察

为了进一步考证中国思想库的发展状况和中国政策分析市场的发育程度，我们于 2004 年 9—11 月对全国政策研究机构负责人进行了调查②。我们以 2003 年国家软科学调查统计时登记的 1 634 家软科学研究机构为基础，同时并入我们从各种渠道搜集到的数十家未进入 2003 年统计的思想库（主要是一些民间思想库）。原始底册共有 1 655 个机构。然后，我们根据中国思想库的定义对其进行筛选，剔除了 531 个机构（主要是《全国软科学调查统计报告》中国家机关、党政机关和社会团体三类组织）。最后的底册数为 1 124 家机构。本次调查就是向这些机构的负责人的全样本发放问卷。来自全国 25 个省（直辖市、自治区）不同专业领域的 301 家机构回复了有效问卷，其中半官方思想库 160 家，民间思想库 141 家。样本回收率为 26.78%③。

### （一）中国思想库逐步走向背景多元化

首先，我们根据本文提出的中国思想库的分类体系，考察中国思想库的发展历程。从实证研究中可以发现，中华人民共和国成立以后，经过半个多世纪的发展，具有多种背景的思想库共存的局面已经在中国的政治生活中初步形成。这是政策分析市场建立的基本条件。

中华人民共和国成立以来，中国思想库的发展可以依次分为三个发展阶段。

---

① 20 世纪 90 年代初期，美国当时的科技政策顾问 John Gibbons 在访问作者之一所在的一所大学的思想库时，了解到该机构的各种科技政策研究后曾经感言，他就像一头饿狗进入肉类市场一样，发现了太多可供选择的诱惑。

② 本次调查得到了中国科学技术部的帮助和支持。

③ 由于本次调查属于自愿反馈型抽样，因此样本的代表性分析是验证本次调查是否科学的重点。由于篇幅所限，详细的样本代表性分析（参见朱旭峰，2006：附录 A）。

第一阶段从中华人民共和国成立到1978年。这个阶段是政府依附型政策研究机构发展时期，政府外的思想库在这一时期基本不存在。当时的政策研究机构以前苏联研究机构为模式(Ueno，2000)，紧紧地被部门和机构任务束缚着(Tanner，2002)。中国当时确实成立了少数独立的国有政策研究机构，这些研究机构经历了长期的体制结构演变与发展，其中有一些已经成为现在中国事业单位型思想库的一部分。

第二阶段从1978年前后到20世纪80年代末。中国领导人已经认识到政府外政策研究机构对经济改革的重要意义，相继建立了许多事业单位型的半官方思想库，如1977年成立社科院、80年代初国务院先后成立的4个研究中心(国务院经济研究中心、国务院技术经济研究中心、国务院价格研究中心和国务院农村发展研究中心)以及后来组建的国务院发展研究中心、中国农村发展问题研究组等都是这一时期成立的。这些机构为中国的经济体制改革发挥了重要作用①。在此期间民间思想库也在萌芽。

第三阶段从1992年邓小平南方讲话开始直到现在。南方讲话带来了中国改革开放新的发展时期，新的一代思想库也开始兴起。这一时期的最大特点是民间思想库的蓬勃兴起。此阶段民间思想库不仅生存现状得到改善，而且已经有能力参与到中国政策的决策过程，为政府献计献策。这些机构的发起人有的是原事业单位型思想库中已经获得了一定成功和声誉的专家，有的则是具有海外学术背景的归国学者。这段时期半官方和民间思想库共同存在于中国的政治生活中，成为政府决策的重要参与力量。民间专家也经常被邀请走进中南海与人民大会堂。在所有的政策子系统中，表现最突出的要数国际关系领域，民间学者不仅和官方专家一样经常被中央决策者邀请参加小型会议直接参与中国外交决策的讨论，他们还经常在大众媒体上发表对国际热点问题的评论(Shambaugh，2002；Glaser et al.，2002)。图1清楚地反映了中国思想库的三阶段发展历程中，两种不同类型思想库的发展状况。

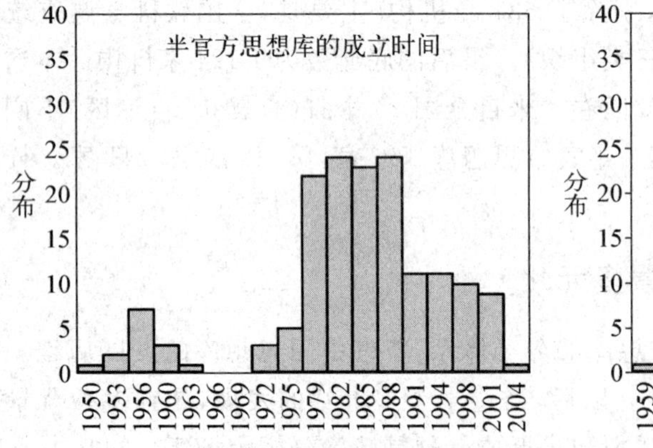


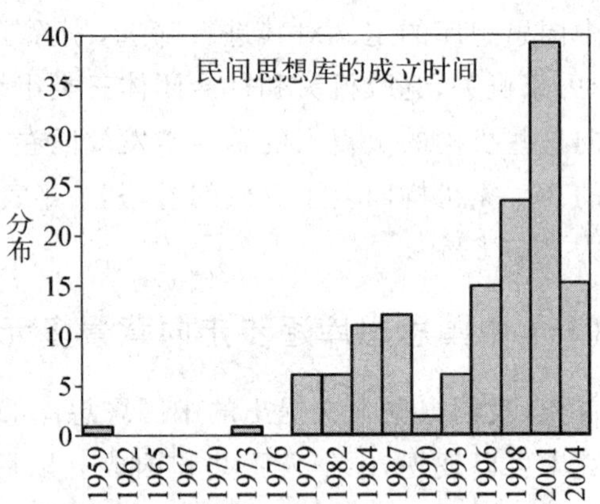


**图1　半官方思想库和民间思想库成立时间的分布②**

① 如国务院技术经济研究中心成立后不久，就根据邓小平提出的到20世纪末国民经济翻两番的设想，组织了500多名专家，从战略的角度对“2000年的中国”进行了研究(刘雪明，2001)。

② 至于为什么2001年以后新成立的思想库反而下降了，合理的解释是，由于发放问卷的底样主要基于2003年的机构列表，部分新成立的机构还来不及反映在统计结果中。

### (二) 不同类型思想库的研究资源与人员能力

表1报告的是中国思想库的研究资源状况(包括获得研究经费的渠道、经费收支、机构研究人力投入)和研究人员的学术水平和社会交往能力等情况。其中,研究人力投入用"机构综合人员规模"表示,我们用一个简单的方法计算得到:综合人员规模=全职研究人员+0.5×兼职研究人员。研究人员的学术水平和社会交往能力对思想库在政策过程中发挥作用是内生的重要变量。本研究的简化处理是以负责人的个人情况表征该思想库的总体研究人员情况,其中用负责人的知识背景,包括学历和是否有海外学历代表其学术水平,而用负责人拥有多少个社会或学术兼职及是其他社会团体的成员数作为表征其交往能力的指标。

**表1　中国思想库的研究经费输入和研究成果输出**

| 机构类型 | 所有样本 | | 半官方思想库 | | 民间思想库 | |
|---|---|---|---|---|---|---|
| 主要经费来源(前两名) | 分布 | % | 分布 | % | 分布 | % |
| 上级行政拨款 | 156 | 58.21 | 116 | 77.85 | 40 | 33.61 |
| 政府研究项目 | 208 | 77.61 | 114 | 76.51 | 94 | 78.99 |
| 企业资助 | 71 | 26.49 | 20 | 13.42 | 68 | 42.86 |
| 基金会等NGO组织 | 25 | 9.33 | 5 | 3.56 | 20 | 16.81 |
| 个人捐助 | 2 | 0.7 | 1 | 0.7 | 1 | 0.8 |
| 发行出版物收入 | 4 | 1.4 | 2 | 1.3 | 2 | 1.7 |
| 其他 | 47 | 17.47 | 24 | 16.1 | 22 | 18.49 |
| 思想库财务情况 | 平均值 | 标准差 | 平均值 | 标准差 | 平均值 | 标准差 |
| 获得经费(万元人民币) | 387.73 | 1 573.14 | 611.72 | 2 101.19 | 125.58 | 302.65 |
| 用于研究的经费支出(万元人民币) | 192.45 | 700.39 | 283.83 | 922.73 | 85.6 | 225.09 |
| 研究经费支出所占比例(%) | 49.64 | | 46.4 | | 68.16 | |
| 综合人员规模 | 平均值 | 标准差 | 平均值 | 标准差 | 平均值 | 标准差 |
| 全职研究人员+0.5×兼职研究人员 | 36.58 | 65.81 | 42.38 | 74.42 | 29.9 | 53.88 |
| 人均获得经费(万元人民币) | 10.61 | | 14.43 | | 4.2 | |
| 人均研究经费支出(万元人民币) | 5.27 | | 6.7 | | 2.86 | |
| 负责人知识背景 | 频数 | % | 频数 | % | 频数 | % |
| 博士 | 94 | 31.2 | 34 | 21.1 | 60 | 42.8 |
| 硕士 | 78 | 25.9 | 35 | 21.7 | 43 | 30.7 |
| 海外获得学位归国 | 38 | 12.6 | 15 | 9.3 | 23 | 16.4 |
| 社会精英网络 | 平均值 | 标准差 | 平均值 | 标准差 | 平均值 | 标准差 |
| 其他社会或学术兼职 | 3.76 | 3.072 | 3.36 | 3.223 | 4.21 | 2.837 |
| 其他社会团体成员 | 2.99 | 2.654 | 2.81 | 2.59 | 3.19 | 2.721 |

实证数据表明,中国目前的"政策分析市场"中多元化的财政输入渠道已经开始形成,来

自政府外的资金在思想库的财政来源中已占一定比例。在表 1 中，为分析思想库研究经费的获得渠道，我们在问卷中设计了上级行政拨款、政府研究项目、企业资助、基金会等 NGO 组织、个人捐助、发行出版物收入和其他共 7 种经费来源。数据表明：(1) 一方面，作为政策分析市场的最终需求方，政府已经拥有了较为积极的态度去资助思想库进行研究，另一方面，中国目前的研究经费来源远没有达到多样化，绝大部分经费都来自政府。表 1 中，分别有 58.21% 和 77.61% 的思想库将政府提供政策研究经费的两种形式(上级行政拨款和政府研究项目)列为经费来源的主要渠道。将企业资助列为获得经费主要渠道的思想库有 26.49%；然而，在西方思想库经费来源中占重要比例的基金会、个人捐助等，在中国非常少，只有寥寥数家机构的经费主要来自这些渠道。(2) 不同类型思想库研究经费输入机制的结构性差异显著。虽然政府在两大类思想库中都是最主要的研究经费来源，但民间思想库更多地是以争取政府研究项目为主要经费获得途径(两种形式的政府经费来源相差 2.4 倍)，而半官方思想库从政府获得经费的两种形式的比例差不多。企业资助和基金会等 NGO 组织资助在民间思想库中是相当重要的经费获得途径，42.86% 的民间思想库将企业列为最主要的两个经费来源之一，基金会 NGO 在这一指标上是 16.81%。相比半官方思想库，这两个经费来源就少了许多，但不是完全没有。中国的部分半官方思想库已经可以从企业中获得经费作为机构的主要经费来源，这一现象值得关注。

但是，不同类型思想库的研究经费收支分布存在较大不平衡。从研究经费的收支情况分析，全国思想库 2003 年获得经费平均为 387.73 万元，用于研究的经费支出平均为 192.45 万元。比较两大类思想库的各自情况，161 家半官方思想库年均经费收入为 611.72 万元，约为民间思想库的 5 倍；专门用于研究的经费支出为 283.83 万元，这一指标约为民间思想库的 3 倍；两类机构研究经费支出占总收入的平均比例分别是 46.40% 和 68.16%。从此可以看出，半官方思想库用于研究以外的行政管理等支出上比民间思想库要高。另外，不同类型研究机构内部资源分布不公平的差异也比较明显，半官方研究机构获得经费的标准差为 2 101.19万元，而民间思想库获得经费的标准差只有 302.65 万元。这说明不同半官方研究机构之间获得经费的不平衡程度更大一些。从机构综合人员平均规模情况分析，全国思想库平均规模为 36.58 人，其中半官方思想库规模比民间思想库人员规模大许多，分别是 42.38和 29.90 人。如果我们用思想库财务状况中获得经费和研究支出两项对研究人员进行平均，就可以得到全国思想库研究经费的人均收支状况。表 1 中显示，全国思想库的研究人员人均获得经费 10.61 万元，人均使用研究经费 5.27 万元。再者，比较中国两大类思想库的人均财务指标可以看出，民间思想库获得经费和使用研究经费的机会都比半官方思想库少很多，两个指标的差异分别是：民间思想库的人均获得经费不到半官方思想库的 1/3、民间思想库的人均研究经费使用不到半官方思想库的 1/2。这表明中国政策研究资源的分布存在非常严重的不平衡现象。

可以看出，半官方思想库在经费和人员方面的投入比民间思想库均具有显著的优势，而我们发现中国政策研究资源分布的不平衡与人员能力的差异在结构上是倒置的。就思想库负责人的学术研究能力而言，301 家机构中共有 94 人获得了博士学位，其中约有 2/3 属于民间思想库负责人，类似的学历差异从获得硕士学位和获得海外学位归国的思想库负责人指标方面也都有反映，即民间思想库的研究人员从学位和海外经历来看平均要强于半官方思想库的同行们。再者，我们考察社会交往情况发现，思想库负责人不仅是研究人员，而且还是代表思想库传播政策思想的重要的社会活动家。本次调查表明，全国思想库负责人平均拥有3.76个社会或学术兼职，同时还参加的其他社会团体平均数量为2.99个。而数据表明民间思想库的负责人更有意愿也投入了更多的精力于社会交往，此两项指标都比半官方思想库负责人的要高。

### （三）中国思想库影响政策的研究成果输出机制

表2报告的是中国思想库研究成果的输出机制，我们通过对当前中国思想库研究成果输出机制分布情况的分析，可以了解政策分析市场的发育状况。不同国家政策过程的制度安排特点是不同的，而思想库将自己的研究成果用何种方式向外输出是其对本国制度安排的适应。在一个发育成熟的政策分析市场中，思想库不仅应该有向政府直接输送政策主张的渠道，还应该有广泛地向公众和其他政策参与者倡导其政策观点的平台。而在大众媒体等平台上进行的政策观点的公开辩论，也有助于政府鉴别政策思想的优劣，从而挑选更有价值的政策建议。

**表2　中国思想库影响政策的研究成果输出机制**

| 机构类型 | 所有样本 | | 半官方思想库 | | 民间思想库 | |
|---|---|---|---|---|---|---|
| 最主要研究成果的输出方式 | 分布 | % | 分布 | % | 分布 | % |
| 政府内部报告/内参 | 121 | 40.2 | 87 | 54.04 | 34 | 24.46 |
| 学术期刊论文 | 134 | 44.52 | 49 | 30.43 | 85 | 61.15 |
| 著作 | 26 | 8.64 | 11 | 6.83 | 15 | 10.79 |
| 报纸或网络署名文章 | 3 | 1 | 0 | 0 | 3 | 2.16 |
| 其他 | 16 | 5.32 | 14 | 8.7 | 2 | 1.44 |

为分析中国思想库研究成果的输出机制，本文作者在多家思想库深度案例访谈的基础上(Zhu et al.，2007)，总结了中国思想库对外输出研究成果的主要行为，包括政府内部报告/内参、学术期刊论文、著作、报纸或网络署名文章和其他五种成果产出形式。然而表2的数据表明，中国当前政策分析市场的发育还不够完善，尤其是通过媒体向公众输出政策观点的影响力形式在中国的政策分析市场中还有待进一步开发。从思想库整体的分布情况来看，中国思想库对外输出研究成果的最主要形式是政府内部研究报告/内参和学术期刊论文，出版著作是辅助形式，以报纸、网络等媒体署名文章为主要思想输出形式的思想库非常少见。这一情况与西方思想库差别较大。此外，半官方思想库更倾向于以王绍光提出的“内参模式”(王绍光，2006)向政府提供政策建议。一半以上的半官方思想库的研究成果最主要输出形式是政府内部报告，而这一指标在民间思想库只有24.46%；相反，一半以上的民间思想库以学术期刊论文为最主要的研究成果输出形式，而这一指标在半官方思想库只有30.43%。值得关注的是，以报纸、网络文章为最主要研究成果输出渠道的3家思想库全部是民间机构。从此数据看出，王绍光所认为的以“借力模式”影响公共政策的方式，对于当前的半官方思想库来说都只是一种辅助。在所有调研的半官方思想库中，没有一家机构将借

助媒体来试图影响政策的方式作为首选的研究成果输出机制。当然,这里也不排除各种思想库可能对大众媒体能否比较理性地报道其研究成果尚存有一定的怀疑。

### (四) 小结

从上述实证分析可以看出,一方面,中国的政策分析市场确实得到了很大发展。尤其令人感到欣慰的是,具有不同背景的思想库都得到了长足的发展;同时,政府在政策研究上提供了大量资金,这些资金成了目前大部分思想库生存和发展的最主要支柱。这说明政府已经逐步意识到思想库作为"外脑"的价值所在。但另一方面,从总体上讲中国的政策分析市场还存在相当程度的发展空间。比如,作为中国最大的研究资源提供者,诸如政府如何进一步增加研究经费,从而更加有效地在不同类型的研究机构中配置资源等问题,还需要进一步研究;而在中国目前的政策分析市场中,研究经费的多元化输入机制、研究成果的多层次输出机制和政策思想优劣的鉴别机制有待进一步建立和完善。因此,我们要加快当前中国的政策分析市场的建设,以追赶中国经济社会发展对理性扎实的政策分析快速增长的需求的步伐。

## 六、结论

本研究提出了一个以政策过程为中心的改革之路,这一思路提供了一个在不改变宏观政治体制格局的条件下进行政策系统的渐进调整的行动框架。促进中国思想库的发展并构建发挥其社会职能的制度环境为这一改革之路提供了一个可供考虑的重要机制。为了能够更加充分地认识思想库在完善公共政策体制中的作用,我们有必要比较完整地梳理思想库社会职能的内在逻辑并探讨使其发挥作用的各种途径。虽然思想库的存在及其政策参与对决策科学化、民主化的作用也经常被中国官员和学者提及,但从本文的研究可以看出,思想库真正发挥社会职能还需要政府及全社会去建设一套有效的保障机制。我们的实证研究表明,这套保障机制在中国虽然取得了很大的发展,但仍然存在相当程度的发展空间。随着中国思想库的发展,其组织定位、运作形式、关注焦点也在逐渐走向多元。政策市场的完善将为更多思想库的发展提供条件,从而为政府在制定公共政策的过程中提供更加丰富的选择。

在过去的许多年里,中国政策过程的研究受到当时政府信息保密传统和学者在多次政治运动后形成的自我保护意识的束缚。在这样的状态下研究政策过程的变革和优化是困难的。幸运的是,中国正在进入一个更加开放的发展阶段。可以预计,随着社会利益的进一步分化和人们价值观念的进一步多元,中国的政策过程也将变得越来越复杂,也越需要我们对其进行更加深入的研究。通过对思想库在中国政策过程中作用的分析将有益于我们更好地认识政策过程及寻找改善途径。我们希望,本研究能够吸引更多的学者致力于思想库及其他以政策过程为中心的研究工作,为中国公共政策的科学化与民主化提供更加坚实的理论基础和行动指南。

## 参考文献

[1] D. E. Abelson, *Do Think Tanks Matter? Assessing the Impact of Public Policy Institutes*,

Montreal: McGill-Queen's University Press, 2002.
[2] S. C. Angle, "Decent Democratic Centralism", *Political Theory*, 2005, Vol. 33, No. 4, pp. 518 - 546.
[3] Anonymous, "The Political Activity of Think Tanks: The Case for Mandatory Contributor Disclosure", *Harvard Law Review*, 2002, Vol. 115, pp. 1502 - 1524.
[4] C. Cao, *China's Scientific Elite*, New York: Routledge, 2004.
[5] M. D. Cohen, G. M. James and P. O. Johan, "A Garbage Can Model of Organizational Choice", *Administrative Science Quarterly*, 1972, Vol. 17 No. 1, pp. 1 - 15.
[6] P. Dickson, *Think Tanks*, New York: Atheneum, 1971, p. 47.
[7] J. Dickson, *Red Capitalists in China: The Party, Private Entrepreneurs and Prospects for Political Change*, Cambridge, England: Cambridge University Press, 2003.
[8] P. Drucker, *The Effective Executive*, New York: Random House, 1967.
[9] G. Easterbrook, "Ideas Move Nations: How Conservative Think Tanks Have Helped to Transform the Terms of Political Debate", *The Atlantic Monthly*, 1986, pp. 60 - 80.
[10] B. S. Glaser and P. C. Saunders, "Chinese Civilian Foreign Policy Research Institutes: Evolving Roles and Increasing Influence", *The China Quarterly*, 2002, No. 171, pp. 597 - 616.
[11] Guttman, *The Shadow Government: The Government's Multi-Billion-Dollar Giveaway of Its Decision — Making Powers to Private Management Consultants, "Experts" and Think Tanks*, New York: Pantheon Books, 1976.
[12] S. James, "The Idea Brokers: The Impact of Think Tanks on British Government", *Public Administration*, 1993, Vol. 71, No. 4, pp. 491 - 506.
[13] S. Kennedy, *The Business of Lobbying in China*, Cambridge and London: Harvard University Press, 2005.
[14] J. Kingdon, Agendas, *Alternatives and Public Polices*, 1995, 2nd ed. New York: Harper Collins.
[15] K. Krehbiel, *Information and Legislative Organization*, Ann Arbor: University of Michigan Press, 1992.
[16] R. A. Mackenzie, *The Time Trap*, New York: AMACOM, 1972.
[17] J. G. McGann and K. R. Weaver(eds), *Think Tanks and Civil Societies: Catalysts for Ideas and Action*, New Brunswick, NJ: Transaction Publishers, 2000.
[18] M. Mintrom, *Policy Entrepreneurs and School Choice*, Washington, DC: Gowrgetown University Press, 2000.
[19] Ostrom, "Institutional Rational Choice", In P. A. Sabatier(ed.), *Theoris of the Policy Process*, Colorado: Westview Press, Chapter 3, 1999.
[20] R. A. Posner, *Public Intellectuals: A Study of Decline*, Cambridge, Massachusetts: Harvard University Press, 2001.
[21] Rich, *Think Tanks, Public Policy and the Politics of Expertise*, New York: Cambridge University Press, 2004.
[22] P. Sabatier and H. Jenkins-Smith, *Policy Change and Learning: An Advocacy Coalition Approach*, Boulder: Westview Press, 1993.
[23] M-C Shai and D. Stone, "The Chinese Tradition of Policy Research Institutes", In D. Stone and A. Denham(ed.), *Think Tank Traditions: Policy Research and the Politics of Ideas*, Manchester and New York: Manchester University Press, 2004, pp. 141 - 162.

[24] D. Shambaugh, "China's International Relations Think Tanks: Evolving Structure and Process", *The China Quarterly*, 2002, No. 171, pp. 575-596.

[25] H. Simon, "Human Nature in Politics: The Dialogue of Psychology with Political Science", *American Political Science Review*, 1985, Vol. 79, No. 2, pp. 293-304.

[26] J. A. Smith, *Idea Brokers: Think Tanks and the Rise of the New Policy Elite*, New York: The Free Press, 1991.

[27] D. Stone, *Capturing the Political Imagination: Think Tanks and the Policy Process*, London: Frank Cass, 1996.

[28] M. S. Tanner, "Changing Windows on a Changing China: The Evolving' Think Tank' System and the Case of the Public Security Sector", *The China Quarterly*, 2002, No. 171, pp. 559-574.

[29] M. Ueno, "Northeast Asian Think Tanks: Toward Building Capacity for More Democratic Societies", In J. G. Mc-Gann and K. R. Weaver(eds.), *Think Tanks and Civil Societies*, New Brunswick, NJ: Transaction Publishers, 2000, pp. 221-43.

[30] A. Walder, "Elite Opportunity in Transitional Economies", *American Sociological Review*, 2003, Vol. 68, No. 6, pp. 899-916.

[31] H. Weiss, "Helping Government Think: Functions and Consequences of Policy Analysis Organizations", In C. H. Weiss(ed.), *Organizations for Policy Analysis — Helping Government Think*, London: Sage Publications, 1990, pp. 1-20.

[32] L. Yang, *Remaking the Chinese Leviathan: Market Transition and the Politics of Governance in China*, California: Stanford University Press, 2006.

[33] X. Zhu and L. Xue, "China's Think Tanks in Transition", *Public Administration and Development*, 2007, Vol. 27, No. 5, pp. 452-464.

[34] X. Zhu, "Strategy of Chinese Policy Entrepreneurs in the Third Sector: Challenges of 'Technical Infeasibility'," *Policy Sciences*, 2008, Vol. 41, No. 4., pp. 315-334.

[35] 〔俄〕格·阿·阿尔巴托夫,徐葵、张达楠等译,《苏联政治内幕:知情者的见证》,新华出版社,1998年.

[36] 胡伟,《政府过程》,浙江人民出版社,1998年.

[37] 胡向明,"论地方政策的决策模式",《武汉大学学报》,1997年第2期.

[38] 刘雪明,"中国政策咨询业发展的现状、问题及对策研究",《科学学研究》,2001年第2期.

[39] 卢迈,"中国农村改革的决策过程",《面对希望之野》,中国发展出版社,2000年.

[40] 宁骚,《公共政策学》,高等教育出版社,2003年.

[41] 彭志国,"从理性、权力到官僚政治视角的转变——对西方学者关于中国政策制定过程研究的述评",《理论探讨》,2005年第2期.

[42] 盛宇华,"'摸着石头过河'——一种有效的非程序化决策模式",《领导科学》,1998年第6期.

[43] 孙立平,"90年代中期以来中国社会结构演变的新趋势",《转型与断裂:改革以来中国社会结构的变迁》,清华大学出版社,2004年.

[44] 王锡锌、章永乐,"专家、大众与知识的运用——行政规则制定过程中的一个分析框架",《中国社会科学》,2003年第3期.

[45] 徐湘林,"'摸着石头过河'与中国渐进政治改革的政策选择",《天津社会科学》,2002第3期.

[46] 薛澜、陈玲,"中国公共政策过程的研究:西方学者的视角及其启示",《中国行政管理》,2005年第7期.

[47] 薛澜、朱旭峰,"'中国思想库':涵义、分类与研究展望",《科学学研究》,2006年第3期.

[48] 王绍光,“中国公共政策议程设置的模式”,《中国社会科学》,2006 年第 5 期.
[49] 王绍光,“学习机制与适应能力：中国农村合作医疗体制变迁的启示”,《中国社会科学》,2008 年第 6 期.
[50] 佚名,“听证会变成了涨价‘新闻发布会’”,《领导决策信息》,2004 年第 48 期.
[51] 朱光磊,《当代中国政府过程》,天津人民出版社,1997 年.
[52] 朱旭峰,“美国思想库对美国社会思潮的影响”,《现代国际关系》,2002 年第 8 期.
[53] 朱旭峰,“制度的预期与结果：中国电信业市场改革历程分析”,《管理世界》,2003 年第 10 期.
[54] 朱旭峰、苏钰,“西方思想库对公共政策的影响力——基于社会结构的影响力分析框架构建”,《世界经济与政治》,2004 年第 12 期.
[55] 朱旭峰,“中国政策精英群体的社会资本——基于结构主义视角的分析”,《社会学研究》,2006 年第 4 期.
[56] 朱旭峰,“‘思想库’研究：西方研究综述”,《国外社会科学》,2007 年第 1 期.
[57] 朱旭峰,“政策决策转型与精英优势”,《社会学研究》,2008 年第 2 期.

# 危机管理：转型期中国面临的挑战

薛澜，张强，钟开斌

**摘要：**本文通过对中国现有社会状况的描述，全景地勾勒出目前我国危机形态的特点，并因循社会、组织到个人的逻辑过程，揭示社会转型期我国危机事件高频发生的潜在诱因，说明危机事件的常态性以及进行危机管理体系建设的紧迫性；最后，在解析我国现有的危机管理理念和系统设置的基础上，结合发达国家的危机管理经验，提出建立我国危机管理体系、实现“危机管理常规化”的政策建议。

**关键词：**危机管理；社会转型；政策建议

频发的事件，如美国“9·11”、SARS 等危机事件已经成为社会管理生活中不可避免的重大挑战，危机管理也就成为各国和各级政府都必须认真对待的重要问题，它甚至比任何常规管理都更能考验政府的治理结构和治理能力。对于转型期的中国而言，有效、及时、和平地处理各种类型的危机事件已经成为今后一定时期内我国各级政府必须高度重视的重大挑战，如何处理好社会危机事件将直接关系到政府在公民心目中的权威地位和良好形象，直接影响着我国政治稳定和经济发展。

## 一、概念界定：危机与危机管理

### （一）危机

本文把所探讨的危机界定为对一个社会系统的基本价值和行为准则产生严重威胁，并且在时间压力和不确定性极高的情况下，必须对其作出关键决策的事件（Rosenthal et al., 1989）。危机事件的决策环境相对于政府的常规性决策环境往往是一种非常态的社会情境，是各种不利情况、严重威胁、不确定性的高度积聚。实际上，对于危机事件的认知与界定，依据不同的划分标准可以分成不同类型（参见表 1）。

**表 1 危机类型一般划分概览**

| 划分标准 | 相应的危机类型 |
|---|---|
| 动因性质 | 自然危机（自然现象、灾难事故）、人为危机（恐怖活动、犯罪行为、破坏性事件等） |
| 影响时空范围 | 国际危机、国内危机、组织危机 |
| 主要成因及涉及范围 | 政治危机、经济危机、社会危机、价值危机 |

续 表

| 划分标准 | 相应的危机类型 |
| --- | --- |
| 采取手段 | 和平方式的冲突方式(如静坐、示威、游行等)、暴力性的流血冲突方式(恐怖活动、骚乱、暴乱、国内战争等) |
| 特殊状态 | 核危机、非核危机 |

从抽象特性上来看,危机事件一般具有以下四个特征:(1) 突发性和紧急性:组织所面临的环境达到了一个临界值和既定的阈值,组织急需快速作出决策,并且缺乏必要的训练有素的人员、物质资源和时间;(2) 高度不确定性:事件的开端是无法用常规性规则进行判断,而且其后的衍生和可能涉及的影响是没有经验性知识可供指导的;(3) 影响的社会性:对一个社会系统的基本价值和行为准则架构产生严重威胁,其影响和涉及的主体具有社群性;(4) 实质是非程序化决策问题:管理者必须在有限的信息、资源和时间(客观上标准的"有限理性")的条件下寻求"满意"的处理方案,迅速地从正常情况转换到紧急情况(从常态到非常态)的能力是危机管理的核心内容。

### (二) 危机管理

对于危机管理,我们通常的视角是结合时间序列(危机的生命周期理论)加以分析,也是在危机发生、发展的每一阶段制定出相应的战略(包括危机管理的准备、预警、处理及恢复等几个阶段)。从最广泛的意义上说,危机管理包含对危机事前、事中、事后所有事务的管理。危机管理的任务是尽可能控制事态,在危机发生后把损失控制在一定的范围内,在事态失控后要争取重新控制住。就其本质而言,危机管理是一种非程序化决策,这类决策极为复杂而困难,往往关系到组织的安危。有效的危机管理需要做到如下方面:移转或缩减危机的来源、范围和影响;提高危机初始管理的地位;改进危机冲击的反应管理;完善修复管理,以能迅速有效地减轻危机造成的损害①。

当然,除了基于时间发展脉络的基础作为建立现代危机管理体系的分析框架外,还可以根据危机基于管理学上的本质特征选择组织行为分析框架(危机中的主体行为分析)和决策过程分析框架(危机决策流程)进行辅助分析,这有利于更深入地理解危机的诱发根源和危机管理的战略要义。

## 二、中国转型期的危机形态:危机事件高频发生

党的"十六大"报告明确指出:"面对很不安宁的世界,面对艰巨繁重的任务,全党同志一定要增强忧患意识,居安思危,清醒地看到日趋激烈的国际竞争带来的严峻挑战,清醒地看到前进道路上的困难和风险,倍加顾全大局,倍加珍视团结,倍加维护稳定。"现阶段我国正处于经济转轨和社会转型的过程中,政治、经济改革已进入社会结构的全面分化时期,改革开放触及深层次的体制性问题,社会制度系统(经济制度、政治制度、法律制度和家庭制度)都存在一定

① 详情请参见〔澳〕罗伯特·希斯,王成、宋炳辉、金瑛译,《危机管理》,中信出版社,2001 年。

程度上的制度变迁，在社会发展序列上恰好对应着“非稳定状态”的频发阶段①。在这样的变革过程中，利益和权力将在不同的主体之间进行重新分配、转移，形成诸多不稳定因素，也就存在形成不同危机的可能。就现实观察而言，我国转型期的危机形态总体上呈现出以下几个特点。

### （一）危机事件涉及的领域多元化

进入20世纪90年代以来，我国不仅接连发生重大的自然灾害，而且随着社会的转型，在政治、经济和社会等各个领域也都发生了程度不同的危机事件。

在经济领域里，由于国有企业改革尚未到位、农村发展不足、移民安置不当等因素引起的群体性事件常有发生。在政治领域，由于转型期我国政府职能的界定尚未完全明晰，腐败渎职现象严重，已经成为中国“最大的社会污染”②，厦门远华等一批大案要案，更是严重影响党和政府的公信力。在司法领域，“关系案”、“人情案”、“金钱案”以及执法犯法等司法机构腐败、滥用职权、有案不立、重罪轻判、裁判不公、执行不力等现象，很可能造成社会矛盾激化。在国际上，中美撞机事件、我国驻南斯拉夫大使馆被炸、中国客车从吉尔吉斯回国途中被烧毁21人遇难等事件，都预示着中国有可能面对种种外交危机和跨国危机。

### （二）危机事件呈现高频次、大规模

近几年，我国发生多起严重的安全事故，尤其是矿井重大安全事故接连不断，特别是同构性的重大事故接连发生，在一定程度上已经成为社会、经济生活中的阴影。据国家安全生产监督总局介绍，我国现正处于第五次安全事故频发高峰期，每年平均直接损失在1 000亿元，加上间接损失要超过2 000亿元，而各种事故造成平均每天死亡200人。与此同时，各地严重的治安案件数量不断增加，地区性的恶势力有所抬头。而且带有黑社会性质的犯罪团伙的头目往往有“保护伞”、“黑后台”，甚至有执法机关人员通风报信、协助作案。此外，在近年来出现的一些群体性冲突中，参与及波及的人数也越来越多。

### （三）危机事件的组织性、暴力性、危害性加强

据信访部门调查，近年来发生的群体性事件，绝大多数幕后有人策划、煽动和组织，较大规模的群体性事件更是如此。随着组织性趋向明显，群体性事件呈现出持续性和反复性的态势，闹事方式不断升级，规模不断扩大，对抗性不断加剧。日益增多的各类群体性突发事件不仅交通要道受堵造成了严重的经济损失，而且这些行为的出现，无形中破坏了社会整体的行为程序，具有十分危险的群体行为误导可能性。一旦社会的安全管理体系出现失控（诸如民用爆炸品、枪支的管理），发生类似石家庄、陕西横山爆炸等惨案，其后果显然是不可想象的。

### （四）危机波动方式多元，震动频度增大

由于目前危机事件的发生往往涉及社会不同利益群体，敏感性、连带性很强，聚集效应

---

① 根据世界发展进程的一般规律，一个国家和地区发展到人均GDP 500美元至3 000美元的阶段，往往对应着人口、资源、环境、效率与公平等社会矛盾较为严重的瓶颈时期，比较容易造成社会失序、经济失调、心理失衡等问题，形成一些不稳定因素。参见牛文元：“社会燃烧理论与中国社会安全预警系统（研究提要）”，清华大学公共管理学院与中国行政管理学会联合举办的“社会变革中突发事件应急管理”专家研讨会讨论稿，2011年11月26日。

② 胡鞍钢，《中国：挑战腐败》，浙江人民出版社，2001年，第34页。

明显，而且随着社会信息化的发展，传播渠道多元化，国内外各类反动势力有机可乘，利用我国政府旧有的处理方式和群众心理，在各类高科技的信息技术的支持下，制造各种谣言，煽动群众采取过激行为。尤其在各类民族问题以及邪教的处理问题上，分裂势力和邪教组织往往利用网络，散布反动言论，组织地下非法活动，唯恐天下不乱[①]。危机波动方式朝着多元的方向发展，危机事件可能引起的震动频度明显增大。

### （五）危机事件国际化程度加大

伴随着全球化的进展，危机事件的发生也具有了一定的国际互动性，这增加了危机事件的应对难度。第一，随着改革开放的不断深入，我国与世界的交流日益广泛，国际社会在经济、政治和文化等方面的重大变化都会程度不同地波及我国（如 1997 年亚洲金融危机）。特别是“9·11”事件发生后，一些利益集团和组织利用非军事方式和手段，对敌对方的一些战略目标进行非常规袭击，这种现象引起了国际军事理论界和安全专家的密切关注。第二，随着与外界交流的增强，国内的极端个人及组织往往与各类国际反华势力紧密勾结，互为呼应，严重危害我国的国家安全。第三，随着中国的稳定发展，中国公民在境外的人身、财产安全也常常受到威胁，成为各类恐怖主义直接或间接的目标。

## 三、我国转型期危机频发的诱因

对于我国进入危机频发期的原因，我们将因循社会、组织到个人这样的逻辑过程进行分析。在社会的分析层次里将具体分为政治、经济和文化三个角度；由于我国为政府主导型社会，所以将组织的分析主要局限在政府，并将其归入政治体制里一并考虑；对于个人视角，我们将基于人性中的挫折—攻击理论和 J 曲线，对我国社会中存在的不满意程度进行刻画，诠释可能的危机诱发路径（见表 2）。

**表 2　社会/组织/个人分析框架下的社会问题**

| 分析层面 | 细分领域 | 危机诱因事件例示 |
| --- | --- | --- |
| 社会整体 | 经济领域 | 下岗失业<br>相对贫富差距<br>农村发展<br>国际经济摩擦 |
| | 政治体制 | 社会阶层分化<br>腐败<br>政治合法性危机<br>新公共管理及市场化、全球化挑战<br>法治化建设<br>黑社会组织犯罪 |
| | 文化体系 | 信仰危机（邪教）<br>治安恶化（网络犯罪） |
| 个体行为 | 个体行为心理分析 | 社会不满意度 |

① 如 2002 年 3 月 5 日长春“法轮功”痴迷者破坏广播、电视设备，“法轮功”邪教组织在 6 月、9 月和 10 月等几次发射非法电视信号攻击鑫诺卫星，干扰中央电视台和中国教育电视台节目的正常播出。

## (一) 社会及组织层面分析

本部分将从经济发展、政治体制以及社会文化三个方面进行讨论。

1. 经济发展具有不均衡性。改革以来，特别是在90年代下半期，中国社会收入的分配格局发生重大变化，从全民“分享型”或“共享型”增长到“部分获益型”增长，从全民“非零和博弈”增长到“零和博弈”增长①。在国家范围内，人与人、人与集团、国家与国家之间围绕各自的经济利益在市场逐渐成熟的过程中，资本市场的集聚效应作用日趋明显，地区及个体的贫富差距迅速拉大，这主要体现为：首先，城乡居民收入差距在不断扩大，公共服务水平与可及性悬殊；其次，地区发展差距进一步扩大，极化指数迅速上升且达到历史最高点②；第三，从国际形势来看，旧秩序与酝酿中的新秩序的相互并存和矛盾冲突，使得全球经济格局中内含了极大的结构性张力和紧张；第四，在目前发展格局中，人与自然的不和谐也日益成为增长的瓶颈和社会不稳定的基础燃烧物质③。

2. 政治体制改革有待深化。社会结构剧烈变动及政治体制改革相对滞后交互作用造成的传统权力结构畸变和传统权威模式的失效，使得旧的政治、社会体制控制宏观、协调矛盾、平衡冲突、遏制腐败的主动性和能力有所减弱，于是危机的出现就具有了体制性的诱因。首先，虽然行政观念和政府职能的转变、政府效能的提高取得了一定的成绩，行政管理体制、行政管理方式和行政思维模式仍有待于进一步同市场经济的基本要求接轨。其次，来自信息技术的挑战与机遇也对我国公共管理的实际运作方式和根本民主制度产生深远影响。第三，市场化浪潮的兴起对公共管理本质的冲击和全球化对公共管理范围和结构的影响。第四，“非正式规则”的存在使得立法和司法过程存在着缺陷④，行政和司法领域的腐败加剧中国的黑社会性质组织的迅速滋生和发展。

3. 传统道德文化体系的失稳。由文化矛盾引发或支持的冲突和危机，其根深蒂固性和持久性要远甚于其他原因直接引发的危机。在经历了西方社会发展的冲击和新中国成立后的几次文化变革中，传统的孔儒思想体系说教功能逐渐弱化，出现一定程度的信仰危机。在社会经济的快速发展中，教育发展滞后，社会道德、公共伦理出现失范，腐败的社会风气使道德基础发生动摇，网络时代的生活方式已经严重冲击着旧有的道德规范体系，道德虚无主义情绪逐渐蔓延。严重的规范缺失和规范偏离、社会结构变迁的加剧以及科学技术的飞速发展，导致了人们在不断出现的新的行动内容和选择标准面前缺乏必要的规范引导和约束；既有的规范系统在急剧变迁的社会生活中的紊乱也造成了人们在具体行动中的严重偏离和越轨。

---

① 王绍光、胡鞍钢、丁元竹，“经济繁荣背后的社会不稳定”，《战略与管理》，2002年第3期。

② 计算参见王有强、崔启源，“第一章　理论分析和框架”，摘自胡鞍钢：《地区与发展：西部开发的新战略》，中国计划出版社，2001年。

③ 牛文元，“社会燃烧理论与中国社会安全预警系统（研究提要）”，清华大学公共管理学院与中国行政管理学会联合举办的“社会变革中突发事件应急管理”专家研讨会讨论稿，2001年11月26日。

④ 韩丽，“中国立法过程中的非正式规则”，《战略与管理》，2001年第5期。

**表 3　我国目前国内危机事件的分类**

| 类　型 | 引　致　因　素 | 一般冲突表现方式 |
| --- | --- | --- |
| 利益失衡型 | 经济发展的不均衡<br>社会保障制度上的缺陷 | 罢工、集体上访、静坐、示威游行、集会 |
| 权力异化型 | 政府权能体系中的失效(如腐败、司法权的不完善) | 集体上访、示威游行、暴力抗法、刑事案件 |
| 意识冲突型 | 意识形态领域出现异化形成的冲突(如宗教、民族) | 大规模群体冲突、妨碍公务、刑事案件 |
| 国际关系型 | 与中国在国际格局中的发展相关 | 国家间的紧张局势、经济制裁甚至局部战争 |

我国目前可能存在的社会/组织层面的危机引致因素决定了在今后的一段时期,我们必将面对各方面的危机(根据以诱因的不同可以对目前国内转型期间危机事件进行归类,参见表 3)。从上述诱因来看,危机的实质就是潜在的各种社会矛盾与问题积聚激化后的表现形式,或者说是冲突的人群试图通过非常规或极端的方式,促使有关政府部门解决没有预见或长期无力解决的问题。从本质上看,我国目前危机事件的主体性质为非政治性,主要的目的还是在于对社会公民权和利益的维护,关注弱势群体,寻求社会平等,但也不能排除具有一定政治目的或寻求某一社会利益集团局部利益的行为动机①。

## (二) 个体行为层面分析

在民众对于社会稳定的整体局势的主观看法上,社科院“我国社会稳定形势研究课题组”、中纪委 1996 年以来连续 6 年的调查以及中央党校课题组对地厅级党政干部的调查都得到了相似的结果:腐败、国有企业、收入差距、下岗失业、农民负担等成为社会关注的热点问题②。在社会个体的满意度方面,“我国社会稳定研究课题组”2000 年对城市居民以及零点调查公司 2000 年对 10 个城市居民的调查结果显示,对社会生活不满者(不太满意和非常不满意)以及满意者(指非常满意和比较满意)比例都在增加,出现“两级同化”趋势。就具体群体而言,对社会生活满意度最低的群体包括下岗失业人员(就业角度)、低收入人群(收入水平角度)、收入水平下降的人群(收入增减角度)、处于壮年(31—50 岁)之间的人群(年龄角度)、下岗工人和非技术工人(职业角度)、初中和高中文化程度被访者(文化程度)。

尽管大体上满意的人群要多于不满意群体,但在绝对数量上仍然十分庞大,而且主体都是可能进一步被边缘化的弱势群体。此外,在社会机制运作中,这一部分弱势群体不仅是在经济生活中处于底层,而且在民主政治生活中参与程度也很低。在无法感知自身境况改变的希望下,尤其面对中国媒体受政府主导的运作方式以及非制度化渠道的匮乏,这些充满不满情绪的个体就会变成影响中国社会稳定的“燃烧物质”,在一定的突发事件“导火索”作用下,就可能发展成为破坏性的社会危机。

① 有关目前突发事件性质也得益于中国行政管理学会 2001 年 4 月 3 日组织的“群众性突发事件”政府对策研讨会上诸位专家学者的发言。

② 中国社科院,《2002 年:中国社会形势分析与预测》(社会蓝皮书),社会文献出版社,2001 年,第 38 页。

## 四、中国危机管理现状分析

为了最大限度地限制和避免公共紧急状态给民众的生命和财产、政府正常的管理活动和社会的基本秩序所造成的危害，世界各国都采取了相应的措施和对策来处理与状态有关的危机事件，采取的措施主要包括立法、完善机制、机构建设等几个方面，而目前我国在旧有体制下成长的传统危机管理模式在这几个方面都存在不少问题，因而很难及时、有效地处理危机事件的全球性危机。

### （一）中国危机管理的立法现状

为有效应对各种危机事件，世界各国首先开展的工作就是制定相关的法律，统一规定政府在处理危机事件中的职权和职责，确定依法对抗紧急状态和危机情境的法治原则。有的国家（如土耳其、加拿大）制定了对付各种公共紧急状态的统一的《紧急状态法》；有的国家成立了处理各种紧急事务的国家紧急事务管理机构，如美国的联邦紧急事务管理署（FEMA）。

而我国目前对公共紧急状态和危机情境的对抗手段比较分散。从立法角度来看，我国先后制定了对付社会动乱的《戒严法》，对付重大自然灾害的《防震减灾法》（1997 年）、《防洪法》（1997 年）和《消防法》（1998 年）等，但这些法律本身具有很强的独立性，部门管理的色彩很重，在突发性危机事件的应对上也存在协调等多方面的问题。同时，我国也没有从国家安全的高度制定长期的反危机战略和应急计划，使得各地区、各部门以及各级政府的危机预警能力和相互之间的协同能力较低。

### （二）危机管理的预警和快速反应机制

预警机制和快速反应机制是危机管理中两项最基本的制度，能够最大限度地减少由于公共紧急状态给民众生命和财产所造成的损失和给正常的社会秩序造成的巨大破坏。其中，预警机制可以帮助政府对分阶段期间内可能会发生的各种形式的危机事先有一个充分的估计，并做好应急准备，选择最佳应对策略；快速反应机制则可以增强政府在处理危机事件中的能力，同时还可以最大限度地维护政府在公共紧急状态时期的合法性和权威性。

由于我国目前没有统一的国家紧急事务管理机构，不能把危机的前期控制过程纳入政府长远的战略目标、规划与日常管理中；政府也没有从国家安全和国家利益的高度制定反危机战略，导致政府很难发现危机发生之前特定潜伏期的种种外部表征，而在危机爆发后的处理过程中政府往往仓促上阵，形成撞击式的被动反映模式。同时，我国目前对危机事件的快速反应机制也不能完全适应危机管理件的要求，主要表现为危机管理各部门彼此独立，政府对单项危机事件的快速反应能力比较强，而对需要各种资源协同运作的复合型危机的快速反应的效率比较低。

### （三）危机管理的综合协调机构

面对层出不穷的危机事件，最为关键的就是建立核心的危机管理综合协调机构，专门应对各种各样的自然灾害和人为事故。目前,发达国家都根据自己的情况,建立适应本国国情的国家安全决策机制和危机应对机制,囊括和涵盖了国家安全和危机的界定、预警、智囊参谋、决策和执行等机制和相应的部门,其体制内的人、财、物也都有相当充分的保障。在处理实践上,各国有着诸多的历史案例(如古巴导弹危机、各类生物疫病危机等)。

我国在国家层面的实际运作上,至今仍缺乏具有会商决策功能的综合体系和综合协调部门,也没有建立起处理不同危机事件之间的协调机制,一旦需要动用各方资源的重大危机爆发,或是多种危机事件并发,可能会使政府在处理危机事件中的政策不能很好地加以协调,从而严重地影响政府处理紧急事务的效率。同时,由于目前政府实际部门设置中并没有专门的应急处理危机的综合性管理部门,决策主要由相应的行政领导决策,往往存在地区主义、形式主义的问题,迟报、漏报、甚至瞒报紧急重大情况和事件的情况比较严重。

### (四)危机管理中的社会应对能力

危机实质是对一国社会应对能力的综合考验。美国社会在“9·11”事件中表现出的内在有序和恢复能力,不仅仅来源于其法治化程度,也取决于政府对全民危机教育的重视。在美国,紧急事务管理目前已经发展成为一门新学科,在灾难防治与紧急应变上发挥极大的功效。而在中国,我们的公民素质教育体系、公务人员的培训系统、危机意识和实际应对能力的训练都十分匮乏,更无从谈及危机状态下的心理防范、法律救助和心理援助。一旦发生危机,组织和个体的危机应对大都依赖于本能的自我反应,连自身的生命保护都很难实现,灾难程度常常急剧蔓延。

### (五)危机管理中的信息披露机制

危机事件所涉及的公共信息不同于国家安全信息,应该及时、公开、透明地披露,降低公众获取信息的成本,稳定公众的信心。全球化和信息多元化使得政府对信息来源渠道的控制减弱,如果政府在危机事件发生时,仍采取传统的“外松内紧”的宣传策略,容易使自身陷于被动。然而,我国现行的媒体政策受现行的法规、政治体制等因素的制约,在危机报道方面存在以下两大问题:其一,有些灾害发生地的政府为自己开脱责任和逃避法律制裁,阻挠媒体公正介入事件报道,不让公众了解危机事件真相。其二,在危机事件的报道中部分媒体出于对商业利益的追逐,人为制造热点、炒作新闻。上述问题要求建立政府与媒体之间的良性互动机制,既保证媒体的新闻自由,又能保证政府对其进行必要的管制。

## 五、中国亟待建立现代危机管理体系

借此次非典型肺炎事件之机,参照国际经验和美国“9·11”事件的发生,并结合我国现实,我们建议:政府应当从法律、机构、人员、社会意识、民众技能等多个方面,从危机的预警准备、危机的快速反应、危机后的学习等不同环节,加快我国现代危机管理体系建设,增强社会整体的危机意识、自学习能力及自我适应性,构筑一个从政府、军队、媒体到民间组织等全方位、立体化、多层次、综合性的危机应对网络,做到危机管理常规化。

### (一) 我国各级政府必须树立正确的危机意识

凡事“预则立,不预则废”,形成完善的危机管理体系,首先必须树立正确的危机意识。“居安思危,思则有备,有备无患”,各级政府要从关系党和国家进一步生存发展的高度认识危机管理的重大意义,“安而不忘危、治而不忘乱、存而不忘亡”,保持敏感度;同时要根据时代发展,及时了解非传统威胁形成的各种可能(尤其是要清醒看待各类事件的联动性和个体及各类极端组织可能对社会形成的破坏力),实时调整、更新危机应对战略。

### (二) 尽快建立常设性的危机管理部门,制定权责明晰的危机反应机制

在国家层面上尽快建立具有会商决策功能的综合体系和常设性的危机管理的综合协调部门,协同各方面专家,对各类危机事件进行划分总结;在国家安全的高度上制定长期的反危机战略和应急计划,在地方各级层面上也应相应地设立相关部门。在反应机制中,对于发生的危机事件,要设立第三方性质的独立调查制度,公正甄别事件诱因;同时要保持适度的新闻自由度,建立有效的公共危机沟通机制;改革各级政府信访机构职能,在机构实现一定程度的纵向设置,切实发挥社会稳定安全阀作用。

### (三) 开展危机管理素质教育,增强社会应对能力

必须重视全民的危机管理教育,一方面尽快开展公务人员的危机应对情景训练,这一点可以结合目前正在大力推动的公共管理硕士(MPA)职业教育进行推广;同时对普通民众开展危机应对教育,了解各种灾难发生的科学过程,掌握一定的自我保护方法,增强危机应对能力。

### (四) 加强政研合作,大力推进危机管理研究

我国近几年在现实的触动下才开始对危机管理有所引入,自身的研究十分匮乏,这就需要各级部门尽快推动有关危机管理研究,其中重要的是各级政府能够和适合的科研部门进行通力合作,选择实际案例,建立各类危机事件的案例库,并从理论总结到实践操作全方位寻求符合我国国情、政情的解决方案。尤其对于西方国家众多历史实例要深入剖析,在对诸如“9·11”事件的发展上,着重观察总结美国政府采取的应对措施,从不同角度跟踪收集。

需要强调的是,危机管理体系的形成并不能保证社会的安然无忧,长治久安根本上还是取决于公共治理结构的优化。所以危机管理的最佳途径是优化程序性决策从而有效避免危机的发生。在进一步的深化改革中,更为重要的是改革各级政府的绩效考核体系,增加综合性社会发展要求,减少单纯的指标性要求;加快电子政务建设,切实实现各级政府运作的公开化、程序化、透明化,扩大公民的政治参与,加快公共治理结构的优化。

## 参考文献

[1] Ali Farazmand (eds), Handbook of crisis and emergency management, New York: Marcel Dekker, 2001.

[2] Anna Fornstedt, Civil Security and Crisis Management in the Baltic Sea Region: the 1999 Stromsborg Workshop in Stockholm and the 2000 Tallinn Conference (CRISMART: A publication of the Crisis Management Europe Research Program, Volume 5), 2001.

[3] Eric K. Stern, Crisis Decision-Making-A cognitive-Institutional Approach, Stockholm: Department of Political Science, Stockholm University, 1999b.

[4] Eric K. Stern and Dan Hansen, Crisis Management in a Transitional Society: The Latvian Experience (CRISMART: A publication of the Crisis Management Europe Research Program, Volume 12), 2000.

[5] Irving L. Janis, Crucial Decisions: Leadership in Policymaking and Crisis Management, the Free Press, a Division of Macmillan, Inc, 1989.

[6] Rosenthal, U., 't Hart, P. and Charles, M. (eds) Coping with Crises — the Management of Disasters, Riots and Terrorism, Charles C. Thomas, Springfield, Illinois, 1989.

[7] Saundra K. Schneider Flirting with disaster: public management in crisis situations, Armonk, N.Y.: M.E. Sharpe, 1995.

[8] Uriel Rosenthal and Bert Pijnenburg Crisis management and decision making: simulation oriented scenarios, Dordrecht; Boston: Kluwer Academic Publishers, 1991.

[9] W. Timothy Coombs Ongoing Crisis Communication Planning, Managing, and Responding, Sage Publications, Inc, 1999.

[10] William L. Waugh Living with Hazards Dealing with Disasters: An Introduction to Emergency Management, M. E. Sharpe, Inc, 2000.

[11] 北京太平洋国际战略研究所,《应对危机——美国国家安全决策机制》.时事出版社,2001.

[12] 〔美〕菲克,韩应宁译,《危机管理》,经济与生活出版事业公司,1987.

[13] 胡宁生,《中国政府形象战略》,中共中央党校出版社,1999.

[14] 刘智峰,《中国政治体制改革问题报告》,中国电影出版社,1999.

[15] 〔澳〕罗伯特·希斯,王成、宋炳辉、金瑛译,《危机管理》,中信出版社,2001.

[16] 〔美〕诺曼·R·奥古斯丁等,《危机管理》,中国人民大学出版社,2001.

[17] 许文惠,张成福,《危机状态下的政府管理》,中国人民大学出版社,1997.

[18] 俞可平,《治理与善治》,社会文献出版社,2000.

[19] 中国社科院,《2002年:中国社会形势分析与预测(社会蓝皮书)》,社会文献出版社,2001.

# Turning Danger (危) to Opportunities (机): Reconstructing China's National Emergency Management System After 2003

Lan Xue, Kaibin Zhong

**Abstract**: This chapter provides an overview of the efforts in building a new national emergency management system (NEMS) in China after the Severe Acute Respiratory Syndrome (SARS) crisis in 2003. The weaknesses in the old system hampered the response to SARS and amply demonstrated its vulnerabilities and weaknesses in dealing with unexpected and catastrophic disasters. Consequently, over the past years several since the SARS crisis, a number of measures have been put into action to radically reconstruct the NEMS. A systematic approach was taken to change the old practice of dealing with different kinds of emergencies separately by different government agencies to a new approach that is aimed at building a risk-based, all-hazards, and integrated national emergency management system. The new NEMS is based on four key elements: the contingency plans at national and regional levels; institutional mechanisms that are dedicated to coordinate emergency management among different levels of government and agencies; operational procedures in dealing with these activities; and an Emergency Response Law dedicated to emergency management. The catastrophic disasters in 2008 in China and the responses by China's new NEMS have shown the effectiveness of the new system while at the same time posted new challenges which will provide new directions for reforms of the current NEMS.

## 1. Introduction

Since the founding of the People's Republic of China in 1949, responding to various emergencies has always been a major challenge to the government. A national emergency management system (NESM) was gradually formed over the years. This system, the Chinese NEMS 1.0, was departmentalized — the governance of risks and disasters was handled by different ministries or bureaus according to the nature of the disasters. For example, China Earthquake Administration was responsible for earthquake related disasters, China Meteorological Administration was responsible for meteorological related disasters, Ministry of Water Resources was responsible for floods and droughts, Ministry of Health was responsible for epidemic diseases or public health-related accidents, and Ministry of Public Security was responsible for terrorist threats and social unrests. There are also corresponding organizations in the local governments of all the levels in China. The main characteristics of this system were the strong vertical/sector line of command and the weak horizontal coordination. ①

The traditional NEMS 1. 0 was relatively effective in planning for, mitigating and recovering from routine natural and man-made disasters with which decision-makers are experienced and familiar. For example, under the leadership of the State Council, China lunched its largest national mass mobilization in more than 40 years during the flooding of the Yangzi River in 1998, which killed more than 3,000 people and affected 2. 3 million people. Top national leaders were on the frontlines of disaster relief work and over 280,000 soldiers and 5 million army reserves had been deployed for relief work across China's Southern Provinces. ② However, in facing non-routine and unpredictable catastrophic disasters like Severe Acute Respiratory Syndrome (SARS) in 2003, the weaknesses of the traditional emergency management system became apparent. Chinese leaders began to take decisive actions only after the tardy and ineffective response from November 2002 to February 2003, when SARS spread from Guangdong Province into Hong Kong and many other cities in mainland China.

The failure of the traditional system in dealing with the emergency at the beginning of the SARS episode and the potential devastation of the epidemic have provided strong incentives for the Chinese government to change the system radically. The Chinese word of "crisis" is made of two characters, "危 (danger)" and "机(opportunity)", which shows the Chinese perspective on the dialectic nature of crises. China's effort in restructuring its national system for emergency management after SARS crisis in 2003 is a good illustration of how a danger can be turned into opportunities.

After SARS, a systematic approach was soon taken to change the old practice of dealing with different kinds of emergencies separately by different government agencies to a new one that is aimed at building an integrated national emergency management system. The first section of this chapter provides a general background for the analysis of emergencies management system in China. Section 2 provides a review of the weaknesses of the traditional NEMS and discusses how these weaknesses were hampering the response to SARS. Section 3 discusses the efforts made by the Chinese government and society in building up the national emergency management system since 2003. Section 4 analyzes new

---

① Peijun Shi, Jing Liu, Qinghai Yao, Di Tang, Xi Yang; "Integrated Disaster Risk Management of China". OECD: *First Conference on the Financial Management of Large-Scale Catastrophes*, Hyderabad, India, 26 – 27 February 2007, p. 9; www. oecd. org/dataoecd/52/14/38120232. pdf.

② "Flooding in China Summer 1998," http: //lwf. ncdc. noaa. gov/oa/reports/chinaflooding/chinaflooding. html.

challenges to the current system and points to improvements needed for moving into Chinese NEMS 3.0.

## 2. Weaknesses in the Traditional Model: Lessons from SARS

When the first case of SARS was reportedly originated in the city of Foshan, Guangdong province in November 2002, nobody had thought that just within a matter of weeks, the epidemic would quickly spread from the Guangdong province to 24 provinces, autonomous regions and municipalities on the Chinese mainland, and eventually infect individuals in some 37 countries around the world. ① According to the World Health Organization (WHO), the SARS virus infected 8,098 people and killed 774 worldwide — mostly in Asia — before it was brought under control in June 2003. ② It was officially reported that in mainland China alone, more than 5,300 people were sickened and 349 died of the disease, with more than half of those in the capital, Beijing, the hardest-hit city in the world. ③

The epidemic of SARS represents a new type of threat that is faced by global society in the 21st century. ④ At the early stage of the SARS crisis, the Chinese government agencies — particularly the government of Guangdong Province and Ministry of Health — were criticized for concealing information about the SARS virus for the first four months after it emerged in Foshan, 95 miles northwest of Hong Kong. People were wondering why it took from November until mid-April before the Chinese leadership took decisive action in dealing with SARS. The tardy response of the Chinese government to the challenge of the SARS virus reflects the weaknesses of Chinese traditional NEMS 1.0, which are analyzed below.

### *Low Organizational Cognitive Capabilities*

The Chinese NEMS 1.0 had its advantage in dealing with those familiar and routine disasters that happen with a degree of regularity, thus allowing decision-makers and relevant government agencies to anticipate and prepare for them accordingly. For example, in flood and drought mitigation, earthquake mitigation, tide protection, etc., which are more common and predictable in China, the Chinese government and lead agency had prepared contingency plans in advance and used them "in the moment" with adaptation at

---

① Thomas Abraham, *Twenty First Century Plague: The Story of SARS*, Baltimore, Maryland: John Hopkins University Press, 2005.

② WHO, "Summary of Probable SARS Cases with Onset of Illness from 1 November 2002 to 31 July 2003 (Revised 26 September 2003)," http://www.who.int/csr/sars/country/table2003_09_23/en/index.html.

③ Robert F. Breiman, et al., "Role of China in The Quest to Define and Control Severe Acute Respiratory Syndrome," *Emerging Infectious Diseases*, Vo. 9, No. 9, (September, 2003).

④ David Fidler, *SARS: Governance and the Globalization of Disease*, New York: Palgrave MacMillan, 2004.

the margin. [①] However, when faced with unfamiliar disasters, the major challenge to the government was diagnosis and assessment. The core problem of non-routine disaster management is to recognize and react to novelty, and to develop skills in problem diagnosis, improvisation, communication, and collaborative action. [②] Pre-determined actions may be inadequate and possibly counterproductive in such crisis situation. The epidemic of SARS unfortunately happened to be the first severe and easily transmissible new disease to emerge in the 21st century.

Identifying a new virus involves sophisticated skills and equipment which are not readily available. This was particularly true in the rural county in Guangdong Province in Southern China where SARS originated. Scientists found that the area had been the point of origin for a number of flu outbreaks and the close proximity of livestock with humans made it ripe for producing new strains of disease. [③] Thus, with presumably mutating strains occurring each year, it was difficult for local health officials to decide what was important and what was not. It was even more difficult for any local hospital to spot a case of this new atypical pneumonia when around 100 patients each month enter hospital intensive care wards with severe pneumonia. Being inadequate in recognizing and addressing SARS as a new and dangerous virus, the Guangdong government and health officials from Ministry of Health considered the disease to be atypical pneumonia with non-vital consequence. They were quite optimistic about their ability in controlling the situation. Even as late as February 9, 2003, when a total of 305 SARS cases were identified and 105 of them in healthcare workers, the Chinese health officials still insisted that, according to the analysis of epidemiology and clinical characteristics, this epidemic of atypical pneumonia was preventable, controllable and treatable. [④] Therefore, after an initial flurry of rumors in late 2002, the mysterious disease seemed to disappear until early 2003, when it resurfaced in Vietnam and Hong Kong.

Because the disease appeared to be limited to Guangdong (one administrative jurisdiction), a national response was not triggered until early April 2003. It was not until April 8 when it was clear that this was no longer a "local" phenomenon but a new disease with serious adverse consequence. The Chinese Ministry of Health (MOH) began to list SARS as a statutory epidemic. On April 20, when the epidemic of SARS — originally a domestic health emergency — spun out of control and threatened global health and

① Karl A. Wittfogel, *Oriental Despotism: A Comparative Study of Total Power*, New Haven: Yale University Press, 1957.

② Leonard Herman B. "Dutch" and Arnold M. Howitt, "Against Desperate Peril: High Performance in Emergency Preparation and Response," in Deborah E. Gibbons ed., *Communicable Crises: Prevention, Management and Resolution in an Era of Globalization*, Oxford: Elsevier, 2007, pp. 1 - 24.

③ Maryn McKenna. *Beating Back the Devil: On The Front Lines of the Epidemic Intelligence Service*, New York: Free Press, 2004, p 236.

④ "Guangdong Brings Atypical Pneumonia under Control," *Xinhua News Agency*, February 12, 2003, http://news.xinhuanet.com/english/2003-02/12/content_726479.htm.

economic stability, the Chinese government began to take prompt and decisive actions to contain the spread of the virus. At that point, however, the SARS virus had spread to many provinces in China and dozens of other countries. Therefore, the inability of the government to recognize the severity of SARS and the over confidence of its capability in controlling the disease combined to result in the failure of the Chinese system to respond to the problem earlier.

### *Lack of Organizational Communication and Coordination*

The SARS case also witnessed the lack of communication and cooperation between health authorities in Beijing and Guangdong, between different government agencies, and between civilian and military sectors. During the early stage of the fight with the SARS outbreak in 2003, interagency and interregional conflicts became a major challenge. Information about the virus and subsequent fatalities were delayed by bureaucratic infighting and protectionism, which also precluded the coordination between regional government and organizations.

The conflict between different sectors and regions is an important factor that accounted for Beijing's failure to deal with SARS at the early stage. Because of the special status as China's political and cultural capital, Beijing has to deal with different sorts of conflicts between Beijing Municipality and the central government. At the early stage of the SARS crisis, the Guangdong provincial government did not share information with Beijing or other affected areas. Guangdong Provincial authorities knew of the deadly disease at least by the beginning of January, 2003. They issued guidance in January that was ambiguous enough so as to avoid disruption of the New Year holiday. By late January, Guangdong leaders officially reported the situation to Beijing, but underreported the rate of infection and recommended Beijing to impose a media blackout. ① Nor did the army share information with Beijing openly and in a timely fashion. There is evidence that, by early January 2003, at least some in the General Hospital of the People's Liberation Army (PLA) in Beijing were aware of the seriousness of the disease. However, the information was not shared with Beijing government in a timely fashion. According to China. s law, the army didn't have the obligation to report the disease to local governments.

### *Inadequate Information Disclosure and Public Communication*

In times of disasters, the Chinese government used to control the disclosure of information to the public in a very tight manner so as to "avoid confusion and panic." Relevant officials described the heightened controls as "Neijin Waisong," meaning "tight

① Susan M. Puska. "SARS 2002 - 2003: A Case Study in Crisis Management", in Andrew Scobell and Larry M. Wortzel, eds., *Chinese National Security Decision Making Under Stress*, Carlisle, PA, Strategic Studies Institute, US Army War College, September 2005, pp. 85 - 134.

inside while appearing lax from the outside."① This policy worked relatively effective in the past, since the government could ostensibly avert panic in a time of disaster when the public channels of information were narrow and heavily controlled. However, times have changed. In today's globalized and information-based world, there is a fundamental tension growing between a system structured to control and manage the flow of information and a society that is information savvy and "wired." Modern communication technology has revolutionized the free flow of information, and rendered such an approach outdated. This has made it increasingly difficult for Chinese government to present situations of crisis as small and local events that are fully under control when the reality was otherwise.

That failure to communicate with the public effectively was dramatically demonstrated in the early stage of the SARS episode. The SARS disease was spreading rapidly in parts of China — despite repeated government claims to the contrary. Poor public communication caused confusion among the public over the new disease. As one survey conducted on February 12, 2003 demonstrates, nearly half of the people in Guangzhou city, capital of Guangdong, got information from their friends and relatives, and the overseas media also served as a very important information source for the public. ② The comparative analysis of the number of the reports on the SARS by the most important four mainstream news agencies in China (*People's Daily*, *Brightness Daily*, *CCTV*, *and China Daily*) found that the mainstream mass media had carried few reports on SARS before the end of April. ③

At the early stage of SARS, Chinese MOH maintained the stance that there was a small problem but that basically all was under control. For example, it was officially reported by MOH on April 6, 2003 that 19 people had been infected in Beijing with four deaths, and the rate of new cases in Guangdong had more than halved in the past month. However, the figure was not accepted by the public or WHO. A Chinese military doctor, Jiang Yanyong, took the highly unusual step of publicly contradicting the authorities, claiming that at least nine people had died in Beijing's four military hospitals alone. ④ The growing unease of people in China corresponded with international criticism of China's handling of SARS and the belief that hospitals and officials had been covering up the real extent of the outbreak. It was not until April 20 that the Chinese health authority slowly regained its reputation and confidence, as the Central Government launched an investigation into the true size of the epidemic and took extensive measures to curtail its

---

① Anne-Marie Brady, "'Treat Insiders and Outsiders Differently': The Use and Control of Foreigners in the PRC," *The China Quarterly*, No. 164, (December, 2000), pp. 943 - 964.

② "Survey: Half People Got Information from Their Friends and Relatives," *Yang Cheng Evening News*, 14 February, 2003.

③ Zhang Xiaoqun, "Analysis of the Number of the Reports on SARS by State Media," in Hu Angang, ed., *See through SARS: Health and Development*, Beijing: Tsinghua University Press, 2004, pp. 120 - 132.

④ John Pomfret, "Beijing Told Doctors to Hide SARS Victims," *Washington Post*, April 19, 2003, Sec. A, p. 10.

spread, including firing China's health minister and the mayor of Beijing in a bid to demonstrate its accountability and transparency to the public and international community.

## 3. Restructuring a New National Emergency Management System: Chinese NEMS 2.0 after SARS

A number of prominent policy studies have pointed out that "focusing events" may provide windows of opportunity for policy change — once a focusing event or occurrence gets on to the policy agenda, policy makers will pay a significant attention to it, which will lead to the development of new institutional arrangements to forestall the future occurrences of such problems and establish and maintain political or policy equilibrium. ① While being the first serious test for new Chinese leaders since completing the leadership transition in March 2003, the SARS crisis also provided the new leaders with an opportunity to push forward their own political agenda. After winning the "war on SARS," the Chinese new leadership soon urged the adoption of more vigorous measures to accelerate the improvement of China's public health system. On June 17, 2003, while presiding over an experts' meeting on the subject of the public health system, Premier Wen Jiabao said that the nation will definitely recover its losses from the crisis as it continues to make progress — the most important point is to learn from past experiences and lessons. ②

Following the SARS crisis, Chinese leaders have realized the critical need to enhance the capacity of contingency planning and emergency management, particularly at the local level. Therefore, a systematic approach was taken to build a risk-based, all-hazards, integrated national emergency management system. The Chinese NEMS 2.0 is based on four key elements: the contingency plans at national and regional levels; institutional mechanisms that are dedicated to coordinate emergency management among different government agencies; operational procedures in dealing with these activities; and an Emergency Response Law dedicated to emergency management.

### *Creating New Institutional Structure Nationwide for NEMS*

One major initiative to create a sound emergency management system in China since SARS has been the creation of a new institutional structure nationwide for national emergency management system. According to Emergency Response Law of the People's Republic of China, which became effective as of November 1, 2007, China began to establish an emergency response management system featuring a unified leadership, comprehensive coordination, measured

---

① Thomas A. Birkland, "Focusing Events, Mobilization, and Agenda Setting," *Journal of Public Policy*, Vol. 18, No. 1, (January/April, 1998), pp. 53 – 74.

② "Chinese Premier Urges Strengthening Public Health System," *Xinhua News Agency*, http://news.xinhuanet.com/english/2003-06/17/content_923981.htm.

response, graded responsibility and territorial management.

In December 2005, a national level Emergency Management Office (EMO) of the State Council was officially established. This office provides a framework for a comprehensive emergency management program that directs planning, preparation, response and recovery. The EMO functions as an operational hinge and serves as an enabling inter-agency liaison at the national level for all emergency management and national security program activities through the State Council. It takes charge of the daily work of the national emergency management system, responds to public security events, collects real-time information, and coordinates the related departments in fields of manpower, finance, material resources, transportation, medical care, and communications, etc. Expert teams were formed if needed to offer suggestions on decisions during the emergency response work. By the end of 2005, emergency response offices had been set up by health departments in 27 provinces, autonomous regions and municipalities across China. ①

Based on this new systematic model, various types of emergencies were divided into four categories: natural disasters, accidental disasters, public health incidents, and social safety incidents. The State Council is the top administrative institution in managing public incidents as well as carrying out emergency responses. Each category has a corresponding national-level government committee in charge: the National Committee for Disaster Reduction to manage natural disasters, the National Committee for Work Safety to manage industry accidents, the National Committee for Food Safety to manage public health incidents, and the National Committee for Integrated Management to manage public security. Such "one office and four committees" formed China's primary disaster management system.

In addition, permanent emergency management organizations have also been established in relevant ministries, such as the Health Emergency Management Office and the Chinese Center for disease Control and Prevention (Ministry of Health, MOH), the National Disaster Reduction Center of China (Ministry of Civil Affairs, MOCA), the Chinese Supervision Center for Work Safety (State Administration of Work Safety, SAWS), etc. At the local levels, there are corresponding emergency management organizations in accordance with the arrangement at the national level. In the past several years, the local emergency management center and the committees for the four categories of emergencies have been gradually established. Therefore, different agencies ranging from the central to local governments work together in a system of "unified leadership combining vertical and horizontal agencies", in which the central agency at the national level provides vertical control from above to below while the local authority provides overall daily surveillance of and response to disasters.

① Zhong Kaibin, "National Emergency Management System Construction in China," *Cass Journal of Political Science*, No. 1, (February, 2009), pp. 78-88.

The new general contingency plan, which was drafted since the SARS crisis in 2003, grades emergencies into four levels represented by the colors blue, yellow, orange and red (threat level ranging from the least to the most severe), based on such factors as the character of the incident, degree of harm, controlling possibility and scale of influence, except as otherwise provided for by a law or administrative regulation or the State Council.① Accordingly, a unified leadership, multi-level management and multi-level responsibility administrative model of emergency management is designed to deal with four categories of disasters, so that the power and responsibility are hierarchically shared by and graded into different levels of governments. This means that the emergencies from the most to the least severe are managed by the central, provincial or municipal, prefecture governments to each county respectively. China. s new institutional structure nationwide for NEMS 2.0 is illustrated in Figure 1.

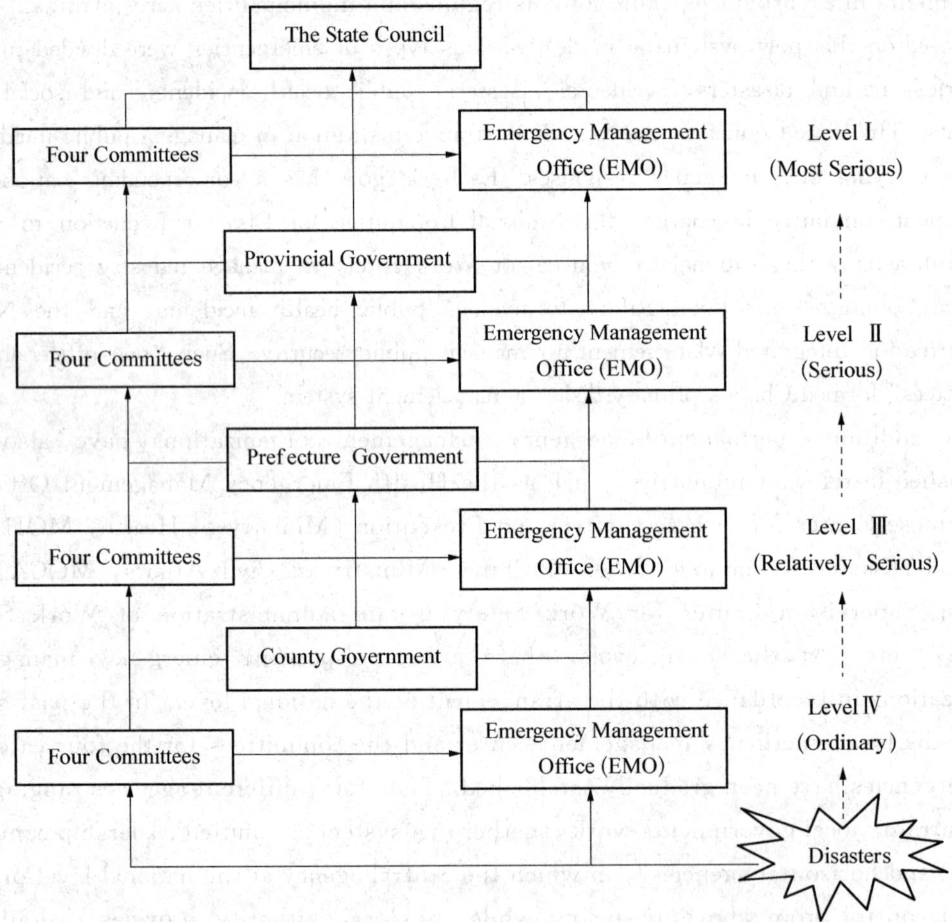


**Figure 1 The New Institutional Structure Nationwide for NEMS 2.0 in China**

① "Contigency plan issued for accidental calamities," *Xinhua News Agency*, http://news.xinhuanet.com/english/2006-01/22/content_4086543.htm.

### *Drafting Nationwide Contingency Plans*

In addition to the efforts to create new a institutional structure nationwide for NEMS 2.0, the Chinese government has prioritized the development of a nationwide contingency plans after SARS. Article 17 of China's Emergency Response Law requires that China shall establish and enhance an emergency response plan system. The State Council is responsible to make the overall state emergency response plans, organize and make the specialized state emergency response plans; the relevant ministries in the State Council shall make the ministerial emergency response plans in their respective capacities in line with the relevant emergency response plans of the State Council. The local governments at all levels and their relevant departments at and above the county level would make the corresponding emergency response plans in accordance with the relevant laws, administrative regulations and rules, emergency response plans of governments at higher levels and their relevant departments, and local realities.

Beginning in December 2003, the State Council, China's Cabinet, created *the Master State Plan for Rapid Response to Public Emergencies* (*The Master Plan*) for emergency responses which became a guide for the prevention of and response to various emergencies in China. After a year's effort, this general emergency response plan was endorsed in principle by the State Council. This new general contingency plan serves as the overall guideline and the criterion for the national emergency response system. If faced with new emergencies, the Chinese government will promptly initiate an effective response mechanism to ensure the safety of life and property.

The Master Plan emphasizes the establishment of an emergency mechanism based on classified management, different-level of responsibilities, and the coordination and combination of professional/technological departments and the local government at all levels, with the latter taking the lead to formulate an emergency forecast and response mechanism with unified command mandates for rapid reaction and high efficiency. It clarifies the classification and framework of the public security events, prescribes the organization system, operation mechanism for major emergency response.

Thus, the Master Plan has become an overarching guide for a country-wide emergency response system. After completing the Master Plan, the State Council has also instituted and issued 25 specific emergency response plans which cover areas such as natural disaster, flood, earthquake, geological disaster, major forest fire, work safety accident, railroad accident, civil aviation accident, salvage and rescue at sea, city subway accident and disaster, large scale blackout, nuclear accident, environmental emergency, telecommunication emergency, public health incident, emergency mechanism for medical assistance, animal disease outbreak, critical food safety accident, food security, financial incident, and overseas incident. Major functional departments of the State Council, such as the Ministry of Health, Ministry of Agriculture, and Ministry of Public Security have developed and implemented 80 sector-specific plans.

The Master Plan, the 25 specific emergency plans, and the 80 sector-specific plans constitute an overall system that covers those recurring major disasters in China. Moreover, all local governments, from provincial, municipal, and prefecture governments, to district and county have already developed their own emergency plans. ① Such initiatives prescribe action plans at the local level for municipal government or any enterprise that may get involved in large events. Communities, rural areas, and relevant enterprises and institutions are also required to draft their own contingency plans. The contingency plans increase both the capacity of and coordination among the hierarchy of first-responders. It is officially reported by Emergency Management Office of the State Council that, by the end of 2007, the total number of nationwide contingency plans has reached more than 1.3 million. All provincial governments, 98 percent of prefecture-level governments, and 93 percent of county-level has drafted their own general plans. By March 2009, 51 emergency plans at the national level have been developed. In addition, 138 major State owned corporations and all mine and chemical related corporations have developed emergency plans as well. The overall system of China. s nationwide contingency plans can be seen in Figure 2.

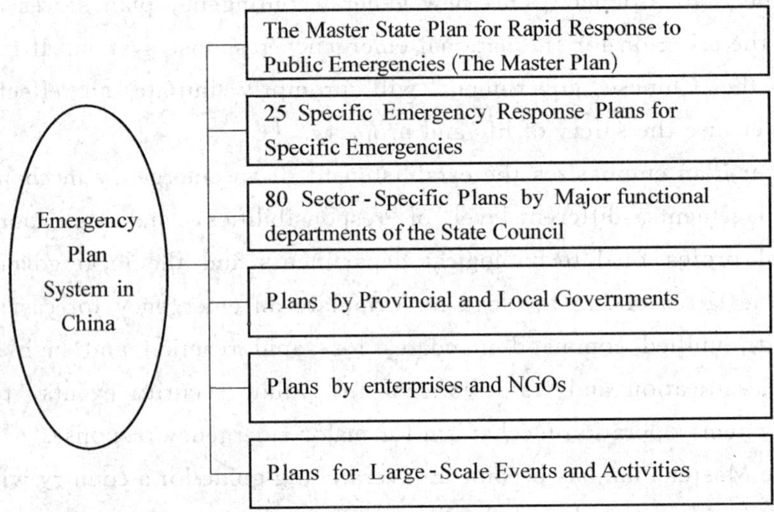


**Figure 2 The System of Nationwide Contingency Plans in China**

## *Improving Mechanisms in Responding to Emergencies*

Another initiative of the Chinese government to create a comprehensive emergency management system involves a number of improvements of operating mechanisms in

① "Good Planning Helps Cope with Emergencies," *People's Daily*, January 10, 2006.

responding to emergencies. According to the Master Plan and Emergency Response Law, China should apply a standard operating procedure in responding to various disasters. The operation mechanisms in responding to major emergency consist of the following: prevention and emergency response preparedness, surveillance and warning, emergency response operations and rescue, post-emergency response rehabilitation and reconstruction.

China has made great efforts to integrate activities of the sectoral and regional authorities. It is required by law that, during the disaster period, the emergency management committees and their offices at all levels are in charge of the emergency response, acting as the enabling agents for the interactions among various government agencies and social organizations. They should work together with the Civil Affairs departments, the Public Security departments, the Public Health departments, the army units, etc., to deal with the emergencies swiftly. According to the "graded responsibility and territorial management" model, emergencies at different grades would be dealt with by government at different levels. The more severe the situation, the higher the grade, and the higher level of government would be required to respond. In such a way, the sectoral and lateral authorities are integrated to ensure that rescue taskforces, relief supplies, funds and information are in place to address the immediate need of the emergency response.

The information reporting and sharing system has also been reconstructed after SARS. On May 7, 2003, the State Council issued *The Regulation on the Urgent Handling of Public Health Emergencies*. This regulation formulated rules for the emergency report of paroxysmal accidents, and established an information report system for important and urgent diseases. Article 21 of the document stipulates that "No entity or individual may conceal, delay the report, or make a false report or hint any other person to conceal, delay the report, or make a false report of any emergency." On November 7, 2003, MOH issued "Measures for the Administration of Information Reporting on the Monitoring of Public Health Emergencies and Epidemic Situation of Infectious Diseases." According to the Master Plan, if a Class Ⅰ (most serious) or Class Ⅱ (serious) emergency happens, it should be reported to the State Council within four hours.① Article 39 of China's Emergency Response Law also stressed that, "The emergency incident information submitted or reported by the relevant entities and persons shall be timely, objective and true, and any act to delay the reporting, falsify the reporting, conceal the reporting or omit the reporting of such information shall be prohibited." Accordingly, on December 30, 2007, the General Office of the State Council issued the Notice on "Tentative Measures for the Administration of Information Reporting and Sharing on Public Emergency," providing

① "Emergency Response Guidelines Announced," *Xinhua News Agency*, January 9, 2006, http://news.xinhuanet.com/english/2006-01/09/content_4026605.htm.

the detailed requirements concerning the conditions, procedure, time required for reporting disasters.

As an acknowledgement of the need for an effective communication channel between the government and the public, the Central Government required that all national and provincial departments should establish a "spokesperson and news-briefing system" for crises situations. In 2004, up to 70 ministerial organizations under the State Council and 20 provincial governments had a designated spokesperson for communicating with the public during situations of disasters. ① On May 1, 2008, the Regulation on the Disclosure of Government Information came into effect. This regulation stipulated that governments at various levels and their departments at or above the county level shall establish and improve a government information disclosure working system and set up an office of government information disclosure of their respective administrative organ. As of August 2005, China declassified information on human fatalities from natural disaster, reversing a practice that has lasted for years. ② Information pertinent to emergency management at the national level can now be found on the government's official website (http: //www. gov. cn/yjgl/index. htm), which was launched on January 1, 2006.

As demonstrated by the SARS crisis, in a globalized world, disasters originated nationally can easily cross national borders. Better collaboration with the international community has also been acknowledged as imperative by the Chinese government. Article 15 of China's Emergency Response Law stipulates that the Chinese government "shall carry out cooperation and exchange with foreign governments and relevant international organizations in such respects as emergency prevention, surveillance and warning, emergency response rescue and operations and post-emergency response rehabilitation and reconstruction." Some important steps have been taken in this regard. For example, in January 2005, the Chinese government hosted the China-ASEAN Workshop on Earthquake-Generated Tsunami Warnings. In 2006, the World Health Organization Collaborating Center on Community Safety Promotion in Shandong Province instituted China's first "international safe community" which became the 97th designated safe community in the world. ③

### *Drafting a New Emergency Response Law*

In addition to the efforts mentioned above, the Chinese government has also taken a number of measures to improve the legal framework for managing emergencies. On May 7,

---

① "New Directions in Public, Media Relations," April 5, 2005, http: //www. china. org. cn/english/2005/Apr/124725. htm.

② "Natural Disaster Toll No Longer State Secret," *Xinhua News Agency*, September 12, 2005, http: //www. chinadaily. com. cn/english/doc/2005 - 09/12/content_477122. htm.

③ "China's First 'International Safe Community' Born in Shandong," *Xinhua News Agency*, March 1, 2006.

2003, the Regulation on the Urgent Handling of Public Health Emergencies was passed at the 7th Executive Meeting of the State Council. This regulation put together all the government needs to combat SARS and other similar situations. It has become a fundamental regulation for future development of detail emergency plan in different tactical fields.

In March 2004, the Amendment to China's Constitution replaced the term "martial law" with "states of emergency," allowing for a more inclusive legislative context that ensures action for a wider variety of emergency situations including natural, public health and economic crises. ① Under this amendment, the president of the People. s Republic of China is entitled to declare a state of emergency. This amendment provides basic support for a law on emergency management. The constitutional amendment also stipulates that the State Council has the power to proclaim a state of emergency in sectors of provinces. ②

In June 2003, after winning the SARS battle, the Chinese government initiated an effort to draft a new "all-hazards" emergency response law. After several years' hard work, "Emergency Response Law of the People's Republic of China" was finally adopted at the 29th session of the Standing Committee of the Tenth National People's Congress in August 2007. The law came into effect on November 1, 2007. The law is a major milestone of emergency management system in China.

## 4. New Challenges and the Way Forward

As discussed previously, SARS has led the Chinese government to build a new national emergency management system, NEMS 2.0. As demonstrated by the snow crisis in southern China in early 2008 and the Sichuan Earthquake on May 12, 2008, the Chinese NEMS 2.0 has its strength and advantages, and to some extent confirmed its effectiveness in dealing with both traditional and non-routine disasters. However, as demonstrated by these natural calamities in 2008, the Chinese NEMS 2.0 is also facing a number of new challenges.

### New Challenges to the System

The year 2008 witnessed a number of major emergencies in China, with the snow storm at the beginning of the year in Southern China and the Sichuan Earthquake in May. While NEMS 2.0 played a vital role in combating these two major disasters, these natural calamities also exposed the weakness China's existing national emergency management system.

---

① "Chronology of China's Constitutional Amendments," *Xinhua News Agency*, March 8, 2004, http://news.xinhuanet.com/english/2004-03/08/content_1352359.htm.

② "State of Emergency Law to Set Basic Rights," *China Daily*, April 5, 2004.

First, while NEMS 2.0 has made great improvements in establishing an overall framework in addressing emergencies, the performance of such a system is still dependent on the competence and capabilities of the organizations and individuals in the system, as well as technological sophistication of the supporting infrastructure of the system. For example, Chinese weather experts admitted that they were not properly prepared for the snow storms in early 2008 that left hundreds of thousands of people stranded at the New Year holiday. The head of the Chinese Meteorological Administration, Zheng Guoguang, conceded that, "in northern China we have quite a good emergency plan to cope with unusual weather conditions; but in southern parts of China, the mechanism and emergency plan to cope with such weather needs to be improved."①

Second, NEMS 2.0 has put a great emphasis on the development of contingency plans and standard operating procedures, which could be useful for routine emergencies. However, for unusual major disasters such as the snow storm in Southern China and the Sichuan Earthquake, these contingency plans and standard operating procedures proved much less useful and in some cases might even hinder effective response. ② For example, during the snow storm in Southern China, a major challenge was how to deal with the thousands of cars stranded on the highway which was covered with thick ice. The contingency plan for highway safety management during snow storms was to block the road so as to avoid highway traffic accidents. Most of the highway management stations followed this plan. One county in Guizhou province, on the other hand, decided to open the road and direct the traffic to drive slowly on the highway. This was not only helpful to reduce the pressure on the traffic network, but also helpful to alleviate the accumulation of ice as the result of continuous traffic on the road. ③ Clearly, the flexible response was much more effective than following the contingency plan blindly. How to add flexibility and to allow improvisation in a more structured and standardized NEMS 2.0 is a difficult and interesting challenge that should not be ignored.

Third, China's public administration system is run under a vertical management system that suffers from bad horizontal coordination and communication. NEMS 2.0 has not solved the problem of how to coordinate among different ministries, between ministries and local governments, and among different local governments. The snow storm witnessed the conflicts between neighboring provinces of Guangdong and Hunan, between the military and local governments, between Guangdong government and the Ministry of

---

① "China 'Not Ready' for Snow Crisis," February 2, 2008, http: //news. bbc. co. uk/1/hi/world/asia-pacific/7226002. stm.

② Leonard Herman B. "Dutch" and Arnold M. Howitt, "Against Desperate Peril: High Performance in Emergency Preparation and Response," in Deborah E. Gibbons ed., *Communicable Crises: Prevention, Management and Resolution in an Era of Globalization*, Oxford: Elsevier, 2007, pp. 1 – 24.

③ Based on Lan Xue's site visits and interviews in Qiannan Autonomous Region in Guizhou Province in September 2008.

Railway, and among different ministries. To effectively resolve some major problems in coal and oil shipments when the transportation system was paralyzed by the snow storm, the State Council had to set up a separate Emergency Command Center for Disaster Relief and Coal, Power, Oil and Transport Assurance at the National Development and Reform Commission.

Fourth, civil society is ostensibly inactive in China's emergency management system. To a large extent, NEMS 2.0 has not been able to incorporate the nascent Non-Government Organization (NGO) sector into the existing emergency management system. The government is still at an early learning stage on how to mobilize and work with the NGOs effectively. While NGOs played important roles in disaster relief work in the earthquake in Sichuan, the uncoordinated activities of NGOs and volunteers were also criticized for having created chaos and obstacles for professional disaster relief agencies to move in quickly. It was widely reported that in the first few days after the earthquake, the massive influx of uncoordinated and less trained NGOs and volunteers may have caused traffic jam which in turn delayed the transportation of essential supplies, disrupted life-saving operations, increased logistic burden of the relief system, and run the risk of becoming victims themselves.

## Moving into NEMS 3.0 — Major issues to be resolved

As demonstrated by the snow crisis and Sichuan earthquake, it is a continuing learning process to develop and maintain a risk-based, all-hazards national emergency management system that prevents, prepares for, responds to and recovers from major threats. If SARS was the "danger" that was turned into the "opportunity" to develop NEMS 2.0, the snow storm in Southern China and the Sichuan Earthquake in 2008 could be thought of as the "dangers" that could help to promote the "opportunity" to develop NEMS 3.0.

To move into Chinese NEMS 3.0, China should deepen its governance structure reform, and provide a more robust and easily adaptable framework in time of disasters. The weakness of the traditional national emergency management system can only be resolved comprehensively within a national reform program dedicated to integrating social development with economic development, improving the cooperation and exchange between different levels of government and agencies, and enhancing broad participation and rule of law that will help encourage local governments to be more transparent and accept greater accountability. More specifically, both multi-departmental coordination and central-local governmental harmonization should be encouraged and institutionalized. Another key reform is to further clarify the facilitating and coordinating role of a central emergency management agency that can work effectively to enable government ministries to respond to various emergencies more effectively. Such an agency can also be set up at local government levels.

Also, the government needs to shift its approach in disaster management from one of reactive mode towards preventive mode. When facing unexpected catastrophic disasters, China responds by setting up headquarters in a reactive mode. Their first option is a reactive strategy, acting slowly and postponing any reaction until clear evidence implicating the government is made public. Therefore, the disaster management mode should change from reactive to proactive and become more vigorous. The critical elements of a reactive and preventive emergency management system should include risk identification and assessment, risk mitigation and management and open communication on potential risks between the public and decision-makers. Such a system can be implemented only with robust political support to create an environment whereby all competent authorities, institutions and officials are willing to be accountable for their actions.

Another measure toward the promotion of a risk-based, all-hazards national emergency management system entails building greater social capital. The monitoring, prevention and handling of various disasters require not only actions of the government, but also that of the whole society. Through the social networks and partnerships, government can mobilize civil society to help prevent and respond to crises. At the same time, the public can also better understand the rationales behind various policies related to emergency management. Overall institution-building will rely heavily on the formation of such social networks and the partnership. To date, the potential value of NGOs and other non-official players has largely remained untapped in China.

Moreover, as China is becoming part of the global community, the governments should also develop an international network of contacts, associations and relationships in dealing with catastrophic disasters. Marshall McLuhan's thesis of an increasingly integrated and interdependent global community is ever more tangible in times of disasters. ① As coping with emergencies is a worldwide phenomenon and disasters increasingly spill over national borders and affect regional and international orders, China should learn to become an active member of the international community in the field of disaster management.

In addition, China needs to improve the training and education in disaster prevention and relief, emergency management, and self-protection and self-rescue. It is necessary to provide a multi-leveled model exercise designed for progressive training of emergency management staffs, and to educate the public. China can also learn about emergency management systems from international norms and best practices through international cooperation and partnership.

As demonstrated by the progress made after SARS crisis in 2003, China has been able

---

① Marshall McLuhan, *Understanding Media: The Extension of Man*, New York: McGraw-Hill Book Company, 1964.

to take advantage of crises as a catalyst for change, turning "danger" into "opportunities."[①] We are sure that emergencies in future years could provide further impetus for institutional reforms that will contribute to the development of NEMS 3.0, which will serve as a safeguard for the economic and social development in China in the coming years.

① Zhong Kaibin, "Crisis Management in China," *China Security*, Vol. 3, No. 1 (Winter, 2007), pp. 90 – 109.

# The prizes and pitfalls of progress

Developing countries such as China and India have emerged both as significant players in the production of high-tech products, and as important contributors to the production of ideas and global knowledge. China's rapid ascent as a broker rather than simply a consumer of ideas and innovation has made those in the "developed" world anxious. A 2007 report by UK think tank Demos says that "US and European pre-eminence in science based innovation cannot be taken for granted. The centre of gravity for innovation is starting to shift from west to east"[1].

But the rapid increase in research and development spending in China — of the order of 20% per year since 1999 — does not guarantee a place as an innovation leader. Participation in global science in developing countries such as China is certainly good news for the global scientific community. It offers new opportunities for collaboration, fresh perspectives and a new market for ideas. It also presents serious challenges for the management of innovation in those countries. A major discovery in the lab does not guarantee a star product in the market. And for a country in development, the application of knowledge in productive activities and the related social transformations are probably more important than the production of the knowledge itself. By gumming the works in information dissemination, by misplacing priorities, and by disavowing research that, although valuable, doesn't fit the tenets of modern Western science, developing countries may falter in their efforts to become innovation leaders.

## 1. Vicious circle

China's scientific publications (measured by articles recorded in the Web of Science) in 1994 were around 10,000, accounting for a little more than 1% of the world total. By 2006, the publications from China rose to more than 70,000, increasing sevenfold in 12 years and accounting for almost 6% of the world total (see graph, page 400). In certain technical areas, the growth has been more dramatic. China has been among the leading countries in nanotechnology research, for example, producing a volume of publications second only to that of the United States.

The publish-or-perish mentality that has arisen in China, with its focus on Western journals, has unintended implications that threaten to obviate the roughly 8,000 national scientific journals published in Chinese. Scientists in developing countries such as China and India pride themselves on publishing articles in journals listed in the Science Citation Index (SCI) and the Social Science Citation Index (SSCI) lists. In some top-tier research institutions in China, SCI journals have become the required outlet for research.

A biologist who recently returned to China from the United States was told by her colleague at the research institute in the prestigious Chinese Academy of Sciences (CAS) that publications in Chinese journals don't really count toward tenure or promotion. Moreover, the institute values only those SCI journals with high impact factors. Unfortunately, the overwhelming majority of the journals in SCI and SSCI lists are published in developed countries in English or other European languages. The language requirement and the high costs of these journals mean that few researchers in China will have regular access to the content. Thus as China spends more and publishes more, the results will become harder to find for Chinese users. This trend could have a devastating impact on the local scientific publications and hurt China's ability to apply newly developed knowledge in an economically useful way.

Several members of the CAS expressed their concerns on this issue recently at the 14th CAS conference in Beijing. According to Molin Ge, a theoretical physicist at the Chern Institute of Mathematics, Nankai University, Tianjin, as more high-quality submissions are sent to overseas journals, the quality of submissions to local Chinese journals declines, which lowers the impact of the local Chinese journals. This becomes a vicious circle because the lower the impact, the less likely these local journals are to get high-quality submissions[2].

## 2. Setting agendas

Research priorities in developing countries may be very different from those in developed nations, but as science becomes more globalized, so too do priorities. At the national level, developing countries' research priorities increasingly resemble those of the developed nations, partly as a result of international competitive pressures. For example, after the United States announced its National Nanotechnology Initiative (NNI) in 2001, Japan and nations in Europe followed suit, as did South Korea, China, India and Singapore. According to a 2004 report by the European Union[3], public investment in nanotechnology had increased from €400 million (US $630 million) in 1997 to more than €3 billion in 2004.

Part of the pressure to jump on the international bandwagon comes from researchers themselves. Scientists in the developing world maintain communications with those elsewhere. It is only natural that they want to share the attention that their colleagues in the developed Western world and Japan are receiving by pursuing the same hot topics. The research is exciting, fast-moving and often easier to publish. At the same time, there are many other crucial challenges to be met in developing countries. For example, public health, water and food security, and environmental protection all beg for attention and resources. If people perceive these research areas as less intellectually challenging and rewarding, the issues will fail to receive the resources, support and recognition they require. Without better agenda-setting practices, the scientific community will continue to face stinging criticism. It can send a satellite to Mars but not solve the most basic problems that threaten millions of lives in the developing world.

The introduction of Western scientific ideals to the developing world can generate an environment that is hostile to the indigenous research that prima facie does not fit those ideals. The confrontation between Western medicine and traditional Chinese medicine dates back to the early days of the twentieth century when Western medicine was first introduced in China. The debate reached a peak last year when a famous actress, Xiaoxu Chen, died from breast cancer. She allegedly insisted on treatment by Chinese traditional medicine, raising the hackles of some who claimed it to be worthless. Many Chinese still support traditional medicine and say that the dominance of Western medicine risks endangering China's scientific and cultural legacy.

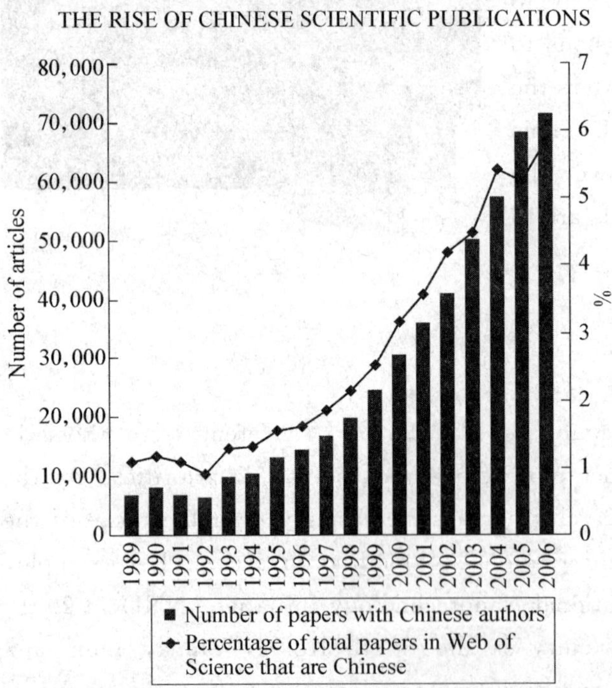


A similar row erupted around earthquake prediction. In the 1960s and 1970s, China set up a network of popular earthquake-prediction stations, using simple instruments and local knowledge. For the most part, the network was decommissioned as China built the modern earthquake-monitoring system run by the China Earthquake Administration. When the system failed to predict the recent Sichuan earthquake, several people claimed that non-mainstream approaches had predicted its imminence. Scientists in the agency have tended to brush off such unofficial and individual predictions. To many this seems arrogant and bureaucratic.

It would be foolish and impossible to stop the globalization of science. There are tremendous benefits to science enterprises in different countries being integrated into a global whole. One should never think of turning back the clock. At the same time, it is possible to take some practical steps to minimize the harmful effects of this trend on local innovation.

## 3. Prioritizing for the people

First of all, there is a need to re-examine the governance of global science in recognition of the changing international geography of science. Many international norms and standards should be more open and accommodating to the changing environment in developing countries. For example, there is a need to re-evaluate the SCI and SSCI list of journals to include quality journals in the developing countries. In the long run, the relevant scientific community could also think about establishing an international panel to make decisions on the selection of journals for these indices, given their important influence. The recent move by Thomson Reuters, the parent company of ISI, to expand its coverage of the SCI list by adding 700 regional academic journals, is a step in the right direction[4].

English has become the de facto global language of science. Developing countries should invest in public institutions to provide translation services so that global scientific progress can be disseminated quickly. Developing countries can learn from Japan, a world leader in collecting scientific information and making it available to the public in the local language. At the same time, there should also be international institutions to provide similar services to the global science community so that "results and the knowledge generated through research should be freely accessible to all", as advocated by Nobel Laureates John Sulston and Joseph Stiglitz[5].

When setting agendas, governments in developing countries must be careful in allocating their resources for science to achieve a balance between following the science frontier globally and addressing crucial domestic needs. A balance should also be struck between generating knowledge and disseminating and using knowledge. In addition, the global science community has a responsibility to help those developing countries that do not have adequate resources to solve problems themselves.

Finally, special efforts should be made to differentiate between pseudoscience and genuine scientific research. For the latter, one should tolerate or even encourage such indigenous research efforts in developing countries even if they do not fit the recognized international science paradigm. After all, the real advantage of a globalized sciencetific enterprise is not just doing the same research at a global scale, but doing new and exciting research in an enriched fashion.

## References


[1] Leadbeater, C. & Wilsdon, J. *The Atlas of Ideas: How Asian Innovation Can Benefit Us All* (Demos, 2007).

[2] Xie, Y. *et al*. *Good submissions went overseas — Chinese S&T journals could not keep up with their overseas peers* Chinese Youth Daily, 25 June 2008.

[3] http://ec.europa.eu/nanotechnology/pdf/nano_com_en_new.pdf.

[4] http://scientific.thomsonreuters.com/press/2008/8455931/.

[5] Sulston, J. & Stiglitz, J. Science is being held back by outdated laws, *The Times* (5 July 2008).

# The evolution of China's IPR system and its impact on the patenting behaviours and strategies of multinationals in China

Zheng Liang, Lan Xue

**Abstract**: This paper first reviews the evolution of China's IPR system with an emphasis on the patent system, which is mainly shaped by three forces including the transition to a market economy, the opening of the domestic market and the national initiatives for cultivating indigenous innovative capabilities. Then by using some unique data both at the national level and firm level, it analyses the patenting behaviours and strategies of foreign multinationals in China in comparison with local firms, which has yielded some interesting findings. First of all, the patent deployment of multinationals in China is mainly market-oriented and strategic. Although the negative perception of China's IPR system has led multinationals to act defensively, they have been able to adapt to the Chinese system and maximise their economic benefits, in addition to gaining competitive advantages. Also, while multinationals' patenting in China has created some obstacles for local firms to catch-up, it has also forced some of them to find new ways to innovate and develop their own capabilities.

**Key words**: China's IPR system; patent system; multinationals; patenting behaviours; patent strategies.

## 1. Introduction

The year 2008 marks the 30th anniversary of China's openness and economic reform, which has generated astonishing high economic growth in China for the past 30 years. According to the World Bank's statistics (World Bank, 2003), for example, the average growth rate of Chinese gross domestic product (GDP) during the 1980s and the 1990s were 10.1% and 11.2%, respectively, making it one of the fastest growing economies in the world. The abandonment of centralised planning and the establishment of market institutions were credited as keys to the success of this growth. However, as a key institution to stimulate innovation in a market economy, IPR system has been the subject of frequent controversies in discussion about China's transition to a market economy.

While complains about China's IPR system have been abundant, systematic studies and analysis have been relatively rare. In this paper, based on some unique data, we intend to analyse the evolution of China's patent system, the bedrock of China's IPR system and its impact on the innovative behaviour of multinational companies.

The conventional wisdom about IPR is that strong IPR protection generates incentives for the investment in research and development (R&D) and hence for the technological progress in society (Arrow, 1962; Nordhaus, 1962; Scherer, 1972). In addition, IPR protection also helps to disseminate technical information and reduce social cost (Malchup, 1958), which is always referred to as "information disclosure effect". At the same time, protecting IPR through assigning monopolistic right to the knowledge also entail economic costs. The monopoly position on the technology deters other firms from trying themselves to invent "in the neighbourhood" (Scotchmer and Green, 1990; Green and Scotchmer, 1995). The fact that granting IPRs is not costless to society implies that one should not grant IPRs where benefits do not exceed the costs (Mazzoleni and Nelson, 1998), which maybe particularly true for developing countries (Commission on Intellectual Property Rights, 2002).

During recent years, the process of economic globalisation has enabled intellectual property to cross international boundaries more easily. For many developed countries, IPR-intensive goods and services constitute a rising share of the income they derive from their presence in foreign markets. It is therefore not surprising to see political economy forces at work in these countries, leading governments to raise IPR protection as a key negotiating issue in international trade agreements. Rules on how to protect patents, copyrights, trademarks and other forms of IPRs have become a standard component of international trade agreements. Most significantly, during the Uruguay round of multilateral trade negotiations (1986 - 1994), members of what is today the World Trade Organization (WTO) concluded the Agreement on Trade-Related Aspects of Intellectual Property Rights (TRIPS), which sets out minimum standards of protection that most of the world's economies must respect. IPR is also a key issue between China and other foreign countries during bilateral talks, such as the second Sino-US Strategic Economic Dialogue (SED) held in May 2008.

Understanding IPR's role in China is further complicated by the fact that Chinese economy in the reform era has been far more open than many other countries at its comparable stage. The IPR system in China from the very start faced with the double challenges of meeting the demand of multinational companies which required strong protection of IPRs while at the same time satisfying the appeal of domestic companies which favoured an IPR regime conducive to technology transfer and diffusion.

In this paper, using some empirical evidence from China, we will try to describe how China's IPR system, especially the patent system, has evolved since the economic reform and analyse how multinational firms have responded to this changing system, in comparison with local firms. Our analysis will be carried out at the two levels. The first level is based on data at the national level, including patent data on application, grants and so on. The second level is based on data from a sample of multinational firms. Here we use Fortune Global 500 (Fortune, 2006) list as the population of investigation. From the list provided by State Intellectual Property Office (SIPO)① of foreign firms that have at least one invention② application until the end of 2004, we selected 775 related corporations③. We then searched in SIPO's database and found 108,747 pieces of invention application by these firms between 1 April 1985 to 31 December 2004, which account for 30.47% of the total foreign invention applications in China during the same period. As the comparison sample, we chose 500 of China's largest corporations in 2006④. Also from the list provided by SIPO, we selected 652 related corporations⑤ which have at least one invention application by the end of 2004 and found 16,109 pieces of invention application of these firms during 1 April 1985 to 31 December 2004, which account for 4.62% of the total domestic invention applications in same period. For each piece of invention application, we obtained the following information of it: application date, grant date, prior-right⑥, patentee, inventors and their residences, IPC section number and IPC class number⑦.

The remainder of the paper is organised as follows: Section 2 is a brief literature review; Section 3 describes the evolution of China's IPR system with a special focus on China's patent system; Section 4 examines the patenting behaviour of multinational firms in comparison with domestic players based on national data; Section 5 analyses the patenting strategies and behaviours of selected multinational firms in China based on the dataset described above. The final section, Section 6, concludes the paper.

---

① SIPO is the abbreviation of State Intellectual Property Office of the People's Republic of China.

② Here we use invention data instead of patent data because inventions represent most technology creation comparing with other two forms of patents. And this is also the only comparable patent field between multinationals and domestic firms because most of the patent applications of multinationals in China are in-service inventions and domestic firm is also the only dominant applicants in domestic in-service invention applications.

③ One same firm might has several sub firms applying for patents in China.

④ The list are jointly issued by Chinese Enterprise Alliance and Chinese Entrepreneur Association annually since 2004 and ranked by total revenues. The 2006 ranking list could be acquired from http: //www.cec-ceda.org.cn/huodong/2006china500 (in Chinese).

⑤ One same firm might has several sub firms applying for patents in China.

⑥ In patent, a priority right or right of priority is a time-limited right, triggered by the first filing of an application for a patent. The priority right belongs to the applicant or his successor in title and allows him to file a subsequent application for the same invention and benefit, for this subsequent application, from the date of filing of the first application for the examination of certain requirements. When filing the subsequent application, the applicant must "claim the priority" of the first application in order to make use of the right of priority. The period of priority is usually 12 months for patents.

⑦ The Strasbourg Agreement (of 1971) concerning the international patent classification (IPC) provides for a common classification for patents for invention including published patent applications, utility models and utility certificates. The IPC is a hierarchical system in which the whole area of technology is divided into a range of sections, classes, subclasses and groups. This system is indispensable for the retrieval of patent documents in the search for establishing the novelty of an invention or determining the state of the art in a particular area of technology.

## 2. Literature review

### 2.1 *Foreign patenting surge*

Merges (1992) figured that the jump in foreign patenting activity is driven by changes in the legal environment for patent holders. Industrial countries have revised their patent protection standards since the eight General Agreement on Tariffs and Trade (GATT) round. These changes have not only broadened the rights of patentees but also strengthened the protection of intellectual property rights (Maskus, 1993, 1998).

A different explanation for foreign patenting surge stresses the type of technological revolution that has been widening technological opportunities (Greenwood and Yorukoglu, 1997). But more literatures find that patents can be used by their owners in a variety of strategic ways in the market place to pursuit and maintain competitive advantages that do not necessarily conform to the original idea of patent as an innovation policy (Grindley and Teece, 1997; Berkowitz, 1995; Thumm, 2004; McQueen, 2005). Foreign patenting is an effective means to reduce the risk of imitation during overseas expansion (Rafiquzzaman and Whewell, 1998). It offensively and defensively blocks following-up research, thereby foreign rivals' competing capability is constrained accordingly (Shapiro, 2001). Foreign patents enhance invention values and improve technological image of the firm, thereby attract more venture capitals (Lerner, 2000). Patents also provide motives for workforce. Moreover, granting licenses to enterprises in foreign countries is profitable and proves to be an important means to recoup the cost involved in foreign patenting activities. Patents also serve as "bargaining chips" that allow companies to enter cross-licensing negotiations with counterparts (Hall and Ziedonis, 2001).

### 2.2 *Determinants of foreign patenting*

Limitations on resources not only inhibit small-medium enterprises (SMEs) from filing for foreign patents, but also limit their ability to commercialise patented inventions and thereby profit from them (Cordes et al., 1999; GAO, 2002). Thus, SMEs generally patent abroad less often than their large-scaled counterparts (Mogee, 2000; Blind et al., 2004).

It is assumed that distance has a negative effect on international patenting activity. Neighbouring countries have especially high inter-country patent flows (Slama, 1981; Soete and Wyatt, 1983; Grupp and Schmooh, 1999). Nevertheless, Sun (2003) observed distance an insignificant issue in explaining foreign patenting in China. The host country market size also exercises an important influence (Kumar, 1996). If the foreign market is not attractive or big enough, the inventors will not bother to file patents there (Schiffel and Kitti, 1978). It is estimated that 1% increase in the GDP of the destination country produces a close to 0.64% rise in patenting activity of foreign firms in it (Mohammed and Lori, 1998). IPR protection is another determinant in international patenting decisions. Piracy in under-developed and developing countries makes multinationals particularly careful filing patents in them (Yang et al., 2004).

### 2.3 *Multinationals' patenting in China and its impacts*

Most of the literatures related to multinationals' patenting in China concentrate on the shortages or weak enforcement of China's IPR protection system (Houdard, 1998; Weldon and Vanhonacker, 1999; Guvenli and Sanyal, 2003; Greguras, 2007; Yang et al., 2008). As Glass and Saggi (2002) figured, even if the resource wasting consequences of stronger IPR protection were not present, the induced incentive for imitation would still generate a reduction in FDI and innovation. But most of existing researches are on copyright piracy and counterfeit. Empirical analyses based on systematic data are rare. The discussions about multinationals' IPR strategies in China are often summaries of best practices which published on business journals (Greguras, 2007; Yang et al., 2008).

Some literature built formal models about the relationships between foreign patenting and local technology spill over, taking patent applications as the indicator (Barton, 1998; Rivette and Klein, 2000; Baldwin et al., 2000; Baldwin and Hanel, 2003). But empirical studies of China reflected opposite views. Liu et al. (2003) found that there was a positive correlation between current domestic patents application quantity and foreign application quantity a year before, thus they concludes the existence of spill over. Hu (2006) detected a significant correlation between the number of patents granted to domestic inventors and the number of patents granted to Taiwanese, Japanese and Korean inventors. Furthermore, domestic patents are quite similar with foreign ones. Hu's findings indicated that domestic and overseas inventors mutually simulated innovations.

Still others insisted that multinationals are implementing patent deployment strategy in China, aiming to gain and keep competitive advantage over their competitors and their "patent thicket" strategies would impede domestic innovation. The empirical study of Jiang et al. (2002) demonstrated that the purpose of foreign patents application in aeronautics and astronautics field were strategic defense. Yu (2003) substantiated that multinationals usually took technology "lock-in" strategy in China, controlled key technologies tightly and restricted spill over to the minimum level. Liang and Zhu (2007) revealed that multinationals are adopting various patent tactics and unfair competition instruments to stifle domestic competitor's innovation.

## 3. Evolution of China's IPR system with a special focus on the patent system

While China began to adopt legal protection of intellectual property as early as in the

1960s, it was not until China's openness and reform in the 1980s did China realise the importance of the need to protect intellectual property in a market-based economy. Two major forces have shaped the evolution of China's IPR system over the last two decades. First of all, the transition from a centrally planned economy to a market economy provided the strong impetus for the development and improvement of China's IPR system. Second, the openness of China's market for FDI and the increased success of Chinese products in the overseas market generated pressure for China's IPR system to accelerate its development to be in line with international standards. The recent push for indigenous innovative capabilities since the announcement of China's median and long range S&T plan in 2006 has provided further steam for improving China's IPR protection.

Figure 1 outlined chronologically major events in the development of China's IPR system, including the publication of the Patent Law in March 1984. Apart from building up the legal system in protecting IPR and joining international organisations and conventions, China has also entered into agreements and memoranda with individual countries regarding the implementation of these laws, most notably the USA. China also subscribed to fully implement the TRIPs Agreement after its accession to the WTO in 2002. Today, the scope and level of IP protection in China is substantially in line with international standards and practice (OECD, 2005).

As mentioned previously, China enacted its first Patent Law in 1984 which came into force in April, 1985. In general, the Chinese patent system shares more similarities with the Japan patent system than with that of the USA. For example, the primary purpose for China's Patent Law is to facilitate diffusion of new technologies, which is demonstrated by the kinds of patents allowed (invention, design and utility model), their shorter grace period, the adoption of the principle of "first-to-file" instead of "first-to-invent", public disclosure of the invention after 18 months and mixed requirements of single and multiple-claims. Typically, the adoption of "petty patents" such as utility models and designs are mainly based on the intention to encourage gradual innovation which is often very important for the domestic applicants in developing countries. This intention has been achieved partially according to some empirical studies (Liu et al., 2003; Hu, 2006).

As Figure 2 depicts, China's patent system has evolved through three stages. The first stage is from 1985 – 1992, which is the founding stage of China's IPR system. Before 1985, China only had a Management System of Science and Technology outcome, which presumably belonged to the entire country. While China's first Patent Law made it possible for individuals to file patents, it was difficult for inventors to extract monopoly rents except to get some promised material rewards (Alford, 1995). According to this law, individuals could not apply for patents for inventions relating to their job, using materials from work, or within one year of leaving that job. At the same time, without the permission of relevant administrative department in the government, SOEs couldn't file

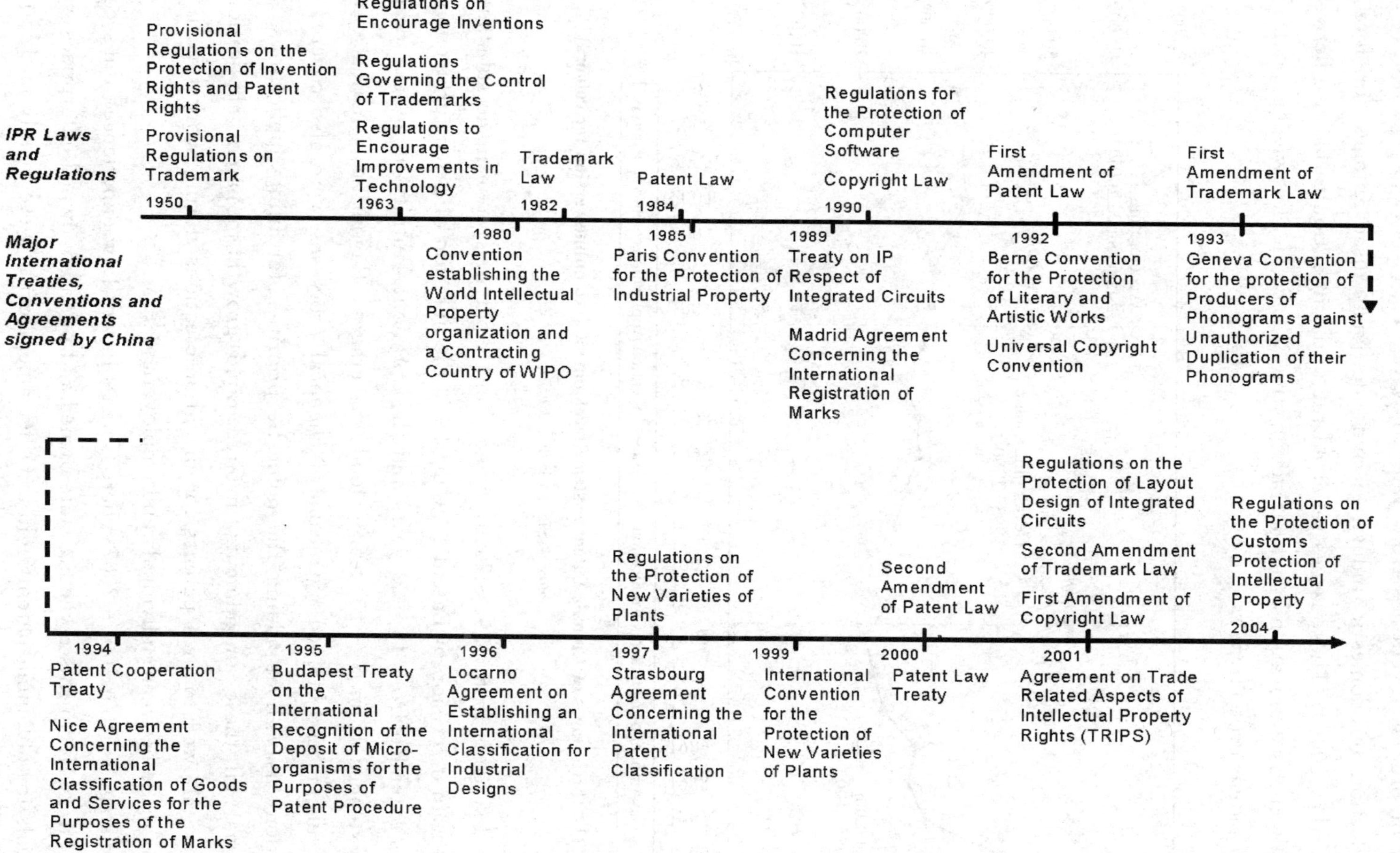


*Source:* OECD (2008, p.410, Figure 9.2)

**Figure 1 Timeline of major national and international IPR laws and regulations**

their patents autonomously. The first Patent Law also excluded chemical, pharmaceutical and alimentary or process inventions from patent coverage, which were regarded as the intended predilection on domestic industries and additional disadvantages for foreign applicants (Mertha, 2005). These issues reflected the initial intention to balance between stimulating indigenous innovations and attracting the worldwide knowledge pools by enforcement of patent protection.

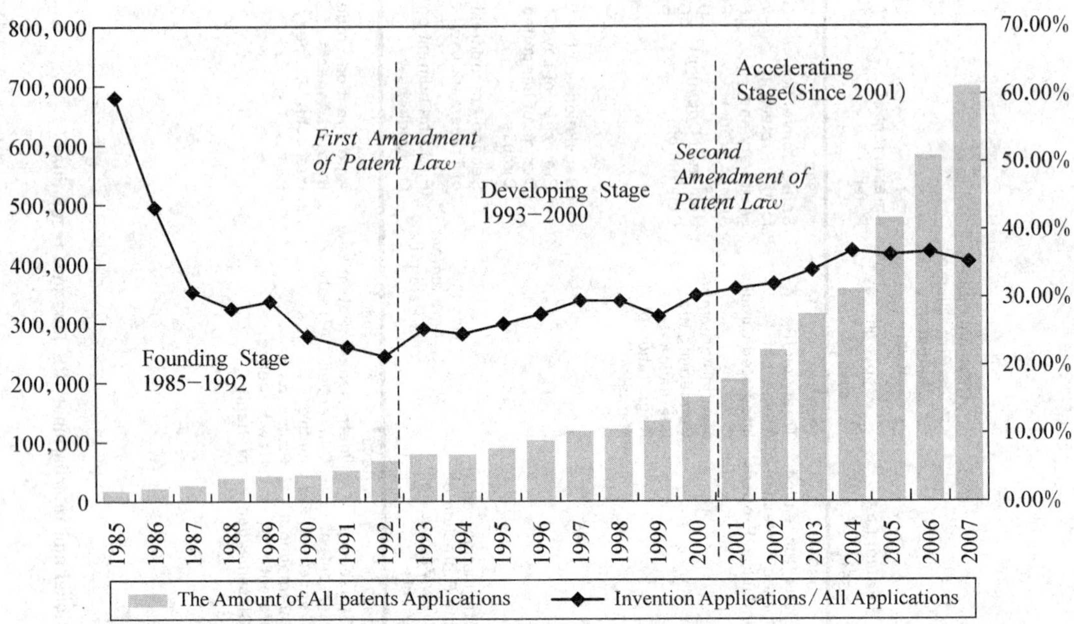


**Figure 2 The three stages of China's Patent System Development (see online version for colours)**

*Source*: SIPO (1986 - 2007)

The second stage is from 1992 - 2000, when China's patent system made substantial progress. In the first revision of Patent Law in 1992, the duration of patent protection of inventions was extended from 15 - 20 years and the duration of utility model and design patents was extended from 5 - 10 years; food, beverages, flavouring, pharmaceutical products and substances obtained by means of chemical processes were also covered by patent protection, as well as adding the domestic priorities for filing applications. As Figure 2 shows, all these amendments inspired rapid growth in patent applications. Individuals were allowed to own patents for invention-creations during work time if an agreement was made between individuals and employers.

The third stage is from 2001 - 2007 where China's Patent Law experienced the second major revision in 2001. In this revision, state-owned and privately owned enterprises were treated as equals for obtaining patent rights. Other amendments were mainly made to fit the WTO requirement, especially those in TRIPs, for example, the simplification of examination process. This revision led to another surge in patent applications.

Since 2005, SIPO began to revise the Patent Law for the third time. The draft of the new version has just been sent to the National People's Congress for approval in August 2008. The new revision of Patent Law and other legislations is an important step for implementing national IPR strategy, which had been drafted since 2004 and formally issued by the State Council in June 2008. This new national IPR strategy is in direct response to the changing innovation environment in China. In early 2006, China issued the Outline for National Medium and Long-range Science and Technology Development Plan (MLP) and initiated the national strategy for building an innovation-oriented country through cultivating indigenous innovation capabilities (OECD, 2008). On the other hand, there have been many complains about the misuse of patent rights by multinationals in China, including the "patent thicket" strategy and others, which were thought to distort the normal competition and harm the cultivation of indigenous innovation capabilities.

Accordingly, three major changes were proposed. First, a basic requirement for patent granting is changed from "relative novelty" to "absolute novelty", which means that the granted patents should not only be novel in China, but also be novel in world. Second, the revised version strengthens the protection of heredity resources and traditional knowledge. The invention or creation based on illegal acquirement of heredity resources and traditional knowledge would not be granted patent. Third, it adds the articles on the prohibition of misuse of patent rights. All these revisions could be regarded as responses to the changes of internal and external environments which China is facing. Compared with previously two revisions, this new revision probably will not generate a major change in the quantity of patent application. Rather, it may improve the quality of patent applications.

Besides legislation, IPR enforcement system in China has also experienced some changes. Different from most other countries, China has a dual system of IPR protection, the judicial and administrative. Before the Special People's Court System was established to handle IPR protection cases and disputes in 1992, the patent enforcement function was performed by Intellectual Property Offices (IPOs) in the administrative system. The patent enforcement issues dealt with by IPOs include infringement, ownership disputes, patent counterfeiting and etc. In China, administrative approach is a convenient, low-cost and flexible method of regulatory enforcement, compared with judicial approach. The IPO staff conducts investigations and helps to negotiate between the two parties. So most of the cases are resolved by intercession or withdrawn. As for the judged cases, if a fine is levied, the infringers are required to pay it into a special bank account and the enforcement branch will follow up. As a result, in 2005, China's courts at all levels totally accepted 2,947 patent cases, among which infringement and ownership disputes accounted for the majority (SIPO, 2005a). In the same year, the IPOs system accepted 3,901 patent enforcement cases, among which 1,492 were infringement and ownership disputes (SIPO, 2005b).

## 4. Patenting behaviours of multinationals under China's patent system in comparison with local firms

As discussed previously, a major concern of this paper is to examine the impact of China's patent system on the behaviours of multinationals and domestic firms. In this section, we use the annual data issued by SIPO to examine the general situation of China's patent application and grant, as well as validity and implementation, especially the different behaviours of foreign applicants in comparison to local firms①.

### 4.1 *Source and character of Chinese patents*

As Table 1 depicts, during the past 23 years, foreign applicants filed 795,984 patent applications in total in China. Among them, 86% were inventions (686,544) and 12% were designs (97,628). Utility models only accounted for 2% (11,812). Furthermore, the proportions of three types of patent applications have also experienced great changes during the past 23 years. In 2007, the foreign applicants submitted 1,325 utility applications, about 14 times of what they applied in 1985 (97). But during the same period, their invention applications in China expanded 20 times (from 4,493 to 92,101) and the design applications expanded nearly 38 times (from 371 to 13,993).

**Table 1 The total applications for three kinds of patents received from home and abroad (1985.4 - 2008.9)**

| | | *Total* | | *Invention* | | *Utility model* | | *Design* | |
|---|---|---|---|---|---|---|---|---|---|
| | | *Number* | *Ratio* | *Number* | *Ratio* | *Number* | *Ratio* | *Number* | *Ratio* |
| Total | Sum | 4,576,636 | 100.00% | 1,534,934 | 100.00% | 1,623,279 | 100.00% | 1,418,423 | 100.00% |
| | In-service | 2,310,455 | 50.50% | 1,184,568 | 77.20% | 516,158 | 31.80% | 609,729 | 43.00% |
| | Non-service | 2,266,181 | 49.50% | 350,366 | 22.80% | 1,107,121 | 68.20% | 808,694 | 57.00% |
| Domestic | Sum | 3,780,652 | 100/82.6 | 848,390 | 100/55.3 | 1,611,467 | 100/99.3 | 1,320,795 | 100/93.1 |
| | In-service | 1,545,971 | 40.90% | 522,632 | 61.60% | 507,198 | 31.50% | 516,141 | 39.10% |
| | Non-service | 2,234,681 | 59.10% | 325,758 | 38.40% | 1,104,269 | 68.50% | 804,654 | 60.90% |
| Foreign | Sum | 795,984 | 100/17.4 | 686,544 | 100/44.7 | 11,812 | 100/0.7 | 97,628 | 100/6.9 |
| | In-service | 764,484 | 96.00% | 661,936 | 96.40% | 8,960 | 75.90% | 93,588 | 95.90% |
| | Non-service | 31,500 | 4.00% | 24,608 | 3.60% | 2,852 | 24.10% | 4,040 | 4.10% |

Note: Unit: file
*Source:* SIPO (2008)

① All the data used here are cited from SIPO Statistical Annals, if not indicated specially.

The following analysis of foreign patent behaviours will mainly focus on invention patents because of their dominant position in the total patents applied by foreign firms. Figure 3 shows that after a lukewarm start for the first 5 - 6 years of China's patent system, foreign applications began to pick up after China revised its Patent Law in 1992. Foreign invention patent applications as the percentage of the total invention patent application reached the peak level of 62.24% in 1997. The second revision of Patent Law in 2000 induced another major increase of both domestic and foreign applications. While, the percentage of foreign invention patent applications stabilised in early 2000s and even decreased to some degree after 2004. The total invention patents granted to foreign applicants are still higher than to domestic applicants, but the gap has narrowed quickly in the past five years.

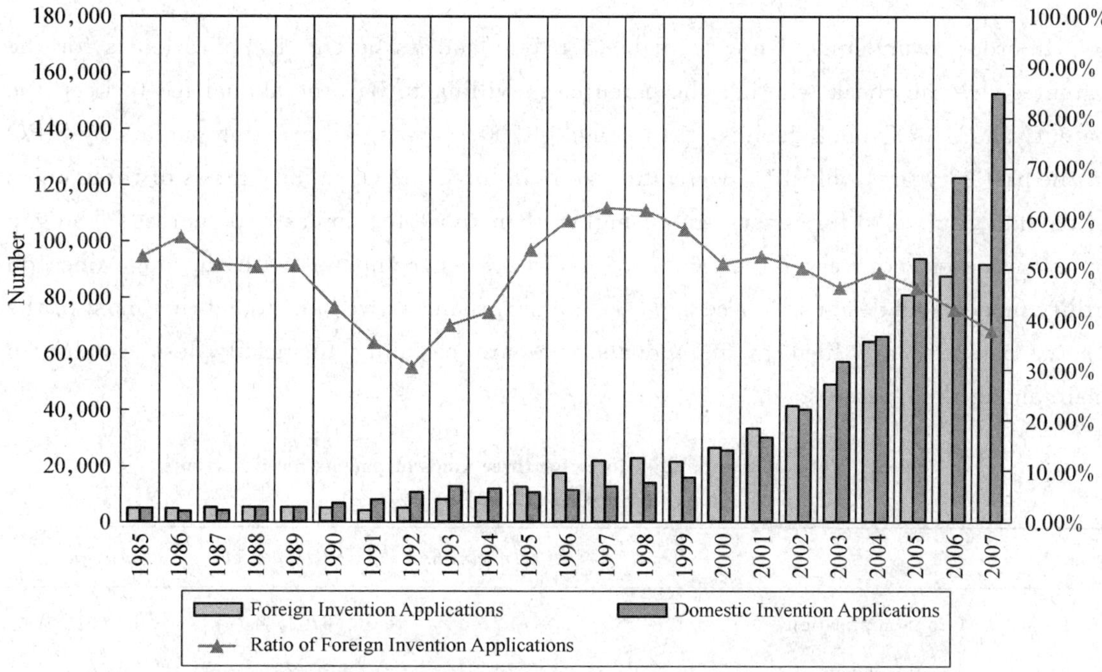


**Figure 3 Distribution of annual applications for inventions received from home and abroad (1985 - 2007) (see online version for colours)**

*Source:* SIPO (1986 - 2007)

We can also find major differences on the character of foreign and domestic applicants. As Table 1 depicts that, in-service① applications occupied absolute dominant situations in total applications received from abroad, most of which were filed by multinationals. Besides, the ratios of in-service applications in total foreign applications during past 20

① According to the classification and definition of SIPO, in-service patent equals to corporate patent in other countries, non-service patent equals to individual patent.

years were very stable and rarely fell under 90%. On the other hand, the in-service applications haven't exceeded 50% in annual domestic applications until 2007. What makes this difference? The answer lies partly in the kinds of patents applied. As Table 1 shows that, for the three kinds of patents, invention, design and utility model, there aren't distinct differences between in-service and individual applications for foreign applications. On the other hand, there are significant differences between in-service and individual applications for domestic applications. For invention patents, more than 60% of the applications were in-service. However, this ratio was just over 30% for utility models and close to 40% for design patents. This seems to indicate that most of the "petty patents" in China is developed by individuals, not firms and other organisations.

### 4.2 *Patent validity*

In order to understand how valuable a patent and its potential application is for the patentee, we can check whether the patentee is willing to pay the annual fee to keep the patent valid. As Table 2 depicts, till the end of 2007, among all granting patents by SIPO in the past 23 years, only 40% were still valid (in force). The validity ratios of three kinds of patents granted to foreigners are all higher than those for domestic patentees. The gap on inventions is not very large (66% to 80%), when compared with the huge ones on utility models and designs. These gaps are not surprising as we have found that most of the "petty patents" are filed by individuals who are certainly financially less capable in maintaining their patents.

**Table 2 Ratio of grant and in force for three kinds of patents received from home and abroad (1985.4 - 2007.12)**

| | | *Total* | *Invention* | *Utility model* | *Design* |
|---|---|---|---|---|---|
| Total | Grant/application | 51.87% | 27.31% | 67.17% | 60.26% |
| | In force/grant | 40.69% | 74.61% | 30.28% | 37.86% |
| Domestic | Grant/application | 54.02% | 20.10% | 67.10% | 58.64% |
| | In force/grant | 34.76% | 66.26% | 30.05% | 34.88% |
| Foreign | Grant/application | 41.87% | 35.70% | 77.44% | 81.32% |
| | In force/grant | 76.16% | 80.09% | 58.03% | 66.02% |

Note: Unit: %

*Source:* SIPO (2007), *SIPO Patent Statistical Annals 2007*, SIPO Publishing, Beijing

### 4.3 *Patent implementation*

There is no accepted definition of patent implementation or utilisation. It could mean making profits by putting the patent into application. It could also mean gaining competitive advantages through blocking others to innovate. Various patent models and strategies have emerged over the years, such as "patent thicket", "patent trolls" and etc. As some literature indicates, there are five main kinds of these strategic motives: protection, blocking, reputation, incentive and exchange (Blind et al., 2004). All these could be regarded as different means of patent implementations.

Because there is no official statistics on patent implementations in China, the data we used here are mainly based on a full-sample survey on the status of patent applications and implementations of China's enterprises, which was performed by SIPO in 2006. This survey included all the firms that have issued patent applications in China since 1985. It involved 110,112 firms in total and the feedback ratio is 64.8%. A database was compiled based on this survey, which included 310,554 patent applications issued by 43,383 firms. In the sample, the (domestic) private controlled firms, state owned and controlled firms, collectively controlled firms, foreign controlled firms and HKT controlled firms① respectively accounted for 55.8%, 20.6%, 11.8%, 6.2% and 5.7%. This is probably the latest and largest sample one can find about patent implementation in China. In this survey, patent implementation was divided into five modes: never implemented, implemented only by self, only licensed to others, self-implemented and also licensed to others, and transfer of patent privileges. From Figure 4 we can clearly see that, among different kinds of firms, the patent implementing ratio of foreign controlled firms is the lowest, nearly 26% of the total patent applications have never been implemented. The HKT controlled firms and (domestic) private controlled firms have the highest implementing ratio (more than 85%), partly due to the high ratio of designs among all their patent applications (more than 53%), compared with other firms. For these two kinds of firms, only less than 10% of their total patents applications have never been implemented. For all other kinds of firms, the dominant implementation mode is self-implemented exclusively. For most firms except foreign controlled ones, nearly 80% to 90% of the total patent applications are implemented only by themselves. In particular, among all the invention patent applications issued by foreign controlled firms, more than half (51.8%) have never been implemented. This ratio is much higher than any other kinds of firms, especially the HKT controlled firms (15.7%) and private controlled firms (less than 20%). As Figure 4 depicts, the collective controlled firms have the second highest un-implemented patent ratio. Further analysis shows that small collective firms have very high invention application rate (61%), as compared with 54% of large scale foreign controlled companies. Most of these small collective firms in China are high tech start-ups or spin-offs from universities and research organisations; this may be the reason

---

① The firms controlled by Hong Kong, Macau and Chinese Taipei companies.

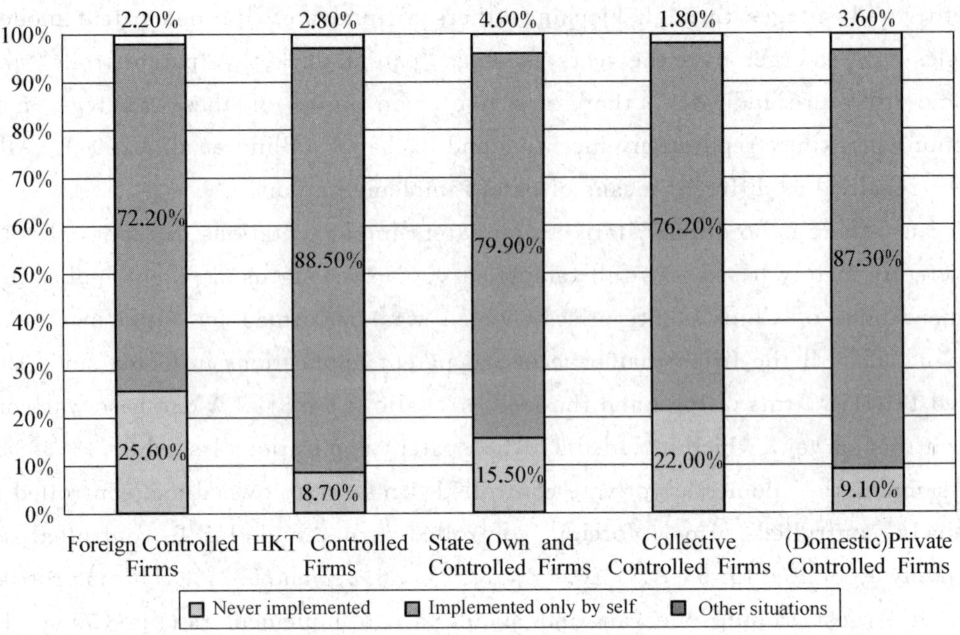


**Figure 4 The situations of patent implementations of different kinds of firms (see online version for colours)**

*Source:* Zhang et al. (2008, p. 66, Figure 38)

why they have such higher invention ratios.

Although we don't have comparable data about patent implementations in other countries, one can observe explicit contrast between foreign and domestic companies on patent implementing behaviours from this dataset. For example, all the patents applied by LG China R&D Center had never been implemented, but all the patents applied by Huawei Corporation had been implemented by itself. This seems to indicate that compared with Chinese firms, multinationals in China are more likely going to use patent applications for strategic purposes, which has been relatively rare for Chinese firms.

### 4.4 *Patent litigations*

Hippel (1988) comes to the conclusion that the value of a patent depends to a great extent on how the patent offices of corporations (patentees) and the courts handle the potential and actual infringement of patent rights. In more and more occasions, the main purpose of patent litigations may not be getting compensations, but to delay the expansion of opponents, or to force competitors to cross-license. So, from patent litigation behaviours, especially infringement litigations, we can partially observe how multinationals are using China's patent institutions.

As Table 3 depicts, most of the infringement disputes were put forward by domestic patentees and mainly concentrated on utility models and designs, which were also dominated by domestic players. Similar phenomenon can also be observed in judicial fields. As Table 4 depicts, among all the civil cases about patent rights disposed by China's courts, the infringement disputes have also accounted for the majority, whether in quantity or litigation money. But the infringement litigations filed by multinationals were very few, even under 50 cases a year until 2004.

**Table 3 Patent enforcement of the infringement disputes by the Administrative Authorities for Patent Affairs**

| *Year* | *Type* | *Total* | *Countries or regions* | | | | | *Sort of patents* | | |
|---|---|---|---|---|---|---|---|---|---|---|
| | | | *A* | *B* | *C* | *D* | *E* | *F* | *G* | *H* |
| 2007 | Accepted | 986 | 881(89.4%) | 7 | 88 | 6 | 4 | 180(18.2%) | 422 | 384 |
| | Closed | 733 | 660(90%) | 1 | 52 | 14 | 6 | 140(19.1%) | 275 | 318 |
| 2008 Jan－Jun | Accepted | 487 | 450(92.4%) | | 6 | 6 | 25 | 101(20.7%) | 216 | 170 |
| | Closed | 373 | 337(90.3%) | 1 | 25 | 3 | 7 | 67(18.0%) | 155 | 151 |

Notes: 1 A=China, B=North America, C=Asia and Pacific, D=Europe, E=Others, F=Invention, G=Utility model, H=Design

2 The figures here were cited from SIPO Patent Statistical Annals and Monthly Bulletin, and there were only statistics of total numbers of patent disputes annually before 2007

Unit: case

**Table 4 Civil cases of first instance about patent rights disposed by China's courts**

| | | | | *Among closed cases* | | | | |
|---|---|---|---|---|---|---|---|---|
| | | *Accepted* | *Closed* | *Foreign affairs* | *HK affairs* | *Macao affairs* | *TW affairs* | *Total money of litigation objects* |
| Patent infringement | 2002 | 1,725 | 1,498 | 14 | 4 | — | 5 | 39,544.940 8 |
| | 2003 | 1,737 | 1,873 | 17 | 3 | — | 24 | 43,266.350 2 |
| | 2004 | 1,792 | 1,904 | 35 | 3 | 1 | 26 | 134,459.794 2 |
| Total | 2002 | 2,081 | 1,796 | 15 | 4 | — | 7 | 43,472.715 5 |
| | 2003 | 2,110 | 2,212 | 23 | 8 | — | 29 | 55,885.469 9 |
| | 2004 | 2,549 | 2,387 | 40 | 4 | 1 | 28 | 144,078.298 9 |

Notes: HK=Hong Kong, TW=Chinese Taipei

Unit: case, 10,000 RMB

*Source:* SIPO (2003－2005)

This is very different from what one would hear from media reports. While multinationals have been criticising the weak IPR protection in China with one voice, our data indicate that they rarely initiate infringement litigations, whether through judicial means or administrative channels. This may suggest that the real damage to multinationals due to patent infringement may be limited. This was partially consistent with the results of some other surveys (European Union Chamber of Commerce in China, 2005). The more frequent cases of copyright piracy and brand counterfeiting, especially in software, apparel and luxury goods have made the image of China's IPR system much worse than it should be.

On the other hand, some studies also reveal that the judicial procedure about infringement in China is costly and complicated. For example, the proportion of claimed damages has to be posted as a bond if they go to the IPR court (La Croix and Konan, 2002) and the enforcement is quite weak. As a result, around two-thirds of patent infringement cases are not filed in court (Bosworth and Yang, 2000). Furthermore, because IPOs lack independent power and authority, the effectiveness of administrative enforcement is often affected (Mertha, 2005).

**Table 5 The main differences of domestic and foreign players' patenting behaviours in China**

| | *Foreign* | | *Domestic* | |
|---|---|---|---|---|
| Patent type of applications | Invention dominant | | Utility model and design dominant | |
| Growth of applications | After 1992, distinct increase | | After 1992, no distinct increase | |
| | After 2000, distinct increase | | After 2000, distinct increase | |
| Character of applicants | Invention | In-service dominant | Invention | In-service just exceed Non-service recently |
| | Utility model | In-service dominant | Utility model | Non-service dominant |
| | Design | In-service dominant | Design | Non-service dominant |
| Granting ratio | High | | Low, especially for invention | |
| Valid ratio | Invention | High | Invention | Low, no big gap |
| | Utility model | High | Utility model | Low, big gap |
| | Design | High | Design | Low, big gap |
| Implementing ratio | Invention | Low | Invention | High |
| | Utility model | Low, relatively | Utility model | High, relatively |
| | Design | Similar | Design | Similar |
| Infringement litigation | Very few | | Quite a lot, concentrated on utility model and design | |

*Source:* Summarised by the authors

While this analysis of patenting behaviours of foreign players in China in comparison with local entities is interesting, we must also acknowledge its limitations. First of all, we must be mindful the fact that not all the patent applications in China are filed by firms. For example, by 2007, there were more than 20% of the total domestic in-service invention applications are filed by universities and colleges and more than 30% of the in-service invention patents were granted to them the same year. There were also many individual applications, especially for utility models and designs. Secondly, analysis here was mainly based on the observation of revealed patenting behaviours. We need to understand the motivations and strategic intentions underlying these behaviours, which is the focus of the next section.

## 5. Adapting to China's IPR environment-strategies of multinationals in China

As pointed out in Section 4.3, patent strategy has been incorporated into multinationals' business strategies, which could be partially revealed by their patenting behaviours. In this section we will take a closer look at multinationals' patent strategy and its impacts, aiming at analysis of their specific techniques used to gain technical, economic and market advantages.

### 5.1 "*Patenting in advance*" *strategy*

As introduced before, here we choose 2006 Fortune Global 500 as the sample of multinationals and 500 China's biggest corporations in 2006 as the comparison sample. Over the past 20 years, sample foreign firms have applied for totally 108,747 inventions in China, about 10 times of the applications filed by sample domestic firms in total. As Figure 5 depicts, before 2000, there was strong contrast between the two groups. Applications by domestic firms are less than 1/15 of that of foreign firms. After 2000, however, applications of domestic firms increased dramatically and reached 1/5 of that of foreign firms. As discussed before, although the technology gap had narrowed significantly, it is still large.

With regard to multinational patent applications, firms from Japan, USA, Korea, Netherlands and Germany took 95% of the total foreign invention applications. More specifically, 22 multinationals with over 1,000 invention applications account for 71.29% of all the invention applications of the sample companies. Out of the top ten multinationals, five are from Japan, two from the USA and one respectively from Korea, Netherlands and Germany. These top ten firms account for 50.90% of the applications by the sample firms. Obviously, only a few multinational giants are the main players of patent games in China. Compared with the patentee distribution of foreign firms, the sample domestic firms' applications are even more concentrated. Huawei Technology Company took up about one third of total sample domestic firms' applications, nearly the same as those by the top five foreign firms combined. This example illustrates the fact that

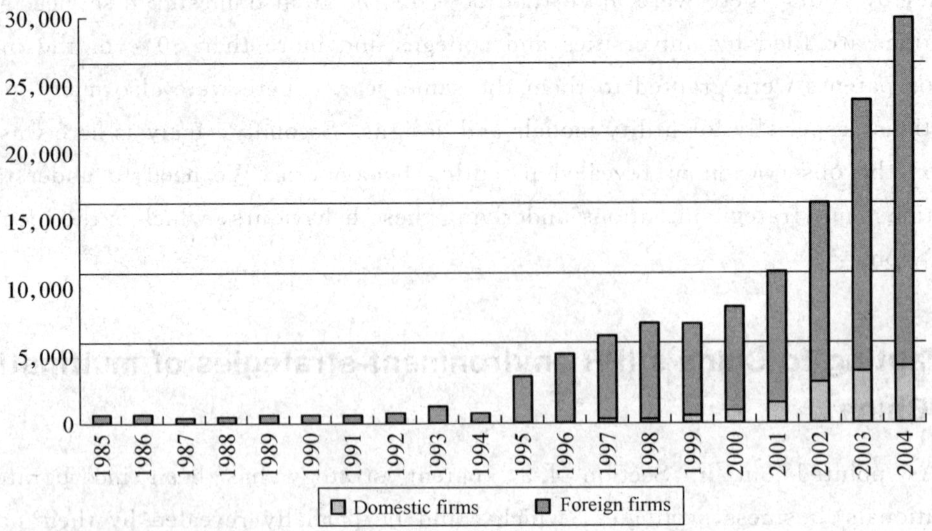


**Figure 5 Invention applications of sample domestic firms and foreign firms (1985 - 2004) (see online version for colours)**

*Source:* Calculated by authors based on the data delivered by SIPO

patenting inventions by domestic firms in China is limited in a very small group of firms. This is not inconsistent with the findings of Hu (2006) that foreign patent surge in China is the result of competitions among foreign companies themselves.

Our study also reveals that out of the 108,747 invention patents filed by foreigners, 104,091, or close to 96% have priority dates. This means that these invention applications in China have been applied abroad before, most likely in their home countries. This could partially answer the puzzle of "high validity, low implementations" we discussed in previous section. It also confirms Hu's speculation that the rapidly growth of the SIPO patents granted to foreign applicants is unlikely to have been driven by more and faster knowledge production in those foreign countries. It is likely that multinationals in these foreign countries are patenting a larger proportion of their existing inventions in China (Hu, 2006). It is also consistent with the findings of another research performed by our team (Zhu and Liang, 2006a).

These observations seem to indicate that whether a multinational files invention applications in China or not is largely driven by market instead of technical considerations, the technology is already there! In another study we did on 135 multinational R&D centres in China (Xue and Liang, 2008)①, we did a correlation analysis between their patenting data and the total revenue, total profit, foreign revenue, foreign profit respectively of each of the eleven industries. It is notable that in all the eleven industries, multinationals' patenting activities are highly correlated with total

① The sample is the same to the research project "Globalisation of R&D by MNCs in China" which commissioned by Beijing Municipal S&T Committee and performed during 2004 to 2005. More details and findings of which could be found in Xue and Liang (2008) and OECD (2008).

revenue, or the overall Chinese market size①. This is consistent with Sun's finding that foreign patents in China are driven largely by demand factors (Sun, 2003). Moreover, in most industries, there is strong correlation between foreign patenting and foreign profit data②. Ernst (2001) once concluded that multinationals patenting leads to excellent market performance. But our analysis seems to indicate that the causality can go both ways. Larger market potentials attract more patents, which could produce better market performance, which in turn inspires more patents for further expansion.

### 5.2 *Transfer strategy*

Licensing is the best known approach in transferring patented technologies. Because of the dominant positions of multinationals in controlling core technologies, domestic Chinese companies are price takers in patent licensing negotiations. Take DVD industry as an example. Patent alliances among multinationals, including 6C, 4C, DTS and MPEG LA have charged great amount of license fees on domestic firms (Table 6), which account for 20% to 30% of the total product cost and making the margin profit of each DVD less than 30 RMB.

**Table 6 Patent fees domestic firms need to pay for each DVD**

| *Alliance name* | *Member companies* | *Fee ($)* |
|---|---|---|
| 6C | Hitachi, Panasonic, Mitsubishi, Toshiba, AOL Time Warner, JVC | 4 |
| 4C | Philips, Sony, Pioneer, LG Electronics | 0.037 5 |
| — | Thomson | 1 |
| DTS | DTS Digital | 10 |
| — | Dolby | 4.95 |
| Total | | 19.987 5 |

Notes: The practical licensing fee structure is a bit complicated and alterable according to production volume. The calculation here is based on assumption of a very low volume.

*Source:* Collected by the authors

Multinationals are also very careful in maintaining full control of their technologies in technology transfer activities with joint ventures in industries such as automobile industry, which has a history of joint ventures over 20 years. Foreign partners usually hold real decision-making power in joint ventures with regard to the core technologies and other forms of intellectual properties. In such joint ventures, it is not uncommon to find different fees charged related to IPRs. For example, a brand licensing fee is usually levied for every car produced in China. Technology licensing fee is charged for the new models

① The statistical significances are all higher than 90%, most of them are higher than 95%. In some sectors that FDI concentrated such as computer peripherals, pharmaceuticals and automobiles, the significances even reach 99%.

② Ibid.

that are put into trial-manufacturing or production in China. Equipment purchasing fee is also charged for the imported equipments by joint ventures from their foreign parent companies. These transfer strategies make it possible for the foreign partners to get over 75% of the profits while their equities in joint ventures have not exceeded 50%. At the industry level, according to the statistics of China Automobile Industry Association, foreign joint ventures (excluding HKT JVs)① only account for 16% in total automobile manufacturers in China, but they obtained 82.55% profits of the whole industry②. Keeping a tight control of the core technologies and make the technology transfer process a black box for domestic collaborators have been useful strategies for multinationals (Lu and Feng, 2005).

As Tables 7 and 8 depict, opposite to the low level of patents owned by joint ventures, the foreign partners' parent companies usually file large number of patents, especially invention patents, in China. They usually transfer technology to joint ventures at very high prices without disclosing the development processes and related details (Zhou et al., 2006). Such strategy has provided multinationals effective means to maximum their profits in China.

**Table 7 Three kinds of patents owned by China's top ten automobile firms**

| *Firm* | *Total* | *Share* | *Invention* | *Utility model* | *Industrial design* |
|---|---|---|---|---|---|
| Shanghai General Motor | 54 | 11% | 0 | 0 | 54 |
| Shanghai Volkswagon Motors | 58 | 12% | 8 | 21 | 29 |
| FAW-Volkswagon | 0 | 0% | 0 | 0 | 0 |
| Beijing-Hyundai Automobile | 0 | 0% | 0 | 0 | 0 |
| Guangzhou Honda Motor | 1 | 0% | 0 | 0 | 1 |
| Tianjin FAW-XiaLi Automobile (now Tianjin FAW-Toyota Automobile) | 5 | 1% | 0 | 0 | 5 |
| Cherry Automobile | 272 | 56% | 15 | 70 | 187 |
| Dongfeng Nissan Automobile | 0 | 0% | 0 | 0 | 0 |
| Geely Automobile | 50 | 10% | 6 | 9 | 35 |
| Dongfeng Peugeot Citroen Automobile | 50 | 10% | 3 | 9 | 38 |

Note: All data are due on 31 July 2006
*Source:* Zhu and Liang (2006b, Table 3)

① The joint ventures founded by Hong Kong, Macau and Chinese Taipei firms and mainland firms.

② "Where the joint venture automobile will go", *China Science and Technology Fortune*, June 2008, available at http://news.mbevip.com/0806/article_4909_1.html (in Chinese).

Table 8 Three kinds of patents owned by foreign parent automobile companies in China

| | *Total* | *Invention* | *Utility model* | *Industrial design* |
|---|---|---|---|---|
| General Motors | 231 | 230 | 0 | 1 |
| Volkswagon | 291 | 254 | 0 | 37 |
| Hyundai Motor | 489 | 460 | 0 | 29 |
| Honda Motor | 3,861 | 3,000 | 57 | 804 |
| Toyota Motor | 1,994 | 1,260 | 41 | 693 |
| Nissan Motor | 3 | 3 | 0 | 0 |
| PSA/Peugeot-Citroen Mobile | 18 | 14 | 0 | 4 |
| Total | 6,887 | 5,221(76%) | 98(1%) | 1,568(23%) |

Note: All data are due on 31 July 2006

*Source:* Zhu and Liang (2006b, Table 4)

However, overcharging in technology transfer process might produce deadlocks. For example, since January 2004, China's domestic telecom firms, together with Ministry of Information Industry (MII) started negotiation with foreign telecom firms on 3G patent licensing. The negotiation has not achieved much progress yet. It was reported that the main obstacle was that Qualcomm has a dominant advantage in this field and was overcharging during negotiations.

Part of the reason why multinationals seems to have adopted somewhat different approaches in China is the relatively weak IPR protection environment, or at least the perception of it. For example, licensing is often regarded as the normal procedure for transferring technology in the global market, but it is not commonly used in China. Also, large multinationals abroad are usually the dominant suppliers for patents, equipments and technical know-how, which is often the most important part of the technology transfer (Chen and Sun, 2000). But in China they have adopted the approach of "total product package" in which technologies are included as parts of greater complex technical systems (Bruun and Bennett, 2002).

## 5.3 *Litigation strategy*

Just as Merges and Nelson (1990) pointed out, it matters less that every patent is a potential contribution to innovation than that it may infringe or be infringed. IP infringement and litigation has long been in existence and is a powerful means in competition with other firms. In China, patent litigation has been used by multinationals as a strategic weapon in the market competition. At the initial stage of a market development process, multinationals usually apply for a large number of patents. They tend to ignore infringing behaviours, partly due to the high cost and low benefit of patent litigation at this stage. But when the market has grown to a scale large enough, they will initiate litigations against competitors who have infringed their patents. Again, China's DVD industry is a good example. Most of the domestic firms accepted the high licensing price under the threat of infringement litigations and possible triplicate penalties, although they had operated in this field for ten years.

In fact, due to the large technology gap between multinationals and domestic firms, patent infringement may not be as serious in China as what has been perceived. The real challenge lies in copyright piracy and brand counterfeiting, which is much harder to enforce. According to SIPO, in 2007, China's industry and business administrative authorities disposed 50,318 lawbreaking cases related to brand counterfeiting, of which, 10,320 (20.51%) are concerned with foreigners. Over 28.17 million illegitimate brand marks were sequestrated and destroyed. In the same year, China's copyright administrative authorities totally sequestrated more than 75.69 million pieces of piracy goods, including 52.49 million discs of piracy media products and 3 million sets of piracy software①. While these figures seem really striking, the piracy and counterfeit problem could not be solved easily in a short time (Potter and Oksenberg, 1999; Simone, 1999), because of the low cost and low technology requirements of these activities.

Despite such difficulties, litigation strategy has also been used effectively by multinationals, such as Microsoft. When they initially entered the Chinese market many years ago, there was piracy of Windows System or other software everywhere in China. Microsoft did not jump on it and let the market grew. About ten years ago, Microsoft began the litigation process targeted at some well-known domestic firms, such as Asia Information Technologies (Yaxin). This strategy has effectively facilitated the popularisation of its licensed software's in China's government and local firms. Most recently, when the market shares of Windows is large enough (about 95% of China's operating system), Microsoft has begun to attack piracy comprehensively. In October 2008, Microsoft started its "Black Screen Action" in mainland China. The computer desktops of those users of pirate Windows XP systems will automatically change into black screen once in an hour as a reminder to the users that they are using pirate software, as long as the system has been confirmed as piracy by Microsoft through internet validating technologies②. At about the same time, it initiated the litigation on a famous software website in China named "Tomato Garden". The administrator of this website was sued to make profits by selling modified XP system on this web③.

---

① SIPO. "The status of China's IPR protection (white book) 2007", available at http://www.sipo.gov.cn/sipo2008/zwgs/zscqbps (in Chinese), 2008.

② Special topic, "Microsoft started up 'black desktop' license validation", available at http://tech.sina.com.cn/focus/08_WGA/index.shtml (in Chinese).

③ Mao, J. H. "'Tomato garden' event revealed IPR roadmap", *China Economy Times*, in Chinese, 9 October, 2008.

Besides litigation in domestic market against domestic firms, multinationals also initiate litigations against domestic firms when they begin to enter international markets. The most well-known case is Cisco's litigation against Huawei, the Chinese telecom equipment company. Cisco alleged Huawei "misappropriated" its IOS(r) source codes, command line interfaces (CLI), technical documents and five patent technologies relating to Cisco's router protocols early 2003 in US. Cisco's accusations involved eights types, including patent infringement, copyright infringement, business secret infringement, common law misappropriation, trademark law infringement, unfair competition, etc. The focus of lawsuit was Huawei's Quidway routers, 18 suits of which had just been sold in the US. Most analysts regarded this as Cisco's business strategy to prevent Huawei's fast infiltration on Cisco's dominated high-level market and slow down its worldwide expansion①. The strategy seems to have worked.

### 5.4 *Alliance and standard strategy*

Several years ago, some scholars and specialists in China investigated the patent pools of DVD alliances such as 6C and 4C. They found quite a few patents are actually trivial and do not add value to the overall package. There are also a number of patents which had already expired. In December 2005, Prof. Zhang Ping, the IPR Professor of Peking University issued an invalidation appeal to the patent Re-examination Committee of SIPO on a patent (ZL95192413.3) of Philips that was included in 4C patent pool as an essential patent, because it was regarded as not meeting the creativity and novelty requirement for a patent. By January 2006, another four famous scholars also initiated similar appeals. After more than one year's negotiation, Philips finally came to a compromise by agreeing to withdraw this patent from existing patent pool②.

This case illustrated that technology and standard alliances are often taken as the carrier by multinationals to implement their patent and standard strategy. In the DVD case, such strategy was successful mainly because of the technology gap between multinationals and domestic firms, which allowed the multinationals to take advantage of the ignorance of domestic firms and made invalid claims in the patent pool. Related to this technology gap, Chinese firms are rarely able to join international technology standard setting process, which has been discussed extensively.

A technology standard in the age of globalisation is not only a solution or a specification for certain technological problems or issues, but also a governance mechanism that can be used by patents owners as an instrument to redistribute economic interests and

① Guo, H. F. "Huawei vs. Cisco, panorama retrospect", *China Entrepreneur*, in Chinese, 28 September, 2004.

② Zhang, X. M. "'Philips' DVD patent invalidation case compromised, key technology was withdrawn out of patent pool", *Chinese News Web*, 2006, 10 December, available at http://tech.sina.com.cn/it/2006-12-10/22411280685.shtml (in Chinese).

hold the first-mover advantages (Wang and Liang, 2007). As Kennedy et al. (2008) indicated, controversies over the relationships between IP and standardisation have also pointed to some larger questions about who participate as stakeholders in standardisation, the balance between standards as public goods and standards as mechanisms to facilitate private gains and the ways in which standards support or frustrate innovation. And central to the standards-innovation relationship is the role of intellectual property in standards. Leading firms in the global ICT sector have taken a range of approaches toward IP that are closely linked to their business models (Kennedy et al., 2008). Most of the researches on standard and standard alliance place the issue in the commercial context and focus on the activities of corporations. Nevertheless, some scholars have pointed out that standard setting in reality is a much politicised process, especially in the global context (Funk, 1998).

In recent years, Chinese government has been trying to help Chinese firms to break the barriers of technology standards with mixed results. A series of works detailed China's efforts to set and commercialise ICT standards domestically, include IGRS, TD-SCDMA, AVS, ITopHome, etc. (Suttmeier and Yao, 2004, Suttmeier et al. 2006; Kennedy et al., 2008) While multinationals are generally reluctant to join such efforts due to a number of reasons, some multinationals do participate in these processes as observers instead of formal members. In this way, they can obtain information, demonstrate goodwill toward their Chinese partners and the government and be better placed to take advantage of opportunities in the event that a local standard achieves commercial success (Kennedy et al., 2008).

In this section, we have tried to describe and analyse various patent strategies adopted by multinationals in China. In general, multinationals in China have been very effective in taking advantage of China's unique business and IPR environments to protect their market competitiveness and economic interests. At the same time, it is clear that multinationals in China, in addition to their normal IPR strategies, have adopted some over-protective practices that may have led to the loss of potential gains. For example, the reluctance of multinationals in transferring technologies and capabilities to their local joint venture partners may have hurt the competitiveness of the joint venture, which in term, hurt the interests of the multinationals. At the same time, there is also an urgent need for the government to further improve the IPR protection through legal and administrative means, particularly in the area of enforcement. Such effort would help multinationals to better understand the IPR environment in China and make right business decisions. Multinationals should also be mindful that some of their IPR strategies may have been on the verge of patent misuse. Because of the long absence of anti-monopoly law in China, such behaviours have not led to any negative consequence①. With the passage of China's

① China had just formally issued the Antimonopoly Law in August 2008 and only gives the definition of IPRs misuses in principle.

antimonopoly law, the situation will certainly change.

## 6. Conclusions

Despite the political rhetoric about the weak IPR protection in China, multinational companies have done remarkably well by adopting a whole set of strategies in protecting their technologies while at the same time expanding their markets over the years.

At the early development stage of China's patent system in 1980s through 1990s, the patent system was almost irrelevant to multinationals' overall operations in China since most of the technology transfers were through proprietary technology exchanges or equipments and key parts importations. Multinationals were able to do so partly due to the weak absorptive capabilities of local firms, which could seldom developed similar technologies even by "reverse engineering". In occasions of building joint ventures with local partner, a package deal were often selected by multinationals, including the contracts of financial investment, proprietary technology and trade secret exchanges, technology services and consulting, patent licensing, etc. Multinationals have also fully exploited China's patent system to maximise their benefits by strategic deployment and implementation of these patents. In many occasions, they use China's patent system to acquire strategic competitive advantage rather than to gain monopoly rent from their technological advantage. But in the eyes of multinationals, most of these behaviours may not differ much from their presence elsewhere including home countries, and which are just regarded as business competition tools, not discriminatory treatments.

Multinationals have also played very important roles in stimulating innovations in local firms. Although most Chinese firms have not yet become true innovators, multinationals have provided good examples for some local companies to imitate and learn on how to use IPRs to improve their innovative capabilities. Huawei's story is a case in point. Cisco's litigation against Huawei directly stimulated the formulation of Huawei's IPR strategy: "protect and utilise autonomous IPRs, respect IPRs of others, improve core competence and strongly support global product strategy"①. The successful implementation of this strategy has resulted in an astounding total of 29,666 accumulative patent applications by June 2008②. It also became the 4th largest patent applicant under the WIPO PCT, with 1,365 applications published in 2007, just behind Matsushita, Philips and Siemens③. Huawei followed a competitive strategy not only relying heavily on IPR protection of the

---

① Qiu, D. K. "Huawei occupied the commanding height in post Cisco times", *Private Business Newspaper*, 2008, 14 July (in Chinese).

② Available at http://www.huawei.com/corporate_infomation/research_development.do.

③ WIPO. "Unprecedented number of international patent filings in 2007", 21 February, 2008, Geneva, available at http://www.wipo.int/pressroom/en/articles/2008/article_0006.html.

core technologies, but also using its own technological advantage to integrate global innovation resources. It has developed new collaborative relationships with multinationals. For Huawei, multinationals' role has been changing. Initially, they were "teachers", which means that they are sources of knowledge and role models. At the next stage, multinationals were "competitors", which indicates that multinationals felt the threats of local firms and take actions to restrain their expansions and competitions. At the final stage, multinationals became "partners" because the local firms have grown to be strong enough to work equally with multinationals. So, the relationship between multinationals and local firms is not static, they evolve not only according to the changing capabilities of local firms, as well as changes in China's IPR system.

While China's patent system has played important roles in stimulating innovations for both multinationals and domestic firms, its net impact on technology transfer is not very clear. On the one hand, the patent system has provided basic protection to multinationals which makes sustained major patent infringement very difficult. On the other hand, the perceived weak enforcement of IPR system has also deterred the willingness of multinationals to transfer their cutting-edge technologies to local firms through "normal modes" such as licensing. At the same time, the reluctance of multinationals to transfer technology may have also forced some local firms to explore other ways to breakthrough instead of |"following up", which indirectly induce indigenous innovation and improvement of local capabilities. The net benefits and costs of these direct and indirect impacts are difficult to assess.

Another interesting phenomenon in the dynamic relationships between multinationals and local firms is related to the emerging cases of local firms launching infringement litigations against multinationals in China or abroad. The most famous case is Zhengtai Group's litigation on Schneider Electric (Tianjin) Corporation's infringement on its utility model patent of circuit breaks. The court of first instance made the judgment to support Zhengtai's demand for compensation of 330 millions RMB, which was a record in China's domestic infringement litigation cases①. Although this case is still in process, it really inspired the enthusiasm of local firms on patents to develop their own IPRs and their IPR strategies.

Overall, the evolution of China's IPR system and its impacts on multinationals and local firms is a complicated co-evolution process. As discussed previously, the latest emendation of Patent Law has not only reflected the criticisms of bad behaviours by both domestic firms and multinationals, but also reflected the need for more original innovations in China. How would multinationals and local firms respond to these changes would be

① Yan, W. F. "Tracing of the first case of private enterprise's patent infringement litigation", *Intellectual Property Right Newspaper*, in Chinese, 11 December, 2007.

interesting to watch and warrants further research in the future.

## References


[1] Alford, W. P. *To Steal a Book is an Elegant Offense: Intellectual Property Law in Chinese Civilization*, Stanford University Press, Stanford, CA, 1995.

[2] Arrow, K. J. "Economic welfare and the allocation of resources for invention", in R. R. Nelson (Ed.): *The Rate and Direction of Inventive Activity*, pp. 609 - 615, Princeton University Press, New York, 1962.

[3] Baldwin, J. R. and Hanel, P. *Innovation and Knowledge Creation in an Open Economy*, Cambridge University Press, Cambridge, UK; New York, USA, 2003.

[4] Baldwin, R. E., Berglof, E., Giavazzi, F. and Widgrén, M. "EU reforms for tomorrow's Europe", Centre for Economic Policy Research Discussion Paper, DP2623, 2000.

[5] Barton, B. R. "Notes on the new Washington state fossil, Mammuthus Columbi", *Washington Geology*, 1998, Vol. 26, Nos. 2/3, pp. 68 - 69.

[6] Berkowitz, L. *Getting the Most from Your Patents*, Maxwell, London, 1995.

[7] Blind, K., Elder, J., Frietsch, R. and Schmoch, U. "Scope and nature of the patent surge: a view from Germany", OECD, *Patents, Innovation and Economic Performance: OECD Conference Proceedings*, OECD Publishing, Paris, 2004, pp. 83 - 88.

[8] Bosworth, D. and Yang, D. "Intellectual property law, technology flow and licensing opportunities in the People's Republic of China", *International Business Review*, 2000, Vol. 9, No. 4, pp. 453 -477.

[9] Bruun, P. and Bennett, D. "Transfer of technology to China: a Scandinavian and European perspective", *European Management Journal*, 2002, Vol. 20, No. 1, pp. 98 - 106.

[10] Chen, X. and Sun, C. "Technology transfer to China: alliances of Chinese enterprises with western technology exporters", *Technovation*, 2000, Vol. 20, pp. 353 - 362.

[11] Commission on Intellectual Property Rights. *Integrating Intellectual Property Rights and Development Policy*, Commission on Intellectual Property Rights, London, UK, 2002.

[12] Cordes, J. J., Hertzfeld, H. R. and Vonortas, N. S. *A Survey of High Technology Firms*, United States Small Business Administration, Washington, DC, 1999.

[13] Ernst, H. "Patent applications and subsequent changes of performance: evidence from time-series cross-section analyses on the firm level", *Research Policy*, 2001, Vol. 30, pp. 143 - 157.

[14] European Union Chamber of Commerce in China. *European Business in China — Position Paper 2005*, European Union Chamber of Commerce in China, Beijing, 2005.

[15] Fortune. *Fortune Global 500 2006*, available at http: //money. cnn. com/magazines/fortune/global500/2006/full_list/(accessed on 24 July 2006 issue), 2006.

[16] Funk, J. L. "Competition between regional standards and the success and failure of firms in the world-wide mobile communication market", *Telecommunications Policy*, 1998, Vol. 22, Nos. 4/5, pp. 419 - 441.

[17] General Accounting Office (GAO). "International trade: Federal action needed to help small businesses address foreign patent challenges", Report to Congressional Requesters, Washington,

DC, 2002.

[18] Glass, A. J. and Saggi, K. "Multinational firms and technology transfer", *The Scandinavian Journal of Economics*, 2002, Vol. 104, No. 4, pp. 495 - 513.

[19] Green, J. and Scotchmer, S. "On the division of profit in sequential innovation", *RAND Journal of Economics*, 1995, Vol. 26, pp. 20 - 33.

[20] Greenwood, J. and Yorukoglu, M. "1974", *Carnegie-Rochester Conference Series on Public Policy*, 1997, Vol. 46, pp. 49 - 95.

[21] Greguras, F. "Intellectual property strategy and best practices for R&D services in China", *Computer Law & Security Report*, 2007, Vol. 23, pp. 449 - 452.

[22] Grindley, P. C. and Teece, D. J. "Managing intellectual capital: licensing and cross-licensing in semiconductors and electronics", *California Management Review*, 1997, Vol. 29, pp. 8 - 41.

[23] Grupp, H. and Schmooh, U. "Patent statistics in the age of globalization: new legal procedures, new analytical methods, new economic interpretation", *Research Policy*, 1999, Vol. 28, pp. 377 -396.

[24] Guvenli, T. and Sanyal, R. "Perception and management of legal issues in China by US firms", *Journal of Socio-Economics*, 2003, Vol. 32, pp. 161 - 181.

[25] Hall, B. H. and Ziedonis, R. H. "The patent paradox revisited: an empirical study of patenting in the US semiconductor industry, 1979 - 1995", *Rand Journal of Economics*, 2001, Vol. 32, No. 1, pp. 101 - 128.

[26] Hippel, V. *The Sources of Innovation*, Oxford University Press, New York, 1988.

[27] Houdard, F. *Operating in China: A Survivor's Guide for Foreign-Invested Companies*, The Economist Intelligence Unit, Hong Kong, 1998.

[28] Hu, A. *What and Why do They Patent in China*, *Workshop on Greater China's Innovative Capacities: Progress and Challenges*, Tsinghua University, Mimeo, Beijing, 2006.

[29] Jiang, X. et al. "Analyses to China's hi-tech patent application and innovation", *Economic Research Journal*, in Chinese, 2002, No. 7, pp. 24 - 32.

[30] Kennedy, S., Suttmeier, R. P. and Su, J. "Standards, stakeholders and innovation: China's evolving role in the global knowledge economy", NBR Special Report No. 15, The National Bureau of Asian Research, Seattle, WA, 2008.

[31] Kumar, N. "Intellectual property protection, market-orientation and location of overseas R&D activities by multinational enterprises", *World Development*, 1996, Vol. 24, No. 4, pp. 673 - 688.

[32] La Croix, S. and Konan, D. E. "Intellectual property rights in China: the changing political economy of Chinese-American interests", East-West Center Working Papers, Economic Series No. 39, Honolulu, Hawaii, 2002.

[33] Lerner, J. "Where does state street lead? A first look at finance patents, 1971 - 2000", NBER Working Papers 7,918, National Bureau of Economic Research, Inc, 2000.

[34] Liang, Z. and Zhu, X. "MNCs" patent strategy in China and its implications', *China Soft Science*, in Chinese, 2007, No. 193, pp. 55 - 61.

[35] Liu, Y., Xia, M. and Wu, X. "Measurement research on patent of Chinese top 500 foreign investment corporations and its influence", *Forecasting*, in Chinese, 2003, Vol. 22, No. 6, pp. 19 - 23.

[36] Lu, F. and Feng, K. *Policy Choices on Developing China's Automobile Industry with Endogenous*

IPRs, Peking University Press, Beijing (in Chinese), 2005.
[37] Maskus, K. E. "Trade-related intellectual property rights", *The European Economy*, 1993, Vol. 52, pp. 157 - 184.
[38] Maskus, K. E. "The international regulation of intellectual property", *Weltwirtschaftliches Archiv*, 1998, Vol. 134, pp. 186 - 208.
[39] Mazzoleni, R. and Nelson, R. R. "The benefits and costs of strong patent protection: a contribution to the current debate", *Research Policy*, 1998, Vol. 27, No. 3, pp. 273 - 284.
[40] McQueen, D. "Growth of software related patents in different countries", *Technovation*, 2005, Vol. 25, No. 6, pp. 657 - 671.
[41] Merges, R. P. *Patent Law and Policy: Cases and Materials*, Michel Company, Charlottesville, VA, 1992.
[42] Merges, R. P. and Nelson, R. R. "On the complex economics of patent scope", *Columbia Law Review*, 1990, Vol. 90, No. 4, pp. 839 - 916.
[43] Mertha, A. C. *The Politics of Piracy: Intellectual Property in Contemporary China*, Cornell University Press, Ithaca, NY, 2005.
[44] Mogee, M. E. "Foreign patenting behavior of small and large firms", *International Journal of Technology Management*, 2000, Vol. 19, pp. 149 - 164.
[45] Mohammed, R. and Lori, W. "Recent jumps in patenting activities: comparative innovative performance of major industrialized countries, patterns and explanations", Working paper series No. 27, Micro-Economic Policy Analysis Branch, Industry Canada, Ottawa, Ontario, 1998.
[46] Nordhaus, W. D. *Invention, Growth and Welfare: A Theoretical Treatment of Technological Change*, MIT Press, Cambridge, MA, 1962.
[47] OECD "Intellectual property rights in China: governance challenges and prospects", *OECD, Governance in China*, 2005, pp. 403 - 432, OECD Publishing, Paris.
[48] OECD. *OECD Reviews of Innovation Policy China*, OECD Publishing, Paris, 2008.
[49] Potter, P. B. and Oksenberg, M. "A patchwork of IPR protections", *China Business Review*, 1999, Vol. 26, No. 1, pp. 8 - 11.
[50] Rafiquzzaman, M. and Whewell, L. "Recent jumps in patenting activities: comparative innovative performance of major industrialized countries, patterns and explanations", Industry Canada Research Publication Program, Working Paper No. 27, 1998.
[51] Rivette, K. and Kline, D. "Discovering new value in intellectual property", *Harvard Business Review*, 2000, Vol. 78, No. 1, pp. 54 - 66.
[52] Scherer, F. M. "Nordhaus' theory of optimal patent life: a geometric reinterpretation", *American Economic Review*, 1972, Vol. 62, pp. 422 - 427.
[53] Schiffel, D. and Kitti, C. "Rates of invention: international patent comparisons", *Research Policy*, 1978, Vol. 7, No. 4, pp. 324 - 340.
[54] Scotchmer, S. and Green, J. "Novelty and disclosure in patent law", *RAND Journal of Economics*, 1990, Vol. 21, pp. 131 - 146.
[55] Shapiro, C. *Navigating the Patent Thicket: Cross Licenses, Patent Pools and Standard Setting*, mimeo, Department of Economics, University of California at Berkeley, 2001, available at http://citeseer.ist.psu.edu/shapiro01navigating.html.
[56] Simone, J. "China's IPR enforcement mechanism", *China Business Review*, 1999, Vol. 26, No. 1,

pp. 14 - 15.
[57] SIPO. *SIPO Patent Statistical Annals, Corresponding Years*, SIPO Publishing, Beijing, 1986 - 2007.
[58] SIPO. *China's IPR Statistical Yearbook, Corresponding Years*, Intellectual Property Publishing House, Beijing, 2003 - 2005.
[59] SIPO. *Report on China's Intellectual Property Protection in 2005*, The State Intellectual Property Office of the People's Republic of China, Beijing, 2005a.
[60] SIPO. *China's IPR Statistical Yearbook 2005*, Intellectual Property Publishing House, Beijing, 2005b.
[61] SIPO. *SIPO Patent Quarterly Bulletins*, 2008, available at http://www.sipo.gov.cn/sipo2008/ghfzs/zltj/zljb.
[62] Slama, J. "Analysis by means of a gravitation models of international flows of patent applications in the period 1967 - 1978", *World Patent Information*, 1981, Vol. 3, pp. 2 - 8.
[63] Soete, L. G. and Wyatt, S. M. E. "The use of foreign patenting as an internationally comparable science and technology output indicator", *Scientometrics*, 1983, Vol. 5, No. 1, pp. 31 - 54.
[64] Sun, Y. "Determinants of foreign patents in China", *World Patent Information*, 2003, Vol. 25, pp. 27 - 37.
[65] Suttmeier, R. P. and Yao, X. *China's Post-WTO Technology Policy: Standards, Software and the Changing Nature of Techno-Nationalism*, NBR Special Report No. 7, The National Bureau of Asian Research, Seattle, WA, 2004.
[66] Suttmeier, R. P., Yao, X. and Tan, A. "Standards of power? Technology, institutions and politics in the development of China's sational standards strategy", NBR Special Report No. 10, The National Bureau of Asian Research, Seattle, WA, 2006.
[67] Thumm, N. "Strategic patenting in biotechnology", *Technology Analysis & Strategic Management*, 2004, Vol. 16, No. 4, pp. 529 - 538.
[68] Wang, J. and Liang, Z. "An advocacy coalition approach to global governance on technology standard evolution: the case of WLAN standards", *Proceedings of 2007 International Conference on Public Administration (3rd ICPA)*, 2007, Vol. 1, pp. 1115 - 1122.
[69] Weldon, E. and Vanhonacker, W. "Operating a foreign-investment enterprise in China: challenges for managers and management researchers", *Journal of World Business*, 1999, Vol. 34, pp. 94 - 107.
[70] World Bank. *World Development Report 2003: Sustainable Development in a Dynamic World*, World Bank and Oxford University Press, New York, NY, 2003.
[71] Xue, L. and Liang, Z. "Multinational R&D in China: myths and realities", in H. S. Rowen, M. G. Hancock and W. F. Miller (Eds.): *Greater China's Quest for Innovation*, 2008, pp. 103 - 122, Walter H. Shorenstein Asia-Pacific Research Center, Stanford, CA.
[72] Yang, D., Fryxell, G. E. and Sie, K. Y. "Anti-piracy effectiveness and managerial confidence: insights from multinationals in China", *Journal of World Business*, 2008, Vol. 43, pp. 321 - 339.
Yang, D., Sonmez, M. and Bosworth, D. "Intellectual property abuses: how should multinationals respond", *Long Range Planning*, 2004, Vol. 37, pp. 459 - 475.
[73] Yu, Y. "Technology spillover effect of MNCs' direct investment in China", *Economic Theory and Business Management*, in Chinese, 2003, Vol. 5, pp. 55 - 59.

[74] Zhang, Q. et al. "The report on survey of China's enterprises' patent status, in Policy Research Division of SIPO Bureaux", *The Proceeding of Outstanding Patent Investigation and Research Reports*, in Chinese, 2008, pp. 43 - 75, Intellectual Property Publishing House, Beijing.

[75] Zhou, Z., Zhong, H. and Li, J. "Analysis on automobile MNCs' control over China's joint ventures", *China's Foreign Trade*, in Chinese, 2006, Vol. 12, pp. 20 - 22.

[76] Zhu, X. and Liang, Z. "Patenting behavior of MNCs in China: an analysis based on panel data", *15th International Conference on Management of Technology* (*IAMOT 2006*), *East Meets West: Challenges and Opportunities in Era of Globalization*, 2006a, 22 - 26 May 2006, Beijing.

[77] Zhu, X. and Liang, Z. "Technology innovative capabilities of China's automobile industry: a patent perspective", in Hu, S. H., Yan, J. D. and Hou, R. Y. (Eds.): *Proceedings of the 2006 International Conference on Auto Industry Innovation*, 2006b, pp. 1 - 6, Hubei People's Press, Wuhan.

**图书在版编目(CIP)数据**

中国管理研究与实践——复旦管理学杰出贡献奖获奖者代表成果集(2011)/李树茁,薛澜著.—上海:复旦大学出版社,2013.10
ISBN 978-7-309-10040-2

Ⅰ.中…　Ⅱ.①李…②薛…　Ⅲ.管理学-中国-文集　Ⅳ.C93-53

中国版本图书馆CIP数据核字(2013)第212859号

**中国管理研究与实践——复旦管理学杰出贡献奖获奖者代表成果集(2011)**
李树茁　薛　澜　著
责任编辑/徐惠平　张咏梅

复旦大学出版社有限公司出版发行
上海市国权路579号　邮编:200433
网址:fupnet@fudanpress.com　http://www.fudanpress.com
门市零售:86-21-65642857　团体订购:86-21-65118853
外埠邮购:86-21-65109143
江苏省句容市排印厂

开本 787×1092　1/16　印张 18.25　字数 411 千
2013年10月第1版第1次印刷

ISBN 978-7-309-10040-2/C·271
定价:42.00元

---